普通高等教育铁道规划教材

铁路信息系统应用技术

陈光伟　编著
张伯驹　主审

中国铁道出版社

2017年·北　京

内 容 简 介

本书是普通高等教育铁道规划教材。全书共五章，主要包括绪论、客运信息化、货运信息化、行车组织与调度信息系统、运输安全信息化等内容。

本书为高等学校铁路相关专业的本科生和研究生教学用书，也可以作为铁路相关专业高等职业院校的教材，并可供铁路相关专业技术人员与管理人员学习和参考。

图书在版编目(CIP)数据

铁路信息系统应用技术/陈光伟编著．—北京：中国铁道出版社，2017.4

普通高等教育铁道规划教材

ISBN 978-7-113-22869-9

Ⅰ.①铁… Ⅱ.①陈… Ⅲ.①铁路运输-信息系统-高等学校-教材 Ⅳ.①U29-39

中国版本图书馆 CIP 数据核字（2017）第 035658 号

书　　名：铁路信息系统应用技术
作　　者：陈光伟　编著

责任编辑：亢嘉豪　**编辑部电话：**（路）021-73146　**电子信箱：**dianwu@vip. sina. com
（市）010-51873146
封面设计：崔丽芳
责任校对：苗　丹
责任印制：陆　宁　高春晓

出版发行：中国铁道出版社（100054，北京市西城区右安门西街 8 号）
网　　址：http：//www. tdpress. com
印　　刷：三河市宏盛印务有限公司
版　　次：2017 年 4 月第 1 版　　2017 年 4 月第 1 次印刷
开　　本：787 mm×960 mm　1/16　印张：23.25　字数：498 千
书　　号：ISBN 978-7-113-22869-9
定　　价：58.00 元

前　言

本书是普通高等教育铁道规划教材，是由原铁道部教材开发领导小组组织编写，并经相关业务部门审定，适用于高等院校铁路特色专业教学以及铁路专业技术人员使用。本书为铁路交通信息技术系列教材之一。

从铁路建立第一个信息部门开始，铁路信息化已经走过了四十多年，信息系统从无到有、从小到大，已经成长为铁路运输生产或者运输安全不可或缺的一部分。铁路计算机网络已经覆盖到铁路局、站段和班组，不但铁路局机关普及计算机办公设备，站段、班组也广泛使用计算机指挥运输生产和日常办公。特别是铁路的12306、95306网站正在使全社会感受铁路的服务。

随着铁路的改革和发展，中国铁路不断走向世界，随着互联网+铁路的提出，铁路信息化已突显出越来越重要的作用，正在迈开大步向世界先进水平挺进。为了适应铁路信息化发展的需要，配合本套规划教材，结合铁路信息系统的实际案例，编写了《铁路信息系统应用技术》一书，目的是使初学者了解铁路信息化，使铁路工作者对铁路信息化有系统和深入的认识。

本书共五章。第一章介绍了铁路信息化的概念和背景，铁路信息化的发展历程和现状；第二章首先介绍了客运信息化的背景和需求，包括旅客需求和铁路内部的需求，其后，从客票、站车服务、电话和互联网服务、客运营销等方面描述了如何满足客运信息化的需求；第三章介绍了货运信息化的背景和需求，包括货主需求和铁路内部的需求，从货运营销、站车货运服务、物流服务、行包运输、货物追踪、保价和事故处理等方面描述如何满足货运信息化的需求；第四章介绍了运输组织和调度信息化的背景和需求，从列车开行方案、编组计划、运行图、日班计划、调度指挥、统计分析等方面描述了运输组织信息化的实践；第五章介绍了铁路运输安全的信息化需求，从安全监控、安全监督、应急救援、交班等方面介绍运输安全信息化。本书力求以简洁的语言、启发性思维、系统地描述铁路信息系统，贴近铁路的生产实际，节与节之间环环相扣、前后呼应，更易于读者对铁路信息化能够有真实和全面的理解。

本书由陈光伟编著，张伯驹主审。在写作过程中得到了铁路相关部门以及刘卫国、卢永忠等的指导，在此表示感谢。还要感谢鞠家星、马钧培、王铁彬以及家人长期以来对作者的帮助和鼓励。在写作过程中，参考了上千篇书籍、期刊和学术论文，在此未能一一列出，仅对作者表示由衷感谢。由于本书覆盖面较广，笔者能力和水平有限，难免存在错误之处，希望广大读者指正，作者将在再版时体现，笔者邮箱 chenguangwei@sinorail.com。

编　者

2016 年 10 月 1 日

目　　录

第一章 绪论

【本章要点】 铁路信息化已经成为铁路运输生产和管理不可或缺的一部分,如何理解铁路信息化的重要性,学好铁路信息系统是本章的要点。读者应从以下方面学习和认识铁路信息化:一是铁路信息化的定义;二是铁路信息化发展历程、现状以及发展规划;三是应全面、系统地理解铁路信息化;四是应深入了解铁路信息化的背景知识。

第一节 概述

经过几十年的发展,铁路信息化已经成为铁路运输生产、客货服务和行车安全中不可或缺的一部分。铁路通过调度信息系统指挥运输生产,通过客票发售和预订系统销售火车票,通过货运电子商务系统接收货物发送订单,通过车站信息系统服务旅客上下车、指挥货物装卸作业、协调车辆的编组和解体作业。早在2000年之前,每到春运时节,回家的人们都会花整天的时间到火车站排队购票。而现在一切都在改变,坐在家里,操作几下电脑,火车票就买好,火车站前人山人海的排队购票场面从此一去不复返。这些改变归功于铁路信息化,信息化在改变我们的工作和生活。

什么是铁路信息化呢?铁路信息化就是应用先进的计算机网络技术和先进的管理理念,收集和整合铁路运输组织、客货营销、经营管理、安全生产、铁路建设的知识和数据,及时为客户提供优质服务,为铁路的决策层、战略层、战术层提供准确而有效的决策信息,以便对客户或市场的需求做出快速的反应,其本质是加强铁路的“核心竞争力”。

2013年,铁路管理体制改革后,新组建的中国铁路总公司实行现代化的企业制度,全面走向市场,企业的运作和管理迫切需要信息化的支持。随着新建线路陆续开通,列车速度不断提高,客流和货流不断增长,再依靠人工进行设备的监视和维护,依靠人工进行客货运服务,依靠人工组织行车,已经不能适应现代企业的发展需要,必须从信息技术中要效率、要安全。特别是在互联网+时代,为客户随时随地提供网上售票和发货服务,通过互联网整合铁路服务资源,为客户随时随地提供旅游和物流等铁路特色服务已经是社会发展的必然趋势。由此,对铁路信息化提出时不我待的要求。

但是，铁路信息化绝不是一蹴而就，我国铁路信息系统是世界上最复杂的信息系统之一。之所以这样说，基于以下三点理由：一是中国铁路总公司管理了世界最庞大和复杂的固定资产；二是建立了最复杂的运输组织机制；三是建立了抵御各种灾害的安全体系。铁路的设备资产包括固定设备和移动设备，固定设备有十多万公里的线路、桥梁、隧道、电网、信号、通信设备等，移动设备有数以百万的机车、动车、客车、货车、轨检车、汽车等。铁路的运输组织包括旅客和货物运输，含多种运输方式，特别是货物运输提供从门到站、站到站、站到门服务，从货源到车辆、再到列车的运输，特别是紧张路段的场站、站线之间需要众多部门协调联作。在安全方面，需要在各种恶劣自然环境条件下，在飞机和汽车难以运行的环境下，仍然保证铁路的畅通。

中国高铁不仅运营规模世界最大，而且还具有系统技术全面、造价低、建设速度快等优势，成为“中国速度”、“中国制造”的新名片，连西方发达国家都由衷称赞。高铁不断走出国门，也给铁路信息化带来发展的机遇和挑战，但是，铁路信息化作为中国铁路的一部分，仍然落后于发达国家铁路信息化水平，迫切需要我们抓住机遇，奋起直追。

但是，如何快速提高铁路信息化水平呢？铁路信息化已经经历了四十多年的建设，有过高潮也有过低谷。本书旨在通过对铁路信息化的技术进行总结，从整体上探讨铁路信息化的发展方向，希望本书能吸引更多的有志青年加入铁路信息化的队伍，能帮助相关人员对铁路信息化的整体有个初步了解，为如何实现铁路信息化达成技术共识。

第二节　铁路信息化综述

从引进计算机、成立信息部门算起，铁路信息化主要经历了四个发展阶段：第一阶段是计算机技术引进和联网实验阶段；第二阶段是区域联网阶段；第三阶段是大规模联网和信息系统建设阶段；第四阶段是铁路信息系统规划和初步整合阶段。

第一阶段，铁路最早开始使用电子计算机可以追溯到 1959 年，最早的计算机应用是列车运行图编制、技术计划和客货运输统计。1974 年原铁道部成立电子计算机领导小组，组织了路内外百余专家开展计算机联网实验，并编写了铁路计算机联网工程总体方案。开展了计算机引进和计算机知识的普及培训、计算机应用探索。应用信息系统研发主要围绕铁路运输计划、十八点统计报告、客货运精密统计、财务收入报告、驼峰及行车自动化和铁路工程需要的科学计算等。

第二阶段是区域联网阶段，从 1984 年开始，在原铁道部、铁路局和原铁路分局引进了 PDP-11 等小型计算机基础上，围绕北京、济南、上海铁路局开展了京沪圈的联网试验工程，工程以货运管理和货车追踪为目标，包括 4 个分系统和 10 个子系统。按照京沪圈总体方案，一批编组站、货运站管理信息系统，以及微机联锁系统、驼峰控制系统先后正式运行；特别是郑州北站整合了车站管理、联锁、驼峰等信息处理和控制系统，大大提高了编组站的作业效率，系统获得了国家科学技术进步一等奖。在郑州东开发了货运站管理信息系统，获得了国家科学技术进步三等奖。到 1994 年，基本实现了部、局、分局间的三级联网，实现了调度所车流预报，建

成了收入、财务等管理信息系统等。

第三阶段大规模联网和信息系统建设阶段，从1994年开始编写铁路运输管理信息系统(TMIS)总体方案，引进了国外的货运信息系统和IBM大型计算机。根据总体方案，逐步实现了原铁道部、铁路局、原铁路分局和站段的四级计算机联网。同时，建成了车号识别(ATIS)信息系统，实现了大节点的货车追踪；建成了调度系统，使调度人员彻底甩掉了铅笔和橡皮，实现了调度所的减员增效；建成了确报系统，实现车流预报，撤销了运行几十年的确报所；建成了FMOS系统，使运输部门可以掌握铁路货运需求数据，合理调配运力成为可能；建成了货票系统，使运输部门掌握了铁路货运实际数据，从而又拓展了货运收入、货运清算、货运精密统计、货运营销分析等信息系统；建成了集装箱信息系统，实现了集装箱的追踪和调配；建成了车辆管理信息系统，实现了车辆维修管理；建成了财务管理信息系统，实现了客货运清算、收入管理、财务管理、成本管理、资金管理等功能；建成了办公系统，实现了全路所有部门互通邮件。特别是客票系统，大大方便旅客购票，且满足客运管理需求，拓展了客运收入管理、客运清算、客运精密统计、客运营销分析等信息系统，为此，也获得了国家科学技术进步一等奖。另外，工务、电务、机务、车辆、供电、建设等管理信息系统也初具规模。

2003年，原铁道部成立了信息化领导小组及办公室，信息办做的第一件事是编制和发布了铁路信息化总体规划，在铁路信息化总体规划的指导下，铁路信息化有了进一步发展。铁路的计算机网络建设从大站连接到小站、到车间和班组；计算机硬件实现了共享和资源整合，IBM大型机换成小型机群，再向云平台方向发展；铁路建立了安全平台，将铁路内部局域网络划分成安全生产网、内部服务网和外部服务网，为发展互联网应用奠定基础。铁路客票系统实现了互联网售票，使旅客足不出户就可以购买到火车票；铁路建成货运电子商务系统，使货主坐在家里就可以发货，可以追踪货物的位置和状态；铁路的电子支付系统支持客货运互联网支付，加快资金的流转和安全；为高速铁路研发了运调、CTCS、CTC、PSCADA和旅客服务等信息和控制系统，保证了高速铁路调度指挥、安全运行，提高了铁路客运服务的水平；研发了编组站综合自动化系统，提高编组站自动化程度。其他运输组织、客货营销、经营管理等信息系统均有一定的发展，铁路信息化呈现全面应用阶段。

正在研发的典型信息系统有12306、95306网站、铁路物流信息系统、铁路行信息系统、铁路运输集成平台、CMD系统等。12306网站提供客运和售票服务，95306网站提供物流、大宗和小商品交易、旅游服务、招商和物资采购等服务平台；铁路物流信息系统提供货物门到门的物流服务；铁路行信息系统提供铁路支付宝功能；铁路运输信息集成平台实现了运输信息的高度集成，实现了TMIS总体设计的功能；CMD系统实现了机车安全运行的远程监控和诊断。新的信息系统将安装在云平台上，采用高可靠资源共享技术。

当然，铁路信息化也存在一些问题，首先是需要一个清晰的不断完善的总体规划，坚决避免盲目性；其次，需要建立一支团结协作的信息化队伍，坚决避免内部竞争、互相掣肘；三是需要保证信息化研发经费，坚决避免重硬件、轻软件；四是建立统一技术标准和平台规范，实现软硬件资源最大共享。

随着新版信息化规划的发布，铁路信息化将有进一步的发展。新版规划将信息化任务分成6大部分：一是铁路运输信息系统；二是营销信息系统；三是ERP系统；四是办公信息系统；五是大数据分析和决策支持系统；六是建设管理信息系统。所有的系统将建在具有双活备份功能的数据中心基础上，说明铁路信息系统将向大整合、高度智能、企业流程优化方向发展。

第三节　对铁路信息化目标的认知

铁路信息化的目标是为了提高铁路企业的运输生产效率、安全管理水平、市场营销能力和客户服务质量，提高经营效益，降低企业成本，扩大产品或服务的市场占有率，增加企业综合收益，从而最大限度地提高企业的综合竞争能力。

根据铁路信息化的目标，应该认识到：

首先，信息化建设不仅仅是建设几个信息系统，不仅仅是使用计算机代替传统的手工作业，而要围绕解决企业生存、改革与发展的根本性问题。通过信息化的创新性思维，将现代企业管理与信息新技术高度融合，将企业的发展目标、经营战略与信息化建设高度融合，通过带有信息化特征的企业战略规划、企业流程重组与再造，促进铁路业务大幅度的优化和快速发展。

其次，信息化是一个管理变革，而不仅是一个技术变革。即借用信息化手段对企业的经营管理进行合理的整合，提升其核心竞争力，就如同“工业革命”对传统手工作坊的冲击一样，是一个进化和发展的过程，而信息技术本身仅仅是一个助推器，实现以往人工所不能完成的工作，真正起作用的是经营管理的变革。要用发展的眼光、系统的思路、变革的思想来进行企业信息化的建设。同时还要做好充分的思想准备，因为变革就意味着风险，要不断迎接风险的挑战。

第三，铁路信息化建设是一个全局性的系统工程。企业做任何变革的根本目的是为了实现企业的战略目标，而战略目标是全局性的。任何一个企业战略目标的实现都是伴随着企业内部多个系统的互相协作、影响甚至是冲突。而且战略的实现是通过企业的组织的调整、流程的优化甚至是绩效体系的改变，这就需要信息化的实践者对企业管理的方方面面有系统的理解和把握。

最后，企业信息化的建设思路是不断发展、不断变化的，它随着管理理念和相关技术尤其是信息技术的发展而不断发展变化，是一个螺旋上升的过程，企业信息化要做好“持久战”的准备，这就意味着对信息化规划要准备长期的投入，随着技术变革，不断地优化和完善信息化规划，并坚持按照规划指导信息系统的建设。

第四节　铁路信息化背景

铁路是国家的重要基础设施、大众化的交通工具，在中国综合交通运输体系中处于骨干地位。中国地域辽阔、人口众多、资源分布不均，所以经济、快捷、低能耗的铁路成为一种受广泛

使用的运输方式。

中国铁路的总里程已经超过10万公里，是世界第二长的铁路，但中国高速铁路总里程已经超过2万公里，位居世界第一位。中国铁路旅客发送的客运周转量(人·km)位居世界第一，货物发送的货运周转量(t·km)也位居世界第一。另外，中国铁路职工的人数也是世界最多的。

铁路运输是围绕列车组织的，铁路列车就是铁路生产的产品，列车主要分客运列车和货运列车。客运列车又分为高速列车、城际列车、动车组列车、直达列车、特快列车、快速列车、普速列车、临时旅客列车、旅游列车、通勤列车等；货运列车分为始发地直达、技术直达、直通、区段、摘挂、小运转、行包专列、五定班列等。列车由机车和车辆编组组成；机车包括电力机车、内燃机车、蒸汽机车，由于电力机车具有牵引力大、环保的特征，新建的铁路线路均为电气化铁路线路，旧的干线逐步进行电气化改造；铁路车辆的种类很多，主要分为客车车辆、货车车辆和动车组。列车在铁路线路上运行，铁路线路分为高速、快速、普速线路，高速、快速铁路均为电气化线路，电气化线路上方设有高压电线，附近建有变电所和配电所，机车或者动车组通过接触网从高压线上获取动力；列车在线路上安全运行靠的是信号系统，信号系统把铁路线路划分成若干区间，每个区间只允许一趟列车运行，称闭塞系统，绿灯允许列车进入区间，红灯不允许列车进入区间；对于高速列车采用移动闭塞技术，通过列车上的移动信号保证两趟同向列车保持相距在一个以上区间运行，这时信息系统的作用主要是为列车提供运行计划和运行控制。

中国国家铁路系统实行铁路总公司、铁路局、基层站段三级管理体制，总公司负责宏观指导、调度指挥；铁路局负责具体经营管理；站段承担具体运输任务。围绕铁路运输，由总公司运输局负总责，运输局下设调度部、营运部、机务部、供电部、车辆部、工务部、电务部、信息化部。铁路局下设处室和站段，生产处室包括运输处、客运处、货运处、机务处、供电处、车辆处、工务处、电务处、信息处等；站段包括客运站、货运站、编组站、机务段、车辆段、供电段、工务段、电务段、调度所、信息所等。

客运站主要负责售检票和旅客中转换乘，货运站负责接交货物和装卸车，机务段负责保障机车的供应，车辆段负责保障车辆的供应，供电段保证电力供应，工务段保证线路畅通，电务段保证信号和通信系统正常工作，调度所负责列车运行具体指挥，信息所负责信息系统运行维护。如果列车都发往同一线路或车站，势必造成线路或车站的堵塞，这就需要一个总协调—铁路总公司调度部，如果从装车就开始协调，由铁路总公司营运部负责。

铁路部门众多，关系复杂。由于信息化必然涉及部门的关系和需求，所以，本书试图在后续章节中将这些关系和需求进一步详述。

小 结

在本章中，主要讨论铁路信息化的基本概念，铁路信息化发展的历程，铁路信息化的目标认识，以及铁路信息化的背景知识。

复习思考题

1. 什么是铁路信息化?
2. 铁路信息化发展经历几个阶段?每个阶段的标志是什么?
3. 铁路新版信息化规划中将信息系统分成几部分?描述每部分的内容。
4. 铁路信息化的本质和核心是什么?
5. 铁路信息化的难点是什么?

第二章 客运信息化

【本章要点】 本章的要点是客运信息化。建设信息系统的关键是理解系统的背景和需求，因为客运与老百姓息息相关，设想一下，当乘火车出行的时候，对信息的需求是什么？需要哪些信息系统满足旅客的出行需求？本章探讨了客票、旅客服务、客运段、客户服务中心、客运营销五个信息系统，分别覆盖铁路的售票、换乘、乘车、咨询、产品等客运服务。通过本章的学习，掌握各信息系统的基础设施、结构、业务流程和基本功能，了解系统是如何集成的，所提供的服务如何满足旅客需求。

第一节 客运信息化背景

首先，分析一下乘坐火车旅行的过程：作为一名旅客，通常先制订旅行计划，选择乘坐的火车，然后，购买火车票，坐汽车到火车站广场，通过进站口安检后，进入候车大厅候车，铁路的客运员引导旅客到检票口检票，引导到站台上火车，乘坐火车（经过换乘）到达目的车站，再下到站台，到出站口验票出站，到车站广场换乘其他交通工具到达目的地。

对应旅客旅行的每一过程，客运部门都要提供相应的服务，这些服务需要借助计算机进行管理，表 2-1 描述了旅客乘车过程需求、客运部门服务以及对应的信息系统。

表 2-1 旅客乘车过程需求、客运部门服务以及对应的信息系统

序号	旅客乘车需求	客运部门服务	信息系统功能
1	制订旅行计划	提供列车时刻表等服务 提供咨询服务	客户关系管理系统 12306 客户服务系统
2	购买火车票	通过网络、电话、手机、自动售票机、窗口等方式，提供售票、退票、订票、改签等服务	客票系统 互联网售票系统 电子支付系统
3	到达火车站广场	提供公共汽车、出租车、自行车等各种换乘服务信息	12306 客户服务系统
4	到行包房	提供旅客行李托运服务	行包管理信息系统
5	通过安检	对旅客随身行李进行安全检查	安检仪器、视频监控系统等

续上表

序号	旅客乘车需求	客运部门服务	信息系统功能
6	候车大厅	提供旅客问讯、引导服务 提供旅客行李寄存服务 提供电视、上网等服务	车站旅客服务系统 12306 客户服务系统 小件寄存系统
7	检票进站	提供旅客检票服务	检票系统
8	引导上火车	提供旅客上下车的引导服务	车站旅客服务系统
9	乘车和换乘	提供列车服务	客运段管理信息系统

通过上表,可以看到铁路客运部门要为旅客提供咨询、引导、售票、检票、安检、问讯、寄存、行李托运、乘车等服务。下面将引出铁路对应的服务部门以及如何组织这些部门为旅客提供服务的。

铁路客运管理体系由三级组成:第一级是铁路总公司运输局的营运部,第二级是 18 个铁路局的客运处,第三级是铁路局管辖的客运站和客运段以及客票所和客户服务中心。

铁路总公司营运部客运部门负责全路的客运营销策划和宏观管理。重点是制定铁路旅客运输的管理办法,跨局客运产品设计,跨两局以上列车的行李、包裹运输方案,以及 12306 网站、12306 客运服务中心的业务管理等。

铁路局客运处主要职责是制订管内旅客运输组织办法,负责局内客运营销工作,编制和调整管内旅客列车运行、管内行李、包裹运输方案,本局客运站段、客票所、客户服务中心的业务管理等。

客运站主要为旅客提供优质、准时的车站换乘服务,并负责拓展客运产品营销渠道和旅客安全等。客运站下设客运、运转、售票、行包和设备管理等部门,客运部门负责旅客接送、检票、引导、咨询、安检、寄存、换乘、饮食、候车等服务;运转部门负责接发列车;售票部门负责客票销售管理;行包部门负责行包受理、保管、装卸和交付等;设备部门负责设备维护维修。

客运段为旅客提供列车上的优质运输服务,并拓展客运销售渠道和保证旅客旅行安全、舒适。客运段下设乘务科、车队、综合、多经等部门:乘务科负责乘务计划管理;车队根据乘务计划为旅客提供列车服务,包括餐饮、卧具、食品、卫生、补票、咨询等服务;综合部门负责为列车上准备备品、餐饮和保洁等服务;多经部门负责列车上的商品销售。

每个铁路局均设有客票所和客户服务中心(12306)。客票所主要负责客票票额的管理,始发列车数据维护和客运营销分析;客户服务中心主要通过电话、邮件、微信等,为旅客提供咨询、投诉等服务,有的铁路局还提供订餐、订票等服务。

第二节　客运信息化需求

上节描述了旅客乘车过程中需要的服务,本节主要描述服务过程中旅客和客运部门对信息化的需求。

一、旅客的信息化需求

旅客的需求围绕着出行的需要，反映在旅行的全过程，包括咨询、购票、到车站、托运、引导、问询、检票、乘车、终到、换乘、安全旅行等，下面描述各个需求。

1. 咨询需求

旅客在出行前，需要先设计到目的地的行程计划，包括乘坐的交通工具、吃饭、住宿、携带用具等，对乘坐火车旅行的乘客，需要查询列车时刻表、换乘信息、余票信息、代售点信息，查询天气预报、交通、路上吃、住、行等信息。

2. 购票需求

如果决定乘坐火车，需要在互联网、代售点或车站提前购买火车票，也可通过电话订票、代售点取票，还可使用中铁银通卡直接刷卡上车。遇到特殊情况，旅客需要退票或者改签。如果送票上门，或者使用身份证上车，旅客会感觉更加方便。旅客在购票过程中，需要了解铁路规章和乘车注意事项，了解车站、列车提供的服务。

3. 火车站需求

通过短信主动提醒旅客乘车时间和天气，旅客可以查询火车站位置、走行路线、换乘信息，在进站安检仪检查后，应有显著标志引导旅客到达指定的候车室或办理托运行李等手续。

4. 托运需求

如果随身携带大件行李，可以到柜台办理随车托运手续，信息系统需协助旅客填写托运单和货物标签，旅客可随时查询行李位置。

5. 候车需求

旅客到达候车室后，需要通知旅客登车检票的时间，并引导旅客到达火车停靠的站台和车厢；对未购、未取火车票或者改签的旅客，需要到窗口或自动售票机办理车票手续；中转的旅客需要暂时寄存行李；送站旅客需要购买站台票，有些旅客需要送站服务，有些旅客需要购物、餐饮或者娱乐等。

旅客在旅行中会遇到各种问题，就需要去咨询，除了通过车站的问讯处咨询外，旅客更倾向于自助方式进行问询。

6. 乘车需求

旅客上车后，需要了解火车旅行常识，需要吃饭、喝水，乘坐卧铺的旅客需要卧具；未购票或者更换目的站、席别的旅客需要在列车上进行补票，或者购买回程票；在火车上有很多空闲时间，可以为旅客提供娱乐节目、购买商品或者了解目的地的旅游景点、人文历史等。

7. 到站需求

旅客需要准确地掌握列车正晚点时间；需要引导旅客出站、检票、补票、换乘；有些旅客需要小红帽接站服务；接站的人士需要掌握准确的接站时间和购买站台票；对需要中转换乘旅客，需要引导办理相关手续和转到换乘的站台。

8. 安全需求

保证旅客生命和财产的安全，是铁路旅行最重要的需求。

二、车站的信息化需求

车站是城市人流最集中的地方之一，随着人民生活水平不断提高，乘坐火车出行的旅客越来越多，每个人的需求各异，传统的人工服务方式难以满足人民群众的需求，必须借助信息化的手段。

(一)售票部门需求

每个客运站都设有售票窗口，大的车站有自动售票机、取票机、余票显示大屏，有些车站还在城市内设立若干代售点。售票部门需要对售票窗口、售票机和代售点进行统一管理，设定相应的功能和权限。

对售票管理的需求主要有结账管理、票据管理、统计分析、经路维护、人员管理、设备管理、销售规则管理等。结账管理将每天计算机售退的账款与实际的账款进行核对；票据管理是对打票纸进行管理；统计分析是车站财务统计、营销分析、十八点报表的基础；经路维护要对本站到其他车站的中转换乘经路进行维护；人员管理涉及客票销售的管理人员、销售人员和维护人员，需要对三类人员的权限和操作进行管理；设备管理主要对业务终端机、制票机、读写卡设备、检票机、自动售票机、验补票终端等进行管理；销售规则管理是指对销售渠道、销售人员与可售车票范围的控制规则进行管理。

(二)客运部门需求

1. 检票需求

根据列车到发时间，制订检票计划，开启和停止旅客进出站的检票作业，提供问题车票的报警信息，并统计上下车人数。

2. 安检的需求

从车站广场到候车室的入口配备安检仪，对旅客携带的行李进行扫描检查，严禁携带危险品进站上车。

3. 列车到发通告需求

需要向旅客和车站工作人员通报各次列车的运行信息，包括正晚点、邻开、出发、到达等时间信息。

4. 客运广播的需求

根据列车到发通告，编制广播计划，可按计划自动广播，也可人工应急广播，可全站广播，也可分区广播。广播内容包括列车到开、站区引导、票务、行包、旅游服务、寻人启事、报警等信息。

5. 客运引导的需求

在站区明显位置为旅客设置 LED 显示屏，根据列车到发通告，编制引导计划和内容，自动引导旅客进出站、进候车室、检票、上下车。

6. 旅客问讯的需求

设置若干自助式终端，自助解答旅客的问题，例如列车时刻、正晚点、余票、旅游线路等问题，需要车站维护服务信息。

7. 小件寄存的需求

设置自助的密码小件寄存柜，可根据寄存时间自动统计寄存费用。

8. 视频监控需求

在候车室、检票口、站台、进出站口、售票厅、自动售票机、安检口，安装视频监控设备，监视客流的变化，为防盗、防灾提供预警信息。

9. 站台票发售需求

自动或者人工发售站台票，统计发售数量，结账并纳入车站财务报告。

10. 其他需求

其他需求包括为旅客提供娱乐、购物、餐饮等服务信息，提供时钟，提供火灾预警、设备故障预警等信息。

(三)行包部门需求

车站的行包管理包括受理、保管、装车、卸车、交付等作业，客户可以从网上提交行包托运的订单，车站可上门取货或者送货上门。

需要信息系统记录工作人员作业过程，以便实时追踪行包的位置。在管理方面，需要结账、统计分析等功能。

(四)运转部门需求

运转部门主要负责接发列车，需要掌握列车的日班/阶段计划和运行实际，掌握列车停靠股道，还需要为列车提供上水服务。

三、客运段的信息化需求

客运段主要为旅客提供列车上的服务，主要的服务部门有乘务科、车队、综合、多经等部门，作为旅客在铁路滞留时间最长的地方，其信息化越来越得到重视。

1. 乘务科需求

乘务科需要掌握列车运行图、日班/阶段计划和调度命令等信息，需要掌握车队人员情况，根据列车运行计划和车队人员情况组织和下达乘务计划，并根据车队反馈报告，检查乘务计划执行情况。

2. 车队需求

一个车队管辖多组列车，每组列车由列车长、列车员、广播员、餐车人员、乘警、机械师等组成，由列车长负总责。

车队需要根据乘务科下达的乘务计划和乘务员工作状态，编制具体乘务工作计划，并落实到具体的乘务人员。

列车长负责组织列车员、餐车人员等为旅客提供各种列车服务。列车长需要掌握列车的售票情况，对剩余席位进行营销；列车长组织查验车票，对无票或者与实际不符的乘客进行补票。按照客运管理办法，列车长要统计列车客流密度、分界口客流等。列车长与乘警一起保证列车安全，及时向上级汇报列车上出现的各种情况。当列车晚点时，应从调度系统获取晚点原因，并及时通告旅客。

3. 综合部门需求

综合部门涉及列车备品、餐饮、保洁等服务，备品是列车上使用的物品，如卧具、服务用品等；餐饮含冷链和热链。为了提高服务质量，降低成本，需要对服务用品和服务过程进行信息管理。

4. 多经部门的需求

多经部门负责列车上售货，应该对列车经营的商品统一管理，并借助 Wi-Fi 技术，将列车建成集商贸、服务一体的活动空间。

四、客票所和客服中心的信息化需求

1. 客票所需求

铁路局客票所主要负责客票票库的维护、始发列车的数据维护、客票销售的监管和客运营销分析。票库维护主要维护票额分配计划，根据调度命令调整票额，确定售票、返票时间等。始发列车维护包括车次、时刻表、票价等信息的维护。客票销售监管功能负责监视各站和代售点是否按规章售票。客运营销分析主要对客流、运能和实际售票量、趟车效益、各站(各售票点)售票情况等进行分析。

2. 客户服务中心需求

客户服务中心为旅客提供咨询、投诉、行程规划等服务，不但可以通过电话和邮件联系用户，还可以通过微信、短信、视频等多媒体手段为用户提供服务。

五、客运处的信息化需求

铁路局客运处首先掌握管内旅客的整体需求，包括对旅行速度、舒适度等需求，也就是对各种列车等级和席位的需求；组织站段通过客流调查、客流分析等方法获取需求，根据需求编制管内列车开行方案、行包运输方案、设计客运新产品、协调各站票额分配方案。

对铁路内部，客运处需要掌握管内客运职工动态，制订和宣贯客运管理办法，组织管内客运营销工作，组织管内旅客服务工作，处理意外事故，处理旅客的投诉和建议等。

六、铁路总公司营运部的信息化需求

客运处掌握管内客流，而铁路总公司营运部需要掌握全路旅客的整体需求，特别是干线和长途旅客的需求，包括对旅行速度、舒适度等需求，也就是对干线列车等级和席位的需求；组织铁路局通过客流调查、客流分析等方法获取需求，根据需求编制跨局列车开行方案、行包运输方案、设计跨局客运新产品、协调铁路局间票额分配方案。

对铁路内部，营运部需要掌握全路客运职工动态，制订和宣贯客运管理办法，组织全路客

运营销工作，组织全路旅客服务工作，处理意外事故，处理旅客的投诉和建议等。另外，还负责组织12306网站、12306客服中心方面的工作。

七、中铁快运股份有限公司的信息化需求

中铁快运承担全国铁路行李包裹运输工作，通过铁路客车行李车、快运货物专列、汽车等运输方式和遍及全国的经营网络，为客户提供全国铁路行李包裹运输服务，为全国上千个主要城市提供门到门快运服务以及包装、仓储、配送等全程物流服务。中铁快运建有行包管理的信息系统，将在第三章详细讨论。

第三节　客票发售与预定系统

上一节，描述了客运部门的信息化需求，在本节开始主要探讨如何实现这些需求。本章主要从客票发售与预定系统、铁路旅服信息系统、铁路客运段管理信息系统、铁路客户服务中心信息系统、铁路客运营销分析系统五方面讨论客运信息化。

一、铁路客票发售与预定系统（TRS）概述

铁路客票发售与预定系统（简称客票系统）于1995年开始建设，首先在深圳、上海、北京、广州开始使用。1996年，铁道部成立领导小组，开始统一建设；1996年完成1.0版本车站系统建设；1997年完成2.0版本地区联网建设；2000年完成3.0版本全国联网建设；为了客运清算的需要，2002年开发了4.0版本；为了席位复用，2005年开发了5.0版本；为了互联网售票的需要，2010年开发了新一代客票系统，2013年底，手机售票正式上线。

目前，系统日均发售700多万张客票，高峰时，日均可达1千多万张客票，其中互联网售票量已占总售票量的60%，而且，比例在不断增加。客票系统今后主要向售检票电子化、国际化方向发展。售检票电子化意味着互联网购票后可以直接上车；国际化意味着能与邻国互相发售车票，国际联运列车也使用电子客票。

二、车站客票系统的实现

1. 售票业务的实现

售票系统的核心数据是票额分配计划、客票票库和客票存根。票额分配计划描述了客票发售的策略，例如：不仅始发站能买到带席位的车票，沿途的车站也需预留一定的席位；再如：需要给放假的学生、回家的农民工、入退伍军人预留一定的席位。票额分配计划的主要内容包括日期范围、车次、车厢、席位范围、席别、始发站、终到站、售票站、发售策略等内容。

客票票库使用计算机模拟列车的席位，一个席位占用一条记录。主要内容包括日期、车次、车厢、席位、席别、始发站、终到站、售票站、发售策略、状态等，其中，状态位指示了席位“未

售”、“占用”或“售出”。一般情况下，按照票额分配计划每天生成一次票库（席位为“未售”状态），通过配置参数可以决定每天生成票库的时间和生成哪些天的票库。当客流发生变化或者需要更换车辆，就会导致票库的变化，需要客运调度发布调度命令，例如加挂、甩挂、列车停运、更换车底等；各种调度命令都有相应处理程序，如果生效日期已经生成票库，则立即执行相应的调度命令处理程序（如加挂处理、甩挂处理），否则，等待生成票库后，再自动执行处理程序。

计算机售票的业务流程：售票员根据旅客的要求，在计算机上输入乘车日期、车次、发站、到站、席别、票种、张数后，发取票命令，计算机根据输入信息到票库中取票，如取到票，则将票库中相应席位置成“占用”状态，计算票价，并显示取票结果（日期、车厢号、席位号、票价）；在旅客付款（包括 POS 机刷卡）后，发印票命令，并将操作员的信息、旅客身份信息、席位信息、票价及清算的信息记入售票存根，席位状态置成“已售”。其业务流程描述如图 2-1 所示。

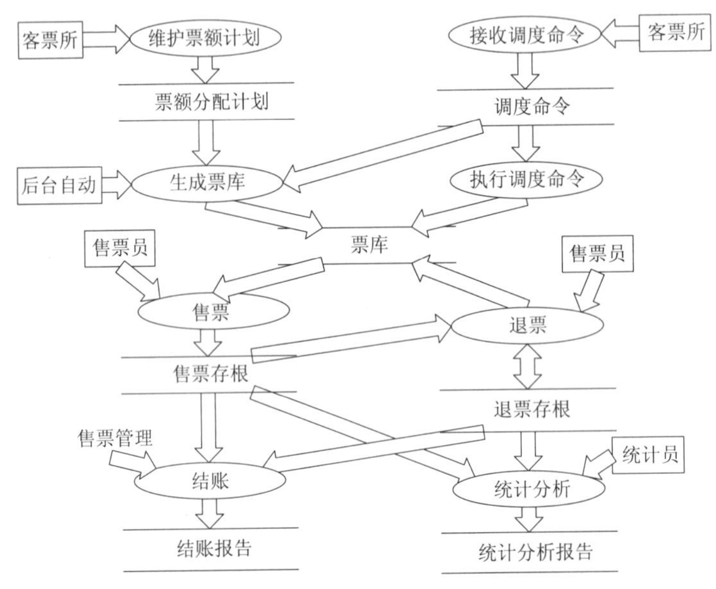

图 2-1　计算机售票主要业务流程

图中说明了客票所维护票额分配计划，根据票额分配计划生成票库，根据调度命令调整票库，售票员输入购票信息后，从票库中取票、印票，生成售票存根，售票管理人员根据存根结账，统计人员根据存根生成十八点统计报告。在售票过程中，需要选择车次、发到站、席别、票种，需要计算票价，这就需要使用和维护相应的基础数据字典，例如列车车次目录、车站字典、席别字典、票种字典、基础票价字典等。

2. 退票业务的实现

计算机退票的业务流程：售票员通过扫描条码将车票信息读入到计算机机内，计算机根据所读信息到服务器检索相应的售票存根和退票存根，如果找到退票存根，且有效，则说明票已

退过，不能再退；否则，如果检查有售票存根且存根信息正确，售票员输入退票理由，计算和核收退票款并记退票存根，票库中席位的状态从“已售”改为“未售”。

3. 电话订票业务的实现

电话订票的业务流程分成两个阶段，第一个阶段：售票员接听旅客电话，根据旅客的购票要求，在计算机上输入乘车日期、车次、发站、到站、席别、票种、张数后，发取票命令，计算机根据输入信息，到票库中取票，如取到票，则将票库中相应席位置成“占用”状态，并显示取票结果（日期、车厢号、席位号、票价）；确定旅客要票后，将取票结果保存到订票存根，并显示取票号码，向旅客报告取票号，将票库中相应席位置成“已售”状态。第二阶段：在代售点取票，输入取票号后，从订票存根中取票，并显示取票结果（日期、车厢号、席位号、票价）；在旅客付款后，发印票命令，并将操作员的信息、旅客身份信息、席位信息、票价及清算的信息记入售票存根，订票存根的状态从“订票”变成“已取”。如果旅客未按规定时间取票，席位自动返回到客票票库，意味着作废订票存根后，将相应席位置成“未售”状态。

4. 结账业务的实现

售票员本班结束时，要清点票款并作为实交款输入到计算机，计算机根据售退票存根进行财务结账，并累计机内的票款作为应交款，当实交款和应交款相等说明售票的账目正确。每天财务人员为售票人员打一张本窗口的财收四报表，作为结账的依据。

5. 统计业务的实现

票库反映了列车的运能和席位剩余信息，售、退票存根反映了交易信息，存根中包含了列车信息、售票人的信息、买票人的信息、财务收入和清算信息等。根据票库和存根，可以实现客运基本统计功能，例如可以打印各车站或者售票员售票情况；统计列车发送人数、各席别售出张数；打印十八点统计报告；打印乘车人数通知单或者直接将乘车人数通知单通过站车无线传输系统传给列车长。

6. 票卷管理业务的实现

票卷是打印车票的票纸，经过防伪处理，通常一卷是一千张票，所以对票卷管理尤为重要。当车站从收入部门获取票卷时，应进行“入库”操作；售票员需要新票卷时，应进行“请领”操作，将票卷装到制票机上，进行“在用”操作，本卷票卷全部打印完后，进行“用完”操作，不再使用的票卷要进行“作废”操作。每天结账（财收四）报表要记录使用和作废的票卷号码，财务和收入部门审核票卷使用与发放是否一致。在售票员交接班时，需要交接和记录在用的票卷号。

7. 径路计算业务的实现

对于不能直接到达目的车站的旅客，需要在途中进行中转换乘，中转的车站叫换乘站，所购买的车票叫通票。由于旅客购买通票在票价上享受递远递减的优惠价率，在乘车上享受先中转后始发的优先发送政策，所以，中转换乘的径路计算是客票的重要部分。

径路程序包括径路生成和径路维护使用两部分。径路生成是以一个站为起点，使用 K 最短路算法生成到全国所有车站 N 条径路和相应里程，在从这 N 条径路中删去没有列车经过和明显不合理的径路，将这些到站、径路、里程保存到数据库中，当售票员发售某一到站的通票时，计算机会从数据库取出到站的所有径路供旅客选择，旅客可以选择换乘次数最少或者里程最短、最便宜的径路。

优化的方法是预先计算好结算站（一般为路网的节点）之间的径路信息，将结算站径路信息复制到所有车站服务器。当有径路计算需求时，通过首乘车次，计算得到发站与换乘站（结算站）间的径路信息，再从径路信息表中搜索得到换乘站至到站（最近的结算站）的 K 条最短路径，二者做笛卡儿积，即得到所求径路信息。

8. 票价计算业务的实现

票价计算是在给定列车车次、乘车日期、发站、到站、票种及席别的条件下计算普通票票价、通票票价、中转票价。其中列车车次确定了列车等级，乘车日期反映了票价的时间属性，发站和到站反映了计算里程，票种和席别反映计算条件。以普通票票价计算为例，普通票价由基础票价、加快票价、空调票价、卧铺票价和附加费相加而成。基础票价的计算：根据席别和里程查表得到基础价和浮动价，汇总基础价和浮动价，再根据票种进行优惠，如果一列车次经过多段地铁，由于地铁票价和国铁票价计算方法不一样，需要分段进行计算后，汇总得到基础票价。加快、空调、卧铺票价和基础票价计算方法类似；附加费由卧铺订票费、软票费、车站空调费、季节浮动费相加而成，其中，季节浮动费可以是零或负数。

三、系统结构和关键技术

1996 年客票系统最初的设计是铁道部、地区、车站三级数据库结构，随着票额的集中，逐步变成了铁道部、铁路局两级数据库，而且，今后会发展成铁路总公司一级数据库结构。

但是，数据库的集中并不意味着票库的集中，为了支持大并发的访问策略，课题组当时就意识到必须采用分库、分表的票库结构。其架构描述如图 2-2 所示。

从图中可以看出，系统上层是铁路总公司层，主要承担基础数据维护和营销分析；中间是铁路局层，主要负责票库的维护，车站数据库也全部集中到铁路局；下层的车站只有售票管理机、窗口售票机、自动售票或者取票机等。

整个系统间的联系由数据库复制中间件、连接管理服务器（CTMS）和数据库通信中间件（DBCS）构成，它们分别支持复制、连接交易管理和数据传输。

1. 数据库复制技术

为了保证整个系统基础数据的一致性，铁路总公司客票中心作为基础数据维护的唯一数据源，铁路局客票所负责维护各个铁路局的管内车次，铁路总公司负责维护路网和径路数据，维护的数据通过总公司中心复制到各个铁路局和车站的数据库。如果铁路总公司基础数据发生变化，各铁路局和车站的基础数据也同时发生同样的变化。

2. 连接交易管理服务器

连接交易管理服务器（CTMS）是专门为客票系统实现分布式访问控制而自行开发的中间

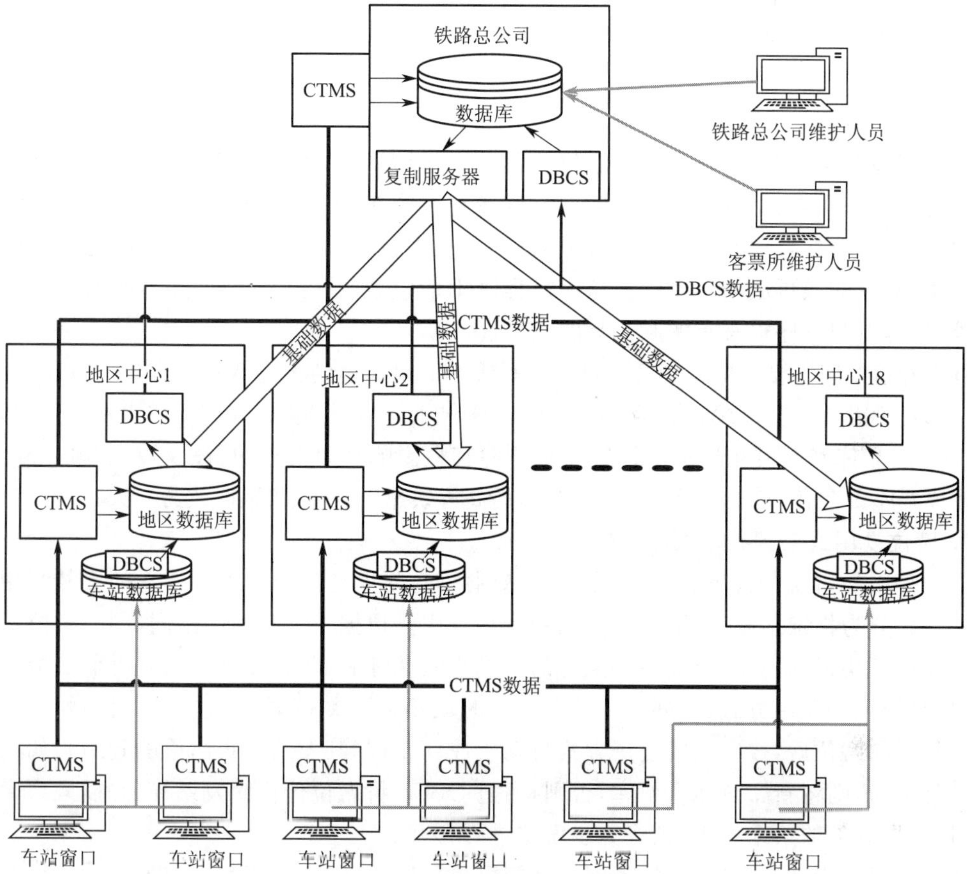

图 2-2　客票系统架构

件产品，实现的主要功能是并发交易管理和交易向导。如果一个旅客想买车票，首先，客户端发送请求到车站的 CTMS，车站的 CTMS 定位请求的车票所在的铁路局，并建立客户端与相应铁路局数据库的连接，将交易请求通过 CTMS 发送至相应铁路局的数据库。同样，如果铁路总公司的管理人员需要查询车站或铁路局数据，客户端发送请求到总公司的 CTMS，铁路总公司的 CTMS 建立与铁路局或车站之间的数据库连接。CTMS 支持票库分成多库多表，支持高并发访问，支持数据库和设备的动态扩充，只需配置参数，不需修改程序。

3. 数据库通信中间件

数据库通信中间件（DBCS）提供了分布式数据库之间的数据交换，目前交换的数据包括计划、席位、调度命令、存根和统计数据，也可以通过定义增加其他需要交换的数据。特别是存根数据，每售出一张车票，存根立即被传到铁路总公司，铁路总公司可以实时掌握全路每个车站的售票张数和客运收入情况。

所有的数据交换都依据自己定义的规则，可以灵活变更数据交换定义，同时数据传输过程中采用加密和压缩技术。DBCS 具有通信效率和可靠性高、透明性好、安全性和灵活性强等特点。

4. 票库取票策略的实现

若旅客买 3 张硬铺，应该是 1 个席位的上中下；若买 4 张软卧，应安排在 1 个包厢中；取票策略就是针对一次多张票的请求，返回席位尽量在一个车厢中，且席位间距离最近。实际上，每次票库取票，取票程序要锁住 2 倍以上的车票，从中挑选出最合适的席位，把选中席位标志改为占用，其余的票再放回票库中。这个过程既不能重票，也不能丢票，又不能死锁。为了防止意外，设有专门程序检查重票和交易的完整性。

针对春运期间需要支持高并发访问的问题谈一下票库表结构的变化过程，最初版本的票库和存根都是一天 1 个表，32 MB 内存的 PC 服务器，支持一个大站，访问速度非常快。所以，在客票 1.0 版本，票库和存根都改成 1 个表，造成删除存根影响客票发售的事故频发，为此，客票 2.0 版本改成票库 1 个表，存根一天 1 个表。为了提高售票速度，应该将票库改为一天 1 表。

5. 席位复用或票额共用策略的实现

席位复用是指席位售出后，下车站不为终到站时，对席位进行二次或多次的重复利用。席位复用方式分为指定站复用、下车站复用和全程复用。根据上下车站的不同，同一席位可多次复用。席位复用根据列车等级、售票渠道的不同设置为不同的复用方式。当列车未指定复用方式时，采用默认复用方式；当列车在某一特殊时段不需要复用时，设置为复用例外。当售出一张可复用的席位后，按席位的复用方式自动生成新席位(其发站为售出票的到站)，如果新的发站还是本局，则将新席位插入票库，否则，通过 DBCS 将席位传输到发站局，并插入票库。当退票时，如果分裂的票未售出，则将分段席位进行合并。

票额共用是指席位未售出时，不同车站间可争抢同一席位，即当列车前方站的席位在该站开车前还有剩余时，可供后方站继续发售。票额共用根据列车各停靠站之间席位的发售特点，采用不同的共用策略。共用策略包括共用的日期、共用的时间、共用的席别、共用的发售策略等。当列车没有制定指定共用策略时，将采用默认共用策略；当列车在某一特殊时段不需要票额共用时，可设置为共用例外。具体实现是票库取票时，根据共用策略放宽取票的条件。

票额共用和席位复用有效地结合，极大地提高了列车席位的利用率和票额使用的灵活度，也在一定程度上增加了客运经济效益。

6. 余票库的建立

每售出一张票的同时，余票减一；每生成一张票的同时，余票加一。设计之初，由于票库处理逻辑复杂，余票数总是不准，后改由触发器生成余票库，结果就很准了。在客服中心系统中，特别是互联网售票中，需要查询余票库，处理办法是将各个铁路局的余票统一复制的总公司的余票库。由于余票库的访问量是票库取票次数的百倍，为了提高处理速度，将余票库数据同步到内存数据库，甚至同步到阿里的云平台以应对大并发访问的压力。

四、铁路局客票功能的实现

铁路局系统的软件主要包括车站售票情况监管、基础数据维护、计划管理、客运营销分析等功能。

1. 车站售票情况监管

车站售票情况监管包括售票管理、生产监控、日志监控、信息查询、业务处理和传输监控等功能。售票管理主要完成本级和联网车站终端和操作员定义、授权控制、参数设置、优先级分配等。生产监控主要处理售票过程的各种异常，例如压票、重票检测，压票指票库中状态长期被占用(未售出)的席位。日志监控监视各种操作日志，例如基础数据维护日志、票额调整操作日志、与调度、旅服等系统交换数据接口日志等。信息查询包括各类存根查询、互联网定义信息查询、电子票信息查询、非现金交易信息查询、实名制购票信息查询等。

业务处理主要集中在铁路局，处理内容包括：实名制购票资格管理、压票返库、互联网压单处理、对窗口及操作员的实时加解锁。传输监控实现从车站到铁路局中心、再到铁路总公司或其他铁路局整个数据传输过程的监控，监控的数据包括存根类、票库类、车站财收类，互联网支付、实名制购票、改签结账等数据。

2. 基础数据维护

要维护的基础数据分成三部分：路网信息、车次信息和票价信息。路网信息包括铁路局、车站、线路、区段、分界口以及与它们关联的信息等；车次信息包括列车目录、列车时刻表、列车编组等；票价信息包括国铁票价里程表、地铁票价里程表、上浮票价等。这些信息又可分成与车次有关部分和与车次无关部分。路网信息与车次无关，列车时刻表信息与车次有关，票价信息基础部分与车次无关。一般来说，与车次有关的基础数据归铁路局维护，与车次无关的基础数据由铁路总公司统一维护。无论是铁路总公司维护还是铁路局维护，所有的基础数据最后都要统一到铁路总公司数据库，再从铁路总公司复制到各个铁路局和车站的数据库中。

3. 票额分配计划管理

本功能主要围绕票库的管理，包括生成票库的票额分配计划编制、票库生成、票库调整、票额调度、票额查询、客运统计等功能。

席位的管理模式采用了列车始发局全程管理、通过局辅助管理的管理模式。席位的存放模式采用了列车始发局集中存放，根据始发局列车存放需求，均匀分配到铁路局的数据中心设备上。票额分配计划管理由始发局所在客运处和客票所负责，包括基本计划和临时计划，基本计划是图定列车时刻表的车次，临时计划是临时加开列车的计划。客票系统提供了计划的编制、查询与修改功能，也提供了根据客流分析辅助编制票额分配计划的功能。

票库是根据票额分配计划生成的，票库生成管理功能可以控制票库生成的时间和生成的预售期数，位于后台的工作流程序根据系统的设定自动完成票库生成。票库调整一般根据客调下达的调度命令自动调整，也可以手动进行调整，例如将未售完的学生票转到公开销售。票额调度包括订票的返票时间、局间票额调度等，还包括制定席位复用、票额共用等售票组织策略。席位查询包括各种统计方式、统计口径的席位查询、余票查询、日志查询等。客运统计主要基于席位发售数据生成各种客运统计报表。

4. 客运营销分析

客运营销分析功能主要通过收集铁路局联网售票生产数据，完成上车人数、席位发售、分界口运送人数、区段客流密度、局间客流、预售情况、售票收入、代收车次加价、代收地方铁路、代收异地票收入等固定报表的统计，提供各种查询分析和辅助决策支持。

五、铁路总公司客票功能的实现

铁路总公司客票中心系统应用软件由基础数据维护、值班监控、综合查询、客运营销分析等功能组成。

1. 基础数据维护

铁路总公司主要负责路网数据的维护，包括铁路局字典、站名字典、线路字典、基本运价的维护。维护数据自动复制到铁路局和车站数据库中，以保证客运基础数据的一致性。

2. 值班监控

负责本级的终端和操作员的定义以及权限划分；监控铁路局中心的窗口和操作员定义；负责全路汉卡设备授权。

监控全路售票情况、各铁路局、各车站的售票情况、各次列车的售票情况；监控各铁路局席位销售策略、各铁路局票额分配策略、全路售票异常、售票窗口异常等。

互联网售票监控。监控互联网每个环节的在线人数，包括点击量、访问人数、余票查询数、取票数、支付数、交易成功数等。

监控售票网络、主机、数据库等设备的工作状态、访问量等。

3. 综合查询

综合查询功能主要通过快速检索技术提供车次、票价等客运基础信息的查询，并允许总公司级管理系统直接查询铁路局或车站各级系统的售票情况，掌握全路的票额动态。

4. 客运营销分析

铁路客票营销分析的需求主要是围绕客运和财务两大方面，通过统计、查询、分析、比较、挖掘、预测，为客运组织管理提供决策依据。营销分析系统的主要任务是联机分析处理(OLAP)，其关键技术主要有以下三点。一是通过DBCS采集售票、退票存根和运能数据传到总公司。二是数据重组，构建时间维、地域维、车次维、指标维、统计分类维等维表，形成面向主题的星型或雪花型数据模型；将管理和决策支持所需要的信息从DBCS上传数据中分离出来，进行清洗、整理、综合、概括，将分散的、难以访问的交易数据转换为集中统一、支持管理决策过程的、面向主题的、集成的、随时间变化的、持久的、统一的数据仓库。并创建了一些更加面向主题、易于符合业务需求的数据集市，如运能情况、发送量情况、预售情况、收入情况、上车人数、分界口通过人数、区段密度等，这种新的结构符合客运管理与决策的需求和习惯，便于报表制作和利于进行多维分析与查询。三是前台的数据展现，使用 Business Objects 和 Cognos 等智能分析软件作为前台展现的开发工具，通过最终用户与数据库之间的中间软件逻辑层、语义层的定义和多维分析技术，灵活方便地访问数据仓库或数据集市，实现了自由报表的制作和灵活的数据钻取、切片、旋转等多维分析，为用户提供了一个集报表、查询、在线分析为一体的、图形化的客运营销分析界面。

六、互联网售票功能的实现

互联网的购票流程包括注册、登录、余票查询、购票、支付、改签、退票、订单处理、短信通知等功能，其流程如图 2-3 所示。

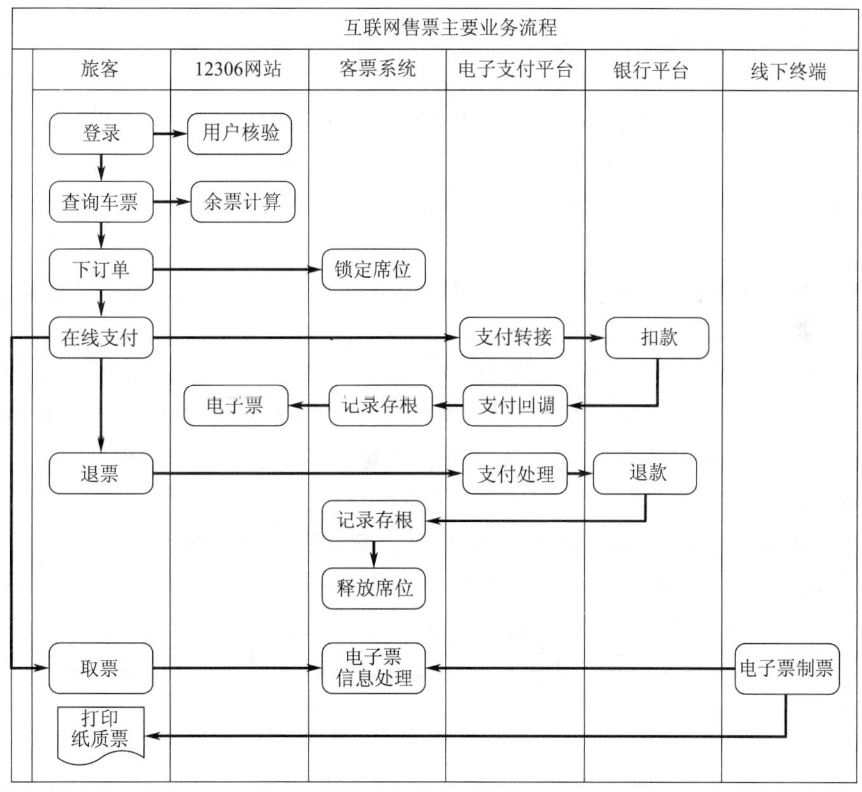

图 2-3　互联网售票流程

1. 用户注册

购票的旅客均在互联网上进行实名注册，注册时提供姓名、性别、证件号码、常住地、邮箱地址和手机号等信息，对可检验号码的证件与公安联网进行有效性校验，保存用户信息。用户需使用邮箱或手机短信校验方式做激活处理后，方可进行网上购票。

2. 用户登录

旅客在 12306 上进行购票前必须使用注册用户登录，登录过程中需通过验证码机制防止网络机器人注册攻击。用户登录成功后，如果长时间未进行操作，系统将强制注销用户的登录状态。

3. 余票查询

注册用户填写具体的日期、时间段、上车站、下车站、车次、席别、票种和张数等信息，系统自动搜索车次信息并进行余票数量检查，最后将满足条件的车次显示给旅客，供旅客购票选择。

4. 购票

旅客选定车次确定购票时，需要正确填写乘车人信息，互联网售票全部施行实名制购票。为加快乘车人信息填写速度，系统提供常用联系人功能，只要是订票人曾经录入过的旅客均自动成为订票人的常用联系人。当乘车人信息填写完成后，系统自动向客票系统发起购票申请，席位占用成功后，显示车票订单信息，包括日期、车次、车厢、席位号和票价。

5. 支付

旅客根据申请车票的票价，选择进行网银支付，系统转接铁路电子支付平台，旅客输入账号和校验密码完成支付。电子支付支持银行卡、支付宝、中铁银通卡、第三方支付等多种电子支付手段。对于支付成功的订单，生成实名制电子客票，提供订单号给旅客，方便旅客取票。

6. 改签

对于互联网上成功购买的电子客票，旅客因故需改签旅行计划时，在规定时限内，可在互联网上办理改签。低改高时，全额支付新票款、全额退原票款；高改低时退差价票款。

7. 退票

旅客因故需取消旅行计划时，在规定时限内，可在互联网上办理退票，并按相关规定收取一定比例的退票费，余额退还旅客，退票费报销凭证可到车站退票窗口领取。

8. 订单处理

对于支付成功的订单，转换成电子客票，这部分订单保留到一定期限后自动转成历史订单。对于逾期不支付的订单，为避免席位虚靡，须尽量减少席位被占用时间，系统根据业务部门制订的时间规则进行判定，确认为可返库订单，则将车票返库，并将订单置为返库状态。此类订单也保留一定期限后自动转成历史订单。提供以注册用户为查询条件的历史订单信息查询、电子票处理等功能。

9. 短信通知

在铁路客户服务中心设置短信服务平台，实现与电信运营商的接入。旅客成功订票及支付后，采用短信息的方式，将购票成功和温馨提示的短信发送至旅客手机上，购票成功信息包括流水号、乘车日期、车次、发站、到站、车厢、席位、开车时间等信息。

在乘车前提示旅客，其电子票对应的开车时间、预计到站时间、停靠站台等信息；购票过程中，如果旅客没有立即支付，在取消席位前发送短信提示其尽快支付等。

10. 线下取票

旅客在线购票成功后，可选择在代售点、车站窗口、自动售/取票机等线下终端，使用乘车人证件号码或订单号完成电子客票换取普通纸质车票的业务。换票成功后电子客票生命周期立即结束，不可以在线(互联网上)办理退票、改签业务。旅客可在具备自动检票闸机或手持检票设备的车站办理电子票联机检票业务，实现全过程的无纸化乘车。

七、手机售票功能的实现

1. 功能与业务

与互联网售票一样，主要实现网上订票、改签和退票业务。其处理过程：(1)注册功能，通过手机客户端可以注册为购票用户；手机售票和互联网售票共享注册用户，在一个系统注册的用户可以在另一个系统使用；通过手机客户端注册用户，即 12306 网站的用户。(2)用户登录，需要先登录到 12306 网站手机购票系统，才可以订票操作。(3)余票查询，通过手机客户端选择日期、车次、发站、到站等信息，旅客可以查询预售期内该车次的余票信息。(4)购票，旅客通过手机客户端，确认购票车次，返回订单和票价信息。(5)支付，选择支付银行，通过手机进行支付。(6)订单查询，查询未完成订单，可以选择支付或者取消订单；查询出的已完成订单，可以选择改签或者退票。(7)个人资料维护，用户可以对个人资料、常用联系人、密码等资料进行维护。

2. 手机的安全管理

手机售票必须保证终端安全和升级服务。课题组采用客户端访问的安全防护、版本管理、跨平台兼容性处理、数据分析和状态监控。安全防护针对客户端篡改、非官方客户端接入等进行安全检测和访问控制；版本管理实现客户端程序进行版本管理和自动更新，对于业务逻辑的调整可增量升级；跨平台兼容性处理实现对不同客户端平台不同数据的兼容性处理；数据分析实现对手机终端的关键数据进行行为分析和深度挖掘，提升用户体验；状态监控实现对系统运行进行实时状态监控。

除了手机售票外，还有自动售票机售票、取票等。其原理与窗口售票过程一致，区别是自助服务，所以就不再重复。

第四节　铁路旅客服务信息系统

铁路旅客服务信息系统主要包括铁路车站旅客服务信息系统和铁路客户服务中心信息系统，本节主要论述车站旅客服务信息系统。

一、铁路车站旅客服务信息系统概述

随着高速铁路快速发展，车站旅客服务信息系统(简称旅服系统)也在不断发展变化。旅

服系统经历了分立系统、部分集成、车站集成、大站带小站、铁路局集中管控等模式。早期的旅服系统都是分立系统模式，即到发通告、车站广播、车站引导显示、安防监控、旅客查询、时钟等各个功能分立运行，车站有块投资就上个功能。1988年天津站开通到发通告系统，称为部分集成模式，指旅服系统的部分功能集成、部分独立运行的模式，一般以列车到发通告信息为驱动，为部分旅客服务功能（广播、引导显示等）提供有关行车信息，而视频监控、旅客查询、时钟等功能仍独立运行。2006年，上海铁路南站首先建立一体化的集成管理平台，设置集中的应用和数据库服务器，到发管理、客运广播、引导显示、视频监控、旅客查询等功能在统一网络平台上构建，实现信息共享、系统联动，称为车站集成管理平台模式。2008年京津城际铁路通车，也采用了车站集成管理平台模式。2010年沪宁城际铁路开通运营，旅服系统第一次提出并实现了大站代管小站模式，在大站设置集成管理平台，小站仅设置应急服务器及接口服务器；在大站的综合监控室可实现对本站及代管小站旅服系统的集中管控；在小站客运值班室设置简化业务操作终端，实现应急模式下对本站旅服系统的管控。2011年原铁道部正式下发铁运〔2011〕72号文件，针对广深港、哈大、京石武、汉宜、杭甬、宁杭、津秦、武咸等在建客运专线的旅服系统提出采用铁路局集中管控模式；即在铁路局统一设置集成管理平台，统一指挥和管控管辖范围内车站旅服业务，在各管控车站设置应急管理平台，主要包括应急处理服务器及旅服终端控制器，可根据业务需要，在大型车站设置车站级集成管理平台。

铁路局集中管控模式的建成，实现了客运设备间高度的协同作业和信息共享，减少了客运人员的劳动强度，体现了旅服系统以人为本的服务理念。

二、旅服系统总体架构

铁路旅服系统由铁路总公司、铁路局、客运站三级构成。其系统结构如图2-4所示。

铁路总公司级旅服系统建在铁路客户服务中心系统平台上，主要负责提供综合服务信息以及基础数据维护。铁路局级是旅服系统的核心指挥层，主要采集列车和旅客服务需要的信息，指挥协调车站设备为旅客提供优质服务和保证旅客出行安全。车站级是执行层，具体实施旅客服务功能。

铁路总公司级设备配置包括数据库服务器、应用服务器和接口服务器；铁路总公司数据库收集了客货运输、站场引导、铁路沿线旅游、宾馆、饭店、交通换乘等服务资源，以及铁路服务设备、服务人员信息，对信息进行分类、整合，提供旅服系统统一的信息服务资源；特别是通过接口服务器统一收集调度系统、客票和行包数据，作为旅服系统的动态数据资源。

铁路局级的设备配置也是数据库服务器、应用服务器和接口服务器，数据库和应用服务器组成铁路局集成平台。车站配置具体的引导、广播、查询、监控等设备，铁路局集成平台通过车站的接口控制器直接控制车站设备，为提高系统可靠性，车站还配备了应急平台。

集成平台位于整个系统的核心，起着承上启下的作用。所以，就先从集成平台开始说起。

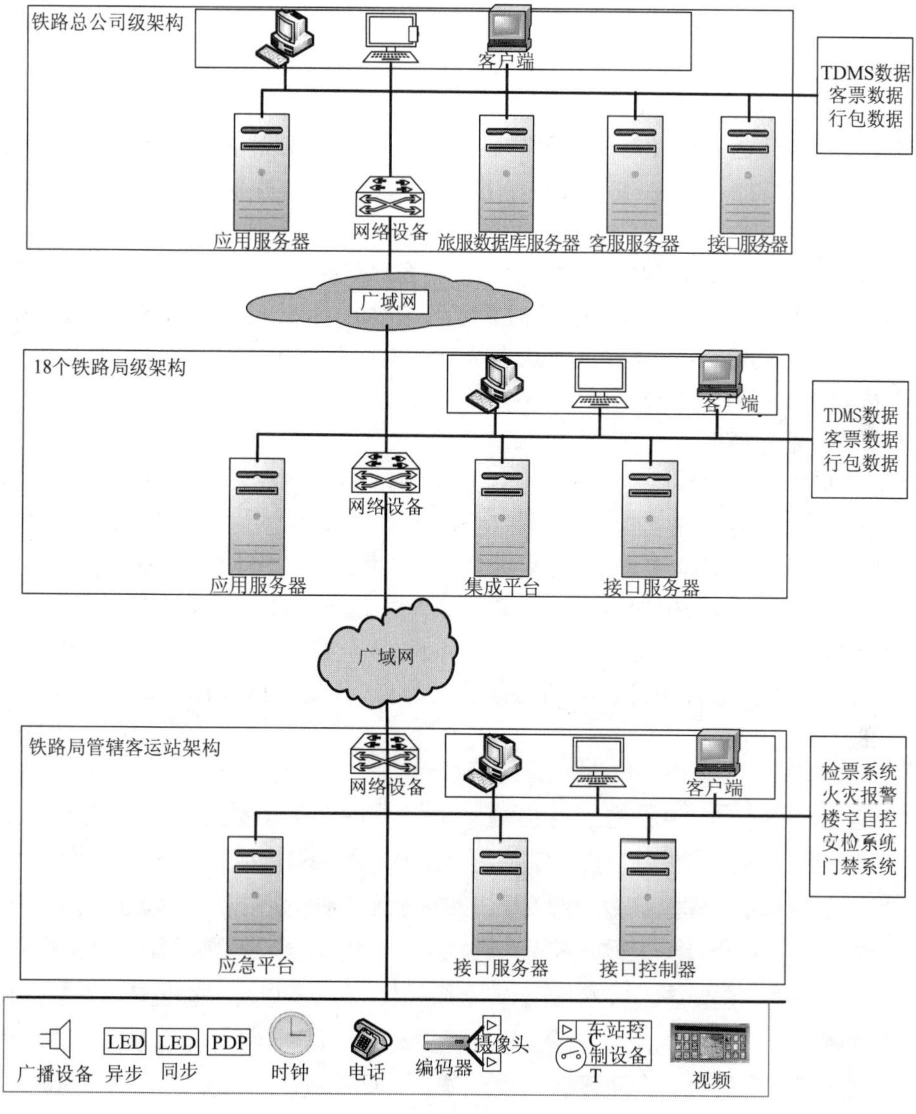

图 2-4　旅服系统总体架构

三、旅服系统集成管理平台（简称集成平台）

旅客服务信息系统通过集成平台将列车到发通告、旅客引导、语音广播、检票、旅客综合查询、有线电视、视频监控、GPS 时钟、综合监控等服务功能统一集成起来，为旅客提供准确的服务。它是如何集成这些功能呢，下面分六方面进行说明。

1. 集成平台是数据交换平台

旅服系统需要通过集成平台与调度系统、客票系统和行包系统交换数据。从调度系统应该获取计划和实际的列车运行线,计划运行线又分成日班计划、阶段计划,日班计划是提前一天编制的计划,阶段计划是提前若干小时编制的计划;运行线数据内容主要是每趟列车经过每个车站的到达和出发时间、所停站台;列车调度员根据计划运行线指挥行车,列车运行后产生实际运行线。如果列车晚点了,旅服系统应该知道列车晚点的时间和原因,作为检票、广播的依据。

从客票系统应该获取列车时刻表,因为这是旅客乘车的承诺时间;还应该获取本站上下车的全部旅客车票信息作为检票的依据;实时获取各车次的余票信息,作为乘客购票的依据。

从行包系统应该获取到达本站或者从本站出发的所有行包信息,通过获取行包的追踪信息,旅客可以知道自己行包的位置。

2. 集成平台是计划平台

铁路运输指挥主要围绕着列车,作为客运车站就要围绕列车编制接发列车、接送旅客的工作计划。应该针对每个客运员、每一设备(如检票设备、广播设备、引导设备)编制计划,但是,由于车站的设备众多,导致计划太复杂;解决的办法将同类设备定义为服务资源,然后针对每一资源做计划,例如将检票口和检票口上面的 LED 屏幕及广播作为一个资源,将 1 号站台和站台的 LED 屏及广播作为一个资源,每个客运班组作为一个资源。可以根据列车的到发、检票或者站台接发旅客的时间编制计划,计划可以使用图形或者表格,如图 2-5 所示。

资源定义	8:00	9:00	10:00	11:00	12:00	13:00	14:00	15:00	16:00	17:00	18:00
1号检票口	T1次列车	K11次列车		1235次列车	1357次列车		D1次列车	Y3次列车		Z11次列车	
2号检票口	T3次列车	K13次列车		1355次列车	1389次列车		D7次列车	Z33次列车		D9次列车	
3号检票口	T5次列车	K15次列车		1577次列车	1899次列车		D51次列车	Z35次列车		D331次列车	
4号检票口	T2次列车	K12次列车		1366次列车	1242次列车		D2次列车	Z66次列车		K122次列车	
5号检票口	T4次列车	K14次列车		1588次列车	1766次列车		D8次列车	Z88次列车		T98次列车	
6号检票口	T8次列车	K18次列车	1234次列车		1988次列车	D12次列车		Z56次列车	T16次列车		
第一客运组	T2次列车	K12次列车		1366次列车	1242次列车		D2次列车	Z66次列车		K122次列车	
第二客运组	T4次列车	K14次列车		1588次列车	1766次列车		D8次列车	Z88次列车		T98次列车	
第三客运组	T8次列车	K18次列车	1234次列车		1988次列车	D12次列车		Z56次列车	T16次列车		

图 2-5　集成平台的资源计划

计划的横轴是时间,纵轴是资源;对纵轴上每个资源的工作时间划条横线,例如 1 号检票口检票时间从 8:30 到 9:00,检票车次是 T1 次列车,则资源 1 号检票口划线从 8:30 到 9:00,

线上写下到达的车次，表格法类似。

计划可以人工编制，也可以自动编制、人工调整。编制的方法是：各站依据经验定义检票时间、送站时间、接站时间等字典，根据调度所下达的列车日班计划和字典预先生成资源的日班计划，再根据调度的阶段计划进行动态调整。对应每个资源再细化到每个设备的计划。

编制计划后，需要进行冲突检测，所谓冲突是指一个设备在同一时间分配多个不同任务。由于一个设备分配到不同资源中导致冲突，检测的方法是针对每个设备检查所在多个资源是否时间上有重叠。重叠的处理方法：一是高优先级覆盖低优先级任务（例如上车任务优先下车任务、将开车任务优于普通任务）；二是同优先级按时间顺序执行；三是为任务划分时间片轮流执行；四是调整重叠的计划。

通常列车应该严格按照计划执行，车站的岗位和设备也应该严格按计划执行；但是，实际工作中，经常发生一些特殊情况，使车站岗位和设备不能按计划执行；例如因为机车故障造成列车晚点。这时就要执行例外计划，晚点的例外计划包括在广播和LED中，显示致歉信息和晚点时间、晚点原因等。每一个正常的计划都有例外计划对应，正常计划和例外计划共同组成资源计划。

3. 集成平台是计划执行平台

当收到准确的列车到发通知后，开始执行计划，计划对应资源，资源又对应到设备，最终形成对设备的控制指令，控制指令的执行序列称为指令集。计算机根据资源和设备关系表及旅客的需求，将计划转换成指令集（例如检票计划分解成检票机指令："×××列车检票、检票时间"，候车区广播指令："通知开始检票、广播播放的速率和次数"，区域LED指令："显示×××列车开始检票、显示时长等指令"）；然后将集合中逐个指令发布到相应的设备上，集成平台读取设备执行的反馈结果，根据反馈信息，集成平台变资源的计划线为实际线；如果反馈结果有问题，集成平台应立即通知系统的维护人员。

除了固定的计划之外，经常有一些临时性的任务，例如临时性的通知、寻人启事等，集成平台也将这些任务转换成指令集，然后，控制设备执行。对某些集成平台难以完成的任务，车站的管理人员可以直接操作设备，集成平台的任务就是通过信息共享减轻车站客运人员的劳动强度、提高工作效率。

4. 集成平台软件架构

集成平台软件由三层架构组成，下层是数据模型层，上层是应用层，对外是接口层。模型层是集成平台的核心，模型一是组织机构模型，模型描述了组织机构及其岗位间的职责和权限，支持铁路局各部门和车站间互联互通，保证了部门间、岗位间按照权限范围协同工作。模型二是车站设备服务模型，描述了各个设备所在车站区域、服务关系以及与资源的关系，是编制资源计划和执行资源计划的基础。模型三是各个应用场景模型，描述了在资源的特定场景下计划怎样转换成指令集，以及指令集执行的条件。例如，对于到达列车应用场景，确认邻站发车后，生成指令集，先生成站台和接站的广播指令，再生成旅客出站的引导指令，然后，再下达检票的指令；最后，根据车站设备服务模型决定指令集具体发到的设备。模型四每类设备发布信息的模板，模板包括静态部分和动态部分，静态部分是固定显示或广播内容，动态部门是像“车次”、“站台”等按计划变动的内容。总之，数据模型描述了铁路车站各个应用场景计划转变为指令，控制旅服设备工作的关系。

应用层实现了集成平台的主要功能。应用层分成三层，基础层是由各种服务组成，包括维护数据的服务、记录和查询日志的服务、执行控制指令和检测返回状态的服务、维护地图数据的服务等。第二层是由各种计划和场景组成，场景层负责按计划组织各种服务和数据，形成应用功能，例如列车到发通告功能调用获取列车的数据，当判断列车将要到达时，形成发广播指令，发 LED 指令，发通知客运人员接车指令。最上层是界面层，包括旅客的服务界面和工作人员的管理界面，例如计划的维护和执行界面，场景的维护界面等。

接口层实现了对旅服终端设备的控制功能。接口层首先为各前端设备定义统一的控制协议，可以驱动不同设备厂家的前端设备来执行各种应用场景的设备动作，并将执行结果通过通信层反馈到控制终端上，由于有了统一的控制协议，使得在同一系统内同时使用不同设备厂家的设备成为可能，也为今后的升级扩展奠定良好的基础。其次接口层应该具备完善的设备网管能力，可以实时调整各设备前端设备参数、实时监控所有设备的工作状态，如果设备发生故障，能够向控制终端报警。

平台提供全面的用户控制能力，包括配置和控制两部分功能。配置功能包括配置车站基础数据、配置车站设备服务模型参数、设置车站业务应用场景、设置电子地图、设置网管逻辑图、设计显示模板和语音合成模板等功能。控制功能包括控制计划执行、接收执行反馈信息、查询日志、启动应急预案、查看现场视频和历史录像、启动电子地图、查看设备网管状态、启动小区广播、发布车站公告、控制报警系统、统计分析等功能。

平台还提供数据复制、数据交换功能，铁路总公司的基础数据，例如路网数据、列车数据同步复制的各铁路局集成平台；在集成平台上维护的车站基础数据，例如车站平面图、车站概况、车站交通路线等信息均集成到铁路总公司的旅服系统中。

5. 集成平台的管理方式

集成平台业务功能由铁路局客运部门负责；调度所设置旅服台，负责集成平台列车运行信息的准确性；各车站在集成平台上维护本站的数据，包括车站资源设备关系、车站通道结构、换乘方式、交通路线等，关键服务数据将同步到铁路总公司和其他铁路局的集成平台，以满足联网服务的需要，同时同步到本站的应急服务器，以满足应急管理的需要。

车站各岗位还需要在集成平台编制本岗位管辖的人员和设备的工作计划，监视计划的执行结果，并在平台上进行统计分析；查询终端从集成平台获取数据；总之，集成平台保存车站所有客运过程数据，所以，应该是各铁路局信息部门重点维护的信息系统之一。

6. 集成平台的应急管理

为每个车站配备应急设备，对于大站配备应急服务器，对于小站可以在终端上安装数据库，集成平台上的车站数据可以自动备份，也可以手动备份；可以自动恢复，也可以手动恢复。当发生故障时，切换到应急服务器，指挥车站设备工作。

四、检票功能

虽然，自动检票设备已经在地铁普遍使用，但是，直到2000年，我国铁路才在一些大站安装基于一维条码的自动检票机，但由于检票的识别率问题，造成这些自动检票机使用效果十分不理想。与城市交通不一样，我国铁路车票兼作报销凭证，属于一次性使用，如果使用非接触卡，会增加铁路的售票成本。所以，目前客运专线使用了磁介质纸票，普通客站还在使用条码的纸票。有些特种车票，例如小孩票需要检测身高，学生、伤残军人、铁路员工等需要检查证件的特种车票都不适宜自动检票。

铁路旅客自动检票系统由检票服务器、检票机、管理及监控终端等组成，设备之间通过局域网进行互联，其结构如图2-6所示。

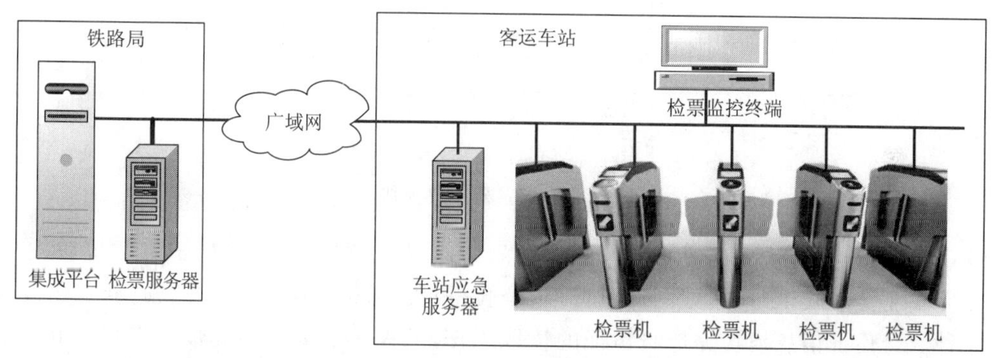

图2-6 自动检票系统结构

检票服务器采用双机热备，一套检票服务器可以对应多台检票机(检票机可安装在不同的进出站口或不同车站)。目前，检票服务器已经采用铁路局集中的模式，车站只配置应急服务器。车站的管理和监控终端负责管理检票计划和监视检票机的工作状态。检票机承担了读取和验证车票信息，控制乘客通行的工作，主要功能包括：读取车票磁介质信息；对车票信息解码；对车票进行有效性检查；根据检查结果，控制闸门开启或关闭；在数据库中记录检票结果信息；利用声光提示，报告车票的合法性或者特种车票；利用检票机通道中设置的通行检测传感器检查通道中的乘客行进状态，控制乘客通行。对中铁银通卡，还需进行票务、扣款等操作。

检票机主要模块构成如图2-7所示。

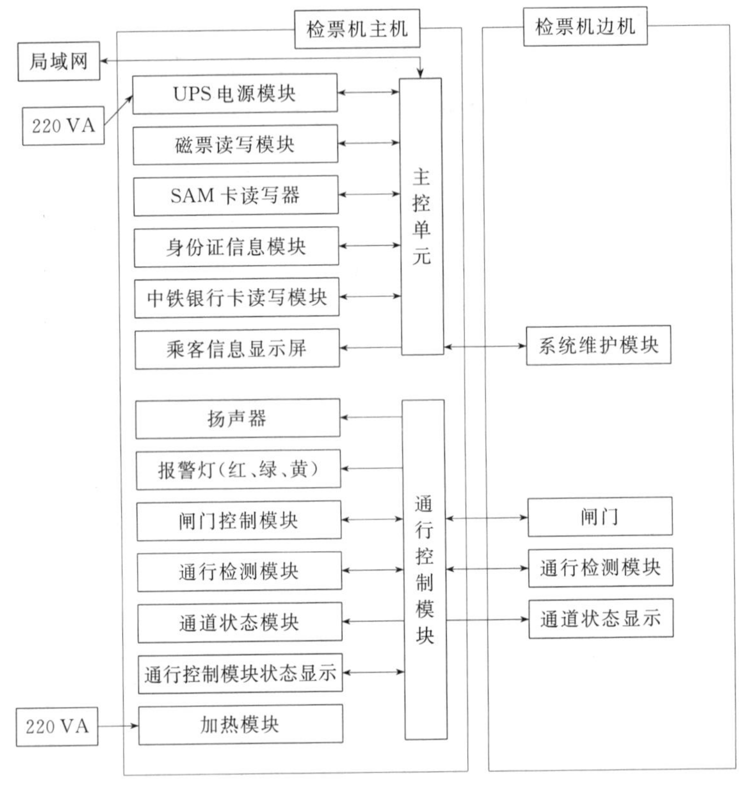

图 2-7　检票机主要模块

其中,磁票读写模块完成磁介质车票信息的读取、校验和检票信息标记。非接触式 IC 卡读写器完成非接触式 IC 卡车票的信息读取、校验、扣款、标记等工作,中铁银通卡是非接触 IC 卡的一种。身份证信息模块完成身份证的读取工作。SAM 卡读写器完成车票电子记录信息的加解密工作。主控模块协调各个模块实现预设功能。通行控制模块协调通道检测、闸门控制和提示报警等功能。闸门控制模块根据主控模块的指令完成通道的开启和关闭。通行检测传感器模块根据通行逻辑,检测和显示通道的状态信息。UPS 电源模块和电池组提供断电电源支持,保证检票机持续工作。乘客显示器为乘客提供检票状态信息显示。通行指示器提供检票机通道的工作/禁用状态显示。提示报警灯和扬声器提供车票状态(有效/无效/特种票等)的光、声讯提示。机箱及结构保护实现各模块的安装固定及环境保护。维修模块完成各模块故障诊断和参数设定等工作。加热模块控制机器温度,当检票机的工作环境温度低于零度时,加热器会自动启动;当检票机内的温度达到 20 ℃时,会自动停止工作。

检票机的软件结构包括检票服务器管理软件和检票机软件,服务器管理软件包括检票过程管理、检票计划管理、数据接口管理、中铁银通卡管理、结账统计、基础数据维护、用户管理等。其中,检票过程管理负责进、出站检票,其工作过程如下:

(1)从客票系统读取列车时刻表数据，自动生成日常检票计划。

(2)从调度系统读取列车日班计划，动态调整日常检票计划。

(3)从调度系统读取列车到达信息，当确认列车准确的到达时间后，调整和下达检票计划，并从客票系统下载本次列车的客票数据，调整内容包括：立刻开检、开检取消、立刻停检、停检取消、检票口调整；按计划控制开始和停止检票。

(4)进站检票机检票程序

通过磁读写模块读写磁介质车票，如果读入信息正确，则开启闸门；如果信息错误，则提示错误信息。如果是小孩票，则通知检查身高；如果特种票，通知检查身份证件。磁票检票流程为：旅客插入磁票→校验磁票的合法性→检验磁票进站标识→检查是否符合检票计划→检查小孩票、特种票→写入检票标志→校验写入信息→交易记录正常生成→保存并上传交易记录→开闸放行。

通过 IC 卡读写模块读写中铁银通卡。银通卡席位信息是在开车前约定时间内，检票系统向客票系统请求银通卡预留席位并插入到检票库中，旅客刷卡进站一次占用一个银通卡席位，停检后，若还有没有用完的席位，检票系统再将剩余席位返还给客票系统。中铁银通卡检票流程为：旅客划银通卡→校验卡的合法性(余额、非黑名单)→检验是否有剩余席位→写入检票标志→校验写入信息→交易记录正常生成→保存并上传交易记录→开闸放行。

身份证读信息模块→校验身份证的合法性→检查是否与电子票输入身份证信息一致→对特种票检查身份→检查是否符合检票计划→保存并上传检票记录→开闸放行。

(5)出站检票机检票程序

磁票检票流程为：旅客插入磁票→校验磁票的合法性→检验磁票出站标识→检查是否符合检票计划→写入检票标志→校验写入信息→交易记录正常生成→保存并上传交易记录→开闸放行。

中铁银通卡检票流程为：旅客划银通卡→校验卡的合法性(余额、非黑名单)→检查是否符合检票计划→写入检票标志→校验写入信息→交易记录正常生成→保存并上传交易记录→计算票价、向客票系统写入存根信息→开闸放行。

身份证读信息模块→校验身份证的合法性→检查是否与电子票输入身份证信息一致→对特种票提示检查证件→检查是否符合检票计划→保存并上传检票记录→开闸放行。

(6)统计检票信息，对比检票人数与售票人数是否一致，及时通知剩余乘客，并生成检票日报和银通卡日报。

(7)启动检票计划的同时，开通相关区域的广播和引导显示。

五、到发通告功能

列车到发通告功能承担着向旅客和车站工作人员(运转、客运、行包、售票等)及相关作业人员(列检、邮政、公安等)提供列车运行信息的重要功能，使车站工作人员做好接送列车及旅客的作业准备，通告信息包括各车次的晚点、邻开、发车、开检、停检等信息。

列车应该严格按列车时刻表运行，根据列车时刻表编制各停站的到发和旅服计划作为车站作业的依据。但是，实际上事故、故障或者环境（雨、雪、风、地震等）变化都会影响列车的开行，所以，要准确地列车通告，需要掌握列车的实际运行信息。

目前，调度系统在T/D结合的MQ服务器主动将列车的计划和实际线实时推送到旅服系统，主要内容为始发站、终到站、到达车次、出发车次、到站时间、离站时间、图定到站时间、图定离站时间、股道等。旅服系统根据列车实际运行的位置，调整各个停站的列车旅服计划，旅服计划内容为：车次、始发站、终到站、到站时间、离站时间、进站开检时间、进站停检时间、出站开检时间、出站停检时间、股道、站台、候车室、检票口、发晚点、到晚点、列车类型、列车等级等。旅服其他子系统根据调整的列车旅服计划修改各自的作业计划并执行。旅服系统还应该从客票系统中获取每个车站到达和出发的人数，特别是集中出发和集中到达时，旅服系统应该累计显示每时段到达和出发的人数，辅助车站工作人员安排进出站流线，高质量地安排旅客乘降工作。

对于列车非正常晚点，铁路局调度员需要调整列车运行计划，旅服系统根据调整计划重新编制各车站列车到发通告；特别是大面积晚点，需要铁路局、甚至铁路总公司组织调整计划。

六、旅客引导显示功能

旅客引导显示功能为旅客提供车票导购、进出站指示、乘车、候车、检票引导、公告宣传、综合显示等服务。为了达到这一目的，需要选择合适的显示设备、合理布置显示屏幕的位置、正确控制显示方式、及时获取待显示的内容以及准确控制信息发布的过程。

显示设备的种类包括LED、LCD、PDP等显示屏，LED屏是采用发光二极管显示信息的产品，可分为图文屏和视频屏两种。LCD屏是液晶显示屏，也分为文字屏和视频屏。PDP屏是等离子显示屏，只能显示视频信息。

通常构成旅客引导信息的显示屏分布的位置为：进站口显示屏、大厅显示屏、候车室门厅屏、候车室显示屏、检票口显示屏、站台显示屏、天桥通道显示屏、出站口显示屏与软席贵宾候车室屏。另外还有售票大厅屏、售票窗口屏、寄存窗口屏、问询窗口屏等。

其系统结构包括铁路局集成平台、车站引导服务器、接口服务器以及显示屏和视频屏等。车站设备通过广域网连接集成平台，引导服务器与接口服务器之间通过局域网连接，接口服务器与显示器之间通过RS-485或者CAN总线连接，视频主机和视频之间通过视频线连接，如图2-8所示。

在图2-8中，集成平台中车站设备服务模型负责解释资源和引导设备的对应关系，而应用场景模型描述了各种场景对应的指令动作，例如进站场景、上车场景、出站场景等，进站场景引导乘车旅客进入规定的候车室，如进站口引导屏显示车次应进入的候车室；上车场景引导旅客从规定的检票口和站台上车，如在候车室显示乘坐车次的检票口和站台编号；出站场景引导旅客从规定的检票口出站，显示出站行走路线和出站口编号等。

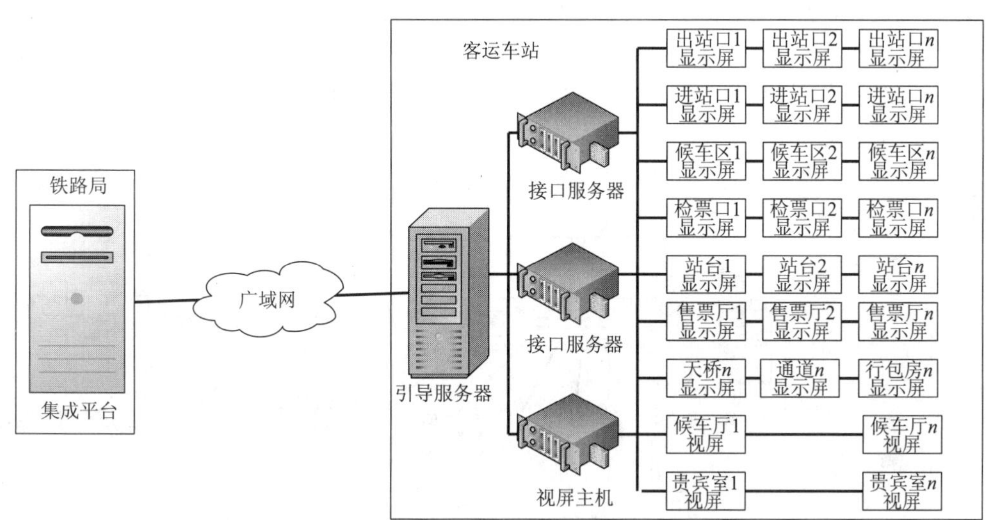

图 2-8　旅客引导系统结构

引导信息分为静态和动态信息，例如模板“××××次列车、××××到站、××：××开点、在第××候车室候车”、模板“××××次列车、××：××开点、在××检票口检票、在××站台××道上车”，其中“××”或“××××”是动态信息，其余是静态信息。动态信息包括车次、时间、站台、候车室、股道等，发布信息的模板负责将静态信息与动态信息相结合。在引导服务器和集成平台上预先定义了每个设备的引导显示模板；静态部分是已经编辑好的，当需要显示时，由引导服务器从集成平台的旅服计划中下载动态部分，通过模板将动态和静态结合构成完整显示信息，然后通过接口服务器发送到引导显示屏。

引导信息的发布过程：集成平台收到列车到发通告后，根据列车的旅服计划，形成引导计划，集成平台将引导计划和引导的动态信息传到引导服务器，引导服务器将与设备对应的显示模板中加入动态信息，构成完整的引导内容。将显示设备转换成具体显示屏 IP 地址，并通过接口服务器控制显示屏显示引导内容。售票厅发布过程由集成平台从客票系统动态下载车站的余票信息，将余票信息送相应车站的引导服务器，引导服务器组织设备模板，再通过接口服务器控制车站售票厅显示屏的余票显示。视频发布过程由集成平台将播放的视频节目送引导服务器，由引导服务器控制视频主机播放节目。若未按时收到集成平台的到发通告，可人工根据场景调入引导显示计划和显示模板，填入列车及时间信息后，执行引导显示计划。

七、客运站广播功能

客运站广播功能主要完成对旅客购票、候车、乘降引导广播以及公共宣传广播等，是向旅客通告事项、提供各类听觉信息、组织客运作业、疏导客流，保证行车安全及有效地进行客运管理与服务的设施。

通常广播设备分布的位置为:广场、进站口、大厅、候车室、检票口、站台、天桥通道、出站口、软席贵宾候车室、售票大厅、寄存处等。广播设备的硬件包括铁路局集成平台、广播管理服务器、语音合成服务器、数字音频矩阵、功放设备和扩音器。车站广播设备通过广域网连接集成平台,其结构如图 2-9 所示。

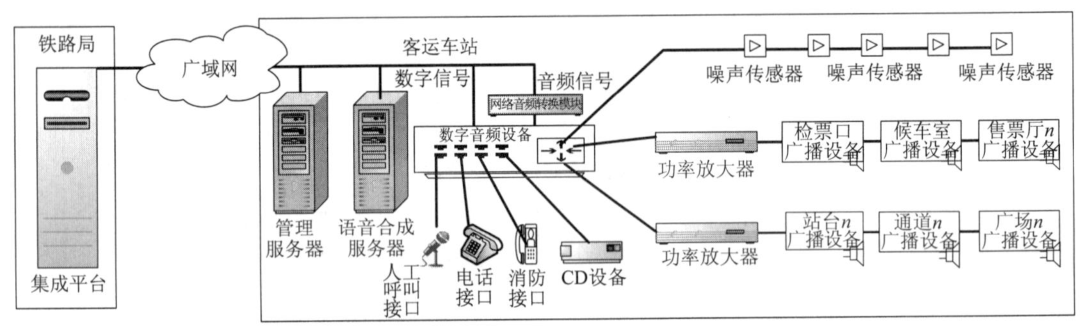

图 2-9　广播系统结构

广播分为人工广播和自动广播。人工广播包括人工语音广播、电话广播、消防紧急广播、CD 播放等,也可以直接从铁路局通过网络音频转换模块,直接对车站进行广播。紧急广播可以在当前的广播中插入紧急信息,否则,必须等待当前广播完成才能继续广播。

在车站设备服务模型中描述了车站各个位置安装的广播设备,在应用场景模型中描述了各场景对应的广播指令,在旅服计划中对应了广播的计划,在广播计划中定义了各个区域的广播设备应广播的信息,广播管理服务器和集成平台内定义各个设备的广播模板,包括应广播的动静态信息。

自动引导广播的发布过程:集成平台收到列车到发通告后,根据列车的场景和旅服计划,启动相应的车站广播计划,集成平台将广播计划及广播动态信息传到管理服务器,管理服务器将广播设备转换成具体 IP 地址,并按设备模板将动态和静态信息叠加,通过语音合成服务器将数字信号转换成音频信号,再通过数字音频设备和功放设备控制扩音器进行广播。可以在扩音机上调整广播的音量,或者监听广播信息、记录操作日志和控制噪声。如果集成平台未能按时传入列车动态信息,可以按场景人工调出广播模板,填入列车、时间等动态信息,再执行广播计划。

八、视频监控功能

视频监控功能使所有进出车站、候车室、站台、票厅旅客都在实时监视之下,使铁路有效地掌握旅客的流量及乘降秩序,及时采取有效措施确保旅客行程安全,确保站内客流畅通。

视频监控系统硬件结构如图 2-10 所示。

右边的摄像头被安装在车站的广场、进站口、出站口、售票大厅、检票口、通道、站台、候车

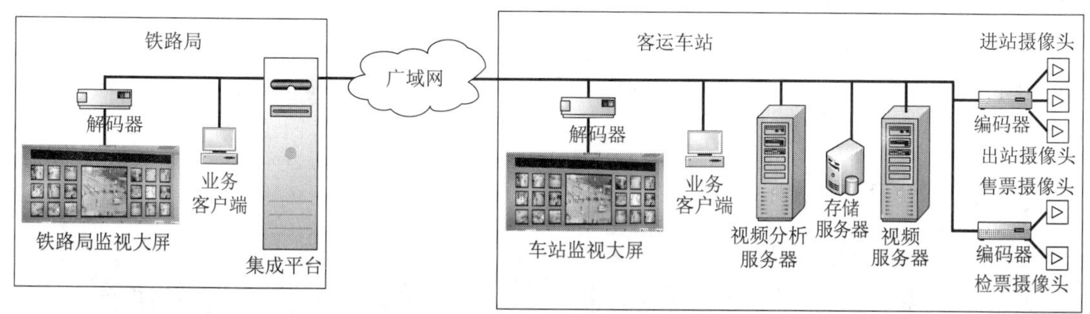

图 2-10　视频监控系统硬件结构

室、财务室等地点，视频服务器控制摄像头采集信息，将采集信息送到存储服务器中。车站和铁路局的客户端以及监视大屏都可以选择待监视的内容，实现人工选择监控点进行预览、分屏切换、图像抓拍、轮巡组轮流显示、录像回放、一点监视多点、多点监视一点、云台镜头预置等功能。

集成平台在车站设备服务模型定义了探头安装的位置，在应用场景模型中描述了重点监视的内容。集成平台以旅服系统的列车到发通告和旅服计划为基础，提取列车的到站、发站时间，开检、停检时间，并将其作为时间基准，配合以时间参数，生成该车次所对应的候车室、进站检票口、股道、出站检票口的业务监控计划，并下发到视频服务器，视频服务器按计划自动执行监控任务，并呈现到电视拼接墙上。视频分析服务器负责监控视频设备的状态，一旦摄像机损坏、被窃或断线等，引起视频信号丢失，就会引起报警。另外，新的研究成果包括利用视频分析进行火灾报警，人员非法侵入要害部门报警，排队过长报警，旅客拥挤报警等。

九、资讯信息发布功能

资讯信息发布功能作为车站交通信息发布的平台，使乘客在候车期间可以得到各类实时资讯信息，以体现以人为本、服务乘客的宗旨。在正常情况下，可以提供诸如列车时间信息、政府公告、出行参考、股票财经信息、旅游风景介绍、广告等实时多媒体资讯信息；在火灾、阻塞等紧急情况下，可提供紧急疏散等有关的信息。本功能由本地有线电视，铁路局、车站自办节目两部分组成。节目覆盖范围为铁路站房内旅客活动场所，包括候车室、进站大厅、售票厅等。

整个资讯信息发布功能由集成平台、视频服务器、引导服务器、控制终端、与播出设备等组成。铁路局集成平台设备服务模型描述了电视设备安装的位置及作用，应用场景模型描述了根据需求播放的内容；集成平台建立资讯信息目录，负责收集和发布资讯信息；视频服务器是采集和编辑视音频媒体的核心设备；引导服务器负责将集成平台下发的动态和静态信息按模板进行组合；控制终端对播出设备的播出进行集中控制管理，播出设备包括视频服务器、上载录像机（或 DVD 或本地电视节目）、车站显示控制器的开机、关机、播出列表的编制和播出的启动;整个系统通过局域网进行连接。

工作过程是首先从集成平台采集资讯信息,引导服务器将资讯信息与模板的静动态信息进行合成,然后,通过视频服务器叠加到电视信号上,通过显示控制器控制显示屏播放资讯信息。

十、旅客综合查询功能

旅客综合查询功能为多媒体自助查询,主要为旅客提供列车信息、站区引导、票务信息、行包信息、旅游信息、旅行帮助等多维服务。旅客综合查询系统是提升“窗口”形象、提高服务质量的重要工具。

旅客综合查询的自助触摸屏安装在候车或者售票大厅,实现功能主要包括铁路旅程规划、法律法规、客货运业务、旅客订票业务、旅行常识、托运常识、运价、服务监督电话、新闻、列车时刻表、票价、正晚点、站内引导、用户投诉及处理结果、全国任意两车站间直达车和中转车、全国任意两城市之间的航班、城市的旅游、市内交通等信息的查询。

旅客综合查询系统应采用 B/S 方式开发,查询尽量直接调用铁路总公司客服中心的查询功能;本站开发和维护的信息也应该同步复制到铁路总公司,使得各车站不仅可以查询本站的引导或市内交通信息,而且可以查询到站或者换乘站的异地信息。

十一、时钟系统

时钟系统包括两部分内容:一部分是由集成平台接受 GPS 时间信号,再通过平台统一各应用系统的时钟,实现在整个站房内所有区域的统一报时;另一部分是对公众的时钟告示,在站房内办公区域设置普通石英钟,其他区域通过等离子电视、LED 显示屏、无盘微机终端等显示日期和时间。

在离主机房较近的室外设置 GPS 天线,经过同轴电缆馈线连接 GPS 接收转换器、接到集成平台的时钟服务器。通过时钟服务器向各个客运设备发送标准的时钟信息,并进行各控制机时钟的更新与同步。

十二、其他功能

某些铁路局组织开发了旅服的部分实用功能,例如客运员接送旅客管理、站台票发售管理、行包安全检查、客运设备管理等。

1. 客运员接送旅客管理

当列车到达和出发时,车站客运员负责旅客的接送,协助老弱病残旅客上下车,负责突发事件的应急处理。集成平台根据旅服计划,编制客运员接送旅客计划,根据列车到发通告通知客运员站台执行计划,有些车站为客运员配备手持机,在站台上安装条码设备,客运员接车前后,通过刷条码监督并统计客运员任务完成情况。

2. 站台票发售管理

由于客运专线均使用自动检票机，所以，需要设计自动检票机能够识别的站台票。旅客可以通过自助售票终端、窗口售票终端两种方式购买站台票。车站还需要设置兑零机，方便旅客兑换硬币。设置结账终端，负责结账统计报表的制作和打印，并与检票结果进行核对。

3. 小件寄存功能

小件寄存系统是以旅客自助的方式存放小件物品。寄存系统由维护管理终端、自助寄存主柜和寄存附柜组成。附柜通过控制电缆连接到主柜上，主柜分别接入车站的局域网，在主柜上设置控制芯片，控制并监视所有柜格的信息；主柜设置钱币识别模块，显示模块和寄存存根打印模块，实现旅客自助寄存小件物品。维护管理终端负责结账统计报表的制作和打印，并与集成管理平台接口，实现在集成管理平台对寄存设备的远程监控。

4. 上水自动控制功能

调度系统中对列车上水的车站进行了定义，在集成平台上编制列车上水计划，当收到列车到发通告后，集成平台调整列车上水计划，并下发到列车上水班组和设备上，按计划控制列车上水。

5. 失物招领功能

当检到失物后，应该进行登记，并在网上发布失物招领信息。当失物被认领后，应撤销发布的信息。对长期未招领的失物，应具备失物变卖功能。

十三、与 BAS 系统的接口

车站机电设备监控系统（BAS）对车站的空调通风、给排水、照明、扶梯、电梯、供变电等机电设备进行全面的运行管理与监控，确保设备处于最佳运行状态。在火灾等应急状态下，指挥环控设备转向安全模式，系统确保所有设备协调运行，确保为旅客提供舒适和安全的乘车环境。系统的结构如图 2-11 所示。

通过 BAS 系统，在铁路局的监控终端上可以对管辖的车站进行在线的监控、维护以及离线的参数配置、组态工作。现场控制器用于采集处理现场传感设备的信号，并根据采集的信号和设置的参数控制执行器动作；采集的信息和监控过程都保存在车站的监控服务器中。当铁路局的监控设备发生故障时，车站的监控终端可以接管控制权限。

BAS 系统从集成平台获取列车的旅服计划、列车停靠站台动态、各站台的照明配置、站内候车室使用情况动态、站台与自动扶梯及候车室的配合等信息，根据这些信息制定 BAS 的工作计划，实现灯光、空调暖通及自动扶梯的智能监控。例如根据车站和旅客实际需要，天气、日光、站台使用、突发事件和治安等情况，自动调节站台上灯光的开关和亮度；根据列车的检票、出发、到达动态和通道人流情况，控制相应扶梯的启用和停用；根据列车到发动态和候车室使用情况，动态调节候车室的照明和空调暖通，确保候车室适当的照明、温度和通风，在向候车旅客提供优质服务的同时，达到环保和节约能源的目的。

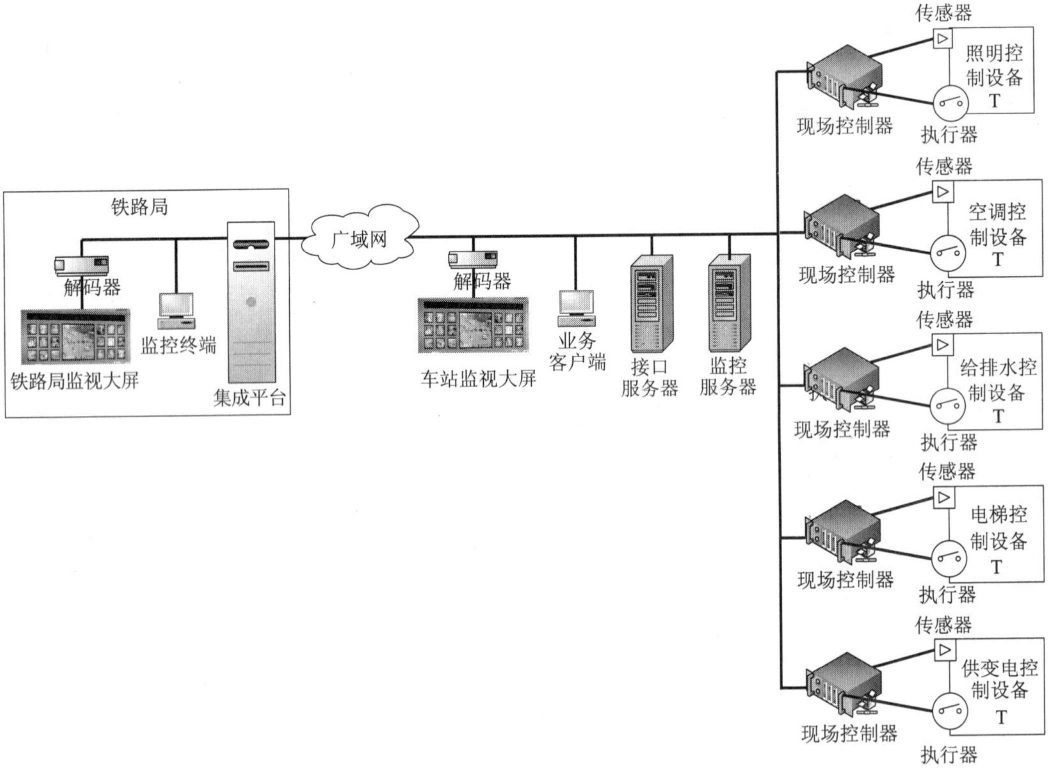

铁路局
解码器
铁路局监视大屏
监控终端
集成平台
广域网
解码器
车站监视大屏
业务
客户端
接口
服务器
监控
服务器
传感器
照明控
制设备
T
现场控制器
执行器
传感器
空调控
制设备
T
现场控制器
执行器
传感器
给排水控
制设备
T
现场控制器
执行器
传感器
电梯控
制设备
T
现场控制器
执行器
传感器
供变电控
制设备
T
现场控制器
执行器

图 2-11　车站楼宇自控系统结构

十四、与 FAS 的接口

火灾报警系统(FAS)一般由火灾探测器、区域和集中报警器、铁路局主控和车站分控中心组成。在铁路局集成平台可以监视各线路防灾设备的运行状态、接收报警信号、发布救灾指令、发布灾害警报、监视救灾过程、指挥救灾行动等。

十五、客运站生产指挥

客运站生产指挥主要任务围绕着接送旅客和接发列车(客运组织和旅客服务),主要工作是业务(计划)管理、质量(服务)管理、营销管理、安全管理、设备管理、统计分析等。

业务管理主要管理运转、客运、售票和行包等业务,运转业务通过编制技术作业图表制订接发列车的作业计划,按计划指挥接发列车的实际作业。客运业务的所有岗位和资源也应建立作业计划和实际,管理工作围绕指挥所有的实际作业按照计划推进,否则,在指挥系统进行报警,以便领导组织协调。对售票和行包可以实时分析每个时段的售票量或者发送量,如果低

于平时的数量，在指挥系统中报警。

服务质量管理主要是处理旅客的投诉信息，并显示投诉的处理过程。营销管理主要组织车站接发的客流调查，特别是掌握学生、民工、大客户和节假日的客流。安全管理是做好安全风险控制的预案，发现风险及时报警。设备管理主要实时监视设备运行情况，发现问题及时报警，并启动预案。建立客运站统计指标，例如车站每天的上下车人数，并通过统计分析系统图形化展示，为客运站改善管理指明方向。

第五节　铁路客运段管理信息系统

一、铁路客运段管理信息系统综述

客运段管理信息系统主要围绕列车旅客服务，以铁路客运部门为主要用户，集客运段安全生产管理、站车交互、列车服务管理信息于一体的综合管理信息系统。2001 年，呼和浩特铁路局建立客运计算机经营管理系统，包括营销调度指挥、乘务运营组织、财务动态分析、安全质量监控等子系统，为提高管理效率、适应市场需求变化提供了技术支持。2000 年 9 月武汉客运段将办公自动化系统引入红旗列车 K37/K38 上，该系统包括计划运输、车补业务、乘务管理、信息查询、资料统计 5 大功能模块，目的是为旅客提供更加优质的服务。2002 年，北京局研发的集客运段生产、经营、管理于一体的旅客列车管理信息系统通过鉴定。2010 年全路开始实施站车交互系统，列车上可以通过无线方式自动获取乘车人数通知单、席位销售情况及列车实名制情况，进一步提高工作效率。目前，全路正在推广客运段管理信息系统 1.0 版本。

二、客运段管理信息系统结构

整个客运段管理信息系统(简称客运段系统)主要由四部分组成：一是客运段日常生产管理功能，包括乘务管理、备品管理、餐饮管理、保洁管理、经营管理；二是旅客列车服务管理；三是站车交互功能；四是客运段安全生产的指挥，整个系统结构如图 2-12 所示。

图中，系统数据库服务器和应用服务器均集中部署在铁路局，系统通过集成平台与调度系统、客票系统、行包系统交换数据；通过安全平台及站车交互功能与旅客列车服务管理功能交换信息；通过短信平台向乘务人员发布客运管理和安全信息，铁路局(或铁路总公司)业务部门也可以直接查询客运段列车服务信息。

三、客运段生产管理系统功能

如果说客运站负责旅客车站换乘服务，客运段就是负责旅客列车上的服务。客运站主要靠设备服务旅客，列车上主要靠乘务员服务旅客。所以，客运段生产管理系统首先是对乘务员

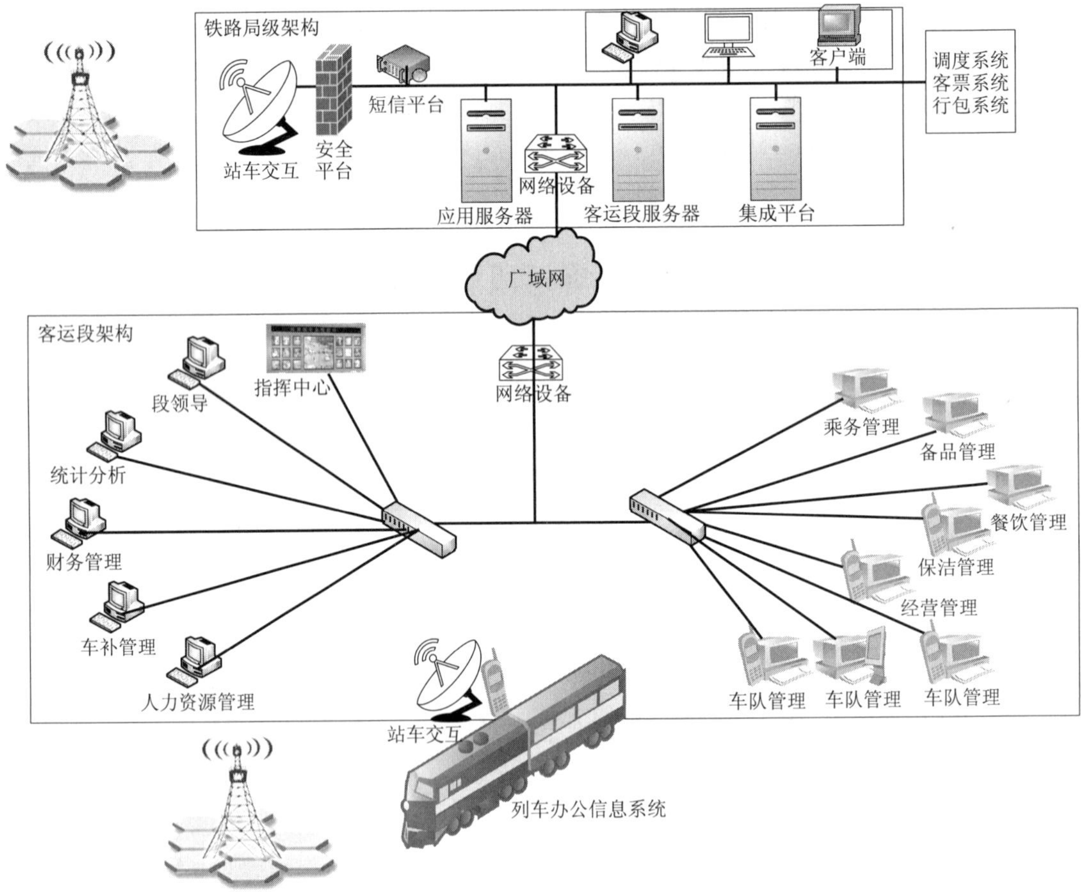

图 2-12　客运段管理信息系统结构

的管理，其次是对服务旅客的备品管理，三是对旅客餐饮等服务的管理；四是对车上保洁服务管理；五是对车上销售商品的管理；六是与车站共同保证列车自来水的供应。

(一)乘务管理功能

旅客依据列车时刻表选择乘坐的列车，列车时刻表依据列车运行图进行编制；日常调度人员要根据客流变化编制调度命令动态调整运行图，调整结果每天要生成日班计划；列车调度人员根据日班计划组织编发列车，形成阶段计划，指挥列车运行。列车运行图/日班/阶段计划主要内容就是车次、时间、停靠站(发站、到站、沿途车站)。

车站要依据日班计划编制车站的计划，客运段也依据日班计划编制客运段的计划，客运段的计划包括乘务员计划、备品计划、餐饮计划、保洁计划、车上零售商品计划、上水计划等。整体的流程如图 2-13 所示。

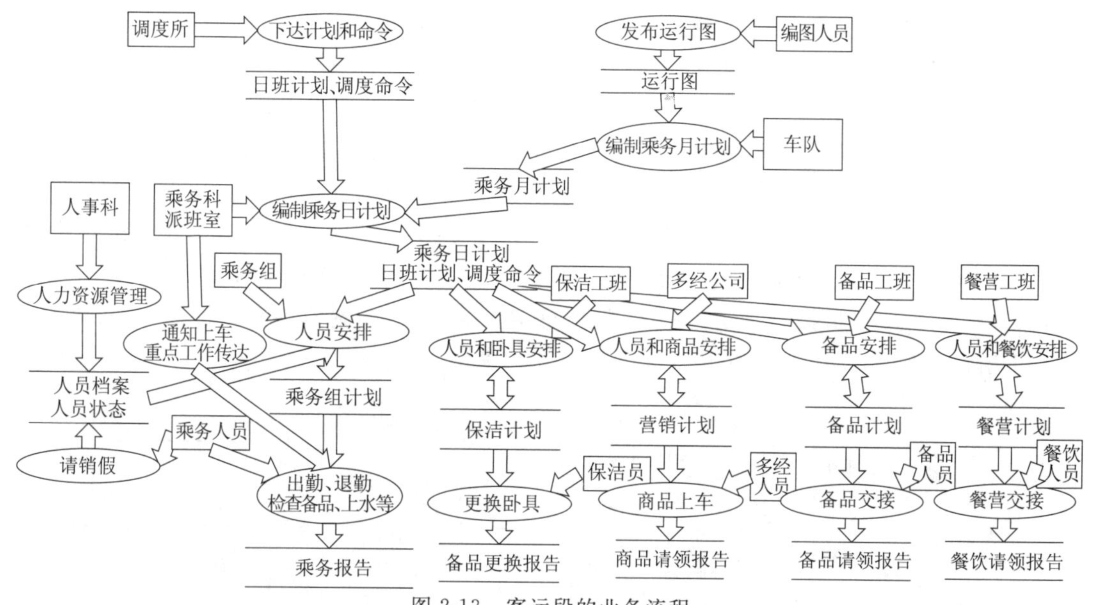

图 2-13　客运段的业务流程

图中，调度部门向客运段下达列车运行图、日班计划和调度命令，客运段根据列车运行图编制乘务计划，根据日班计划和调度命令调整乘务计划。由客运段乘务科负责乘务计划编制，并将编好的乘务计划和任务下达给车队、保洁、备品、餐营、多经部门，并检查乘务计划的执行情况。各部门根据乘务任务编制乘务交路计划、保洁计划、商品营销计划、备品计划、餐营计划等，按计划执行客运服务工作，并向客运段返回乘务报告、保洁报告、商品报告、备品报告、餐饮报告和车补报告等。如果执行过程存在人员问题，由人事科根据需要补充人员。

客运段的主要生产单位是车队，车队由乘务组组成；旅客列车乘务组一般由列车长、列车员、检车员、列车行李员、广播员和乘警等组成。一趟列车一般有上下行两个车次（或多个车次，因为套跑或中途变方向），特别是长途列车需要多个乘务组（根据车底），一个乘务组几十人，一趟列车总共需要几百名乘务人员。所以，大的客运段有上万人，小的客运段也有两千多人。尤其是春运期间，在增加临客的同时，需要增加大量的乘务组，需要铁路局抽调机关科室人员参加乘务组的工作，所以，乘务计划的编制工作是非常复杂的。

下面分乘务计划、乘务员管理、乘务计划执行等方面详细说明客运段乘务管理过程。

1. 乘务计划

乘务计划分成日计划和月计划。日计划由全体乘务交路构成，通过日计划可确定完成一日的运行图任务，全段需要的乘务组数量，以及各乘务组担当的乘务交路；月度计划描述各乘务组在给定月份中各日担当的乘务交路及休息计划。乘务计划又分成客运专线的乘务计划和既有线的乘务计划，既有线的乘务计划采用包乘制，即乘务组固定列车，而客运专线多采用的轮乘制，即乘务组不固定列车的体制。

既有线的乘务计划编制过程分为五步：第一步是依据运行图、车底套用、乘务区段和规章制度，计算车次一次折返所需要的时间(T)，其中时间包括列车运行执勤时间、双班作业时间、出退勤时间、入库清扫时间和看车时间，例如以南昌到北京西的Z65/66为例，$T=24.6$ h。第二步是计算每月每个乘务组的趟数，因为规定每月值乘时间为166.6 h，一个月的趟数$C=166.6/T$；在上例中$C=166.6/24.6\approx 7$。第三步是计算所需要的乘务组数，假设一个月30天，所需乘务组数$A=30/C$；在上例中，$A=30/C=30/7\approx 4$。第四步是编制乘务交路月计划，由于$A=D_{出乘}+D_{休息}$，出乘从第一天晚上出发，第二天早上到、晚上返回，第三天早上到，所以，$D_{出乘}=3$，$D_{休息}=1$，按照每组出乘3天，休息1天的规律，编制值乘交路计划，且每组出乘的日期相隔一天，Z65/66乘务交路月计划如图2-14所示。

日期 / 车次 / 班组		2	3	4	5	6	7	8	9	10	11	12	13	14	15	16	17	18	19	20	21	22	23	24	25
		26	27	28	29	30	31	9.1	2	3	4	5	6	7	8	9	10	11	12	13	14	15	16	17	18
		19	20	21	22	23	24	25	26	27	28	29	30	10.1	2	3	4	5	6	7	8	9	10	11	12
		13	14	15	16	17	18	19	20	21	22	23	24	25	26	27	28	29	30	31	11.1	2	3	4	5
		6	7	8	9	10	11	12	13	14	15	16	17	18	19	20	21	22	23	24	25	26	27	28	29
		30	12.1	2	3	4	5	6	7	8	9	10	11	12	13	14	15	16	17	18	19	20	21	22	23
		24	25	26	27	28	29	30	31	1.1	2	3	4	5	6	7	8	9	10	11	12	13	14	15	16
直达队	Z66 一组		Z66	彳	Z65		Z66	彳	Z65		Z66	彳	Z65		Z66	彳	Z65		Z66	彳	Z65		Z66	彳	Z65
	Z66 二组	彳	Z65		Z66	彳	Z65		Z66	彳	Z65		Z66	彳	Z65		Z66	彳	Z65		Z66	彳	Z65		Z66
	Z66 三组	Z65		Z66	彳	Z65		Z66	彳	Z65		Z66	彳	Z65		Z66	彳	Z65		Z66	彳	Z65		Z66	彳
	Z66 四组	Z66	彳	Z65		Z66	彳	Z65		Z66	彳	Z65		Z66	彳	Z65		Z66	彳	Z65		Z66	彳	Z65	

图2-14　Z65/66乘务交路月计划

其中“彳”为值乘，空格为休息。第五步是整合完整的交路计划，各个车队按照上述方法将所辖乘务任务的值乘交路计划上报至乘务科，乘务科汇总所有车队的乘务值乘交路计划，并形成每日的乘务计划，并可根据列车日班计划和调度命令调整日乘务计划。

高速铁路的乘务计划编制分成七步：第一步根据运行图确定所有的运行线集合。第二步确定乘务基地和可换乘站。第三步划分乘务区段，列车停靠且符合可换乘站间构成乘务区段。第四步计算所有的乘务交路，多条相互衔接的乘务区段构成交路，将线路所有列车安排进乘务交路。第五步求衔接时间最短，所用乘务组数最少的交路，且交路时间均匀在工作时间范围内；先选择所有可行的方案，再挑出最优方案。第六步编制乘务交路月计划，根据乘务组数$A=D_{出乘}+D_{休息}$，均匀安排乘务组的交路和休息。第七步整合形成完整的交路月计划，各个车队按照上述方法将所辖客运专线交路月计划上报至乘务科，乘务科汇总所有车队的乘务交路月计划，并形成每日的乘务计划，并可根据日班计划和调度命令调整日乘务计划。

2. 乘务人员精确管理

在客运段系统中，乘务员就是最大的生产力。所以，需要使用信息系统对乘务人员进行全面、精确地管理。一是建立乘务员的档案，管理乘务员工作历史和当前状态；二是建立乘务员请销假制度，凡请假人员需要在计算机上办理请销假手续，可以使用手机或微信输入请假单或者销假单，这里请假也包括参加学习或开会；三是当在本段或公寓办理出退勤手续时，通过划卡、按指纹、手机短信、微信将本人出退勤信息输入计算机，通过跟踪列车获得本人位置信息；四是人事部门维护每个人的学习、培训、获奖、惩罚或好人好事信息；五是可以在计算机上查询每个人的当前状态和历史情况，可以统计乘务员各方面的信息；六是档案和状态数据库可作为乘务计划编制的依据。

3. 乘务计划信息系统功能

乘务计划是客运段工作的核心，客运段的各部门均围绕乘务计划开展工作。乘务科的信息系统功能是：能够查询担当车次的运行图、日班/阶段计划、乘务计划、调度命令等；查询乘务相关的各种政策文件；维护乘务基本数据，自动编制和人工调整值乘交路计划，审核各车队乘务月交路计划的编制结果，形成每天乘务日计划；每天将铁路局调度命令和重点指示以及各次列车的正晚点情况传达车队和各车间；接收车队的乘务报告，监督各车队乘务计划完成情况；对计划完成情况进行辅助考核；编制各种乘务统计报表等。

车队的信息系统功能是：自动编制和人工调整值乘交路月计划，向乘务科上报乘务计划；查询乘务计划，根据乘务计划和人员情况落实乘务组值乘人员，包括乘警、餐饮人员、保洁人员和商品销售人员等；根据列车日班计划的变化或者调度命令调整乘务组（如增加临客命令，需要增加乘务组；如取消临客命令，需减少乘务组），调整乘务组值乘人员；请销假的审批，出退勤的管理，列车上服务过程和收入管理、乘务报告以及乘务人员具体的管理功能等。

人事部门需要如下功能：根据乘务计划为车队招聘或者调整乘务人员、请销假的管理、人员的考核管理等。

（二）备品管理功能

备品是铁路旅客列车上的重要服务设施之一，备品包括三类：卧具（被子、枕头、床单、椅套、台布、拖鞋等）、移动备品（水瓶、垃圾箱等）、消耗材料（清扫用具、垃圾袋等），其特点是数量大、低值易耗，且不适于号码制管理。

备品管理的要点是建立备品数据库，内容包括编号、品类、品种、机构、购买时间、供应商、数量、入库时间、启用时间、仓库、列车、状态、状态时间、使用次数等。备品库记录了备品的位置和状态，辅以领用单、借用单、洗涤单、归还单、注销单、赔偿单、进库单、调拨单等，这些单据记录了备品的运用过程。

备品计划包括备品使用计划、采购、更换和报废计划。备品使用计划描述了客运段当前或将要担当的所有列车、每个列车的编组、每个列车有多少硬座、软座、硬卧、软卧、一等、二等座，每趟列车各需要多少备品等。按照客运备品管理办法，每个备品具有使用期限，到达使用期限需要报废，一般先从低等级列车开始报废，再把高等级列车逐步更换到低等级列车上。这就需要为低等级列车编制报废计划，再为低等级、中等级列车编制更换计划，为高等级列车、临客、增开列车编制采购计划。编制和调整采购计划时，要考虑尽量减少库存，考虑列车备品污损、破损、损耗、损坏、丢失的情况。采购计划输入信息包括需要日期、品类、品种、机构、数量等。

备品采购和调拨。根据采购计划，由备品管理部门填写备品采购申请单，经过客运段和铁路局客运管理部门的批准，通过物资采购平台进行采购。采购过程包括发布公告、招标、选择供应商、签合同、执行合同、质量管理等。对一些紧急备品需求，铁路局可以通过调拨命令获取备品。

备品入库。备品入库需要填写进库单和验收单，客运段在始发站均设有分库，尽量选择离始发车次较近地点入库。采购备品信息根据进库单在备品数据库中增加备品数量，对备品库存管理。另外，对回段的车辆要对备品进行卸车操作，需要车队填写进库单，仓库人员负责审核确认后入备品库，可以在手机上完成操作。

备品请领。由车队填写备品的请领单，备品管理人员将备品装车，由车长审核确认，这些工作可以在手机上完成，系统会修改备品数据库中备品的状态。

备品借用和归还。如果列车因特殊情况，在异地缺少备品，可以填写借用单，经本段和异地客运段领导批准后，在异地客运段办理备品借用；再由客运段之间办理归还手续。备品数据库中备品的状态是借用和归还。

备品洗涤。直接和旅客接触的备品，如床单、被套，一次使用后需要更换，需要送给保洁人员进行洗涤，由车队填写洗涤单，保洁人员核验；洗涤后，直接入备品数据库，由保洁人员填写入库单，仓库人员核验。可以在手机上完成上述操作。

备品报废和赔偿。如果备品无法使用，根据客运备品管理办法，可以对备品进行报废。需要填写注销单，经段领导审核批准后，减少备品数据库存量。如果非正常的损坏，需要赔偿，填写赔偿单据，批准后，减少备品数据库存量。

备品仓库管理和统计。一是根据各种单据自动生成备品的日报表、月报表和年报表；二是按列车席别、使用位置、颜色、款式、材质和规格等属性，统计和查询备品的库存、列车在用和借用详细信息；三是查询本局全部车次的备品配备情况；四是可以按品名查询备品的库存数量等信息，清仓盘点；五是按照车次备品等组合条件查询备品的报废情况；六是可以对卧具备品的申请人、申请日期、申请品类、采购等情况进行查询；七是到期更换提醒功能等。

(三)餐饮管理功能

旅客有餐饮的需求，目前，列车提供热链和冷链服务，既有线采用热链服务，现做现卖；高铁采用冷链服务，由餐饮基地加工成半成品，列车上只有加热工序。

建立餐饮数据库，对餐饮从配餐、推销、销售、分析和回收各项工作进行全面信息管理。配餐工作包括制定和调整配餐计划；推销工作包括在车站和列车发布广播或者视频广告；销售工作包括列车订单、旅客订单、仓储、配送、结算过程管理；分析工作包括收入管理、销售情况的统

计分析；回收工作包括过期或未过期食品的处理记录。总之，数据库要跟踪每一批食品的数量和状态，从产生到结束。

制定配餐计划，按列车时刻表组织配餐。根据客票的销售情况及以往的销售经验，预测每趟列车餐饮的需求量，列车按需求进行预订，生成经列车确认的订单，内容包括配餐车站、配送车次、配送量等信息。

配餐调度负责根据订单制订生产计划，组织食品加工和配送；并根据调度系统准确掌握列车出发时间，通知配送部门将原材料或冷链食品送到列车的配送点（车站站台），准时上车；通过信息系统的订单和配送单办理原材料或冷链食品的交接，卫生防预部门应动态监督食品生产和加工过程，确保食品安全。

建立配餐网络，根据列车餐饮销售情况，网络通知配送点随时补充原材料或冷链食品。车站仓库管理人员负责每日库房内各种餐食的验收、进货、出货、盘查等工作，记录数据库，并对配餐网络进行分析。站台配送人员负责填写配送的交接单。配餐基地或者客运段预先准备好宣传广告；通过列车、车站的广播进行餐饮的推销工作。

餐车根据接收到的"三定表（定质、定量、定价）"生成预制菜单，通过手机进行订餐，包括列车乘务饭，并将订餐存根写入数据库。输入未销售出的剩余餐食的销毁信息，包括餐食种类、数量、处理地点、负责人等信息。可通过手机进行满意度调查，并写入数据库，作为服务质量检查的重要部分。

根据数据库信息，完成收入汇总和营销分析。客运段或基地管理人员可以通过系统查询和分析每趟列车订餐计划、调整计划、计划执行过程、配送情况、实际销售数量、剩余数量、食品价格、收入情况、库存情况、客户的满意度等。

今后的发展：一是在餐车引入特色食品；二是旅客在互联网售票同时预订餐饮食品；三是列车可以直接送餐到席位。

（四）保洁管理功能

保洁管理主要围绕保洁人员、保洁设施进行管理。一是根据列车时刻表，制定保洁计划；根据日班/阶段计划，调整保洁计划；客运段根据保洁计划，安排保洁班组和保洁人员；二是查询列车备品，执行卧具的洗涤，负责与列车乘务组和备品库管理人员进行卧具交接；三是对保洁的质量进行监督管理。建立保洁管理的数据库，数据库包括保洁计划、保洁计划执行记录、备品的交接记录、备品报废记录、保洁工作统计报告等。

（五）商品管理功能

商品管理主要围绕多经人员和商品进行管理。一是根据列车时刻表，制定商品营销计划；根据日班/阶段计划，调整商品营销计划；客运段根据商品营销计划，安排多经人员和商品；二是对商品的库存进行管理，包括采购、入库、出库、调拨、报废、盘点等，根据商品供应计划，将采购商品调拨到车站分库中，分库人员负责列车配送；三是多经人员在发到站与分库人员进行交接，在列车上，可以通过手机记录销售情况，销售结果返回到数据库；四是管理销售收入，根据供应和销售情况进行分析。今后的发展方向是通过互联网或者 WiFi 进行商品销售，将选中商品送到旅客的坐席。建立商品销售数据库，对商品从采购到销售的全过程进行管理，对商品库存进行管理，对销售情况和客户的需求进行统计分析。

四、车地信息交互功能

铁路部门一直在研究车地信息交互的方式，其中交互方式有站车无线交互、机车无线交互、列车和车站 Wi-Fi 等。

站车无线交互功能由列车车载终端和地面设备组成，列车车载终端与地面之间由 GSM 网络或者 GSM-R 网络连接；地面系统由信息发布服务器、GPRS 接口服务器、路由器及防火墙等设备组成。系统主要向列车传输乘车人数通知单、列车席位及存根信息等。

机车无线交互功能也由列车车载终端和地面设备组成，列车车载终端与地面之间由 GSM 网络或者 GSM-R 网络连接；地面系统由 GPRS 接口服务器、路由器及网络隔离等设备组成。系统主要传输机车的位置和状态信息等，也可以通过 ZigBee 技术与车厢进行数据通信。

列车和车站 Wi-Fi 功能。列车内实现 Wi-Fi 覆盖的系统结构主要由三部分组成：网关系统、车厢 Wi-Fi 分布系统及地面服务中心。车载网关的主机部分通常设置于机车内或动车组的驾驶室，用于实现列车内 Wi-Fi 设备与各种制式的无线网传输数据、与地面网关之间传输数据的功能。车厢 Wi-Fi 分布系统实现车厢之间的桥接和车上用户的 Wi-Fi 接入。地面服务中心用于整个系统网络的运营维护管理，车上设备的监控信息、统计信息等通过网关系统周期性地上报到地面服务中心。在车载网关系统中配置内容服务器，可用于提供列车上点播下载，如电影音乐的播放、广播通知等；或配置应用服务器，为在旅途中的乘客提供(如车票预定、网上购物等)服务。车站 Wi-Fi 相对简单，只要实现无线基站与互联网连接，就可以在 Wi-Fi 覆盖的区域使用互联网。

五、旅客列车服务管理功能

旅客列车上的信息系统主要包括四部分：一是旅客服务；二是客运营销服务；三是安全应急管理；四是日常管理。

1. 旅客服务

列车上的旅客服务功能包括售补票服务、乘务服务、备品服务、餐车服务、保洁服务、商品服务、广播服务等。

列车上的售补票服务。以前，列车补票都是脱机补票，其问题是影响地面席位复用。实现站车交互后，可以联网售补票，将列车看成一个移动的售票窗口，一趟列车看成是一个班，售票存根直接写到铁路局数据库，回到客运段统一结账和票卷管理，径路计算需要允许沿途车站作为始发或换乘车站。

验票服务。验票前，下载验票车厢人员的售退票存根信息到手持机上，手持机可以显示重

点位置和验票人员的信息，并可查验旅客的实名制、挂失票和网络购票等信息，可以通过扫入旅客身份信息与公安网、售票存根信息进行三方校验。

乘务服务。列车长为乘务员分配任务，例如下车提醒、送餐、送水、送商品、紧急情况的服务等，并记录数据库。

备品服务。负责备品的交接、验收和更换，结果写入数据库。

餐车服务。包括食品的交接和验收，提供订餐服务，送餐到坐席的服务。

保洁服务。提供保洁服务，提供洗涤卧具的交接服务。

商品服务。提供订购商品的服务，送商品到坐席的服务。

广播服务。提供广播(视频点播)等服务。

2. 客运营销

列车上的客运营销工作包括乘车人数通知单、剩余卧铺登记、旅客密度表统计、分界口人数统计等。

乘车人数通知单。从客票系统下载乘车人数通知单，通知单记录各车站上下车人数，可根据车上实际情况修改乘车人数通知单，并传回地面。

卧铺剩余登记。根据客票下载的卧铺销售情况，登记剩余卧铺，对购票未上车的铺位可在车上使用补票系统进行销售。

旅客密度表。从客票系统下载旅客密度表，根据实际调整，并传回地面。

分界口人数统计。从客票系统下载分界口人数统计数据，根据实际调整，并传回地面。

3. 安全应急管理

列车上的安全应急管理包括三乘管理、视频监控、巡视管理、晚点管理、事故管理、应急方案等。

三乘管理。列车开车前后，应记录列车的三乘信息(乘务、乘警、乘检)，传输到客运段管理信息系统中，并传到铁路局和总公司集成平台，各级运输部门可以随时了解列车服务情况。

车厢实时视频监控模块整合了无线数字通信功能和数字视频编码功能，可实现车厢内24 h实时视频监控、记录、检索与回放。通过车载视频监控系统，乘务管理人员可全面掌控列车运行中各车厢的全部情况，乘警可及时发现事件苗头，并快速反应，有效制止恶性事件的发生，保证乘客安全。而且，对一些突发事件的事后处理，监控系统也能提供重要的取证视频。

巡视管理。应该采用定时报告，列车员向车长报告，车长定时向客运段报告列车的运行情况。

晚点管理。列车的晚点多是由设备故障或者自然灾害引起的，应该实行透明化管理，由铁路总公司调度发布晚点原因、影响车次及时间，车长应及时告知旅客。

事故管理。若列车发生异常事故或者事件，应该将事件与现场图像传到铁路总公司，让铁路总公司调度、铁路局调度、客运段领导第一时间了解现场的情况，参与事故处理。

应急方案。列车办公电脑保留各种应急预案，各种安全风险的对策。

短信平台。铁路总公司将各种常见问题或好人好事通过短信平台传给所有客运人员。

4. 日常管理

列车上的日常管理包括规章制度、调度命令、时刻表、领导添乘、宿营车管理、消防管理、乘务组管理、三乘联检、遗失物品登记、卫生鉴定等。

规章制度。乘务人员可以随时查询规章制度、列车时刻表、票价以及铁路总公司各种文件。

调度命令。查询铁路总公司、铁路局的调度命令、通话记录、重点指示等。

领导添乘。记录领导添乘信息。

宿营车管理。对宿营车的使用进行管理。

消防管理。记录列车消防设备的位置和使用说明。

乘务组管理。定义乘务员在列车上的班次和岗位,定义三乘联检的班次、联系方式、工作计划等。

遗失物品登记。登记遗失物品,与车站的交接过程,以及遗失物品上网公示。

卫生鉴定。卫生检查及注意事项。

六、客运段生产指挥功能

客运段生产指挥主要任务围绕着列车服务,主要工作是生产指挥和安全管理、业务管理、质量管理、营销管理、统计分析等。铁路局、铁路总公司也可以查询全部功能。

1. 生产指挥和安全管理

在客运段设立大屏幕,展示客运段所有列车所在位置,正晚点情况。点击"每列车",可以显示每列车三乘情况、备品、餐饮、保洁、补票、视频监控等业务情况。三乘情况显示每个车厢乘务人员、联系方式等;点击"视频监控",可以显示每个车厢旅客情况。如果发生事故,列车变成红色,客运段可以通过视频查看现场情况,查询安全风险控制预案,查询典型案例,直接与列车长通话,传达领导指示。如果事情严重,可通过系统直接报告铁路局和铁路总公司客运和调度管理人员,并参与事故的处理。

2. 业务管理

业务管理主要是乘务、备品、补票、餐饮和保洁等业务,所有岗位都建立作业计划,可以检查所有的实际作业是否在按照计划推进,否则,在指挥系统进行报警,以便领导组织协调。

对采购、报废、更换等计划进行审批,可以检查计划与现实情况是否合理,可以查询相应的规章制度。

对补票可以根据列车乘车人数和剩余席位测算补票量,如果低于测算的数量,在指挥系统中报警。

3. 服务质量管理

服务质量管理主要是处理旅客的投诉信息,所有投诉都上网,并显示处理过程。对列车的

服务、卫生情况进行评比，对先进事迹进行表扬。检查列车设备运行情况，发现问题及时报警，并启动预案。

4. 营销管理

营销管理主要包括乘务报告、售补票情况、餐车订餐情况和商品销售情况等。采用互联网、广播等多种方式，营销铁路的商品。根据以往经验，辅助支持商品和食品的备货及请领。

5. 统计分析

客运统计包括每列车乘车人数、每站上下车人数、区段密度、分界口人数等。收入统计包括补票、餐车、商品、食品、其他服务收入等进行统计，进行列车之间的横向对比及按时间段的纵向对比。统计列车备品等成本消耗情况；统计乘务出退勤及安全生产情况等；根据统计分析结果生成车队和各部门的考核报表。

第六节　铁路客户服务中心系统

前两节主要讨论了车站和列车的客运服务系统，本节主要探讨基于电话、互联网等多媒体的客户服务中心系统。

一、铁路客户服务中心系统概述

随着互联网时代的到来，互联网已经变成人们工作、生活的一部分，而铁路也不能置身事外。铁路早在2009年就在18个铁路局开通了12306全国铁路统一客户服务电话，客户只要在本地拨打12306就能享受到当地12306语音自助和人工在线的电话服务。随着电话品牌效应的提升，2010年又开通了铁路统一的12306网站，经过几年的运行，12306网站已经发展成为全国知名的网站之一，春运售票高峰时，每天能达到百亿的点击量，网站提供各种铁路的客运和货运综合信息查询，以及客运订票和货运订单等服务。

目前，12306语音客服系统正在进行分布集中的整合，并提供微信、短信、客户信箱等多媒体服务方式；12306(95306)网站正在变成集购物、旅游、商贸、物流为一体的网站。同时，经过一些铁路局和车站的试点，铁路总公司正在高速铁路列车上建设Wi-Fi系统，必将为乘车旅客提供更多的信息及视频服务。

二、语音客户服务中心（简称客服中心）功能

1. 语音客户服务中心系统架构

12306语音客服中心平台是基于计算机与电话集成(CTI)技术，结合电话、短消息、微信、Email、IP电话、可视电话、手机APP、传真等多种接入方式，充分利用通信网和计算机网的最新技术，并与企业信息系统连为一体的综合性信息服务系统。

整个系统采用集中分布式的架构，如图2-15所示。

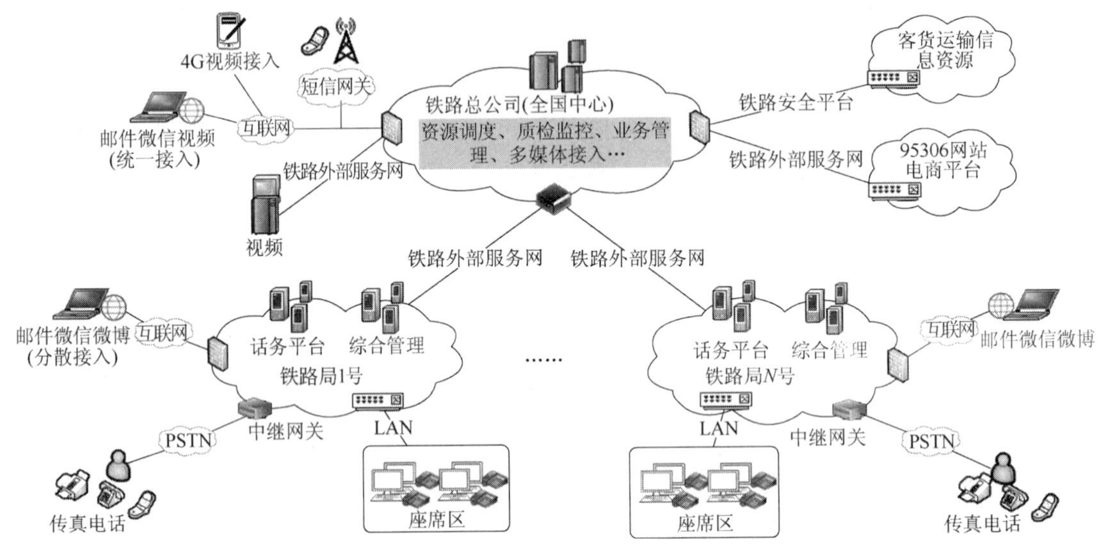

图 2-15　语音客服中心系统结构

所谓分布指的是在各铁路局客服中心分别部署一套独立的高性能呼叫中心，包括独立的CTI、ACD、IVR等核心组件和独立的管理软件、独立客服坐席和专业特长坐席等(CTI是计算机电话集成设备、ACD是排队机、IVR是互动式语音应答设备)。所谓集中指的是在铁路总公司部署资源管理平台和知识库平台，对铁路局的客服坐席、CTI、ACD、IVR设备等进行统一的调度、配置、监控和维护，实行统一报表和质检，实现对各铁路局不同地域业务的统一管理及知识共享。通过资源统一管理和调配平台，实现铁路局客服平台互联互通、多媒体服务请求全网漫游，充分发挥各铁路局专业特长，全路客服人员之间忙闲均匀，一个铁路局平台出现问题，可以调度其他铁路局的资源保证业务的连续性。例如有粤语的问题，可以通过资源管理平台转接到广铁的客服中心等。

2. 语音客户服务中心系统硬件结构

将每个铁路局客服语音平台的硬件结构分为网络层、接入层、业务支撑层(控制层)、业务应用层等4个层次。如图2-16所示。

网络层负责语音中继、移动和多种媒体网络的接入，通过语音中继(PSTN/PHS)接入网关、移动互联网(NGN/3G/4G)和互联网(Internet)接入交换机实现多媒体信息的接收。

接入层负责语音和多媒体的接入业务逻辑排队处理，SOFTACD负责语音、传真及视频等实时业务的接入和呼出；多媒体网关负责邮件、短信等非实时业务的接入和呼出。

业务支撑层负责多种媒体呼入的媒体资源处理。CTI负责所有呼叫事件的统一排队和路由，并对系统内所有资源进行统一调度和管理；IVR/MS负责语音和多媒体自助业务的处理；TTS负责将文字转换为语音应答；ASR将语音自动识别为文字；PDS是回访的预拨号设备；

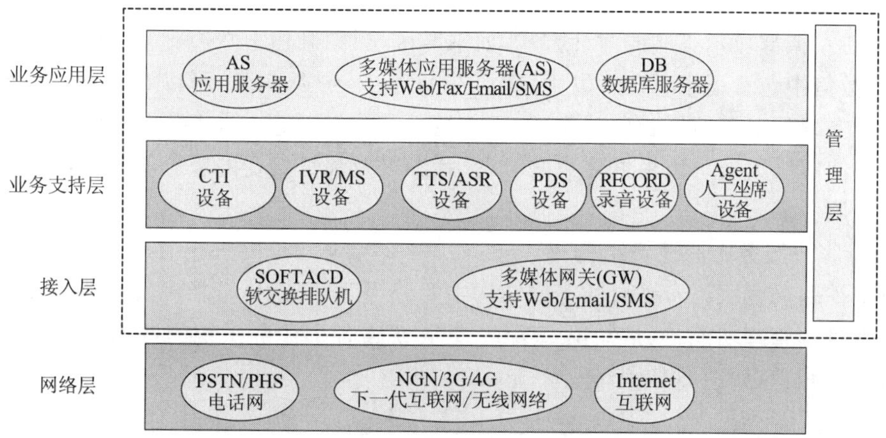

图 2-16　客服语音平台的硬件结构

RECORD 负责交互过程中的录音或记录；Agent 代表人工坐席设备(终端、耳麦等)，包括业务代表席、质检席、班长席设备。

业务应用层提供对业务应用系统的支持。其中，DB 是数据库服务器(包括知识库)，AS 是应用服务器，共同提供业务资源访问支撑；多媒体 AS 负责传真、邮件、短信、微信、网页等非实时呼叫的业务资源访问支撑。

3. 语音客户服务中心实现界面

客服中心坐席的典型界面描述如图 2-17 所示。

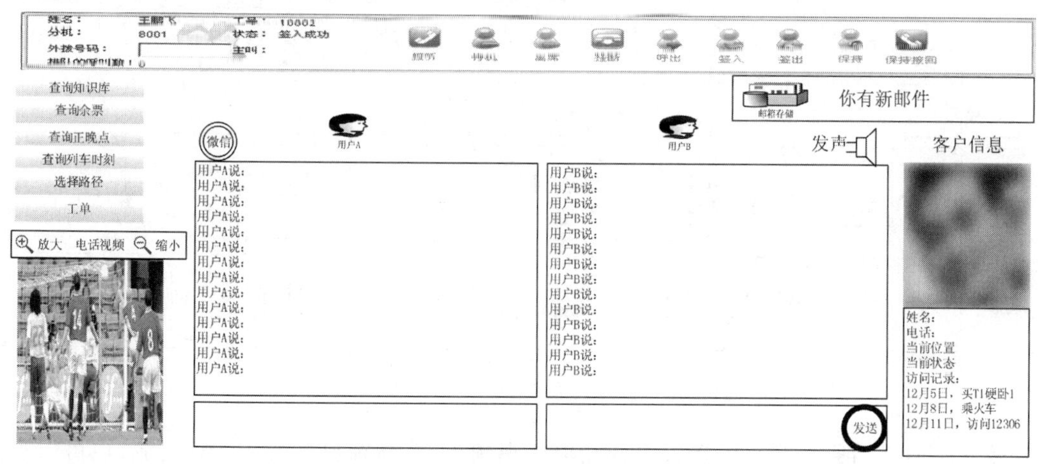

图 2-17　客服中心坐席的典型界面

界面的正上方是电话功能，按“接听”接入客户电话服务，在下方显示工单信息，按“挂断”结束服务；左上方显示客服人员姓名、工号等信息；右上边显示收到新邮件，点邮件在左边显示邮件内容，右边编辑回复邮件，按“发送”可发送回复邮件；微博、微信、在线客服和短信的格式一样，只是在左上部显示具体的对话方式，如本屏幕显示“微信”，左边对方发的信息，右边是回答信息，如微信中包含语音，可按“发声”键。左下角显示视频信息，可以对视频进行放大缩小。可通过选择左边的菜单执行相应功能；右下方显示客户的信息（包括用户相片，信息来源客户关系系统），使客服人员可以根据客户的位置、状态以及最近接受的服务等信息，更准确和快速地满足客户服务需求。

4. 语音客户服务中心逻辑结构

对每个铁路局客服语音平台的逻辑结构主要分为两部分：一是新一代桌面系统，实现语音客服平台本身的管理功能；二是知识库系统，集成铁路各个业务系统的数据，为客服人员提供各业务系统的知识，如图 2-18 所示。

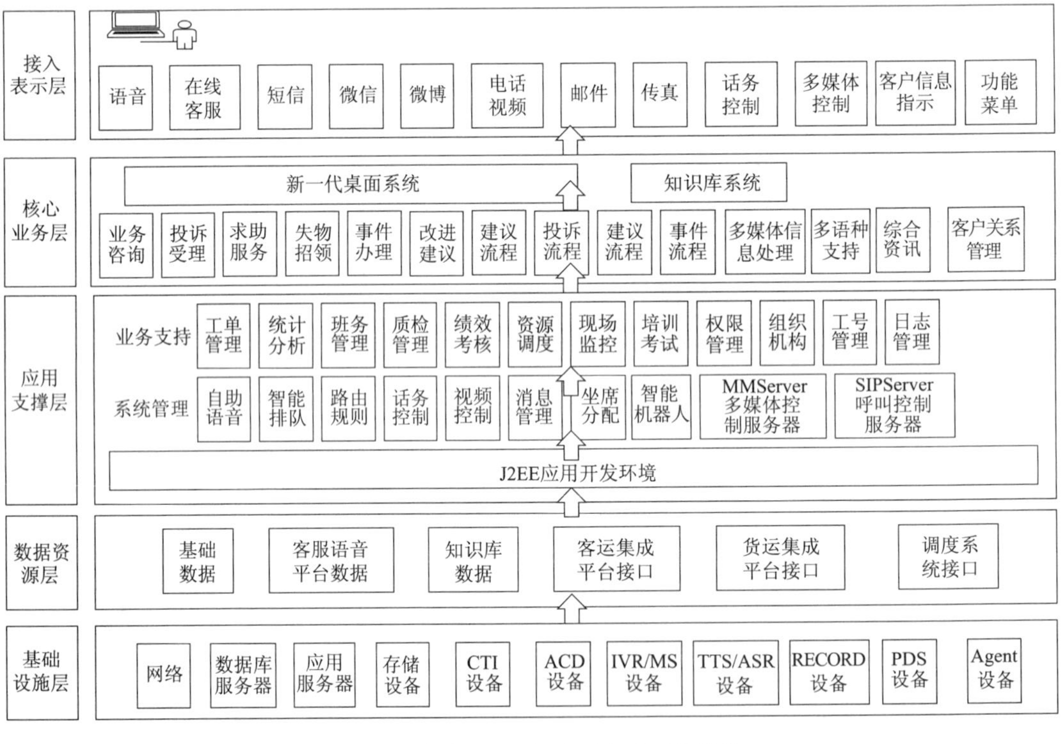

接入表示层：语音、在线客服、短信、微信、微博、电话视频、邮件、传真、话务控制、多媒体控制、客户信息指示、功能菜单

核心业务层：新一代桌面系统、知识库系统；业务咨询、投诉受理、求助服务、失物招领、事件办理、改进建议、建议流程、投诉流程、建议流程、事件流程、多媒体信息处理、多语种支持、综合资讯、客户关系管理

应用支撑层：
业务支持：工单管理、统计分析、班务管理、质检管理、绩效考核、资源调度、现场监控、培训考试、权限管理、组织机构、工号管理、日志管理
系统管理：自助语音、智能排队、路由规则、话务控制、视频控制、消息管理、坐席分配、智能机器人、MMServer多媒体控制服务器、SIPServer呼叫控制服务器
J2EE应用开发环境

数据资源层：基础数据、客服语音平台数据、知识库数据、客运集成平台接口、货运集成平台接口、调度系统接口

基础设施层：网络、数据库服务器、应用服务器、存储设备、CTI设备、ACD设备、IVR/MS设备、TTS/ASR设备、RECORD设备、PDS设备、Agent设备

图 2-18 铁路局客服语音平台的逻辑结构

接入层通过话务控制可以接入语音和电话视频，直接与客户电话和视频交流；也可以多媒体控制接入短信、微信、微博、在线客服（QQ）、邮件、传真与客户进行文字交流；在交流过程中，通过客户关系系统获取客户基本信息和铁路服务信息；客服人员可通过功能菜单寻求帮助，例如通过查询知识库回答客户的问题。

支持新一代桌面系统功能有自助语音、智能排队、坐席分配、话务控制、视频控制、技能路由、智能路由、智能机器人、消息管理、工单管理、班务管理、统计分析、质量管理、绩效管理、培训考试、现场监控、资源调度、权限管理、组织机构、工号管理、日志管理、MMServer、SIPServer等。对语音来说，先调“自助语音”自动处理语音求助，如果需要人工服务，则按“智能排队”规则，在CTI排队，由“呼叫控制服务器(SIPServer)”负责按“坐席分配”规则建立和管理呼叫的连接，将求助分给人工坐席，人工可以依据“话务控制”和“视频控制”的规则，为求助人员服务，也可以按“技能路由或智能路由规则”转到其他坐席。如果是多媒体求助信息，经CTI排队后，由“多媒体控制服务器(MMServer)”按“坐席分配”规则将求助分给人工坐席，可调用“智能机器人”引导人工解决问题，或通过“消息管理”进行对话。所有的语音、多媒体服务都形成工单，如业务咨询、投诉等工单，通过工单流转解答客户问题；班长或质检员通过工单检查或者监听来检查客服过程的质量；通过工单自动统计客服人员的工作量，进行客服人员的绩效考核；工单在铁路内部流转，且流转到铁路高层管理人员，如果遇到客服人员难以解决的问题，在铁路内部研究后，再通过PDS回复用户。在客服中心按班次作业，按工号管理，根据繁忙程度对服务资源进行调度。

目前，客户服务中心的核心业务是业务咨询、投诉受理、求助服务、失物招领、综合资讯、客货营销、多元经营等服务功能。客服人员可以通过知识库协助回答客户的问题。知识库提供了旅行规划、客车正晚点查询、余票查询、运费查询、货物追踪、车票预订、货运受理、物流方案等面向客户的客货运服务功能；提供商旅服务、列车订餐、特色购物、小件代运、接送服务、商业广告等延伸服务功能等；提供规章制度、常见问题、法律法规、规范性文件等专业信息。知识库由铁路总公司和铁路局共同维护，是全路共享的综合性知识库。

三、客户关系管理功能

根据客户的来电信息，调出客户档案和服务信息，有针对性地为客户服务。目前，客票系统已经保存了几亿条客户注册信息，并与公安的身份管理系统进行了联网，对客户身份信息进行了初步核对。

为了更好地为客户服务，有必要建立和完善客户关系系统，通过以下四个步骤实施客户关系管理：

一是建立一套旅客档案，记录旅客的姓名、年龄、职业、单位、住址、身份证号等个人详细信息。在互联网用户注册中或通过铁路呼叫中心建立自己的原始档案信息，通过取票或者实名制验票核对和完善个人档案信息。

二是与相关业务系统的结合。在订票、购票、取票、支付、咨询、投诉服务等各环节，记录客户行为，不断丰富客户关系管理系统的内容和丰富客户的联系人信息。

三是细分客户群体，例如：分出个人客户、家庭客户、团体客户和企业客户；分出差、探亲、旅游等客户。每天对所有的客户记录进行分析整理，摸清客户消费规律、偏好及潜在的服务需

求，开展主动服务。例如对支付成功未取车票的旅客，提供上门服务。

四是为客户提供多种选择，通过常旅客计划采用累计积分、回馈制度等提高常旅客的忠诚度，为不同性质及需求的大客户提供差旅费规划、折扣、赠送免票、具体线路特价等个性化合作方案。

四、互联网客服功能

上面的客服中心主要支持人工服务，下面主要说明如何实现自助服务。最终是要做到给定任意两点，系统会为你规划路径，规划需要乘坐的交通工具，需要的时间和费用。给出几个方案供你选择，若选择了铁路的方案，则给出相应的余票信息；若选择了车次，则给出路径和时间。所有的信息都保存在你的手机上，你可以在需要的时候，在背景地图中调出沿途的细节信息，如风景名胜、美食特产等。

操作越简单越好，但实现起来却很复杂，需要大量的信息，文献中给出了两种实现方式，一种是集成平台，另一种是 SOA 的方式，或者两种方式共用。集成平台的方式是将客服相关信息集成到一个库中，使用地理信息和列车信息将各种数据关联起来，SOA 的方式是通过服务将不同数据库中的数据集中到面向问题的场景中。集成平台数据包括客票系统的旅客列车时刻表、旅客列车接续、旅客列车车票余票、旅客列车票价、铁路客票代售点地址位置等信息，包括调度系统的旅客列车到达正晚点、晚点原因、列车日班/阶段计划等信息，包括行包系统的行包托运办理服务、行包位置和运输计划信息，包括总公司和铁路局的客运公告、通知通告、法律法规、管理文件、铁路常识、旅行常识、旅行服务、服务监督电话、购票指南、行包托运办理指南、新闻娱乐、气象等信息，包括各车站贡献的站房平面图、上下列车的路线、接发车计划、售检票计划、接送服务、小件寄存、公交换乘、车站周边餐饮、宾馆、商店、医疗、金融服务，与公路、民航、水路等交通方式接续等信息，客运段提供列车订餐及娱乐服务、宾馆饭店预定、旅游资源延伸服务、商品服务等信息。互联网客服平台(简称平台)的系统结构如图 2-19 所示。

平台的关键是数据的获取和整合，将铁路局旅服系统中客运站、列车、换乘、旅游、宾馆饭店、特产等信息送入铁路总公司原始数据库，铁路总公司系统再将这些信息与调度、客票、行包数据以及地理信息数据进行关联整合，形成面向社会的服务数据。

平台服务于广大旅客和铁路客运人员，旅客可以通过互联网终端、手机 APP、微信、短信访问互联网客服平台，铁路客运人员通过内部终端访问客服平台。站内旅客可以通过自助查询终端直接访问铁路总公司客服平台，如果自助查询终端不能解决旅客的问题，旅客可以一键接通客服中心，直接通过视屏与客服人员对话，客服人员可以调出车站有关的知识库协助解答问题，如果还不能解决问题，客服人员可以构建包括车站客运主任在内的专家组解决旅客的问题。平台的技术架构由平台层、数据层、服务层、业务层和表示层组成，如图 2-20 所示。

平台层包括系统支撑的基础平台，如数据存储平台、网络通信平台等；数据层用于保

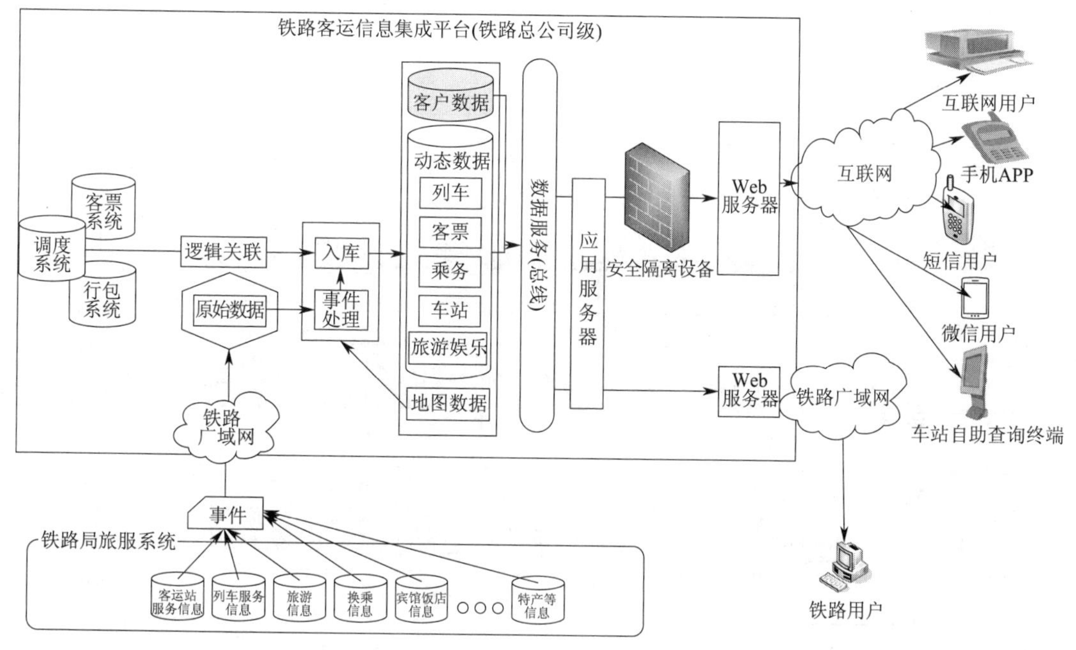

图 2-19　集中式客服系统结构

存采集整理后的数据，如时刻表数据、列车日班/阶段计划数据等；服务层封装成相互独立的细粒度服务，这些服务为组成业务的基本单元，提供给上层使用，该层支持两种方式的调用，可以将服务在服务注册中心进行注册，将接口直接暴露给表示层调用者进行调用，也可以作为一个具体功能模块在系统内部业务层进行调用；业务层根据实际业务将服务层中的各种细粒服务通过聚合封装成实用的粗粒度服务，然后进行发布，以接受上层表示层调用；表示层主要实现与客户的交互，其方式有 Web Browser、Windows 窗口界面或手机 APP、微信、短信等，可以直接调用业务层，也可以直接调用服务层服务。

旅客出行前咨询是协助旅客规划应乘坐的列车车次、开行时间、到达目的地时间，或者旅客中转换乘的信息。出行准备是协助旅客购买车票，例如查看余票、售票公告、预售时间、票价、市内代售点等，然后，为旅客提供市内公共交通信息，及到达目的地时的天气。车站信息咨询如车站进站口的位置及所乘列车的候车区、列车发车时间、检票时间、站台信息等；到达后需要知道列车到达的站台、出站口信息、市内交通信息等。旅行中咨询如中途停靠站时间、停车时间、列车当前运行区段、列车正晚点时间、列车餐饮信息、沿途旅游风光信息、停靠站城市介绍、地方特产、人文地理信息等。投诉与建议管理为旅客提供投诉与建议的受理、转送、处理、回访情况、投诉当前状态等。随身行李包括如何托运、何时取、当前位置等。系统实现的关键是建立一套引导机制，使客户通过自助最容易

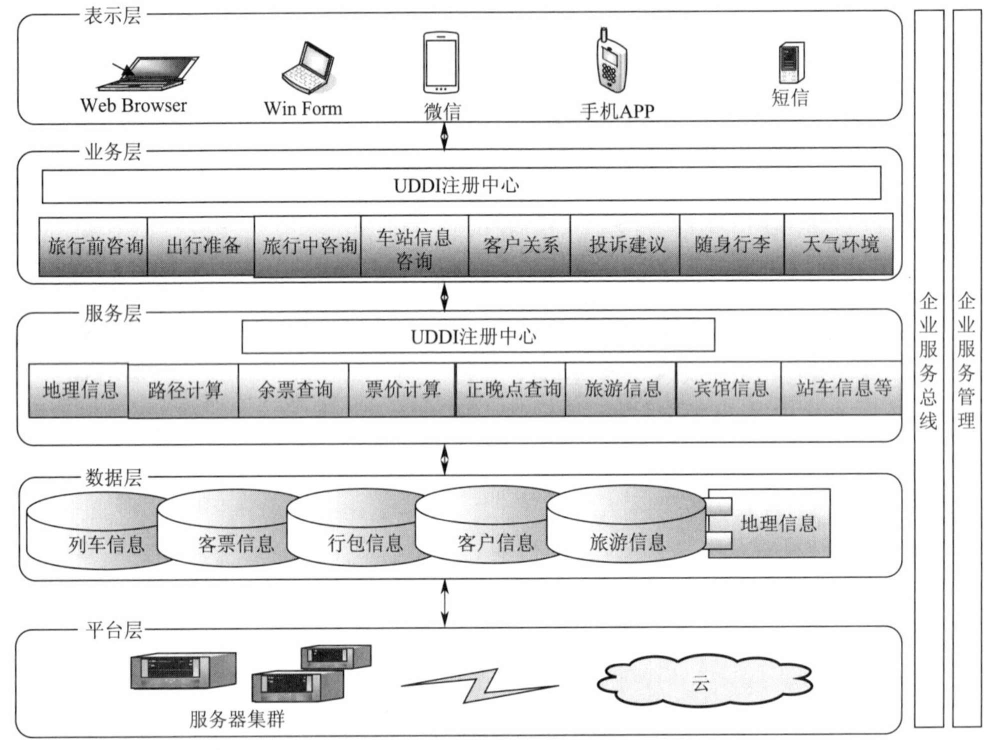

图 2-20　集中式客服系统技术架构

地获得所需信息。

五、电话自助服务和电话订票

自动语音应答(IVR)属于自助服务的系统,客户通过固定电话、手机、小灵通、市话通拨12306电话号码后,会得到相应的语音提示,客户按提示通过电话机按键选择要查询的信息,此功能可以实现全天候自助式服务。

系统通过预先录制或实时合成的全自动应答式语音流程与客户交互,客户根据语音提示,将信息需求变成按键提交给客服中心系统,客服中心系统将按键转换成访问数据库的命令,执行命令获取客户要求的数据,并将数据转换成语音的形式告知客户。

铁路订票业务流程较为复杂,需要输入发站、到站、车次、铺别和张数等较多信息,在语音流程的设计上充分考虑了客户订票操作的便捷性,尽量减少按键次数。通过优化车次提示算法,剩余票额最多的车次排在最前面,票已经售完的车次不出现在车次选择列表中,减少客户不必要选择。语音流程可通过流程设计器来完成,一个设计器的实例如图 2-21 所示。

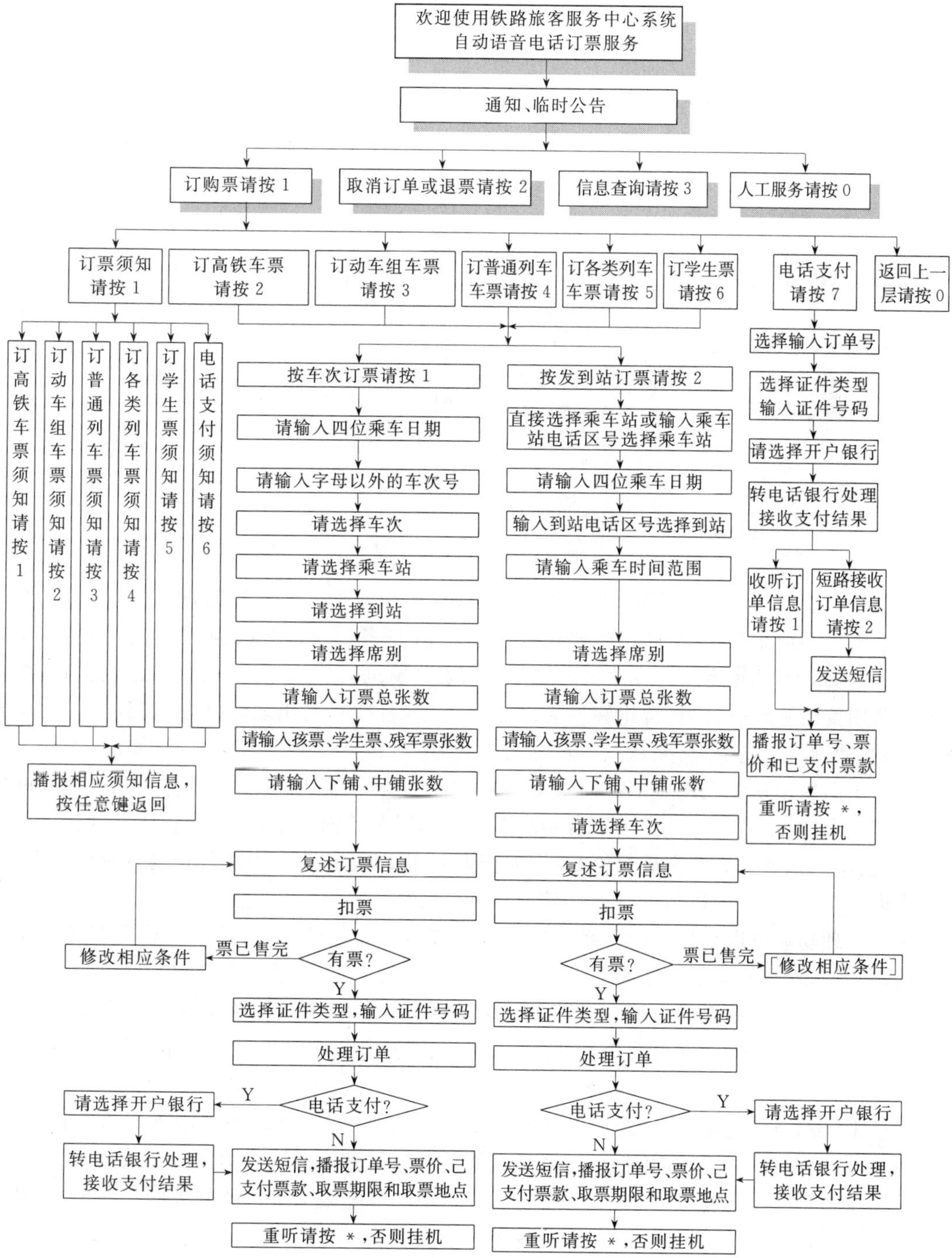

欢迎使用铁路旅客服务中心系统
自动语音电话订票服务

通知、临时公告

订购票请按 1
取消订单或退票请按 2
信息查询请按 3
人工服务请按 0

订票须知请按 1
订高铁车票请按 2
订动车组车票请按 3
订普通列车车票请按 4
订各类列车车票请按 5
订学生票请按 6
电话支付请按 7
返回上一层请按 0

订高铁车票须知请按 1
订动车组车票须知请按 2
订普通列车票须知请按 3
订各类列车票须知请按 4
订学生票须知请按 5
电话支付须知请按 6
播报相应须知信息，按任意键返回

按车次订票请按 1
请输入四位乘车日期
请输入字母以外的车次号
请选择车次
请选择乘车站
请选择到站
请选择席别
请输入订票总张数
请输入孩票、学生票、残军票张数
请输入下铺、中铺张数
复述订票信息
扣票
有票？
票已售完
修改相应条件
Y
选择证件类型，输入证件号码
处理订单
电话支付？
Y
请选择开户银行
转电话银行处理，接收支付结果
N
发送短信，播报订单号、票价、已支付票款、取票期限和取票地点
重听请按 *，否则挂机

按发到站订票请按 2
直接选择乘车站或输入乘车站电话区号选择乘车站
请输入四位乘车日期
输入到站电话区号选择到站
请输入乘车时间范围
请选择席别
请输入订票总张数
请输入孩票、学生票、残军票张数
请输入下铺、中铺张数
请选择车次
复述订票信息
扣票
有票？
票已售完
修改相应条件
Y
选择证件类型，输入证件号码
处理订单
电话支付？
Y
请选择开户银行
转电话银行处理，接收支付结果
N
发送短信，播报订单号、票价、已支付票款、取票期限和取票地点
重听请按 *，否则挂机

选择输入订单号
选择证件类型输入证件号码
请选择开户银行
转电话银行处理接收支付结果
收听订单信息请按 1
短路接收订单信息请按 2
发送短信
播报订单号、票价和已支付票款
重听请按 *，否则挂机

图 2-21 电话订票语音流程设计器示例

六、短信和微信平台

短信平台支持铁路总公司的所有应用系统通过平台发送和接收短信，其结构如图 2-22 所示。

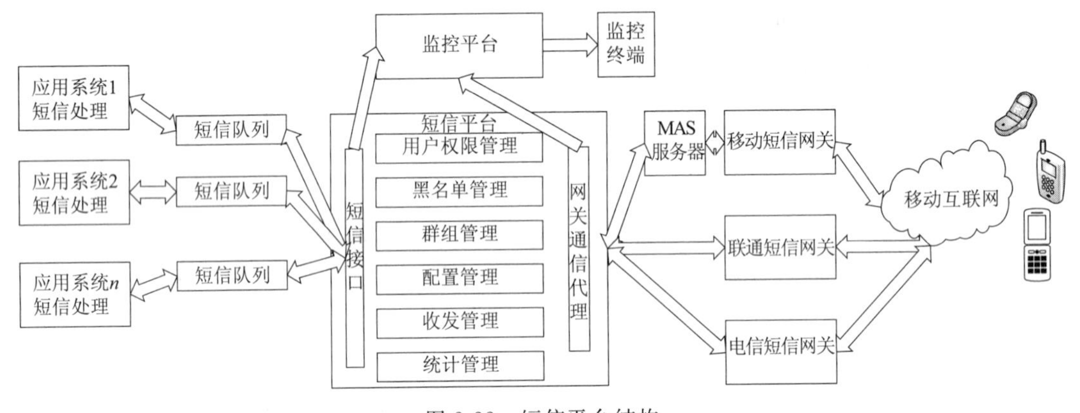

图 2-22　短信平台结构

短信包括上行短信(MO)和下行短信(MT)，发送和接收短信需要通过短信网关，再发送到客户手机。当应用系统(互联网售票系统、货运电子商务系统、物资采购平台等)需要发送短信时，调用 Webservice 接口将待发短信放入短信发送队列，系统会对发送权限进行检查，如果群发则调用群组管理软件，将群组转换为发送手机号，通过网关代理软件，推送到相应的运营商(中国移动、联通、电信)网关，然后，转发到手机上。

当手机向应用系统发送短信或回复短信息时，由运营商(中国移动、联通、电信)相应网关转到短信平台的接收队列中，短信平台判断有效且非黑名单的短信，根据配置转发到相应的应用队列，应用系统根据短信头进行答复，例如查询列车正晚点信息，则执行正晚点查询命令，并返回查询结果，如果是回执信息，则结束。

统计管理功能可以统计各应用系统每天发送和接收短信的数量，监控平台监视短信平台是否正常运行，发现问题及时报警。

微信是腾讯公司推出的一款快速发送文字和照片、支持多人语音对讲的手机聊天软件。客户可以通过手机、平板、网页快速发送语音、视频、图片和文字。由于微信是使用最广的通信工具，所以，客服中心系统应该支持微信平台。

微信平台的开发包括前端和后台：前端主要工作是自定义菜单、处理键盘点击事件、展示微信消息等；后台负责发送和接收微信消息。铁路总公司微信系统结构如图 2-23 所示。

一是铁路总公司向腾讯公司申请微信公众号，填写自己微信平台的服务器资源地址，并进行有效性验证，验证成功后可以处理客户每次向公众账号发送的消息；二是当客户或自定义菜单事件向铁路总公司微信公众账号发送消息后，腾讯的微信平台将消息传递给铁路总公司的

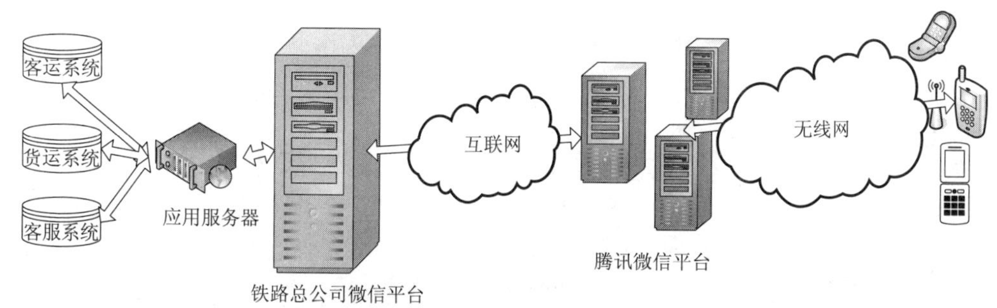

图 2-23　铁路总公司微信系统结构

微信平台；三是铁路总公司微信平台接收到消息后进行消息的处理，解析消息格式，根据客户内容和自己的服务器逻辑，访问客运、货运、客服系统，计算出需要返回给客户的消息，然后封装消息；四是铁路总公司微信平台将处理结果返回给腾讯的微信平台，包括文本格式、图片格式、视频格式等；五是腾讯的微信平台通过公众账号向客户回复消息，从而完成此次对话过程。

七、站车 Wi-Fi 服务功能

Wi-Fi 是 Wireless Fidelity（即无线保真）的缩写，是一种可将个人电脑、手持设备（如 pad、手机）等终端以无线方式互相连接的技术。利用移动互联网信息技术，构建站车 Wi-Fi 运营管理、列车 Wi-Fi 服务、车站 Wi-Fi 服务的车地一体的铁路运营服务系统，整合路内外旅客服务相关资源，满足旅客个性化需求，提升旅客出行体验，为铁路旅客提供站车一体化的全行程电子服务。站车 Wi-Fi 的整体结构如图 2-24 所示。

1. 铁路总公司 Wi-Fi 服务系统

铁路总公司 Wi-Fi 服务功能是整个铁路站车 Wi-Fi 运营服务系统的核心，主要负责编辑和管理运营服务信息，向铁路局内容分发服务器同步服务信息。在内网部署客户中心、商旅服务、结账清算和电子支付前置等应用。在外网部署客户中心、广告管理、视频服务、内容服务、游戏服务、客运信息服务、网络服务、商旅服务、结账清算、运营管理、电子支付前置以及系统监控等应用。

2. 铁路局 Wi-Fi 服务系统

铁路局部署内容分发服务器，通过铁路外部服务网，从铁路总公司 Wi-Fi 服务子系统中同步取得服务内容文件，为管辖各站的车站 Wi-Fi 服务子系统和动车所有内容分发服务器提供数据同步服务；动车所部署内容分发服务器，通过铁路外部服务网，从铁路局内容分发服务器中取得服务内容文件，再通过动车所的无线局域网，将内容分发至停靠在动车所并处于带电检修的列车 Wi-Fi 服务平台中心服务器上。铁路局提供统一的互联网接入通道，为所辖各站的车站 Wi-Fi 服务子系统提供接入互联网的服务。

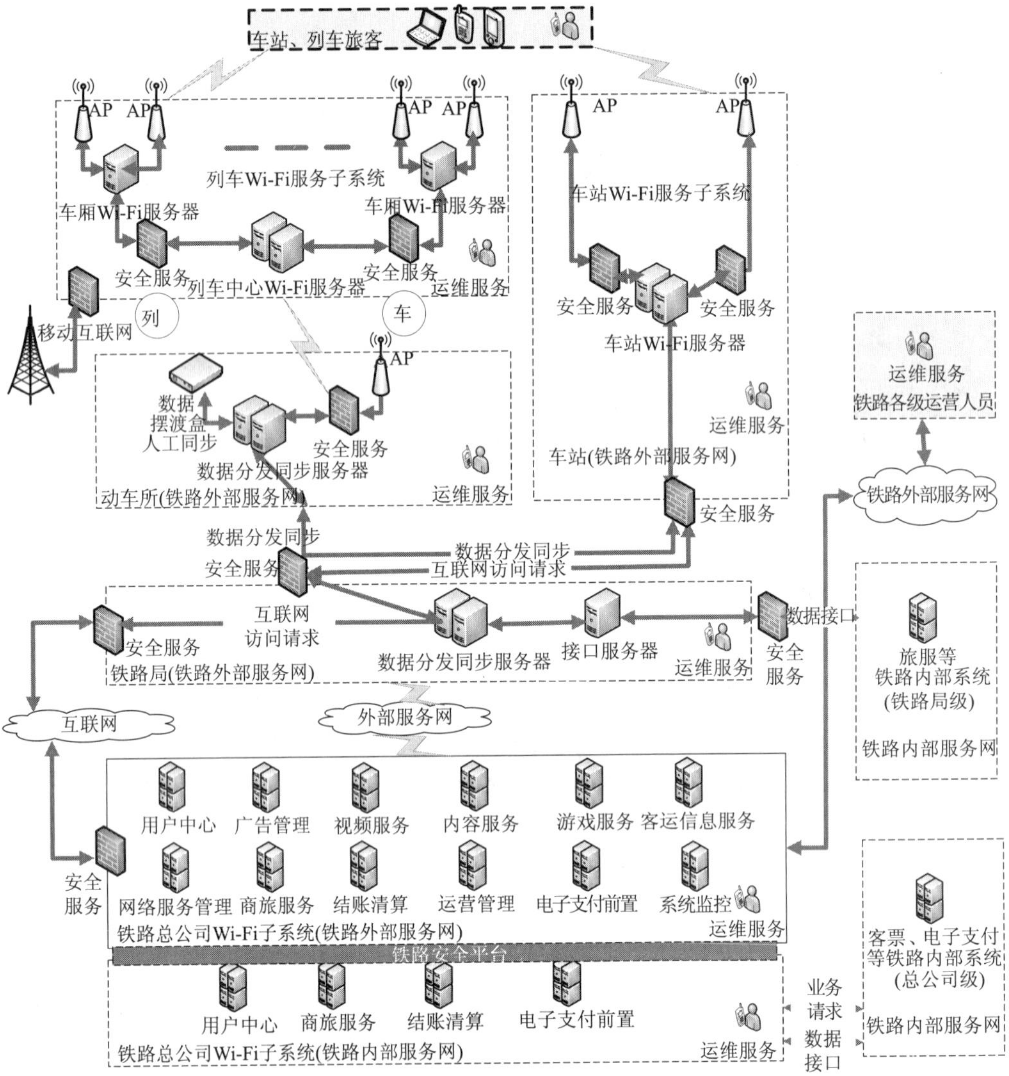

图 2-24　站车 Wi-Fi 整体结构

3. 车站系统

车站 Wi-Fi 服务子系统通过铁路外部服务网从铁路局内容分发同步服务器中获取内容服务、视频服务、交易服务等相关数据，向旅客提供 Wi-Fi 接入的信息及内容服务。车站 Wi-Fi 服务子系统主要包括 Portal 门户、登录认证、站内引导、休闲娱乐、应用下载、浏览新闻、我的行程、上网服务以及客运信息查询功能。规模较小的车站考虑旅客流量、投资成本等因素，可仅部署 Wi-Fi 访问接入设备，提供接入互联网服务，不部署车站 Wi-Fi 服务平台。

4. 列车系统

列车 Wi-Fi 服务子系统包括单车 Wi-Fi 服务应用和列车中心 Wi-Fi 服务应用两部分，主要运行的服务器有单车 Wi-Fi 服务器和列车中心服务器两类服务器，每节车厢部署一台单车 Wi-Fi 服务器，每趟列车部署一台列车中心服务器。在列车停靠动车所带电检修时，列车 Wi-Fi 中心服务器通过动车所无线局域网从动车所的内容分发同步服务器上获取内容服务、视频服务、交易服务等相关数据，向列车旅客提供 Wi-Fi 接入信息服务；在列车运行过程中或停靠车站时，列车 Wi-Fi 中心服务器通过 3G/4G 公网，从铁路总公司 Wi-Fi 服务子系统获取实时信息。列车 Wi-Fi 服务子系统的功能包括 Portal 门户、登录认证、视频服务、休闲娱乐、应用下载、浏览新闻、车上购物、我的行程、上网服务，以及客运信息的查询等功能。

第七节　铁路客运营销分析系统

一、铁路客运营销分析系统概述

对铁路业务来说，组织列车运行对应生产环节，组织客票销售对应销售环节，进站上车的旅服对应服务环节，共同形成了客运管理的闭环。客运营销的目的就是研究旅客的需求，研究旅客需要什么产品(列车)、如何销售这些产品(客票)、如何提供更好的(站车)服务。客运营销就是通过客运市场调查和分析，设计出适合广大旅客出行需要的列车产品和服务，提高旅客位移满意度，提高铁路客运效益的全程组织活动。

从客票系统 3.0 实现全国联网售票后，就开始进行客运营销信息系统的建设，铁路总公司先是从春运办信息系统开始，建立了数据仓库，开展营销分析。各铁路局在客运营销系统方面也做了大量工作，北京铁路局客运营销系统 2002 年通过了鉴定，2003 年成都局也开发了铁路局客运营销分析系统。2010 年客运营销辅助决策系统 V1.0 版投入使用，该系统分成铁路总公司和铁路局两级，利用数据仓库技术实时分析客票数据，系统的运行在运输组织方面发挥了较大作用。至 2011 年底，系统已经在哈尔滨、北京、太原、武汉、上海、南昌、广州、成都等铁路局推广使用。

二、客运营销信息系统的体系架构

营销的本质是快速将客户的需求商品化。铁路客运营销就是通过市场调查，深入了解旅客需求，使铁路生产的产品满足旅客消费需求的变化。所以，对于客运营销信息系统来说，就是为铁路总公司、铁路局、车站客运管理人员提供一种工具，及时获取旅客客运消费需求的变化指标或者预警数据，按照客户的需求调整客运产品和销售策略，包括列车开行方案、票额分配计划、客票定价策略、客票销售方案等。

实现上述目标的营销分析系统分成5层:最下层是原始数据层;第二层是集成数据层;第三层是数据仓库层;第四层是数据集市层;第五层是业务应用层。系统的体系架构如图2-25所示。

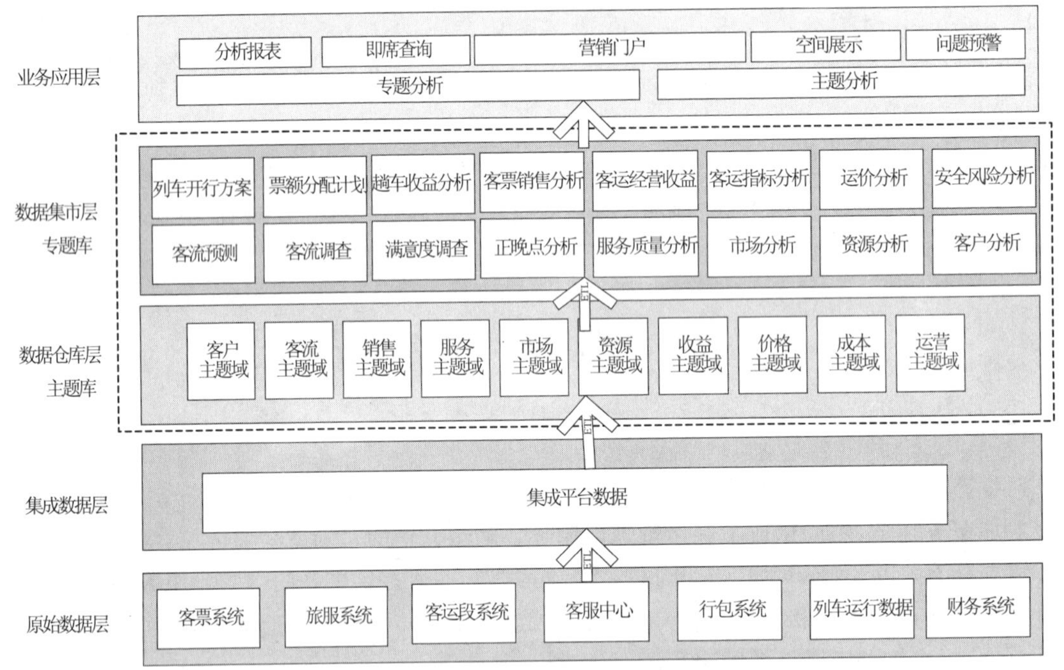

图 2-25　客运营销信息系统的体系架构

图中,原始数据层提供包括客票数据(存根、时刻表等)、旅服数据(进出站服务信息等)、客运段数据(在途服务信息等)、客服中心数据(建议、投诉等)、行包数据(行包信息等)、列车运行数据(正晚点、事故等)和财物数据(收入和成本)等。

集成数据层将下层的数据按照列车、客户等关系进行初步集成,形成数据仓库层,数据仓库是一个面向主题的、集成的、相对稳定的、反映历史变化、用于支持管理决策的数据集合。主题库包括客户、产品(列车)、销售、服务、市场、资源、收益、价格、成本、运营等主题。数据仓库和数据集市是一对多的关系,全路只有一套数据仓库,但每个业务部门都有若干个数据集市;数据集市层存放专题库,专题库包括客户关系分析、客流调查、客流预测、列车开行方案、票额分配方案、趟车收益分析等。

最上层是业务应用层,为使用者可以生成各种分析报告、查询各种统计指标,并做切片、钻取等分析,查询结果可以在二维或者三维地图上进行展示;如果某些指标过高或者过低,则自动预警。可以调用决策支持库,进行主题和专题的分析。下面将分析各个主题和专题及其数据来源。

三、客户关系管理(CRM)功能

CRM是信息行业用语,指利用信息系统的方法对客户关系进行管理。CRM主要包括三个方面:市场营销、销售过程、客户服务过程中的客户关系管理。市场营销指根据客户的需求生产铁路的产品,销售过程指根据客户需要推销铁路产品,客户服务指在客户消费铁路产品过程做好针对性的服务。

建立客户关系管理信息系统首先录入客户的基本资料,好在铁路施行实名制售票,并与公安部门联网进行身份认证,使铁路可以准确地获得客户的基本信息。若要在互联网上购票,首先需要注册,在注册数据表中包含客户的基本信息,在存根表中包含客户购退票乘车的行为信息,在客服的工作单中包含客户的咨询信息。

每天,使用ETL工具整理分散在不同系统中的客户信息,针对客户主题域,建立多维模型,包括时间维、地点维(到发站)、买票方式、乘坐席别、消费、出行频率、偏好、常用联系人等信息。每天根据客户信息,对客户进行分析。首先要细分客户,按照客户所在城市、经常去往城市、喜欢乘坐的列车、乘坐里程、对舒适度、速度和价格的要求、目的地离车站距离、换乘方式、属于商务、旅游、探亲等对客户进行分类;其次分析每类客户需要的客运产品和服务,针对每类客户,研究旅客需要的、有吸引力的产品和服务策略。对销售来说,关心客户对铁路的价值和信用信息,是否可以通过实施常旅客计划,吸引客户乘坐火车,主动制订旅客接触计划,善于发现旅客潜在的需求和机会;还要研究客户的忠诚或者流失信息。

客户关系管理的一个重要应用是当调整客运产品(调图)或者票价时,可以研究每类客户对变化的反映,可以根据客户反映增加调整力度,或者采取补救措施。

四、客流调查和客流预测功能

铁路客运产品是为了实现旅客的位移,前一节描述旅客对客运产品的偏爱是不一样的,若最大限度地满足旅客的需求,又保证列车不虚糜,就需要进行客流调查和客流预测,根据预测的客流组织列车开行,所以客流预测的准确性非常重要。

客流预测是在已经掌握的历史信息资料和市场调研的基础上,对未来一定时期内客流的需求、性质进行预先推测和判断。客流也叫OD流,反映了出发和到达车站间、不同等级列车、不同席别的乘车人数。所以,客流预测包括客流发生预测、客流分布预测和客流组成预测。客流发生预测是每一车站将要发送的旅客人数,客流分布预测是每条线路/区段旅客的人数,客流组成预测是这些旅客需要乘坐的列车等级和席别。

客流预测的方法比较多,包括基于客流演变机理的客流预测方法和基于客流行为和时空关系的客流预测方法。常用的预测方法有时间序列预测方法、因果分析预测法、灰色模型、系统动力学模型等。客流预测的数据源除了历年同期的客票数据外,还需要考虑旅客的需求,考虑铁路路网能力和速度的变化、城市人口/流动人口数量和消费的变化、城市化进程、其他运输方式的发展等。

客流主题域内容包括发到站、时间、线路、区段、列车等级、席别、价格需求、客流人数，各种变化对客流的影响等，客流预测的结果是每对发到站间平均每天旅客人数及组成(每条线路/区段旅客人数及组成)。

客流调查工作作为客流预测方法的补充和验证，包括确定调查主题、收集调查相关资料、设计调查问卷、开展市场调查、分析调查数据、提交调查报告等流程。调查内容围绕铁路路网能力和速度的变化、人口数量和消费的变化、城市化进程、其他运输方式的发展对铁路客流的影响，包括本地学生流、民工流对铁路客流的影响，服务满意度调查等。调查方式包括人员访问调查、电话访问调查、邮寄调查、邮箱调查、网上调查、短信调查等，调查时要充分考虑利用客户关系数据库已有信息，利用客户服务中心信息系统，调查过程也是不断完善客户关系数据库的过程。调查前考虑调查的数据如何入库，并将调查的数据作为客流预测的输入。

五、列车开行方案

上节说到客流预测的结果是每对发到站间旅客人数及组成(每条线路/区段旅客人数及组成)。列车开行方案就是如何组织列车产品，最大化地满足旅客的需求，或者如何调整现有的列车运行方案，在现有列车运行方案变动较小的情况下，最大化地满足旅客的需求，又保证足够的安全和经济效益(这里的安全指不超过每条线路的运输能力)。

考虑用计算机编制列车开行方案的一种方法是：

(1)做一个虚拟的列车到发矩阵，左边是发送车站，上边是到达的车站，如果全国有6 000个车站，则为6 000×6 000的矩阵，将每对车站间的客流标到矩阵中。由于矩阵过于庞大，可按“发站、到站、客流数”显示超过一定数量的客流，客流量大的到发站排序在前面。

(2)检查矩阵中的客流，如果某两站点间来回的客流大于开车的客流(《铁路旅客运输管理规程》规定：直通旅客流量不得少于600人，跨3局的不得少于500人，跨4局及其以上的不得少于400人)，就可以考虑开行直达列车。

(3)对于两站点间小于开车的来回客流，考虑按支点进行客流合并，所谓支点或者是尽头站或者两个方向以上的车站；然后，列出所有支点站间到发矩阵，检查矩阵中的客流，如果某两支点站间来回的客流大于开车的客流，就可以考虑开行支点直达列车。

(4)对于支点站间小于开车的来回客流，考虑日历开车的方式，所谓日历开车就是按固定时间间隔开车，如果每天客流不够开车，测算每两天是否够开一列车，或者每隔N天开一列车。

(5)根据两站间列车编组(m)、定员(a)、客座利用率(γ)、席位周转次数(β)、客流波动系数(k)等，计算两站间需要的列车数=两站间的客流×(k)/($d\times\gamma\times\beta$)。其中：列车定员$d=\sum(m_i\times a_i)$，m_i为i席别的车厢数，a_i为i席别车厢的定员数。

(6)还需要考虑客流中不同等级列车、不同席别的人数，不同等级列车人数指分别计算乘坐高铁、直快、特快、普快、普通列车人数，不同席别人数指软席人数、硬卧人数、硬座人数、软座

人数等。

(7)考虑两站之间的不同径路,计算区段密度的客流图,两站之间的客流应该覆盖客流图。

(8)对剩下的长途客流需采用中转换乘的方式,要考虑的是换乘次数最少。短途客流考虑开管内列车,当整个矩阵中的客流都考虑了,就形成了初步的列车开行方案。

(9)使用数学方法或者专家系统的方法对方案进行优化,或根据方案评测结果进行优化。

旅客列车开行方案主要包括以下五个方面的内容:

(1)等级列车的数量。包括高速列车、动车、直达、特快、直快、普快、慢车等列车的数量。

(2)列车的开行对数。列车的开行对数是指方向上或区段内为满足运量需求而开行的旅客列车数量,当上下行成对时,可用对数表示。

(3)列车的运行区段。列车的运行区段包括列车的始发站、终到站及经由线路等要素。

(4)列车的停站方案。列车停站次数的增加会使旅行时间加长,同时也会降低线路的通过能力,增加列车的开行费用,所以在停站方案中要合理确定列车的停靠站。

(5)列车编组和车底运用方案。考虑实际需要开行多种编组的列车、运用几组车底,短编组、高密度列车能较好地吸引客流,但当线路能力紧张时,大编组能够达到充分利用线路能力。

确定列车开行方案后,还要确定组成列车的机车、客车、动车,考虑列车的乘务员、列车上的备品、餐饮,车站停靠站台的能力,线路的通过能力等,在第四章再讨论这些问题。

实际上,编制列车开行方案是在现有方案下进行调整的过程,根据铁路路网的发展和现有的客流变化,合理地调整现有方案。一是根据预测客流做出新方案,比较新方案与现有方案之差,决定调整方案;二是直接在矩阵中输入变化的客流,根据变化客流推算调整方案。

六、票额分配方案

旅客列车票额分配是以旅客列车开行方向客流分布为依据,根据列车编组、停站时刻等数据,把列车允许出售的席位数有计划地分配到沿途各停靠站去销售,其分配及指标统计过程为票额分配。

使用计算机编制票额分配计划的关键是准确地预测客流分布,与列车开行方案的客流预测不同在于票额分配的客流预测需要精确到每趟列车,特别对于能力紧张的列车。所以,将客流预测分成淡季、旺季和节假日的预测。对每趟列车来说,预测结果是矩阵三角表,左边是发站,上边是到站,三角表中描述了发到站间的客流。根据列车编组就能算出席位总数,将席位总数按照在沿途站客流分布比例进行分配,实际这里有数学优化的问题,因为对一个席位卖给终到站优于只卖到中间站,但如果席位分段多次卖出,由于递远递减,分段票价可能高于整段的票价。

在全路调图时由担当局形成固定的旺季票额固定分配方案,淡季进行票额调整,节假日时根据客流、车底情况制定临客加开票额分配方案,并辅以短期的票额预分、复用、共用等动态调整措施,从而建立起一套完整的票额分配体系。

计算机对某趟列车执行票额分配过程是先读取列车时刻表、列车编组等基础数据;然后,预测列车客流，对预测列车客流进行确认；根据预测列车客流和基础数据执行自动票额分配；人工可以对自动分配的方案进行二次调整；将分配方案发给相关部门进行确认；将全部方案汇总后形成运能主题域，进行运能指标统计分析；最后，送到客票系统执行票额分配计划。

七、客运市场分析功能

铁路客运市场分析是对不同时期社会市场的总客运需求，公路、民航、水运所占客运量与铁路客运量的比值关系，从中分析铁路如何扩大市场范围。

市场分析信息系统应该不断收集、挑选、分析、评估铁路内部和外部市场的信息，为管理人员改进铁路市场营销工作提供依据。市场分析信息系统由铁路内部报告系统、市场情报系统、市场调研系统和市场分析系统构成。

内部报告系统数据源主要由十八点客运统计数据、客运精密统计数据、客票基础数据等组成，根据决策的需要挑选其中内容组成分析专题库，如铁路运输指标、价格指标、运力指标等。

市场情报系统主要用于收集公路、民航、水运等决策所关心的情报信息，收集国外铁路同类信息，如运输指标、价格指标、运力指标等，可以利用互联网技术从相关的网站上获取。

市场调研系统针对铁路面临的具体问题设立明确的专题，对已经收集的信息进行整理和分析，通过调研的手段补充不足的内容，并对研究结果形成报告，供决策部门参考。

市场分析系统由统计分析模型和市场分析模型两个部分组成，第一部分是借助各种统计方法对所整理的市场信息进行分析；第二部分是协助决策者选择最佳的市场营销策略。

八、运价测算功能

改变单一的票价体系是今后的发展趋势。目前流行的定价策略：一是采用多个折扣价格使席位全部售出；二是让每名乘客尽量支付其所能承受的最高价格；三是如果席位需求大于运能时，让出价高的乘客拥有席位；四是如果乘客中途下车，空余的席位尽快出售。

根据定价策略和方案建立灵活价格计算体系。例如，对客户进行细分，预测每类客户的席位需求量，按每类客户承受能力定价，让折扣多的客户提前购票。对淡季、旺季、节假日采用不同折扣；根据竞争对手的价格进行折扣；对常旅客（月票、年票）进行折扣；对团体票进行优惠等。计算机系统需要预测不同折扣情况下旅客增加数，通过收益管理中的数学优化方法，使用计算机模拟，确定最佳客运运价方案，并导入客票系统作为调价的依据。

九、开行方案分析评价功能

当编完列车开行方案后，要对新的列车开行方案进行评价。常用的评价方法是趟车效益分析评价，其主要功能是计算新编旅客列车在单程全程满员状况下的最大收入测算、成本测算、盈亏平衡分析、盈亏对比分析、保本上座率分析等，还可以与铁路旅客运输清算系统相结合，对每趟开行列车的盈亏状况进行分析。

其基本原理是核算列车的收入和支出两部分：收入包括售票收入、行包收入和邮运收入。支出包括列车付费支出、直接运营支出和相关分摊支出，其中列车付费支出包括线路使用费、机车牵引费和旅客服务费。直接运营支出包括列车的人员工资、消耗的材料和燃料、列车车底折旧、托运行包的行包运送费、加价支出、车补支出和客车贷款等。相关分摊支出包括相关车型的维修、段修和大修、备用车折旧、管理费用、财务费用和营业外支出。

利润＝收入－支出－付费支出，如果结果是正值，则盈利；如果结果为负数，则亏损；如果为 0，则平衡。在平衡时，列车的上座率是保本上座率或者盈亏平衡点。

多方案比选是通过盈亏测算的基础上求各方案收益。实际上就是同时对多个方案进行盈亏测算，并把测算的结果显示在一起，进行比较。依据售票数据，按不同列车等级、不同线别等口径对各列车进行收益排序；比选的最优方案可以自动显示作为使用方案，次优的方案作为备选方案。

十、客票发售情况分析功能

本功能通过建立主体域，实时统计当前各次列车车票的售出情况，剩余的席位，可按车次、各席别利用率进行排序，按始发线、担当局、快慢车、直通管内、预分站、预售日期等进行分类查询。直观显示每天的售出量与运能的差距、与盈亏平衡点的关系、实际的客票收入与计划收入的差距。包括：列车各席别预售情况、单车按开车/售票日期每天预售情况、列车停靠站各席别预售情况、列车各停靠站详细售出情况、预分站各席别售出情况、预分站按开车/售票日期预售情况、预分站各线售出情况、预分站各线各车次售出情况等。

对于运能不足或虚靡的列车及时进行报警，使运输管理人员快速掌握运能运量矛盾，实现生产指挥快速反应，为列车进行加、减挂调整编组提供依据。

为改进客票营销方式提供依据，发现客票发售渠道、发售数量、旅客行为和客票预售状况等客票营销要素间的潜在关系，为经营管理者调整和组织客票营销策略提供决策支持。

十一、客运指标统计分析功能

铁路客运指标主要依据《铁路旅客运输统计规则》、《铁路客货运输统计规则》、《铁路运输设备统计规则》，内容包括旅客、行李、包裹、列车正晚点、安全等统计指标。

系统主要是通过集成平台从客票、行包、调度、安监等信息系统中收集相关指标数据，在数据仓库中建立相应的主题域，在数据集市中建立相应的专题库。

系统提供灵活、直观、界面友好的统计分析和查询功能，以表格、图形等多种方式展现客运营销的统计指标。

十二、客运资源评价和客运收益管理功能

客运资源运用评价功能。根据客运基础资源数据和运营指标的计算统计，对客运相关资

源的运用情况做出评价。例如对线路、车辆、动车组、客运装备、人力等资源的运用进行评价。

客运收益管理功能对客运产品进行收支评估和模拟测算，找出各次列车盈亏平衡点。围绕列车等级、编组、票价、票额分配、经由等多种因素的变化来测算列车收入及成本关系，测算列车下一期的利润；或者在预定的利润目标要求下，推算收入、成本等因素应达到的水平，为决策提供依据。通过对新开行的列车进行模拟测算，提前预知开行成本和收益情况，从而减少开行列车的盲目性；对已开行列车，预测调整编组等开行因素后的开行成本和收益情况，指导确定列车的调整方案，对客运组织具有重要的现实意义。

小　　结

客运信息系统主要包括五部分：一是客票系统；二是车站旅服系统；三是客运段的管理系统；四是客服中心系统；五是客运营销信息系统。客票系统主要担负为旅客发售客票的任务；车站旅服系统服务于购票旅客的在站换乘任务；客运段系统用于旅客乘车服务的管理工作；客服中心系统为旅客提供电话服务或者自助服务；客运营销信息系统主要负责收集旅客的需求，根据旅客需求设计产品，所设计的产品由调度部门组织实施。客运信息系统之间的关系如图 2-26 所示。

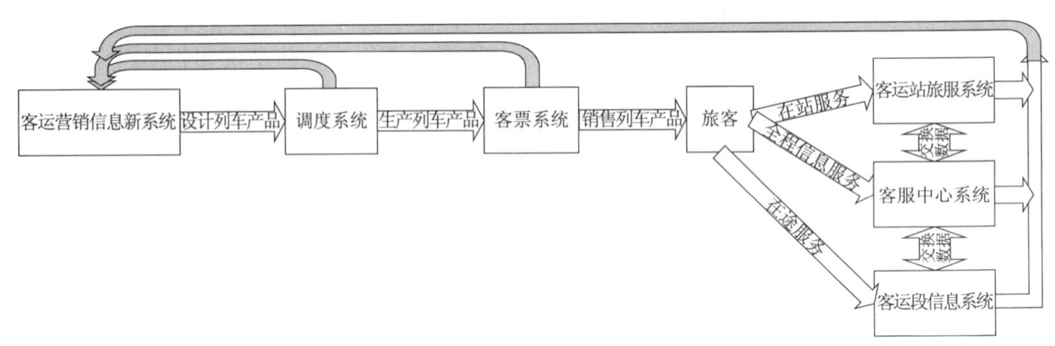

图 2-26　客运信息系统之间关系

客运营销系统指挥车站旅服系统、客运段系统、客票系统一起获取旅客的需求，根据旅客需求设计客运产品，调度系统按照设计组织生产客运产品；通知客票系统销售产品；车站旅服系统为购买产品的旅客提供地面换乘服务；客运段系统为购买产品的旅客提供在途服务；客服中心收集客票、车站旅服、客运段信息，提供全方位信息服务。客服中心、客票、车站旅服、客运段在服务过程中同时收集旅客运输需求和意见，客运营销系统分析和评估这些需求和意见，以便改进产品质量，从而形成生产的闭环。

客运信息系统的关键是能否辅助客运营销系统设计出好的产品和好的服务，应该通过信息系统尽量缩短信息反馈的时间，尽量发挥客服中心的作用，也就是客服中心不仅服务于旅客，而且需要服务于铁路的内部营销。

？复习思考题

1. 简述旅客对铁路信息化的需求。
2. 简述铁路客运部门对信息化的需求。
3. 简述客票系统退票的流程。
4. 简述如何维护(和生成)客票票库。
5. 客票系统从票库取票时需要考虑哪些因素？
6. 简述客票系统(TMS)实现的功能。
7. 简述客票系统订票流程。
8. 简述互联网售票流程。如何保证互联网售票的安全性？
9. 简述客票系统存根的数据结构及功能。
10. 如何提高票库中坐席的利用率？
11. 简述客票系统径路的计算方法。
12. 简述总公司级客票系统的主要功能。
13. 简述铁路局旅服系统的结构。
14. 为什么旅服系统需要集成平台？简述其主要作用。
15. 简述检票子系统进站检票的流程。
16. 简述高铁车站旅客出站引导子系统的结构和功能。
17. 简述列车到发通告功能及数据来源。
18. 简述客运专线与既有线乘务计划的不同之处。
19. 简述列车备品的管理流程。
20. 简述旅客列车服务管理功能。
21. 试分析一个铁路局语音客服系统的主要设备及其功能。
22. 试分析典型投诉系统的信息处理流程。
23. 简述12306网站正晚点查询功能的数据处理流程。
24. 简述铁路短信系统的结构和功能。
25. 简述铁路微信平台系统的结构。
26. 简要设计电话查询余票的IVR流程。
27. 简述客运营销信息系统的总体结构。
28. 如何分析北京到成都之间的列车开行方案。
29. 编制K11次列车票额分配方案应考虑哪些因素？
30. 简述客运信息系统之间的关系。

第三章

货运信息化

【本章要点】 本章的要点是货运信息化。与客运信息系统一样,设想一下,当发送货物的时候,对信息的需求是什么?需要哪些信息系统满足货主发送货物的需求?由于铁路涉及各种各样的货物,不同种类的货物运输方式各异。本章探讨了货运营销、货运、行包、物流、货车与货物动态追踪、保价及货运事故处理等信息系统,货运营销信息系统提供对货主的服务和铁路的货物运输月度计划,货运信息系统从运输组织、安全、种类三个维度讨论了货物运输过程的信息化,行包信息系统作为货运信息系统的补充,物流信息系统延伸了货运信息系统的服务,铁路货车与货物动态追踪信息系统是铁路货运信息化的标志,保价及货运事故处理系统信息系统转移货物运输的安全风险。通过本章的学习,掌握各信息系统的业务流程、基本功能和实现原理,了解系统应如何集成,所提供的服务如何满足货主需求。

第一节 货运信息化背景

利用铁路的线路、机车、车辆、通信信号等技术设备,将发货人托运的货物从发货地点位移到收货地点,交付给收货人的过程是铁路货物运输过程。简单地说是铁路从发货人承运货物后,通过铁路运输,交给收货人的过程,包括货物受理、货物发送、货物运输、货物到达、货物交付五个过程。如图 3-1 所示。

铁路货物运输通常分为整车货物运输、集装箱运输和零散货物运输。整车货物多是大宗货物,如煤、石油、矿石、钢铁、粮食等。整车货物受理过程先申报月计划,货运营销处批准后制订旬运输方案,根据运输方案申报日请空车,铁路局货运调度批准后,配空车,车站签订运单、装车、制票。集装箱和零担货物多是零散白货,如电器、食品、药品等,其运输月计划由车站申请;集装箱受理过程先申请空箱,批准后,货主拉空箱出门装货、再重箱入门、签订运单、检斤、制票、仓储后,车站申报日请空车、货运调度,批准后,配空车,车站装车;零担货物的承运过程包括签订运单、检斤、制票、仓储、车站日请空车、货运调度,批准后,配空车,车站装车。

通常将运输过程分为运输组织和运输管理。运输组织是将货流变成车流、再变成列车;由调度部门配合货运部门,为请空车的货物安排空车,送空车到货场,货场装车后取重车到出发

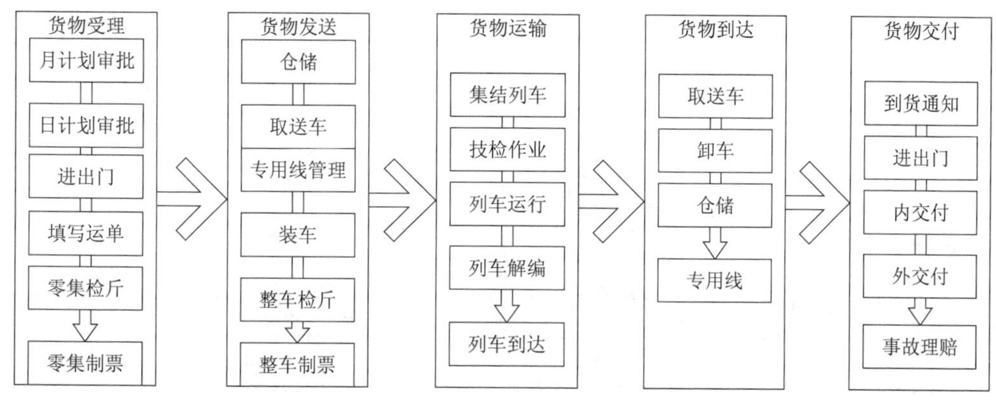

图 3-1　货物运输过程

场，集结形成列车；列车运行到达目的车站的到达场，将货物车辆送到货场卸车、仓储，并通知货主取货，内交付是结清运输和仓储等费用，外交付是货物的交割，如果发现货物损坏或丢失，则需要办理理赔手续，整个过程形成运输组织过程。运输管理是对运输安全和运输方式进行管理，运输安全管理对施封、装载加固、装卸安全检查、阔大（超限、超长、集重）货物运输、危险货物运输、鲜活易腐（冷链）货物运输、篷布、加冰、押运等过程进行管理。

随着高速铁路的建设和国家运输结构的调整，在铁路运输能力大幅度增加的同时，社会大宗货物运量在减少，而以互联网电商为代表的零散白货运量在快速地增加。这要求铁路要适应国家货运结构的变化，要从传统运输方式向现代物流运输方式转变，从站到站运输向门到门运输发展，从单一的低速运输方式向货运班列、快运列车等多种运输方式发展。为了适应铁路改革发展需要，铁路推出实货制运输，推出多种货运受理方式，简化了货运办理手续，货物随到随装，运费实行一口价，开展了门到门的运输服务。

对应货物运输的每一过程，货运部门都要提供相应的服务，这些服务需要借助计算机进行管理，表 3-1 描述了货物运输的过程、货运部门服务以及对应信息系统。

表 3-1　货物运输过程、货运部门服务以及对应信息系统

序号	货物运输过程	货运部门服务	对应信息系统
1	货主货运咨询	客服中心提供货物运输过程咨询，货物运价咨询，在运货物位置查询等	客户关系管理系统，货运电商（货商）平台，货运服务系统
2	货主提出运输需求（在营业大厅、网站、电话、手机 APP）	铁路货运部门受理需求，需求内容为：货物品名、重量、发站、到站、联系方式、联系人	95306 货商平台、电话、EDI 系统，手机 APP 货商平台，手机微信货商平台
3	车站客服代表或者 95306 客服细化货主需求	铁路客服人员联系客户，根据需求，为客户制订运输方案（如采用整车、集装箱、班列等），细化订单内容	95306 货商网站，手机 APP 货商平台，手机微信货商平台
4	客服代表为整车货主提报月计划	货运营销处负责审批月计划，可以查询审批信息	95306 货商平台，FMOS 系统
5	客服代表为整车货主提报旬方案	铁路根据月计划和用户需求，落实旬的运输方案（车数/方向/品名/日期）	95306 货商平台，集优信息系统，手机 APP 货商平台

续上表

序号	货物运输过程	货运部门服务	对应信息系统
6	物流调度指挥上门取货	物流人员上门取货，可以使用集装箱、集装笼、托盘	物流信息系统，接取送达信息系统
7	货主送货	铁路货运站受理货主的货物，为货主安排仓储或专用线	货运站信息系统中进出门、专用线管理
8	货主申请集装箱	车站安排空箱，协助货主拉空箱出门站外装箱、重箱进门或站内装箱	集装箱管理信息系统，95306 电商平台
9	车站超重超限货物受理	货运部门负责针对超重超限货物制订运输方案，报铁路局批准，跨局报总公司批准	超限超重货物运输管理信息系统，货运站信息系统
10	车站危险品货物受理	货运部门严格按《铁路危险货物运输管理规则》审核危险品货物运输方案，并制订相应的应息预案	危险品运输管理信息系统，货运站信息系统
11	车站零担集装箱制票，货主交费	将货物检斤后，进行制票 货主可以网上支付、POS 机支付、通过银行预付	货票系统，电子支付系统
12	客服代表申报日空车申请	铁路局调度所负责审批日空车申请，负责安排空车	货调系统，计划调度系统
13	车站仓储	货运车站负责将到达货物仓储保管，包括入库、出库、盘点等作业	货运信息系统
14	车站站调负责空车入货运线	铁路局调度所负责将空车调配到车站，车站调度负责将空车调配到货运线，对位	调度系统，现在车系统
15	车站货运员、装卸队负责装车	装卸作业包括安全牌、施封、装载加固、篷布等作业，对扬尘的货物进行环保控制，货运员要报告开装和装完时间，零担集装箱报告装载清单，记录装卸作业量	货运管理系统，零担、集装箱管理系统，装载加固系统，抑尘管理系统等
16	车站货运员负责 整车制票 货主交费	整车货物轨道衡检斤后，进行制票 货主可以网上支付、POS 机支付、通过银行预付	货票系统，电子支付系统，轨道衡系统
17	车站站调负责货车出线	将货场作业完车辆拉到出发场	现在车系统
18	车站站调负责货车集结形成列车	同方向货车在同一股道集结形成列车，向前方站发确报	现在车系统，确报系统
19	车站货检员负责装车安全，车号员核对车号	检查列车车号、装载加固、施封、篷布、危险品、超重超限货物、鲜活品等情况，记录军运、救灾等物资	货检系统，超偏载系统，确报系统
20	铁路局调度负责安排途中作业	有些货物途中需要押运、加冰，经过编组站需要技术检查，或者需要解体和重新编组，对发现问题的货车需要进行倒装作业	确报系统，货检信息系统，编组站信息系统，调度系统
21	铁路局调度负责货车到达	将货物送达目的站	调度系统，确报系统
22	车站站调负责货车入线	将货车拉倒货场或者专用线等待卸车作业	现在车系统
23	车站货运员、装卸队负责卸车	进行卸车作业，解封，包括卸车开始结束报点、抑尘等	货运信息系统，抑尘系统、集装箱、零散快运信息系统
24	车站货物仓储	将到达车站货物仓储保管，包括入库、出库、盘点等作业	货运信息系统，集装箱信息系统，零散快运信息系统

续上表

序号	货物运输过程	货运部门服务	对应信息系统
25	车站货运员协助与货主办理内交付	车站通知货主到车站取货，车站货运员计算补交杂费，货主缴费	货运信息系统，货票系统
26	车站货运员协助货主办理外交付	车站货运员和货主办理交付手续	货运信息系统
27	货主拉货物出门	车站记录货物出门	货运信息系统
28	物流调度负责送货上门	如果需要送货上门，则物流人员负责送货上门	物流信息系统
29	货主要求办理理赔手续	如果运输过程中，发生破损、丢失等情况，则需要记录在案，启动理赔程序，对货主进行赔偿	保价及货运事故处理信息系统

通过上表，可以看到货运部门要为货主提供货运咨询、货物位移、货运安全、货物追踪、货物保价、物流等服务。下面引出提供服务的部门。

铁路货运部门是提供货物安全位移的部门，分为三级管理，第一级是铁路总公司运输局的营运部；第二级是 18 个铁路局的货运处；第三级是铁路局管辖的货运中心和货运站，当然还有编组站、机务段、车辆段等部门。

运输局营运部拟订铁路总公司货物、装卸及物流服务有关规章制度和标准并监督实施；负责铁路总公司货物、装卸及物流服务的安全管理、质量管理和业务管理工作；承担铁路总公司铁路运价、保价管理工作；指导铁路总公司所属企业市场营销工作；参与国际和水铁联运工作；负责铁路客户服务中心业务管理工作；负责铁路总公司电子商务平台开发运用、货运需求受理和客户关系管理工作。组织编制铁路总公司年度和月度、旬运输生产经营计划和日历装车方案。承担铁路总公司集装箱、行包和快速班列运输组织方案制订和调整工作。

铁路局货运处主要职责是负责铁路局内货运营销、货运客户服务、货运安全、货运设备及人员管理、货运信息系统建设、货运统计分析等工作；负责铁路局内门到门运输组织、货运多元化经营等工作；负责铁路局内货运规章、运价、危险品、专用线、装卸、装载加固、保价等货运基础管理；负责铁路局内专用线（专用铁道）及企业自备车的管理。

按照全路货运组织改革总体安排，围绕开展“门到门”全程物流服务的改革目标，铁路局实施“前店后厂”的经营模式。如图 3-2 所示。

以装车完毕、卸车开始为界，货运、装卸、物流等业务为“前店”，行车、运转等业务为“后厂”。前店中市场调查、货运营销、需求受理、货物交付、接取送达、客户服务、运力配置为前店前台业务；安全检查、装载方案、仓储管理、检斤抑尘、装卸作业、设备管理、装载加固为前店后台业务。站段的营销物流科、物流服务部为“前店前台”，站段的货装业务科、货运车间、装卸车间为“前店后台”，运输处、调度所的业务科室均为“后厂”。

每个铁路局的客服中心（95306），通过电话、邮件、网站、微信等，为旅客提供货运的咨询、受理和投诉等服务。

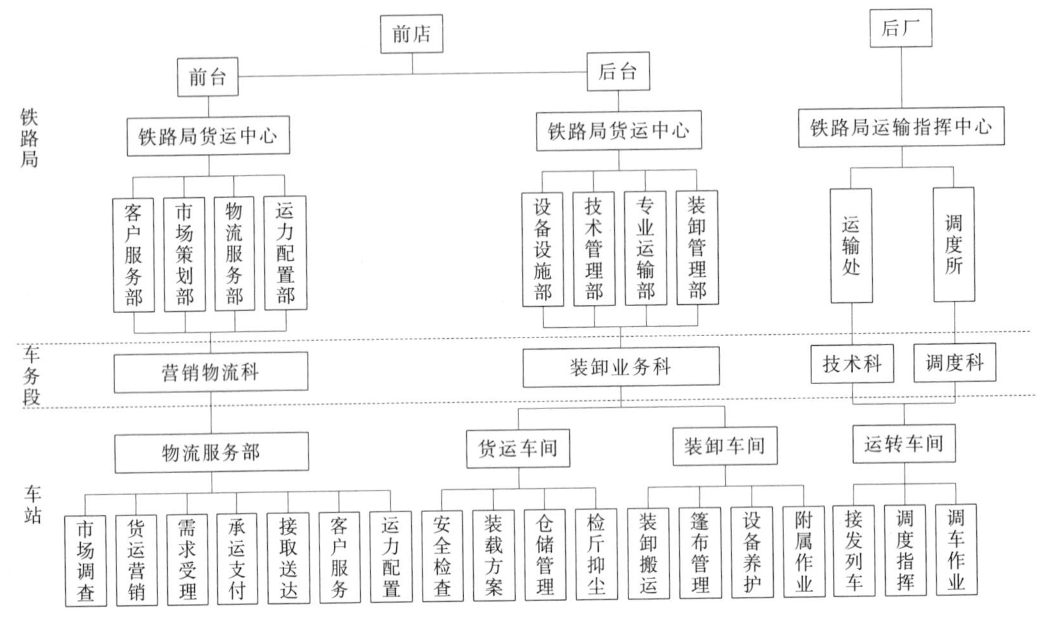

图 3-2 铁路局货运的组织结构

第二节 货运信息化需求

一、货主需求

货主的基本需求是便捷、安全、经济、快速地将货物运输到目的地，具体需求包括咨询、提报订单、货物追踪等需求。

1. 货运咨询需求

货主需要咨询一批货物从始发地到终点的最佳运输方式、运输价格、运输条件等。并结合当前天气、路线、交通工具、安全、经济、便捷、运到时间等信息，为货主提供多种运输方案进行比较，并对方案做经济分析，以便货主决策。

2. 提报订单需求

货主可以通过线上或者线下随时提报运输需求，并及时得到反馈信息。包括提出发收货人、发到地点、发送货物、联系方式需求，提出门到门、站到站的运输需求，提出包装、加工、仓储等物流需求，提出安全、快速的服务需求等。

3. 缴费需求

货主希望通过最便捷方式进行货运的支付，包括预付款支付、电子支付、收货人支付、货到支付等。

4. 货物动态追踪需求

货主可随时跟踪货物的运输情况，了解货物的准确位置、所处的环境、货物状况、运到期限、运输计划等。在发生紧急事故的情况下，货主能远程查询货物的安全情况。

5. 途中变更需求

在运输途中，如货主需办理目的地变更等业务，可为货主提供相关的变更功能。

6. 领货交付需求

及时通知货主卸车完成的时间，并向货主发出催领通知。当收货人拒绝领取货物时，应及时通知托运人及发站，征求处理意见；可以快速处理收货人的退货需求。

7. 货运安全需求

应保证货运的运输安全，特别是危险品、剧毒品、超重超限货物。对贵重、特殊货物，为保证安全，需要专人进行押运。

8. 理赔需求

如果在运输途中货物发生问题，应尽快告知货主，并与货主协商解决方案，对属于铁路责任的货运事故，尽快执行理赔流程。

9. 投诉需求

托运人、收货人可以对每次运输服务进行评价，对不能达到客户期望的服务，可向客服中心投诉或提出改进建议。

二、货运站需求

（一）前店前台需求

1. 客服代表需求

客户的运输需求自动分发到客服代表。客服代表根据需求单中的联系方式，主动联系货主，协助货主制订物流运输方案，协助货主填写订单和运单，并予以核实确认。

客服代表需要客户关系管理工具，辅助进行客户市场调查，协助跟踪客户的运输需求，协助具体物流营销活动。客服代表需要咨询工具，为客户提供货运咨询，包括选择运输产品、运输价格、运输条件、运到期限、注意事项等。协助客户申报月计划、日计划，制订旬运输方案，追踪货物信息，进行中途货物的变更，办理理赔手续，了解客户的满意度等。

2. 内勤货运员需求

对发送货物，需协助客户填报运单，计费制票，核收运费，登记财收四报表。当客户增加需求或费用变化时，需要补交费用，打印收费单据；当客户取消运输或保价时，进行退款处理。对集装箱空箱进行管理，为申请集装箱运输的货主分配空箱，并指定集装箱货物进站日期和分配箱区箱位。

对到达货物，需要进行货物催领，为客户办理内交付、办理集装箱出门、返空箱等手续。

3. 外勤货运员需求

对发送货物，需要受理客户的运输货物，为货物检斤，安排货区货位，检查货物运输安全要求和运输条件,为零散货物贴标签。

对到达货物,需要核对卸车台账,检查货物是否损坏,发现问题编写草记录,移交安全室处理。否则,为客户办理外交付手续,开出门条,货物移交货主。

4. 物流调度需求

需要维护和掌握物流资源,包括物流设备、汽车资源、仓储资源和物流人员资源,维护电子围栏。

需要根据客户的需求单,为完成需求单任务,进行物流资源调配,编制物流计划,并监督物流计划的执行。

5. 物流人员需求

需要协助物流人员执行具体物流任务,例如上门取货、上门送货,包装、加工、配送等物流任务,并监视和记录物流服务过程。

(二)前店后台需求

1. 仓储管理员

需要借助信息化实现仓库的出库、入库、越库、盘货、备货,货区货位和库存智能管理,货物自动分拣及理货,仓库设备管理,库存信息服务、统计分析等,还可以提供产品包装、加工等物流服务。

2. 车站货运调度

主要执行铁路局货调下达的运货五计划及停限装命令,向铁路局货调报告装卸车实绩和运货五补请。编制车站的装卸车计划,包括装卸班组、卸车机械、作业股道等计划,并监视装卸车的实绩;对装卸作业情况进行分析,负责增加使用车和卸空车的处理。

3. 集装箱内勤货运员

根据货调装卸车计划,做集装箱配装计划,安排监装卸货运员进行装卸车作业,填写承运簿或卸车台账,编制装卸车清单,为装卸作业报点,记录运单。

4. 整车内勤货运员

根据货运装卸计划,安排整车监装卸货运员执行装卸车作业,填写承运簿或卸车台账,并标注装卸注意事项,为装卸车作业报点,记录运单。

5. 零担内勤货运员

对零担装车,按货运装卸计划,为车辆定向,根据货票编制装车清单,进行零担配装。对零担卸车,根据货运装卸计划,核对到达清单和货票,打印卸车清单,安排卸车。记录运单,为装卸车作业报点。

6. 监装卸货运员

在装卸作业前,要进行前三检;在装卸作业后,要进行后三检。前三检是车辆状态检查、货物检查、防护用具检查。后三检也是车辆状态检查、货物检查、防护用具检查。要求装车前、卸车后:车辆状态完好、干净;货物件数、包装与货票一致。要求装车后、卸车前:车辆关门、车钩完好;货物码放、加固、苫盖完好。要求装卸车前防护用具到位,装卸车后防护设备拆除。另外,需要登记装卸车台账,遇到货损、货差,需要编写草记录,并送安全室。

7. 集装箱箱场管理

需要对箱场的集装箱进行管理,包括集装箱入、出箱位、站内箱搬移、集装箱扣修、修竣、列备、解备的登记。按照调度命令,集装箱新箱投入使用和报废集装箱的登记,对进出铁路的集装箱进行登记。

8. 专用线管理

掌握专用线内待装货源、货位和装卸劳力情况、根据日班计划确定的专用线装卸车任务,确定取送车时间。装妥和送卸的货车,按有关规定同专用线企业认真办理交接,登记调入调出专用线车号、时间、品名、开卸时间、开装时间;正确及时填写货车延期使用时间等。

9. 门卫

根据进出门单,对进出门货物和集装箱进行检查,对自备箱进站进行登记。

10. 货运安全员

接收货运事故的草记录,填写事故文档(货运记录、商务记录等),调查事故原因,认定事故责任,确定事故赔偿金额,记录事故案卷(调查卷、赔偿卷、两无等),完成规定的表格(保价运输、货运事故统计等)上报和管理。

11. 货检员

根据阶段计划、确报、视频监控、超偏载、轨道衡等信息,对列车装载情况重点检查,对不符合装载条件车辆,通知扣车整装或换装;编制货检作业台账,对施封、剧毒品、危险品、军运、超限、超重、偏载、△B货物列车进行检查,并上报重点货检情况。

12. 装卸队和装卸班组

根据货调的装卸计划,编制装卸班组计划,对装卸过程安全性进行管理,对完成工作量进行统计。

13. 装载工具管理

对小型集装箱、托盘、集装笼等集约化装载工具进行管理,对申请、归还、新造、报废、启用、回送、装车、卸车、维修、修竣等作业进行登记,对工具的位置、状态及其使用进行管理和统计。

14. 施封管理

对施封锁进行管理,对请领、归还、新造、报废、启用、调拨、施封、解封、补封、维修、修竣等作业进行登记,对施封锁的位置、状态以及报警信息进行监控,对使用情况进行统计。

15. 篷布管理

对篷布进行管理,对请领、归还、新造、报废、启用、回送、装车、卸车、维修、修竣等作业进行登记,对篷布的位置、状态以及使用情况进行管理和统计。

16. 装载加固材料管理

设计装载加固方案,根据设计方案,对加固材料的请领、归还、采购、报废、加固等作业进行登记,对方案效果进行评估。

17. 资源和设备管理

对静态和动态资源以及人力资源进行管理,如股道、仓库、货区货位、人力、装卸机械、计量设备、办公区、仓库等资源，对状态变化、维护维修和使用进行登记、监控和统计。

(三)后厂需求

1. 车站站调

站调根据铁路局调度所下达的日班/阶段计划、调度命令及重点指示，通过编制车站的日班/阶段计划，铺画车站技术作业图表，组织车站值班员、区长、货调、车号、货检等岗位，完成调度所下达列车开行任务；并分阶段向调度所报告现在车集结情况、列车出发建议，根据各岗位的实际作业动态调整计划。

2. 车站计划区长

根据阶段计划，按作业限制和编组要求编制列车解体、编组、取送车钩计划；将编制的钩计划分别传送给调车区长、司机和调车组，将钩计划执行结果反馈到站调技术作业图表，对车站现在车进行追踪管理。

3. 车站值班员

接受铁路局行调(列调)指挥，根据列调阶段计划，执行车站列车接发工作，生成行车日志；提供准确的到发列车车次、到发时间、股道等信息；处理施工计划；配合货检、列检、本务机等作业。

4. 车站内勤车号

需要执行确报的收发工作，根据外勤车号与 ATIS 信息核对结果修正确报，将确报接入计算机内到达场形成现在车系统的数据源。根据编组调车计划形成准确的出发编组和确报，负责列车实际编组与确报、货票一致性校核。

5. 车站外勤车号

负责现场核对到发确报，确保收发确报与列车实际编组一致。

6. 车站调车组

根据计划区长下达的调车作业计划，具体完成解体、编组、取送等调车工作，并将调车作业结果返回计划区长。

7. 车站统计人员

需要编制十八点统计报告，完成运输和货运十八点的统计。

三、货运中心需求

1. 货运营销

需要根据客户关系、运价、客户需求等数据，针对性地组织客服代表进行货运营销。对货运中心运营情况、运输效率、效益、物流水平、服务质量等进行分析。

2. 物流营销

根据客户需求，组织货运中心物流投标。营销铁路车站物流项目，设立物流调度，组织门到站、站到门的配送和接取送达服务。

3. 货运管理

货运资源统一管理。包括静态和动态资源以及装卸人力资源等管理和调配。对站段的货

运流程、货运作业进行管理。

4. 货运安全

提供对物流安全、保价运输、计量安全监控、作业过程监控，营业厅、仓库等重点区域监控等业务的综合管理。

四、车务段需求

1. 运力保障

图形展示车站现场作业详细情况以及列车、车辆动态，对现场的问题和隐患进行预警。车务段管理人员对安全生产和运输组织工作进行分析、把关、督导整改，对车站所需运力资源（调机等）进行调配。

2. 运输安全

围绕车站防溜、施工、调车作业、设备故障、保留列车、故障车处理、干部值班等重点工作，按照“过程控制”基本思路，对各作业流程进行严格卡控，对问题进行预警，对作业过程进行追踪。

五、铁路局需求

1. 货运营销

掌握铁路局客户的运输需求，针对客户的需求，协助铁路总公司设计客户营销策略和营销产品。审批全局月请车的数据，编制铁路局年度、月度、旬运输生产经营计划、日历装车方案、技术计划，并报铁路总公司批准。获取铁路局货运、客户、价格等实际数据，进行货运营销分析。组织各站段参加物流投标。

2. 货运管理

需要掌握全局货运站各种货运资源，整车、集装箱、零散快运装卸作业数据，装车安全管理数据，货运检查数据，货运安全监测数据，对车站的货运作业和货运安全进行管理和统计分析。

3. 物流管理

需要获取全局物流、门到门运输、快运班列运输、物流设备、物流园区、仓储等各种数据，进行物流营销和统计分析。

4. 专业运输管理

需要掌握集装箱、快运、特货的运输需求，掌握集装箱、快运、特货的生产任务完成情况和存在问题，协调集装箱、快运、特货等部门解决各类问题和完成生产任务。

5. 运价管理

组织铁路局各个站段收集公路、航空、水运的运价数据，通过与铁路的运价对比分析，灵活地调整铁路货物的运价，经批准后发布执行。根据物流投标需要，制订物流的运价方案。

6. 保价管理

获取事故、理赔、保价收入等数据，对大额理赔进行审批。汇总事故处理报告，进行统计分析。

7. 安全管理

通过信息系统获取运输和货运安全数据，包括设备安全、装卸安全、货检安全、调车安全等数据，开展安全风险分析，建立安全风险防范体系。

8. 调度指挥

货调审批日请车计划，向铁路总公司上报铁路局日装车计划，根据铁路总公司审批下达的装车计划，组织车站装卸车。

计划调度根据车流推算结果，上报铁路局分界口计划，根据铁路总公司批准的计划，安排分界口重车和排空计划，为日请车安排空车，编制铁路局客、货运列车开行日班计划。

行调根据计划调下达的列车日班计划组织货运列车开行，监视列车运行实际，根据实际调整计划，如发现拥堵，申请保留列车命令和停限装等命令。

六、铁路总公司需求

1. 货运营销需求

掌握客户的运输需求，针对客户的需求，设计客户营销策略和营销产品。获取全路年度、月度装车数据，编制年度、月度、旬运输生产经营计划和装车方案，编制技术计划。获取全路货运实际数据，进行货运营销分析。需要获取铁水联运、国际联运数据，实现与海关、港口、船公司、边检、物流公司的联网和数据交换。

2. 货运管理

需要掌握全路各种货运资源，整车、集装箱、零散快运装卸作业数据，装车安全管理数据，货运检查数据，货运安全监测数据，对铁路局的货运作业和货运安全进行管理和统计分析。

3. 物流管理

需要获取全路物流、门到门运输、快运班列运输、物流设备、物流园区、仓储等各种数据，进行物流营销和统计分析。

4. 专业运输管理

需要掌握集装箱、快运、特货的运输需求，掌握集装箱、快运、特货的生产任务完成情况和存在问题，协调铁路局解决存在问题和完成生产任务，为专业公司完成生产任务制定相应政策。

5. 运价管理

获取公路、航空、水运的运价数据，通过与铁路运价对比分析，组织铁路局研究通过运价调整，增加铁路收入的政策和方法。

6. 保价管理

获取事故、理赔、保价收入等数据，研究保价理赔政策，对货运安全事故进行统计分析，研究保价收入的投资等。

7. 安全管理

通过信息系统获取运输和货运安全数据，包括设备安全、装卸安全、货检安全、调车安全等

数据，开展安全风险分析，建立安全风险防范体系。

8. 调度指挥

编制和下达全路日装车和分界口轮廓计划，审批铁路局上报的日装车计划、分界口重车和排空计划。监视各铁路局实际过口车数，监视各铁路局重空车保有量，监视各铁路局日班计划执行情况，监视晚点列车。监视拥堵线路，批准和解除保留列车命令、停限装等命令。

编制全路运行图和编组计划，掌握全路重点编组站的运行情况，为编组站调整组号，批准全路重点施工计划。

七、专业服务公司

1. 集装箱需求

需要集装箱请箱、请车信息，集装箱空箱的需求信息；需要各铁路局、各车站集装箱保有量信息，集装箱的装箱、装车信息；对集装箱、篷布、集装笼、托盘等集装化工具进行动态追踪，并通过调度命令对集装化工具进行调度；掌握集装箱车辆和班列运行追踪信息以及收入信息；需要集装箱的货票信息；掌握集装箱公司的收入清算信息。

2. 快运需求

需要掌握快运大客户和需求信息，掌握快运班列的运行信息，快运装车信息；对快运行包进行动态追踪；掌握快运的行李票信息；掌握中铁快运公司的收入清算信息；掌握快运的仓储信息，快运的接取送达信息。

3. 特货需求

需要掌握特货的所有请车信息；对特货车辆和货物进行动态追踪，根据需求对特货车辆进行调度；掌握特货车辆加冰信息以及维护维修信息；需要特货的货票信息，特货公司的收入清算信息；掌握超重超限的限界信息等。

八、货运客户服务中心

1. 货运咨询

回复客户货运咨询电话，如货运方式、货运价格、运输时限、运输方案比选等，需要所有货运运输条件、规则、运价方面的数据。

2. 货运受理

受理客户的运输请求，通过电话、微信、短信、邮件等方式，协助客户完成整个运输受理过程。

3. 货运投诉

受理和回复客户投诉信息，如果暂时难以回复，将投诉信息转到相关部门或者领导研究后，给出回复意见。

4. 满意度调查

对货运的满意度进行调查。

第三节 货运营销信息系统

一、货运营销信息系统综述

货运营销信息系统主要功能是收集客户的货运需求数据，并根据收集的数据制订货运计划和技术计划。早期的货运营销系统，主要解决铁路运能紧张问题，实现根据运能安排运力，其主要反映在月计划的审批，严格要求按批准的计划号装车。货运营销信息系统应该包括货运营销与生产管理系统(FMOS)、技术计划管理信息系统、EDI 系统、货运电子商务系统、客户关系管理功能、运价管理功能、货运营销分析功能等组成。

FMOS 系统于 1999 年开始在全路推广，系统以计算机网络为基础，以 TMIS 各联网点为信息源点，由车站协助货主输入月度货物运输计划(订单)申请，由铁路局负责月度货物运输计划审定，并依据装车实际，对运输计划和市场进行分析；系统于 2002 年升级为 2.0 版本，实现了订货合同、货运订单等全部货运计划信息的采集；系统于 2007 年升级为 3.0 版本，实现了与运货五、运单的信息共享。技术计划是为保证完成月度货物运输计划而制定的月度货车(机车)运用计划，2003 年全路统一的技术计划管理信息系统 1.0 版本正式投入运行，由过去各局编制技术计划变为全路统一编制技术计划，实现技术计划编制的自动化，并提供计划车流的图形显示；2010 年，在全路范围内完成 2.0 版软件升级切换；系统包括重车流计划、空车流计划、指标计划和车流径路四个主要子系统。2009 年，根据铁道部实施的大客户战略要求，货运电子商务系统的前身，大客户管理信息系统开始在全路推广，系统对大客户年运量、月计划、日装车、运费结算、运输服务等实行统一管理，月计划(订单)、日装车(日请车)由大客户从互联网申报，运费由大客户从银行预付，网上查询付款情况，这些措施方便了大客户。因此，各铁路局逐步扩大客户范围到集优(集中受理优化装车)客户。2013 年货运电商系统正式开通运行，建立铁路总公司、铁路局两级货运电子商务平台，实施了货运网上受理业务和信息服务功能，完成既有大客户、集优客户向货运电子商务系统的迁移。2014 年按照铁路总公司货运改革的需求，进行两次大的升级，实现了“敞开受理、随到随装”思路，客户只要通过互联网或者电话提出运输需求和联系方式，由铁路货运中心客服人员提供上门服务，负责客户的月计划、日装车、运单等申报，进一步方便了货主。2015 年，上海、济南、沈阳等铁路局通过 EDI 与连云港、宁波港、青岛港、大连港、中海运、中远物流等交换了电子数据；同年，铁路总公司的货运营销分析功能也正式投入了使用。

目前，货运电子商务系统正在向物流和贸易一体化方向发展，向打通货运全流程方向和准时快捷运输方向发展。

二、货运电子商务功能

货运电子商务是以互联网的形式提供货运、物流服务，如上一节所说，主要为货主提供货

运电子咨询、电子订单、电子运单、电子支付、货物动态追踪、运输变更、电子交付、电子理赔、电子投诉等服务功能。

电子咨询。电子咨询功能包括：货运、行包及物流服务办理流程、货损货差理赔流程的咨询；物流服务场所（包括营业地址、服务电话、邮编、办理条件、停限装、两端车站物流服务项目）的综合信息咨询；物流企业及服务项目咨询；货物运输条件（如装载加固方案及装载加固材料技术条件、超限超重、危险品运输条件）咨询；物流和货运价格信息咨询；运到期限咨询；车辆和集装箱技术参数咨询；货运产品（五定班列、大宗直达、行包行邮专列等）方案咨询；运力资源导向信息咨询；铁路货运规章及有关文电咨询、常见问题咨询、最佳物流方案的咨询等。

电子订单。在咨询成功后，需要填写物流需求订单，订单的种类包括：散堆装货物、批量成件货物、液体货物、集装箱货物、快运货物、特殊需求货物。填写订单的目的是为了申请空车，不同订单表示不同的车辆类型，且快运货物包括批量快运、零散快运、行包快运和高铁快运，运输集装箱除了申请空车之外，还要申请空集装箱。订单执行过程就是受理过程，对客户来说，只需要填写订单（收发货人、品名、重量、联系方式、物流方式），对铁路内部，需要变成四个步骤，分别是月请车、日请车、运单和实货确认。

电子运单。运单对应订单的实货受理，运单有 4 个作用：一是合同；二是取货的凭证；三是铁路作业过程记录；四是铁路收费的依据。电子运单也应该实现这四个作用，特别是合同作用，铁路和客户双方都应该在运单上签字，这就需要电子签名。

电子支付。货物受理后就需要缴费，要实现"人在家中坐，能运天下货"，就必须解决网上支付的问题。提供的支付方式包括：一是在快运班列中采用银行卡支付的方式，当选中班列，根据选中的货车车辆数按一口价进行结算；二是在实际运输过程中，只有交付时才能确定最终运费，例如客户由于种种原因，未及时取货，就需要增加仓储的费用，所以，在大客户中采用了预付款的方式，客户通过电子银行将款预付到铁路专用账户，每完成一次运输任务，与客户统一进行结算；三是预冻结的方式，预先冻结客户在银行中的专款，每完成一次运输任务，自动从客户的账户中划款；四是使用 POS 机刷卡支付的方式。

货物动态追踪。客户需要查询所运货物的位置和状态，这就需要追踪货物位置和状态的变化信息。在实施货运电商的同时，实施了货运全流程，从受理到交付，所有的状态变化（如装车、出发、到达等）信息均记录在运单中，所有列车运行信息均记录在集成平台中，将运单和集成平台的列车绑定，实现货物位置的精确追踪。

运输变更。如果在货物运行途中，客户要求变更货物的方向或者目的地，这就要求在网上铁路与客户一起迅速做出变更方案，并征得相关方的同意，根据货物当前位置实施货物运输的变更。

电子交付。在生成运单的同时，为收货人生成加密的电子领货凭证，收货人可以凭电子领货凭证网上办理内外交付手续。当货物到达目的地时，通过短信及时通知收货人办理电子领货。如果送货上门，需要与收货人确认送货时间和地址。通过领货凭证，确认货物交付。

电子理赔。当发现货物损坏或者丢失时，及时通知发货人，允许发货人进行补偿处理。客户可以通过互联网办理理赔的手续，了解货物损坏的情况和原因，查看理赔的进度，电子签名后，通过电子支付方式将理赔款拨付到客户的账号。

电子投诉。客户可以通过货商平台对每次货物运输过程做出评价，对运输过程的问题进行投诉或建议，客服中心负责将投诉转到相关部门进行处理和答复，如果客户不满意，可补充相应的投诉意见，客户可以通过电商平台监视答复的进度。

为了实现这些服务功能，货运电子商务平台作为货运的门户，集成和串联了所有货运和物流有关的信息系统，如图 3-3 所示。

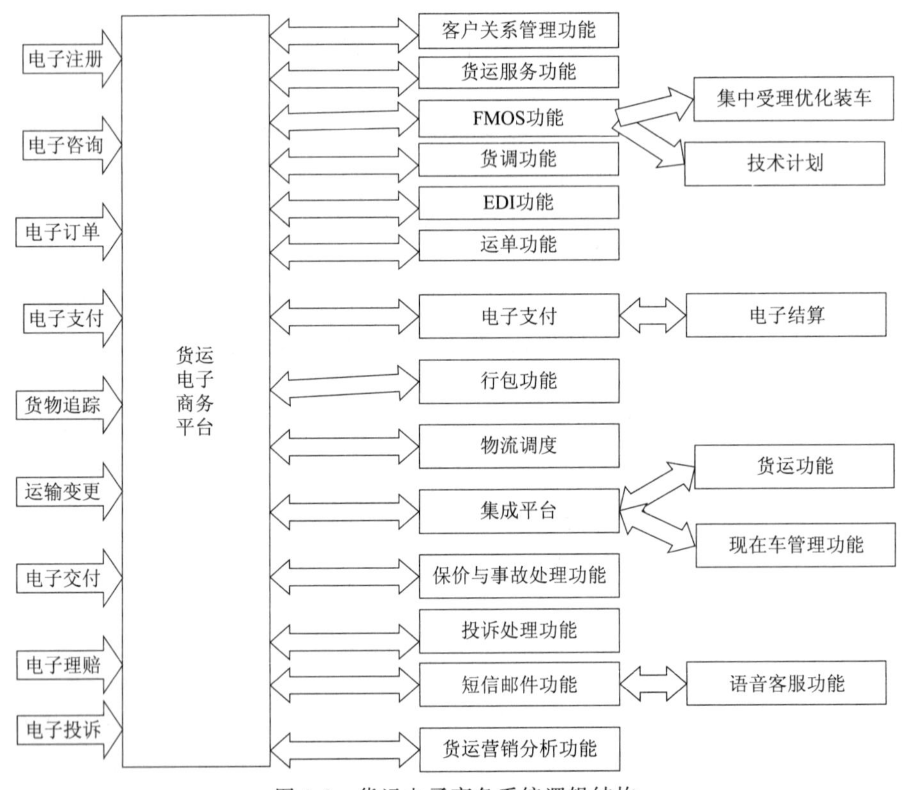

图 3-3　货运电子商务系统逻辑结构

其中，左面是面向互联网客户的服务功能，右边是面向铁路内部的功能，前面已经描述了服务功能，下面主要讨论右边的信息系统功能。

1. 客户关系管理功能

客户关系管理功能对应平台前端的电子注册。铁路货运电子商务平台上的业务办理客户主要分为三类：一类是签订年度使用协议的“协议客户”；二类是注册客户；三类是不具备上网条件的零散客户。为协议客户发放数字证书，具有最高的可信级别；注册客户为网上申请、注册，经过审定的客户，可办理基本物流业务；零散客户以纸质单据管理，内部人员负责将其信息

转入铁路货运电子商务平台。为所有客户赋予唯一的客户代码，建立全路共用的客户关系数据库，对客户进行生命周期管理。

2. 货运咨询服务功能

货运咨询服务功能对应平台前端的电子咨询。本功能采用SOA的技术架构，其系统结构如图3-4所示。

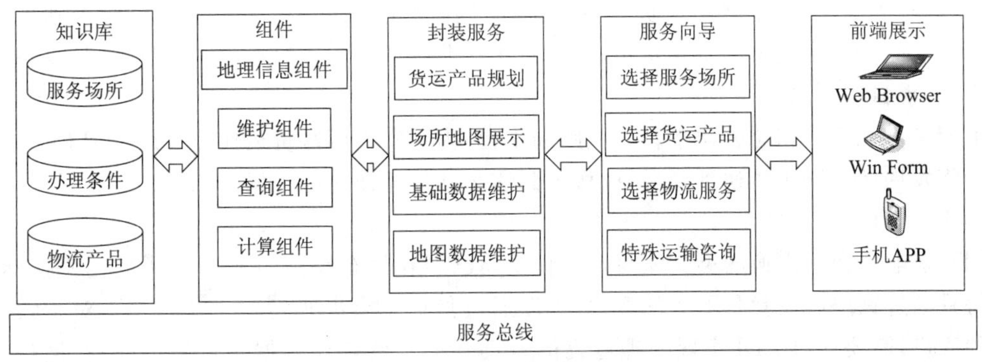

图3-4　货运咨询服务架构

前端浏览器通过调用业务场景完成各种物流咨询，后端存放知识库数据，可以图形显示各个地区的服务场所、每个场所的办理条件、场所提供的货运产品和物流产品等。系统提供服务向导，例如，输入发货地、收货地、品名，向导会在地图上提示发货地物流服务、收货地物流服务、发送货物品名的注意事项以及可以选择的货运产品等。系统需要大量的数据维护工作，由系统提供维护界面，由货运服务中心和客服代表不断完善知识库内容。

3. FMOS、集优和技术计划功能

FMOS、集优和技术计划功能对应平台前端的电子订单。客户可以通过互联网、电话、营业厅、手机提出订单请求，客服代表协助完成整个订单的填报，所有的订单都要保存在货运电子商务平台的订单库中。订单内容包括：客户信息、发货信息、收货信息、货物信息、发送物流服务信息、到达物流服务信息、附加信息等。FMOS系统对客户所填报内容进行车站办理限制、专用线办理限制、危险品办理限制、停限装命令、集装箱办理限制以及物流服务办理限制的自动校验，校验通过的订单方可提交，对未通过的订单拒绝提交或转人工审核。

所有整车订单需送到FMOS系统形成月（或旬）货物运输方案，其内容主要为"日期范围、收发货人、收发货地址、到发车站、品名、重量（吨数）"；FMOS系统需要将所有订单的吨数换算成车数，然后，按照经路算法，统计每条线路上的车数，根据线路的运能批准尽可能多的订单。技术计划系统计算为完成FMOS的运输方案需要的货运车辆和机车调配方案。

FMOS提交的是月度（或旬）方案，客户通过集优（集中受理优化装车）功能将月度方案变成特定阶段的方案（包括直达方案建议、主要去向方案、每天运输的车数、发到站、品名等），形成日申请空车的方案，货调根据轮廓计划等信息批准客户的空车申请，审批后结果通过平台反馈给客户和客服代表。

4. 运单功能

运单功能对应平台前端的电子运单。货调批准的空车称为承认车，收到承认车后，就可以通知客户上货，发送进站通知，打印进门证，并确认实货；系统根据承认车可以自动生成运单。车站的每次货运作业(包括发站和到站)都要在运单上留有记录，包括仓储、装卸作业、施封、装载加固、篷布等。目前，车站制票货运员的主要工作就是将运单上手工的记录输入到计算机中，然后，才能计算出完整的货票费用；如果每次作业都能进入计算机，就可以电子记录完整作业过程，实现自动制票。

电商平台包括铁路总公司平台和铁路局平台，为了实现两端货运作业在运单留有记录，电商平台将发局运单同步传送到到局，以作为到达车站货运作业的依据。

5. EDI 功能

EDI 是电子数据交换的英文缩写，目前，铁路已经在发布铁路的 EDI 电子数据交换标准。对于每月通过铁路收发货量不大的客户，可以通过货商平台办理运输手续；但是，对于收发货量大的客户，需要通过 EDI 实现办理过程的自动化。也就是说根据企业生产计划，通过 EDI 自动申报月计划；根据生产实际，利用 EDI 自动生成运输方案和日请车；根据运输过程自动进行 EDI 实货确认和自动进行结算。这就是 EDI 的作用，后面介绍实现技术。

6. 电子支付和电子结算

货运的电子支付是在货票系统中完成的，整车是装车后制货票，零担和集装箱是受理后制货票。前面已经说了四种电子支付方式，在这里主要解释电子结算，货票系统在制票时，会检查制票的客户是否已经进行电子支付，如果已经预付款或预冻结，且足够本次运费，则打印货票同时，打印结算单。如果已经预付款，则自动从客户的账号上扣款；如果是预冻结，则自动从客户的银行账户中划款，并打印与用户的对账单。

系统提供客户货物运输及物流服务费用查询服务、提示客户需要支付的信息、受理客户支付申请、提供客户费用清单、与铁路电子支付平台交换客户支付信息，为客户提供历史支付账目查询。

7. 行包功能

对于小件行李或者包裹的运输最好使用行包运输的功能，不用申请月计划，随到随运，方便快捷，一口价运输。一般行包运输由客运列车运输，零散货运是按货运列车运输。行包运输由行包管理信息系统负责，零散货运由货运信息系统负责。本功能实现了对行包电子订单的处理。

8. 物流服务功能

如果在订单中选择了需要物流服务，则将订单传送给货运中心客服人员的同时，再送给物流调度人员，由物流调度人员负责启动相应的服务程序。物流服务包括门到门的接取送达服务、仓储、包装、加工服务等。本功能实现了对物流电子订单的处理。

9. 集成平台功能

集成平台对应前端的货物追踪功能。全国铁路有 5 千多个货运站或编组站，每个车站都

有现在车和货运信息系统，集成平台作用是将所有现在车和货运、列车运行（TDCS）系统的作业信息集成起来，提供货车和货物动态追踪服务。客户只要输入运单号或者车号，就能查询货物的位置及状态。

货运信息系统实现了电子订单的货运处理功能，包括整车、集装箱、零担货物作业，还实现了电子交付功能。当货物到达目的车站时，短信自动通知收货人取货，可凭领货凭证验证码领货。

如果货物中途需要变更到站，系统根据货物所在位置和变更要求，编制新的运输方案，如果运输方案得到确认，则通知相应车站更改运单，重新核收运费，按新的运单执行运输任务。如果不能办理变更时，应当迅速通知托运人。

10. 保价及事故处理功能

保价及事故处理对应平台前端的电子理赔。如果在运输途中，发生货物丢失或者损坏；第一时间通知托运人，并附上现场照片。货运人员负责编写草记录及货运记录，启动事故处理和理赔流程。

客户可以在网上下载理赔单据，了解理赔过程，查询理赔进度，办理理赔相关的手续。

11. 投诉功能

投诉功能对应平台前端的电子投诉。客户可以在网上提出建议和投诉，亦可通过电话、短信、电子邮件、即时通讯、微信等方式提交建议和投诉，由客服人员将信息转入铁路货运电子商务平台。货运客服中心的客服人员实行首问负责制，客服人员首先回复客户投诉，若回复不了，则转到相关部门回复，并规定相应的回复时间，客户可以监视回复进度；若客户不满意回复，则再转上级相关部门，如此反复，最终由铁路总公司领导组织研究解决，铁路总公司设专门人员盯控投诉信息及其回复情况。

12. 集装箱功能

在货运电子商务平台上，所有集装箱空箱资源全部上网公示；敞开接受客户预订，订箱需求上网，需求与资源直接对接；计算机系统自动分配集装箱，人工不干预，并向客户发送通知短信；集装箱分配结果在网站上自动公示，接受客户监督；订箱订车可一步完成，简化客户操作；订箱后自动生成货物运单。本功能实现了对集装箱电子订单的处理。

13. 货运营销分析

将所有订单、运单、货票及运输过程信息送数据仓库，在数据仓库中建立营销分析模型，开展货运营销分析。

14. 短信及邮件平台

在办理业务过程中，为客户定制需要通过短信或邮件方式进行业务办理状态提醒的项目。可供定制的内容包括：订单受理状态、请求受理状态、上货状态、汽车取送状态、货物交接状态、装车完毕状态、在途追踪状态、到站状态、领货通知、货损货差信息、费用支付信息等。平台在各业务办理状态变更环节，匹配客户定制信息，以短信或邮件方式通知客户。

15. 语音平台

除了网上受理之外，还可以通过客服语音平台、手机 APP 或者微信进行受理或咨询。为客服中心和客户提供货运业务支撑信息查询;提供货运的客户关系信息;提供业务支撑系统服务单流转的接口及自助语音接口等。

16. 其他功能

信息发布功能包括软件发布、文件发布、通知发布、新闻发布、问卷发布等。

内部数据流转管理包括运单流转、订单流转的管理等。系统监控包括数据采集监控、业务单据处理监控等。

17. 系统的总体结构如图 3-5 所示。

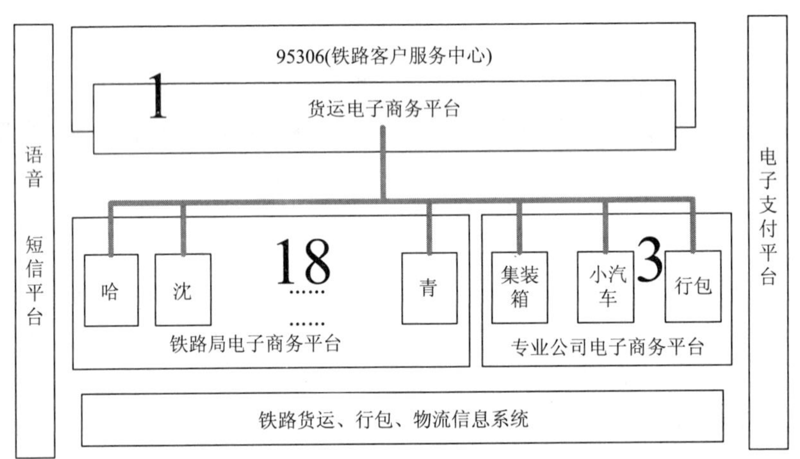

图 3-5 货运电子商务平台总体结构

系统由铁路总公司、18 个铁路局、3 个专业公司门户组成,共享客运的语音、邮件和短信平台,运输信息集成平台、货运信息系统、行包信息系统、物流信息系统等作为货运电子商务平台的支撑系统。

三、EDI 与公共信息服务平台

1. EDI 电子数据交换系统定义

EDI(电子数据交换)是贸易、运输、保险、银行和海关等行业交换信息的工具,它以一种国际公认的标准,形成结构化的报文数据格式,通过计算机通信网络,实现行业间安全数据的交换与处理,以支持完成以贸易为中心跨行业的全部业务过程。

2. EDI 中心

EDI 中心是行业间数据交换的枢纽,是贸易与物流等信息服务的公共平台。主要实现了三个功能:一是数据交换;二是信息服务;三是业务处理。传统的 EDI 中心系统构建在 VAN 网络上,采用主机终端的方式,建立 EDI 中心的投入很大,所以,众多企业围绕一个 EDI 中心交换数据。随着基于互联网的 EDI 的出现,建立 EDI 中心的投入大大下降,冒出了众多 EDI

中心。带来的问题主要有：一是传统方式交换数据是在同一主机上，互联网 EDI 交换数据是在不同主机上；二是各铁路局是否需要建立 EDI 子中心。

3. EDI 平台结构

简化的 EDI 平台结构如图 3-6 所示。

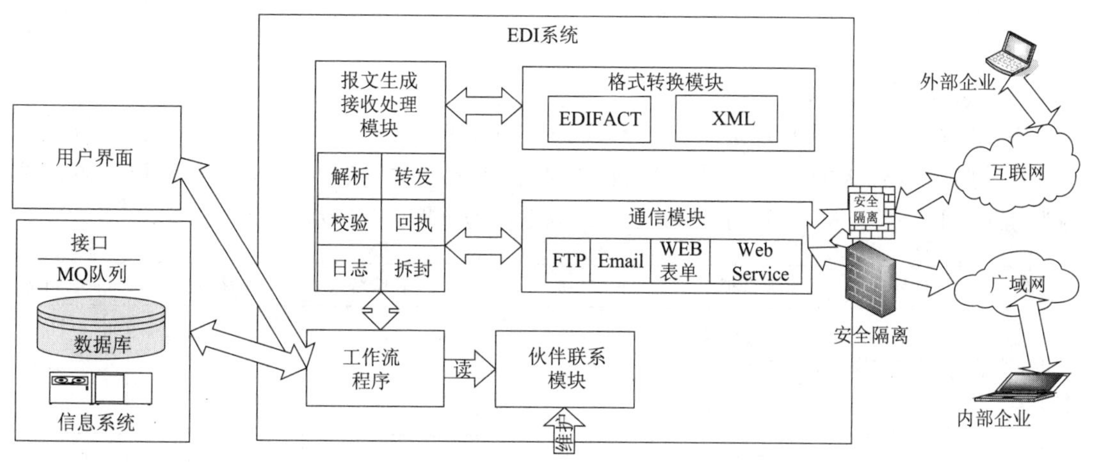

图 3-6 EDI 平台结构

图中，在伙伴联系模块中定义了与内、外部企业交换数据的源地址（发送方）、目的地址（接收方）、数据包名（报文功能）、时间、格式、交换方式等。工作流程序根据伙伴联系模块的定义从数据库、MQ 队列中获取数据，将数据送到报文生成模块。报文生成模块对报文进行检验，调用格式转换模块转换成 EDI 标准格式的报文，封装后，调用通信模块将报文发送给相关企业，负责接收相关企业返回的回执，并确认发送成功。

报文数据的接收过程是发送的逆过程，通信模块接收到内外部企业发过来的报文数据，交给报文接收处理模块，报文接收处理模块对报文进行拆封和校验，交给格式转换模块变成内部数据格式，将报文解析后，按照伙伴联系模块的定义，将报文转给相关的信息系统，成功后，向内外部企业发送回执。若由于特殊情况，经由双方系统多次交涉后，数据交换仍不成功，则把该类型的事件提交到用户界面模块，通过人工干预的方式进行解决。

格式转换模块常用两种 EDI 标准：一是 EDIFACT 标准；二是 XML 标准。EDIFACT 标准比较严格，需要先定义伙伴文件，其定义了数据转换的格式，再根据伙伴文件，将报文数据生成平面文件后，再转换成 EDIFACT 标准格式文件。XML 标准比较灵活，需先定义 XML Schema 脚本，其定义了数据转换格式，根据脚本将报文直接转换成 XML 标准格式。伙伴文件和 XML Schema 脚本都可以根据标准的规定手动修改。

通信模块常用四种通信方式：一是 FTP 的方式；二是 Email 的方式；三是 WEB 表单的方式；四是 WebService 的方式。FTP 方式是点到点的文件传输方式，从对方指定的文件目录下收发报文，本方和对方的后台程序对指定目录下的报文进行处理；Email 方式是利用邮件系统交换报文，调用发邮件的程序将报文自动传输到对方的邮箱中，对方再利用后台程序从邮箱中取出报文进行处理；WEB 表单方式调用用户界面模块以网站表单形式录入直接形成 EDI 报文，直接保存给最终用户；WebService 方式允许用户通过远程调用函数的方式调用 WebService 接口，在其业务应用系统中直接嵌入报文的收发功能，可以根据收发信息，控制执行后续的作业。

4. 铁路 EDI 业务需求

限于篇幅，本文不再描述整个铁路 EDI 完整的业务需求，只举一个集装箱铁水联运进口业务对铁路 EDI 需求的例子。铁水联运的主要用户是：货主、货运代理商、铁路部门、港口站、码头、船公司、一关两检部门。铁水联运进口业务流程如图 3-7 所示。

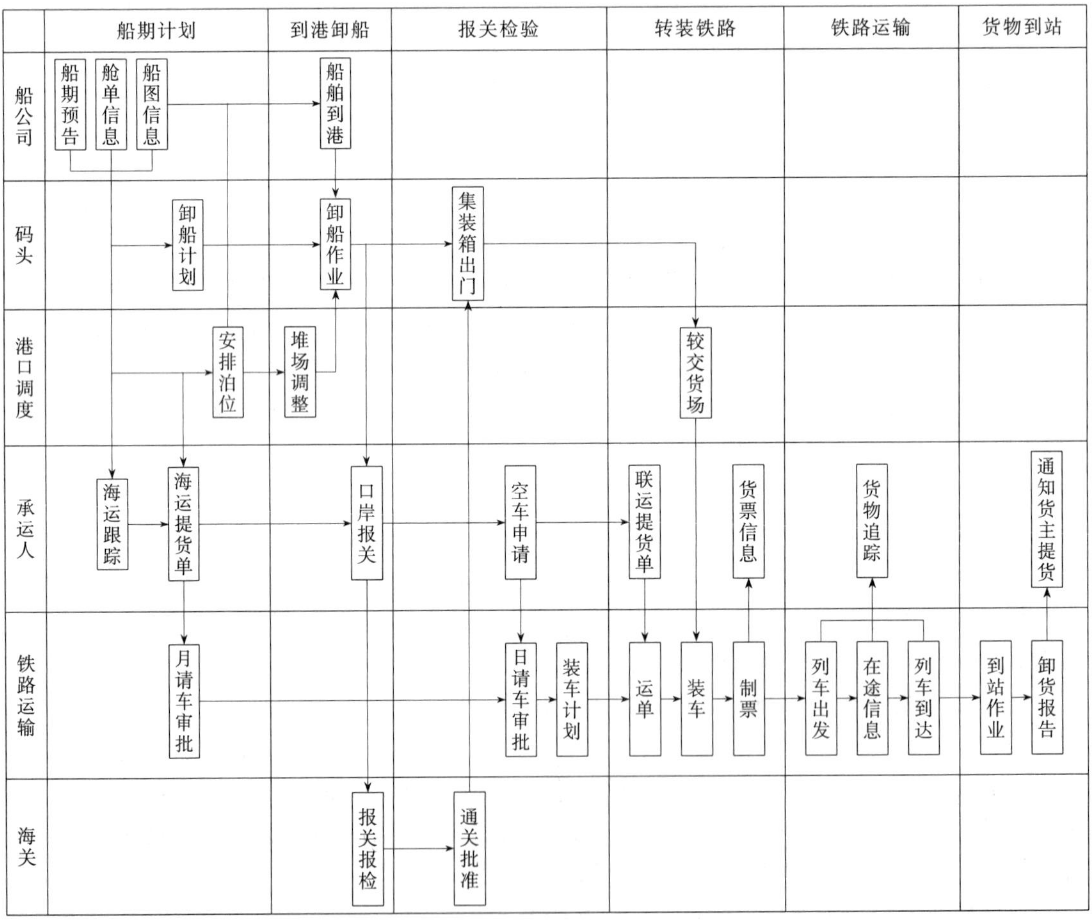

	船期计划	到港卸船	报关检验	转装铁路	铁路运输	货物到站
船公司	船期预告、舱单信息、船图信息	船舶到港				
码头	卸船计划	卸船作业	集装箱出门			
港口调度	安排泊位	堆场调整		较交货场		
承运人	海运跟踪、海运提货单	口岸报关	空车申请	联运提货单、货票信息	货物追踪	通知货主提货
铁路运输	月请车审批		日请车审批、装车计划	运单、装车、制票	列车出发、在途信息、列车到达	到站作业、卸货报告
海关		报关报检	通关批准			

图 3-7　集装箱铁水联运进口业务流程

首先是船公司承运货物，需要通过 EDI 实现对承运货物的海运跟踪，并从船公司获取海运提货单；承运人根据提货单通过 EDI 向铁路申请月度计划；港口 EDI 根据船到港情况安排泊位，码头 EDI 根据船到港情况和泊位情况制订卸船计划，并按计划卸船；卸船后，通过 EDI 通知承运人到海关报关；海关、商检等部门 EDI 通知码头进行检查；检查通过后，海关 EDI 通知码头放行；这时承运人可以通过 EDI 向铁路申报空车；铁路批准日计划后，需要把联运提货单变成铁路的运单；铁路装车后，制票并与铁水联运结算费用。承运人可通过 EDI 追踪铁路货物；到达目的地卸车后，通过 EDI 及时通知承运人。使用 EDI 的目的，就是要实现整个联运过程信息传递全部自动化。

5. 铁路 EDI 平台实现

铁路 EDI 平台采用 SOA 架构，平台包括界面层、业务层、服务层、组件层和信息源，如图 3-8 所示。

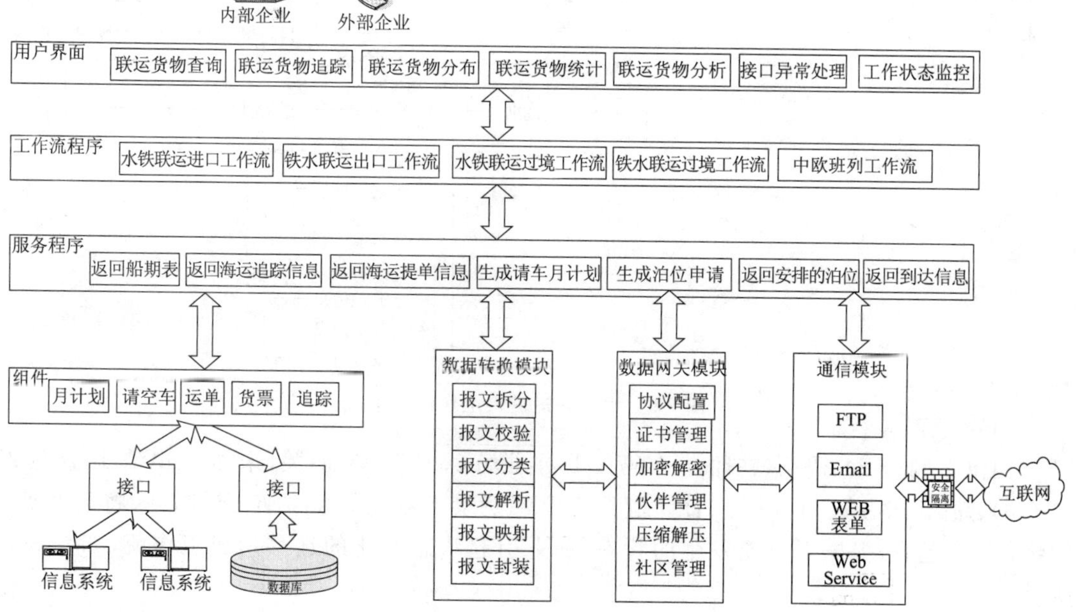

图 3-8 铁路 EDI 平台结构

界面层实现联运货物的查询、追踪、统计、分析、接口异常的处理等功能，可以在地图上显示全部或部分联运货物的分布，也可以显示某一货主联运货物的分布。

由工作流程序调用各个服务组成业务场景，包括水铁联运进口工作流场景、铁水联运出口工作流场景、水铁联运过境工作流场景等，水铁联运进口工作流场景如图 3-9 所示。

将序列图转换成工作流，共 5 个变量，分别是船公司(在途 0、申请靠港 1、在港 2)、港口(在

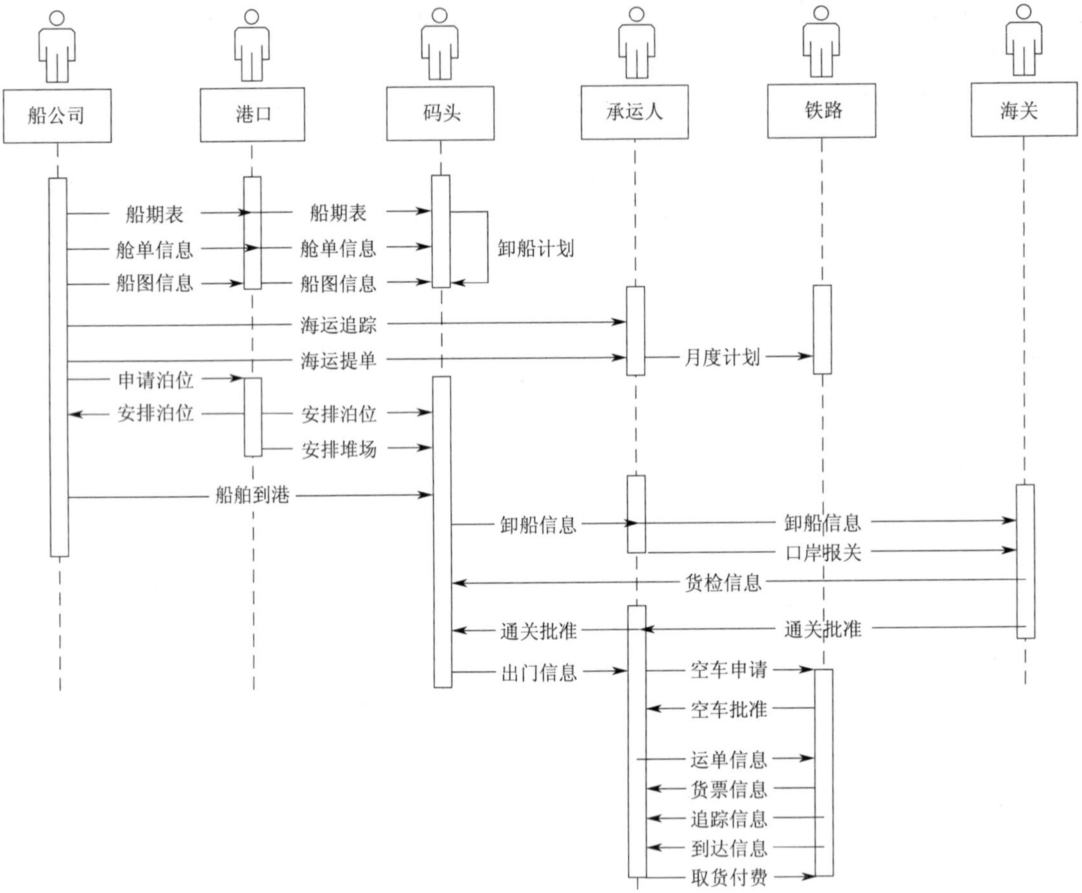

图 3-9　水铁联运进口工作流场景

船 0、泊位 1、堆场 2)、码头(在船 0、在码头 1、在堆场 2、出门 3)、海关(未办 0、申请-1、查验 2、通过 3)、铁路(未办 0、月计划 1、日计划 2、运单 3、货票 4、在途 5、到站 6、交付 7)。将 5 个变量的状态组合起来,去掉不可能发生的状态,加上引起状态变化的迁移形成工作流,如图 3-10 所示。

其中 5 元组是(船公司状态、港口状态、码头状态、海关状态、铁路状态)为不同状态的变换定义了交换的报文数据以及调用的服务,从起始状态到达终止状态完成水铁联运信息传递过程。

图 3-8 中,服务层包括接收船期表、接收海运追踪信息、接收海运提单信息、申请装车月计划、申请泊位、接收泊位安排、接收船舶到港信息等。服务层调用船公司的 WebService 接口返回船期表、海运追踪、海运提单信息;根据提单和船期表信息,生成请车的月计划,并发送到 FMOS 系统;船公司调用港口的 WebService 接口生成泊位申请;港口按照现有泊位使用情

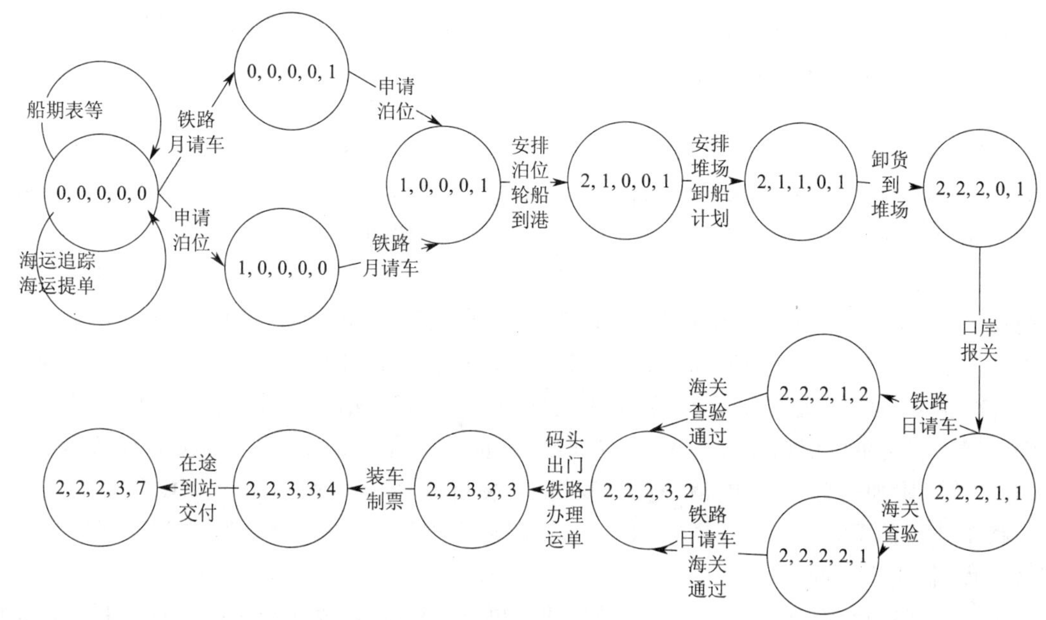

图 3-10　工作流状态变换示例

况，分配泊位，并通知船公司和码头等。

组件层的组件包括两部分：一部分是内部组件，负责从铁路内部信息系统读写数据；另一部分是通过 EDI 通信模块读取外部的数据，经过 EDI 数据转换模块的格式转换，再经过数据网关模块互相之间的数字证书认证，经过加解密，以保证与外部交换数据的安全性。

6. 物流公共信息服务平台

货运电子商务实现了内部物流信息的整合，EDI 实现了对外部物流信息的整合，物流公共信息服务平台既包含了对内部物流信息的整合，又包含对外部物流信息的整合，再加上政府的物流服务信息，实现物流信息资源的整合与共享、社会物流资源的整合、政府管理部门间、政府与企业间的信息沟通、现代物流系统运行流程的优化、供应链的优化等。

四、铁路运输生产月度计划功能

铁路货物运输计划由年、月、旬、日等不同周期的计划组成，共同构成铁路货物运输计划体系。年计划是铁路总公司和各铁路局根据年度经济调查、协议客户需求和铁路运输能力变化，统筹平衡确定的年度目标。月计划是根据大宗稳定物资协议客户提出的阶段需求，考虑其他零散需求，结合月度市场规律特点和运输能力，综合形成的内部生产阶段目标和全月轮廓性计划。旬计划是以日常“实货”为依据，充分考虑零散白货的临时运输需求，对提前确定的次旬日常运输需求进行具体安排和编制。日计划是直接送进站的“实货”和“实货运单”相结合编制的运输生产计划。计划之间的关系上层计划对下层计划指导作用，下层计划对上层计划落实作用；上层计划是轮廓计划，下层计划是具体执行的计划。下面讨论计划的计算机编制方法：

1. 货运营销与生产管理信息系统(FMOS)功能

货运营销与生产管理信息(简称货运计划)系统是计划经济体制向市场经济体制转轨过程中的产物，其作用一是获取客户的运输需求；作用二是落实货源，明确铁路的货运月度运输任务。下面主要分析货运计划系统是如何实现上述两个作用的。

早期的FMOS系统采用C/S(客户/服务器)模式，整个系统建立在内部生产网上。铁路总公司、铁路局和每一车站都设有服务器，服务器之间通过MQ进行数据交换。由客户按月预先填写货运业务受理单(FMOS原提信息)，由车站按货运业务受理单录入月计划数据，录入内容包括客户信息(联网单位、所属企业、责任人员、提报日期)、发货信息(受理号、发货日期范围、发站、发货单位信息等)、收货信息(到站、收货单位信息等)、货物信息(品名、危险品、车数、吨数等)、附加信息(联系电话、整车/零担/集装箱等)。录入数据通过MQ传输到铁路局和铁路总公司的FMOS库中，铁路总公司、铁路局审批后，将审批结果通过MQ回传到车站FMOS库，供用户查询。

车站、铁路局和铁路总公司都要对录入的订单进行审批，车站主要依据办理限制字典和程序审核输入数据是否合理、是否超过办理限制、是否是危险品、是否停限装等，铁路局和铁路总公司主要审批运输的订单是否超过铁路的运输能力(包括分界口、限制区段的通过能力、车站的卸车能力等)，如果超过运输能力，则需要将运力重新分配，铁路局负责站段间的运力分配，铁路总公司负责铁路局之间的运力分配。

审批过程由计算机逐订单审批，预先在审定模块中输入限制条件(分界口、限制区段和车站的控制数)。计算机调用经由程序、算法根据订单的发到站、申请车数、吨数，计算并累计经过分界口、限制区段、紧张卸车站的车数和吨数，将累计值与预先定义的限制条件进行比对，一旦超出范围，则不能继续审批，保证了每月的计划数据不会超出界定的运能；在计算机内建立了审批模型，按照国家重点物资优先、经济效益最大化等原则为订单设立不同优先级，先从优先级高的订单开始审批，确保国家利益和铁路利益相统一。先车站审批，再铁路局审批，然后铁路总公司审批，再发回铁路局；审批可以集中审定、随时审定、立即审定和自动审定；集中批(纳入集中审定的订单)、随时批(未纳入集中审定的订单)、自动批(未对去向和品类进行限定的订单)。审批通过的订单，返回计划号；对整车的客户，只有拿到计划号，才可以请求空车；零担、集装箱的客户由车站根据实货或经验预先申请空车。

在审批过程中，可能有些分界口、限制区段、紧张卸车站超过了限制能力，有些分界口、限制区段、车站未超过能力，通过计算机对超过能力的订单进行经路辅助调整，绕过限制区段或分界口，一方面满足客户需求，另一方面提高铁路效益。调整成功后得到月度货物运输计划，计算机根据批准的车数、吨数计算各种统计指标，例如月度货物总发送量、货物周转量、运输收入、各铁路局货物发送量和运输收入、煤炭发送量、日均装车数等。

系统经过多次升级，首先取消车站服务器，然后采用 B/S(浏览器/服务器)模式，原提库和审批库合成一个库，提高系统的稳定性。随着大客户系统的建设，系统为大客户开通了网上受理、网上结算的模式，免去了大客户跑车站的过程。集中受理、优化装车系统的建设使大部分客户可以使用互联网提报运输需求，随着运输需求的集中，使优化装车成为可能，整个系统流程如图 3-11 所示。

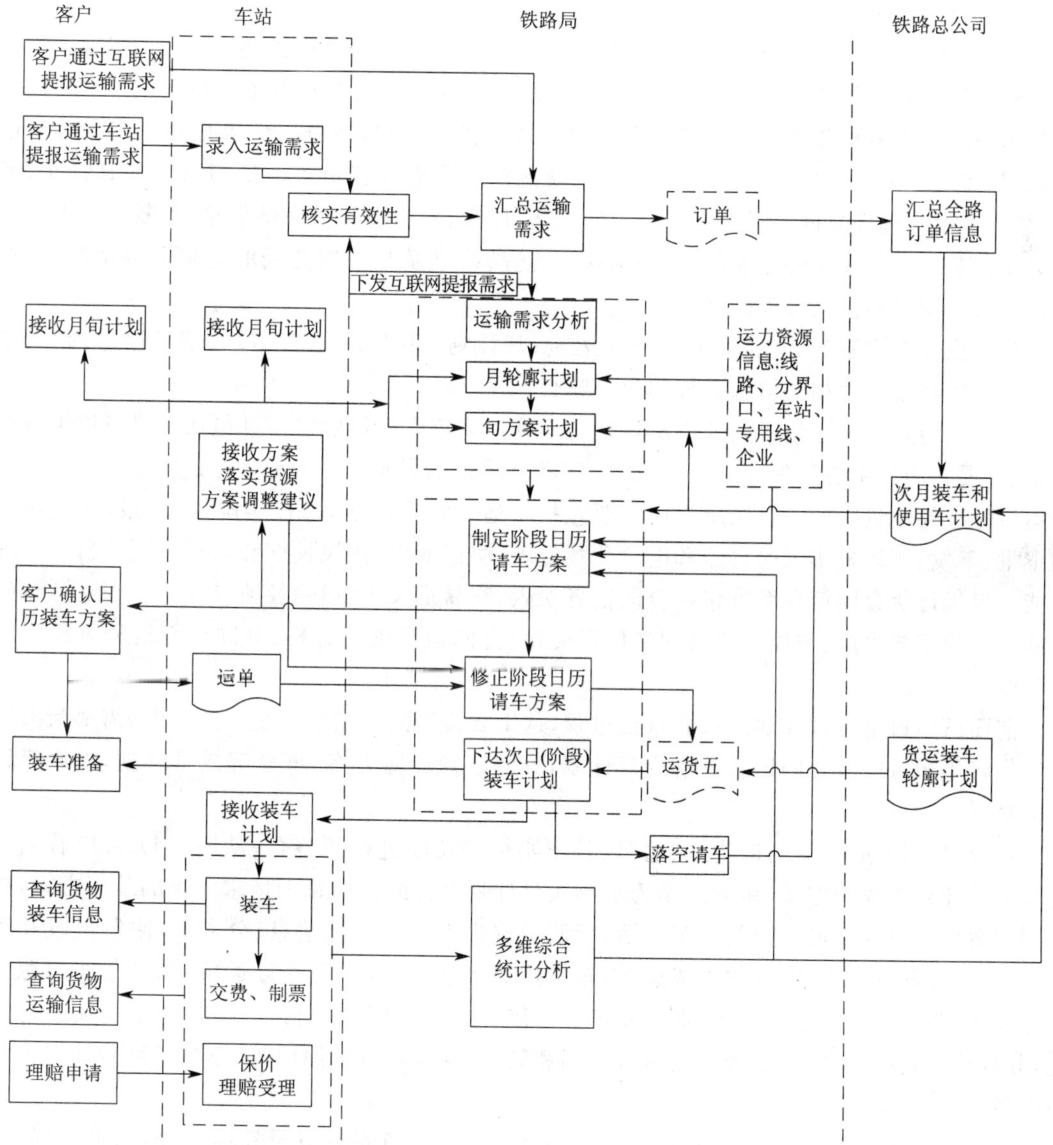

图 3-11　集中受理优化装车系统流程

下面结合大客户系统、集中受理优化装车、实货制等货运改革过程说明信息系统流程的变化。

2. 大客户系统功能

为运量较大、缴费较多的铁路重点客户(简称大客户)建立联网的大客户管理信息系统,系统范围涵盖铁路总公司、铁路局、站段3级客户业务管理和服务部门,同时,通过互联网直接为大客户企业提供服务。

信息系统主要实现三个功能:一是建立了货运客户关系管理功能的雏形;二是实现了货运受理相关信息系统的整合,为客户提供统一的服务;三是建立大客户营销分析系统。

第一点是大客户关系管理。建立大客户申请与核准机制,通过工作流程序设定大客户申请流程,实现客户申请与铁路审核信息的自动流转。采集大客户年运量、月计划、日请车、装车、结算等生产过程数据,采集大客户生产、销售、库存、原材料等供应链信息,不断丰富大客户档案库。及时了解客户的运输需求、需求执行、运费缴纳及相关铁路局的运输服务情况,并按大客户需求制订和优化服务策略。

第二点是客户服务,实现了大客户年运量、月计划、日请车、运费结算、信息服务的“五统一”管理,实现了受理相关信息系统的内部整合。

年运量包括年度运量协议及煤炭订货合同管理。年度运量协议信息包括协议单位年度总运量、主要去向和主要收货人运量等;煤炭订货合同包括煤炭交易总量、主要去向和主要收货人运量等。年运量协议信息系统功能主要包括年运量需求的输入、核实确认、上报、运量协议的审批、下发、年运量协议的打印和电子公章签署、协议变更、协议核准和执行过程分析等管理功能。煤炭订货合同信息系统包括合同信息录入、交易量录入、运输径路计算、组合条件查询、合同收发货字典生成、与煤炭协会网站信息交换、合同运量统计分析、合同执行过程分析等管理功能。

前面已经讨论过月计划录入和审批过程,这里要说明的是按照五统一的思路,需要为大客户提供将年运量或者合同运量分解成月计划,分解成旬运输方案,再分解成日计划,以便年计划的执行。

系统对月计划、货调的运货五、运单、装车实绩等功能进行了整合,从图3-11可以看出系统根据月计划生成旬方案,旬方案是为了落实月计划制订的旬内每天请求空车的装车方案,根据旬方案可以自动生成每天的空车申请,货调系统根据运力资源信息、分界口、限制区段和车站的情况,批准空车申请,自动生成运单;车站按照批准情况,一是签订运单,二是落实货源和实施装车,将装车结果信息再反馈回大客户系统,系统会对月计划、日计划、装车实绩进行对比,分析月计划的科学性,是否落实为日计划和装车实绩、落空的原因等,不断提高月计划编制的准确性。

运费结算功能涉及铁路总公司资金管理系统、资金清算系统以及铁路总公司、铁路局、站的货票系统。铁路总公司在资金管理系统中设立“大客户运费专户”,铁路大客户按照与铁路

总公司签订的协议,将需要支付的运杂费提前汇入“大客户运费专户”,在大客户系统中,每天向铁路局、装车站和铁路大客户公布大客户预付款及结算信息。当车站装车后,进行大客户货票的制票时,自动生成铁路大客户预付款抵用清单及抵用款流水单,与货票等数据一同上报到铁路局货票系统;铁路局货票系统保存数据、发送回执,并转发到铁路总公司的货票系统;铁路总公司货票系统同样保存数据、发送回执、转发到资金清算系统。资金清算系统先从资金管理系统中取出大客户存入的资金数据形成大客户资金表,然后,逐笔处理抵用款信息,将抵用款数据作上结算标记,从资金表中扣减相应数额的资金,最后按车站生成逐笔结算信息,通过货票系统传回到铁路局和车站,并在大客户网站上进行发布。如遇到大客户的专户资金不足,造成铁路结算不成时,装车站按有关规定核收运杂费迟交金。对恶意拖欠的,由资金清算中心通知运输局予以停止装车,并追缴所欠费用。

信息服务为客户提供各种查询功能,包括合同、订单、请求车、承认车、实际装车、运费结算、货物实时追踪等查询服务,提供参考运费、运输条件和车站位置及服务信息的查询,提供了投诉和建议的窗口。

第三点是客户分析,建立大客户综合分析和考核系统模块,将所收集的大客户信息,以及交通行业相关信息,进行数据的整理、清洗、整合,包括编码识别、合并不同来源数据、去除重复行、统一计量单位、同组数据的聚合汇总、单一信息的分解、信息的按主题计算汇总等。实现对大客户的货源货流情况、合同订单的完成情况、运输服务协议执行情况进行考核;大客户分析包括客户变化分析、客户细分、大客户认定条件分析、大客户考核标准分析、年运量核定标准分析、客户价值分析、客户技术指标分析、客户需求预测、客户满意度、忠诚度和货源流失情况进行分析判断;利用图形技术,动态显示大客户、重点物资的货源变化趋势,显示客户的货源货流图,为合理配置运力,准确预测铁路运量及辅助分析决策提供依据。

3. 集中受理优化装车系统功能

集中受理优化装车的关键是“集中”,集中有两方面含义:一是运输需求的集中;二是运力资源的集中。运输需求集中是将所有的受理订单集中在一起编制旬的日历运输方案,而不是按站编制旬方案。运力资源集中是要优化货运产品,尽量开行直达列车、或者阶梯、成组直达列车,从装车和计划源头,变车流集结为货源集结,扩大直达范围,实现运输需求与运力资源的最优组合,提升运力资源配置效率和铁路集约化运输水平。既保证运力资源的优化利用,又能够充分体现运输方案的公平性。

如何通过计算机实现优化装车功能,首先应根据需求,建立所有货运站之间的二维矩阵(重车车流表),在矩阵内显示每日每两站之间的货运量,提示可以开行直达列车方案,可以选择各种条件,例如品类、车种、整车/集装箱/零担、对速度要求等(形成分品类、分车种、分去向的重车车流表),协助制订货运产品方案。显示每日两个区域内之间的货运量,提示是否可以开行阶梯直达列车方案。显示每日历时间段的货运量,提示是否可以开行日历直达、日历阶梯

直达、成组直达的货运列车开行方案。

系统可以由客户提出旬方案建议,也可以由车站客服代表辅助客户编制旬方案;可以编制直达、阶梯直达,也可以编制成组列车开行方案或者零散车辆的集结方案。

4."实货制"货运受理方式的改进

采用"实货制",客户只需要提出运输需求,铁路实行敞开受理、随到随装,简化了申报月计划和日请车等手续。分析"实货制"对货运营销系统的影响主要是两点:一是影响月计划数据的收集,从而影响月度运输方案的准确性;二是削弱了对限制口(区段)的控制能力。

对应两种解决方案:一是缩短计划的编制周期;二是使用预测的方法代替客户上报的方法。对第一方案,铁路目前采取的措施是:变月计划为轮廓计划,而以旬计划代替原来的月计划的作用,通过与大客户确认旬方案以保证旬计划的准确性。缩短计划编制周期,更需要信息化的支持,在周期之内,随实货确认,随输入数据库随时计算,从旬计划到日班计划实现计算机自动编制;根据实货变化,第一时间调整和优化运输方案。对方案二,加强月度计划和旬计划预测的准确性;在实货确认的同时,按货物的优先级推算并给出货物的行程计划和运到期限,对限制区段的货物绕行或者适当延长运到期限,并实时监视每一货物是否按推算的计划运行,对未按计划运行的货物及时给出报警信息。

五、技术计划功能

通过货运计划,掌握了全路的装车计划和全路要发送的货运量。问题是技术计划的用途是什么呢?简单地说技术计划是为完成货运计划而制定的机车、车辆运用计划;货运计划考虑了线路等固定资源使用和限制问题,技术计划考虑移动资源的使用和限制问题。为了保证月度货运计划的实现,必须在现有的机车、车辆类型和数量的条件下,编制合理运用机车、车辆的技术指标计划,作为日常生产指挥的依据。

技术计划分两级编制,即铁路总公司(按局别)的技术计划和铁路局(按车站别)的技术计划。每月技术计划是根据月度货物运输计划由铁路总公司和各铁路局同时编制。其主要内容有:

(1)使用车和卸空车计划;

(2)空车调整计划;

(3)分界站货车出入计划及分界站、各区段列车列数计划;

(4)货车运用质量指标计划;

(5)货车运用车保有量计划;

(6)机车运用指标计划。

目前,已建立了铁路总公司和铁路局两级技术计划编制平台,因为在货运计划数据基础上,还需要各铁路局补充录入增加使用车和增加卸空车的数据;对铁路局来说,还需要交换外局接入重车数据,还有一点必须强调的是车流径路是实现技术计划的关键。

计算车流径路的方法主要有两种：一种采用数学方法，先计算最短径路（常用 Dijkstra 算法），对超过通过能力的运量使用特定径路进行绕行；另一种采用统计方法，统计任意两点间历史走行路径，得出两点间不同径路的百分比，在实际使用中，先选取百分比最大的径路，遇到货运量超出通过能力的线路，使用百分比小的径路进行绕行。目前，在技术计划中，使用了第一种方法。

从货运计划中提取的主要信息为：货物品名、吨数、车种、车数、发局、发站、发货人、到局、到站、收货人等。对批准的货运计划中所有订单，根据发站和到站调用经路算法，返回经过的分界口、编组站、卸车站、线路区段的车数、吨数，并保存到数据库中。对各个分界口、编组站、卸车站、线路区段分上下行累计后，就可以求出分界口、编组站、卸车站、线路区段工作量。

另外一个关键算法是拼车算法。货物运输任务由月落实到日，在月车变成日车的过程中（月车数/月天数＝日车数）必然会存在不足 1 的余数，余数取舍引起累计误差，例如局的日装车月总数不等于局内各站日累计的月装车数，全路的日装车数不等于 18 个铁路局累计的日装车数。为了保证技术计划中各统计对象（如使用车数、卸空车数、分界口通过车数等）的日车累计误差小于 1，必须对余数进行重新分配，使误差最小，这种余车数的重新分配过程称为拼车。其算法的核心思想是如果日车月总数不等于日累计月车数，则将其差值 X 分配给 X 个余数大的日车单元。

第三个关键算法是空车调整算法。由于在铁路运输生产当中，每个车站、铁路局每日按车种别的装车数和卸车数一般不相等。为了保证均衡装车，必须将卸车数大于装车数的地区所产生的多余空车运送到装车数大于卸车数的地区。这种空车的调配工作称为空车调整。这种调整包括铁路局间空车调整和铁路局内部空车调整方案。由于空车的走行公里不产生运输产品，因而空车调幣存在着优化的问题，一般应以总空车走行公里最少为主要优化目标。常用的优化方法是计算装卸差，再按装卸差执行数学规划算法，并考虑车种代用。常用数学规划算法是表上作业法。对铁路局间的调配，先计算铁路局间的装卸差；因为铁路局有多个分界口，所以，将铁路局分成若干个区，再调用表上作业法，计算会更加精确。对铁路局内部，先把装卸差大的车种调配到节点站，再由节点站调到需要空车的车站。

铁路局技术计划的编制流程如图 3-12 所示。

整个业务流程说明如下：

（1）每月 21～22 日（现在是每旬第 7 日），将当月（旬）铁路局货运计划系统中的批准要车计划信息转入铁路局技术计划系统。

（2）在铁路局技术计划系统中，对批准的要车计划按发站、到站、品名条件标写走行径路信息，然后月车变日车，并执行拼车，形成日车计划。

（3）铁路局审核车种别使用车计划、去向别使用车计划、限制口车数。审核后，区分装车数据和增加使用车数据，在每月 23 日前（现在是每旬第 8 日）以文本形式上报给铁路总公司。

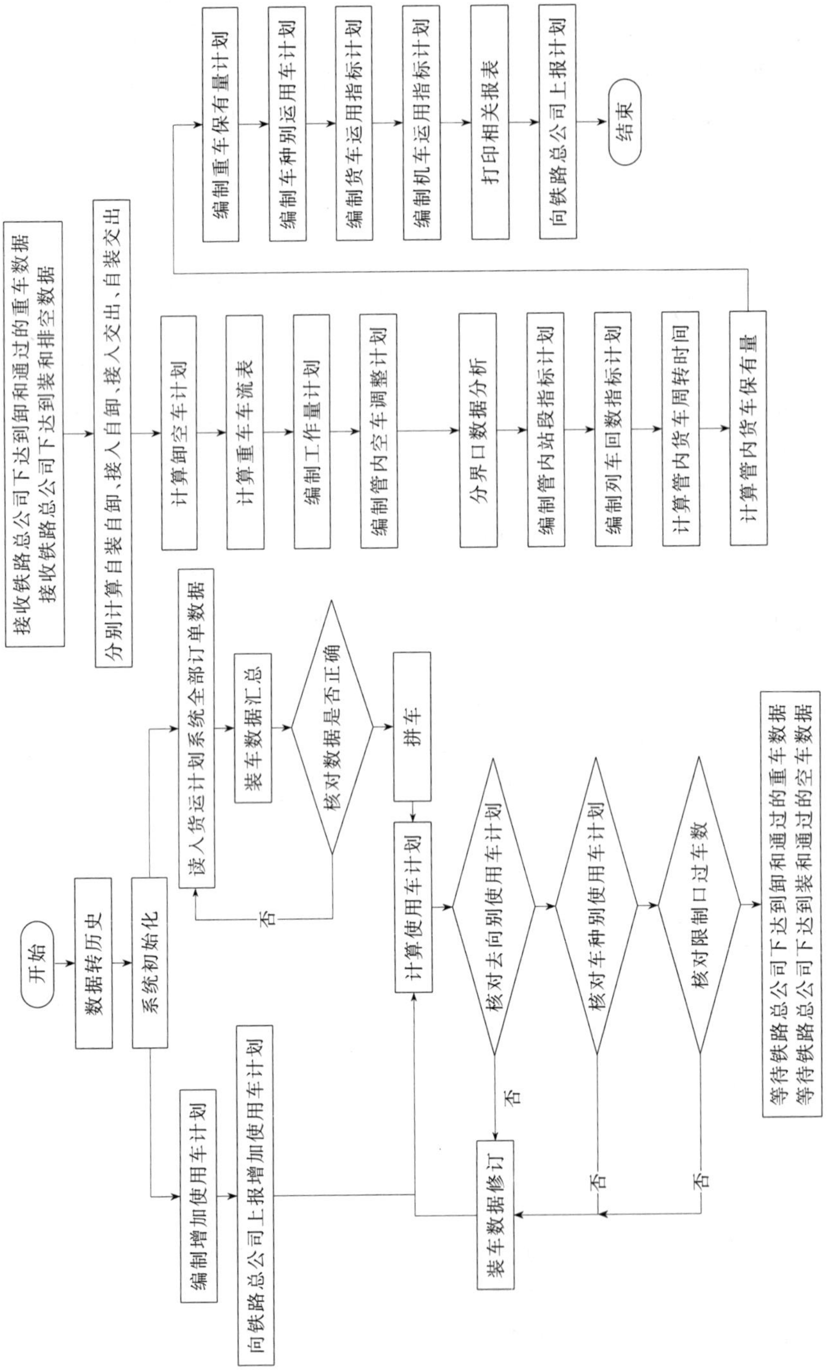

开始
数据转历史
系统初始化
编制增加使用车计划
向铁路总公司上报增加使用车计划
读入货运计划系统全部订单数据
装车数据汇总
核对数据是否正确
否
拼车
计算使用车计划
核对去向别使用车计划
否
装车数据修订
核对车种别使用车计划
否
核对限制口过车数
否
等待铁路总公司下达到卸和通过的重车数据
等待铁路总公司下达到装和通过的空车数据
接收铁路总公司下达到卸和通过的重车数据
接收铁路总公司下达到装和排空数据
分别计算自装自卸、接入自卸、接入交出、自装交出
计算卸空车计划
计算重车车流表
编制工作量计划
编制管内空车调整计划
分界口数据分析
编制管内站段指标计划
编制列车回数指标计划
计算管内货车周转时间
计算管内货车保有量
编制重车保有量计划
编制车种别运用车计划
编制货车运用指标计划
编制机车运用指标计划
打印相关报表
向铁路总公司上报计划
结束

图 3-12 铁路局技术计划的编制流程

(4)铁路总公司汇总各铁路局上报的增加使用车文件和装车文件,审核车种别使用车计划、去向别使用车计划;计算卸空车和增加卸空车,计算各局装卸差,根据装卸差计算空车调整计划。

(5)调用经路算法累计分界口和区段货车数;对超能力的分界站合理分流,为各铁路局形成通过车资料、卸车资料、空车资料、(铁路局间)分界口货车出入计划、周时指标计划,下发铁路局。

(6)铁路局接到铁路总公司下发资料后,形成通过车资料、卸车资料、空车资料,计算站段指标、列车回数指标、重车去向保有量计划、主要站指标计划、车种别运用车计划、货车指标计划等指标,并以文本形式上报铁路总公司。

(7)铁路局在汇总完各项指标后,可以得出铁路局技术计划所要求的各项表格。

(8)铁路总公司在汇总完铁路局上报的货车运用指标计划、车种别运用车计划后,可以得出铁路总公司技术计划所要求的各项表格。

六、货运运价管理功能

价格是市场营销的重要因素,长期以来,铁路货运价格由政府主导,铁路企业缺少定价权。随着铁路走向市场,价格政策的变化,铁路需要快速制定与市场接轨的运价,才能使铁路运输企业获得最佳的经济利益。这就需要货运运价管理信息系统,系统包括四个部分:一是运价决策支持功能;二是运价审核发布功能;三是运价定价维护功能;四是运价计费功能。

1. 货运运价决策支持功能

货运运价决策支持功能架构包括数据库、模型库和方法库,数据库中收集了基础路网信息、货物品类信息、运价里程信息、各种价格信息(航空、公路、水运运价以及价格指数等)、成本信息、产品(班列、新管内、新直通等)及需求信息等;模型库中包括价格体系文件、国家、铁路总公司、各铁路局关于价格政策方面的文件、计费经路模型、一口价计算模型、延期使用费计算模型、运价上浮或者下浮模型、价格指数计算模型等;方法库中包含价格细分方法(按客户、品类、地区、季节等)、运输成本定价方法、效用理论和按负担能力定价方法、供求关系定价方法、拉姆齐定价模型定价方法、基于市场竞争定价方法、边际成本定价法、确定总水平范围的铁路货运基准运价和浮动上下限相结合的铁路货运定价方法、市场化运营时期的期权定价、经济学分析方法、实证分析方法、与公路、民航货运比价分析方法、调价前后比价分析方法、价格演算、价格测算方法等。为了计算站到门的距离,还需要地理信息系统数据库支持。

系统的使用者主要是铁路总公司、铁路局、站段的价格决策者,由于需要由站段客服代表录入公路、民航、水运点到点的价格数据,数据维护工作量较大。系统主要包括价格文件的查询、铁路及运输行业运价查询,客户、地区、品类等细分运价查询,铁路货运成本查询,使用不同方法定价和定价分析、价格变化后运量增幅预测、比价、测算等功能。当发现需要定价或者重新调价时，人机交互选择相应功能，系统可以图形化显示需求和价格变化关系、价格和收入变化等关系，图形化显示各种比价关系和调价的测算结果等，对结果满意后，可以将相应客户、地区、品类、产品、价格等信息保存在数据库中，并生成相应的价格及价格文件，打印相关的分析报表。

2. 货运运价审核发布功能

在货运、特别是零散白货运输中，公路是铁路的主要竞争对手，铁路零散白货比照公路定价，但是，公路也比照铁路定价。由于公路定价变动灵活，导致铁路定价赶不上公路价格变化。所以，有必要建立价格审核和发布系统，当站段需要调价时，将调价文件通过信息系统报铁路局和铁路总公司审核，文件可以发布到相关人员的手机上，当审核通过后，立即通知客户和站段货运管理人员，并将文件发布到货票系统、互联网上明码标价，以适应市场快速变化的需要。

3. 货运运价定价维护功能

全路总共有上万台制票机，当运价变化后，铁路局的货票系统和相关制票机可能需要升级，有三种维护方法：一种是铁路总公司维护后，数据自动复制到铁路局货票系统；二是自动修改制票机相应的参数文件；三是自动升级货票程序。

4. 货运运价计算功能

货运改革后，铁路实行“一口报价，一张货票核收”。门到门一口价包括门到门运输服务全过程中按规定收取的所有费用，包含货物运费、铁路建设基金、电气化附加费、特定线路运费、特定加价运费和发站实际发生的接取送达费、取送车费、装卸费、抑尘费、保价费、集装箱使用费、货车篷布使用费、D型长大货物车使用费、押运人乘车费、集装箱延期使用费、装载加固材料费等杂费，以及到站发生的装卸费、取送车费、接取送达费、翻卸车维检费等杂费。其中，上门装卸货物、两端的接取送达、车站货场的装载加固材料、保价运输等服务由托运人自愿选择，按规定收取相应费用。门到门一口价中不包括专用线费、装掏箱作业费、仓储费、集装箱延期使用费等。

应该在一口价中收取哪项费用，车站的作业人员在运单中标记，货运制票时，货运员补充并核对运单信息。货票程序负责按《铁路货物运价规则》计算所有项运费。其中第一项费用“货物运费”计算实例如下：

按《货物运价里程表》(附件四)计算出发站至到站的运价里程。根据货物运单上填写的货物名称查找《铁路货物运输品名分类与代码表(附件一)》、《铁路货物运输品名检查表(附件三)》，确定货物的运价号。整车、零担货物按货物适用的运价号，集装箱货物根据箱型、冷藏车货物根据车种可分别在《铁路货物运价率表(附件二)》中查出适用的运价率(即发到基价和运行基价，以下同)。货物适用的发到基价加上运行基价与货物的运价里程相乘之积后，再与按本规则确定的计费重量(集装箱为箱数)相乘，计算出“货物运费”。其他项计算以此类推。

七、货运客户关系管理功能

此处客户关系管理是企业从各种不同的角度来了解及区别客户，组织企业内部经济活动，开发满足客户需要的产品或服务的一种企业信息管理模式。其核心是利用信息化的手段将分散在营销人员手中的信息集中到数据库中，通过对这些信息的分析、加工和提炼，使营销人员明确客户的需求以及客户对企业的价值，通过一对一营销原则，满足不同价值客户的个性化需求，从而提高客户忠诚度和保有率。所以，客户关系管理也称为“数据库营销”。

铁路货运客户关系管理功能应包括：一是收集客户信息；二是通过市场调查完善信息；三是对信息进行分析；四是提供一对一的营销工具；五是调整产品或服务以满足每一个客户的需求，并获取用户的反馈信息（如满意度）等一套完整技术解决方案。下面从这五个方面分别进行探讨。

1. 收集客户信息

在货运电商平台的客户关系管理功能中，建立了客户关系数据库，为不同级别的客户注册了基本的客户信息。除此之外，还应该收集哪些信息？

首先，需要了解每个客户的运输需求；如果是工厂，需要了解原材料和产品如何运输的；如果是企业，需要了解进出货渠道；如果是城市，需要了解消费渠道；总之需要了解客户的货源和客户价值。二是需要了解竞争对手的信息，特别是竞争对手的优势。三是客户过去、现在和将来的铁路运输信息，过去、现在的信息主要是货票、运货五、FMOS、运货 7 甲，还包括商务记录、货运记录、理赔信息等，将来的信息是货源的预测。关键是把这些信息有机地关联起来，将需求分类，并且针对每类客户的需求，均设计好对应的服务方案，让每个营销人员都能选择方案去解决问题。

2. 客户关系分析工具

数据仓库是客户关系管理的重要工具，仓库将收集的数据经过加工、整理，将过去和现在的数据进行串联、进行对比分析，对将来的货源进行预测分析。

对客户进行细分，按货运产品、发站或营销人员进行归类，包括客户满意度分析、客户波动性分析、客户忠诚度分析、客户贡献度分析、客户流失分析、客户效益分析、客户群体及行为分析、市场分类及竞争分析等。这里要强调的是由于货运改革为“实货制”，货运计划应逐渐从客户上报变成预测，如何提高预测的准确性，建立预测模型体系是关键。

对客户进行细分后，按经济社会、地区、市场的发展和变化建立预测模型；例如钢铁运输模型、煤炭运输模型、粮食运输模型、家电运输模型、散货运输模型、集装箱模型等，针对不同细分客户，采用正确的算法进行货运量预测，如时间序列平滑预测算法、ARMA 算法、灰色预测算法、马尔柯夫预测算法、回归预测算法、专家预测算法、组合预测算法等；预测时，需考虑带入政策环境、生产现状与历史、合同情况等数据。预测内容包括客户信息、发送站信息、到站信息、品名信息、吨数或者车数等。将不同算法计算得到的预测结果汇总后，直接输出到货运计划和技术计划系统中，并与实际数据进行对比，不断调整算法，保证预测的准确性。

3. 根据客户关系开展货运市场调查

由于面临环境的复杂性，需要通过货运市场调查，补充完善分析的数据或者验证货源预测的结果。调查的内容包括市场环境调查、货运产品及价格调查、装载技术调查、市场需求调查、目标客户调查、竞争对手调查、预测货源调查、内部管控机制调查等。

调查的方法与客运一样，先设计调查方案，收集调查资料，结合客户关系管理信息系统的数据，设计调查问卷，采用重点走访与座谈会相结合，面对面调查、电话调查与网上调查相结合，专题调查与跟踪调查相结合，将调查结果直接录入数据库，对调查结果进行分析，调整和完善分析模型和参数。

4. 一对一的营销工具

为营销人员分配客户，一个大客户可以对应多个营销人员，一个营销人员可以服务多个普通客户，信息工具将记录每次服务的过程。

客户关系信息管理系统帮助企业建立完整的客户、联系人资源档案，对客户进行分类分级。营销人员可以使用手机根据资源权限查找相关的客户资料，包括运量运费、装车走势、订车兑现、收入、货物流向，运量变化等。可以协助客户修正预测的运输计划，查询运价、货物位置及运到期限、货运产品、办理条件和限制等。

系统提醒营销人员服务对象的需求的变化以及营销方向，协助营销人员监视服务对象的货物是否符合运行计划。后厂的设计将从“面向生产”转变为“面向客户”组织生产，例如，根据客户预测结果，事先安排空车、适当的货运产品、合适的运到期限等。以正确的价格，在正确的时间，提供正确的产品和服务，不断改进和提高服务水平，从而最有效地满足客户的需求和愿望。

系统帮助建立客户价值评估体系，基于客户交易数据，多角度、全方位评估客户价值，对价值客户以积分作为回报。

5. 提供产品和服务

一对一营销工具的服务对象是站段，产品的服务对象是铁路总公司和铁路局货运营销管理部门。铁路总公司根据客户的需求、反馈意见及客户分析结果制定政策，产品和价格的审批等。铁路局根据客户的需求、反馈意见及客户分析结果设计和改进产品，设计新的服务，下面详细说明铁路总公司和铁路局的营销分析系统。

八、货运营销分析功能

本节将营销分析分为铁路总公司营销分析、铁路局营销分析、站段营销分析，因为铁路总公司营销目标是制定政策、宏观指挥；铁路局的营销分析面对货运产品、市场竞争；站段营销分析是为客户提供服务。

1. 铁路总公司营销分析

铁路总公司营销分析系统应该是一个大数据的分析平台，平台整合了内部以及外部数据，采用了联机分析处理、大数据分析预警、数据挖掘、商业智能等技术。营销分析平台如图 3-13 所示。

总体架构大致分为五个部分，分别是数据来源、数据预处理、数据处理平台、数据建模以及数据应用分析功能。

数据来源：主要是从铁路货运相关的业务系统以及外部系统中抽取分析所需的数据资源，包括结构化数据、半结构化数据和非结构化数据，使用自主开发数据采集系统或者借助 ETL 工具收集数据。

数据预处理：对采集数据进行整理、清洗、转换、整合、关联绑定；将数据加载到数据库、数据仓库、数据集市；通过元数据管理数据处理过程和安全性，使过程可定义和自动化。

数据处理平台：包括云平台架构，并行集群系统，内存数据库、SQL 和 NoSql 数据库、数据仓库和 Hadoop 开源架构，建立大数据分析平台，实现对大数据存储、处理、运算和安全管理。

数据仓库实施：包括确定分析主题、安装工具、建立数据仓库逻辑模型、转换成数据模型、模型优化、数据加载、开发应用(数据分析、数据挖掘、数据展现)、数据仓库管理等。

数据应用分析：在数据仓库以及 Hadoop 的支持下，利用商业智能技术进行分析和地理信息可视化，形成报表和分析报告。

铁路总公司营销分析平台的主要功能如下：

生产概况：方便货运营销部门及时了解日常货运生产量及变化情况，掌握下属单位货运生产进度。按单位类别统计每日订车、配车、装车数、货运收入以及对应的月累计、年累计，对比上月同期和去年同期，计算完成年度期值的进度；同时统计生成装车数、发送吨数、货运收入、集装箱、零散快运完成量的月度报表。

市场动态：提供市场调查、行业监测、企业监测、政策环境 4 个功能模块收集分析宏观经济、关联行业企业、其他运输方式、价格等运行指标，以及政策环境的变化，为货运营销工作提供全面的经济运行状况参考。

需求兑现：对货运需求进行分析，梳理铁路货源货流情况，并且分析需求装车兑现情况和落空原因，研究铁路运力(产品)适应市场的能力，为营销部门深入了解市场需求、优化运输方案、完善货运产品提供数据依据和决策支持，并建立日常装车台账。

经营收益：对货票库数据进行加工处理，从运量和收入两方面分析铁路货运的经营收益。从总量上按品类、去向、车种分析铁路运量构成，并且对集装箱、零担、货场、专用线从多个维度进行专项统计分析。同时提供自定义查询功能以满足临时性的运量统计查询需要，方便使用者通过对信息的比对、分析，实时掌握货运收入的费用构成实际及建设基金、物流服务收入等的比重，结合管辖范围内主要客户的运输变化实际，分析、预测后续的收入

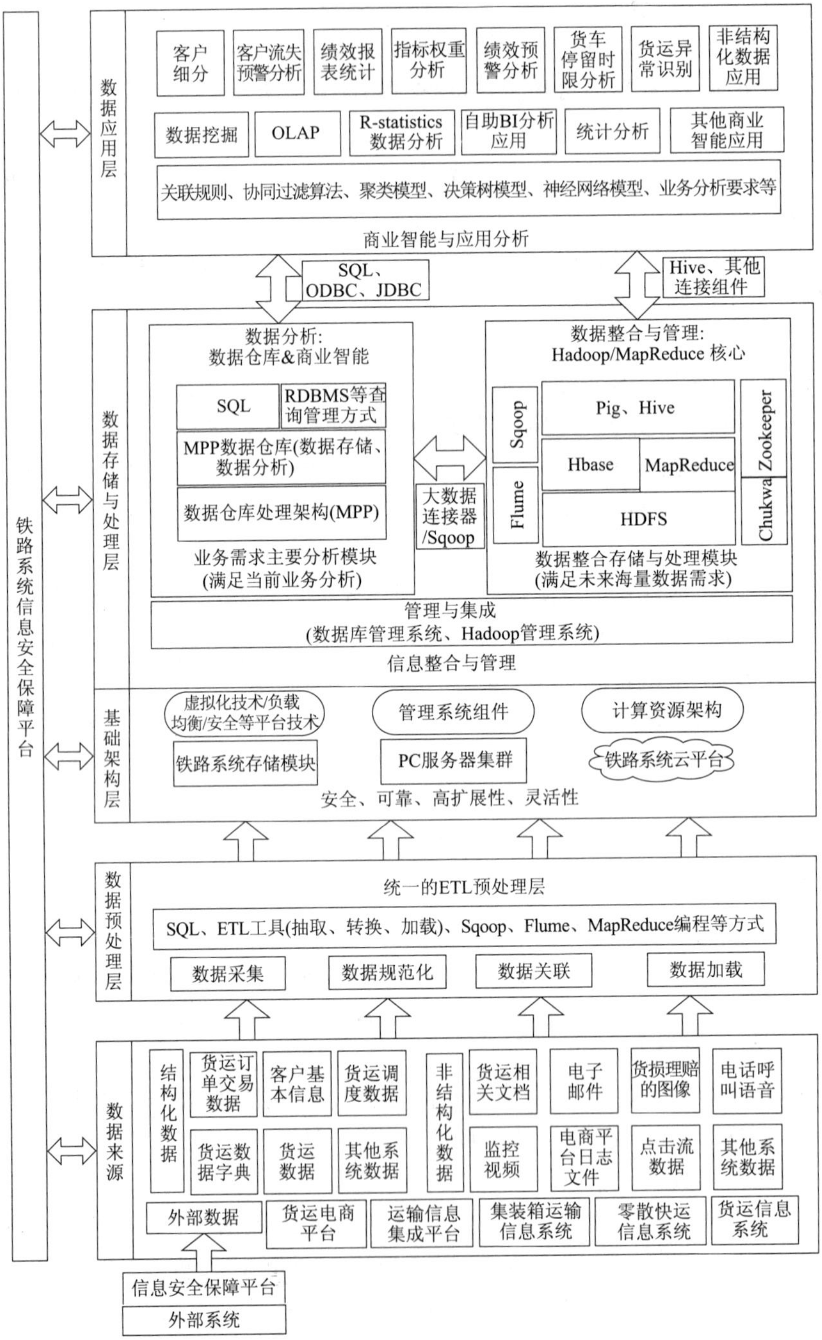

铁路系统信息安全保障平台

数据应用层

客户细分　客户流失预警分析　绩效报表统计　指标权重分析　绩效预警分析　货车停留时限分析　货运异常识别　非结构化数据应用

数据挖掘　OLAP　R-statistics数据分析　自助BI分析应用　统计分析　其他商业智能应用

关联规则、协同过滤算法、聚类模型、决策树模型、神经网络模型、业务分析要求等

商业智能与应用分析

SQL、ODBC、JDBC　　Hive、其他连接组件

数据存储与处理层

数据分析：
数据仓库&商业智能

SQL　RDBMS等查询管理方式

MPP数据仓库(数据存储、数据分析)

数据仓库处理架构(MPP)

业务需求主要分析模块
(满足当前业务分析)

大数据连接器/Sqoop

数据整合与管理：
Hadoop/MapReduce 核心

Sqoop　Pig、Hive　Zookeeper

Hbase　MapReduce

Flume　HDFS　Chukwa

数据整合存储与处理模块
(满足未来海量数据需求)

管理与集成
(数据库管理系统、Hadoop管理系统)

信息整合与管理

基础架构层

虚拟化技术/负载均衡/安全等平台技术　管理系统组件　计算资源架构

铁路系统存储模块　PC服务器集群　铁路系统云平台

安全、可靠、高扩展性、灵活性

数据预处理层

统一的ETL预处理层

SQL、ETL工具(抽取、转换、加载)、Sqoop、Flume、MapReduce编程等方式

数据采集　数据规范化　数据关联　数据加载

数据来源

结构化数据：货运订单交易数据　客户基本信息　货运调度数据　货运数据字典　货运数据　其他系统数据

非结构化数据：货运相关文档　电子邮件　货损理赔的图像　电话呼叫语音　监控视频　电商平台日志文件　点击流数据　其他系统数据

外部数据　货运电商平台　运输信息集成平台　集装箱运输信息系统　零散快运信息系统　货运信息系统

信息安全保障平台

外部系统

图 3-13　铁路总公司营销分析平台

趋势。

客户管理:建立客户档案、通过对客户运量、运费、收入率等不同指标的分析,进行货运市场细分,对客户从不同行业、企业进行分类管理,挖掘新增客户,分析流失客户的原因,指导货运营销工作进行准确的市场定位。

预警分析:分析市场动态,对电厂、港口、钢厂库存、监测行业产品价格、宏观经济景气指数、监测企业产量异常变化进行预警,国家、地方出台的相关新政策影响进行预判;分析需求情况,对订车需求大幅升降、装车卸车通过能力不足进行预警;分析运量情况,对行业、品类、发区、到区、班列运量异常变化进行预警;对客户流失、客户数量变化、客户构成变化、客户运量运费变化、客户投诉进行提示;分析运价变化,对调价、下浮对运量收益产生的影响进行预警,对其他运输方式运价变化进行预警。

产品项目:一是对五定班列、快运班列、批量快运、散货快运等产品开行情况的分析;二是对营销项目的开发、实施情况进行跟踪管理;三是根据不同的业务管理需要,有针对性地对部分产品数据进行统计分析,如重点物资运输、国际联运、运价下浮项目、集装箱运输、特货运输、保价运输、物流服务、零担运输、铁路货场装卸、专用线装卸、危险品运输。

货流和车流:在铁路示意图上动态显示地区货流分布、品类货流分布、货流的发展变化趋势等,提供货流预测、货流与铁路运能间关系分析,分析通过径路调整等手段疏解运能紧张的方案。

2. 铁路局营销分析

铁路局的营销分析系统应该与铁路总公司共用一个平台,而且是铁路总公司大数据分析平台的子集。从铁路总公司数据仓库生成各铁路局的数据集市,各铁路局通过维护自己的元数据,生成本局的数据集市,而且根据自己的需要调整集市内容。

相对于铁路总公司对铁路局的考核,铁路局实现对站段的考核;相对于铁路总公司的宏观指导,铁路局更重视市场分析和具体的产品设计,组织站段实现对客户关系的管理。例如,图3-14中显示了在铁路局货运产品的设计过程,设计后不断反馈调整,得到符合用户需要的货运产品。

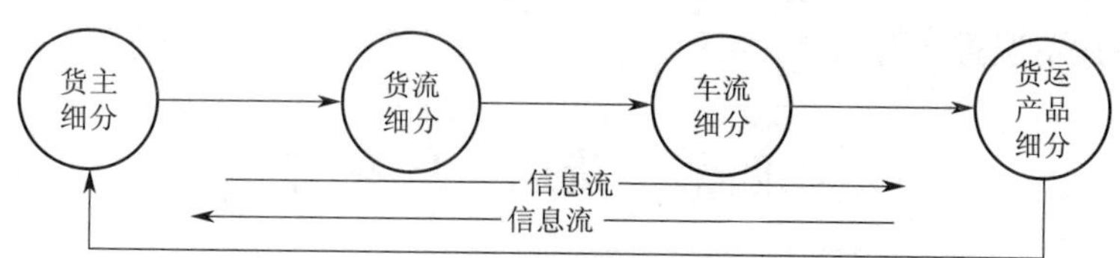

图 3-14 基于 CRM 的货运产品设计思想

例如,某铁路局的货运营销分析系统主要功能包括:

客户管理。包括按各种指标对货主的细分、货主动态管理、货主铁路运输份额管理、货主对铁路贡献度分析管理、重点货主电子档案管理、重点货主分析等内容。

运量信息。包括按品类、按到局去向的发送量分析管理,按品类、按发局的到达量分析管理,按品类的货物发送周转量分析管理等内容。

生产信息。包括发送货物按车种、按到局去向的装车数、发送量统计分析管理,发送货物按车种、按品类的装车数、发送量统计分析管理,到达货物按车种、按发局的卸车数、到达量统计分析管理,管内货物按车种、按品类、按调度区段的装车数、发送量统计分析管理等内容。

计划管理。包括需求量及计划安排汇总、品类品名别需求量及计划安排、到局去向别需求量及计划安排、品类品名别兑现率、到局去向别兑现率、单客户需求量及计划安排情况、单客户计划兑现率等内容。

收入信息。包括货物运输进款汇总、品类品名别货物运输进款、到局别货物运输进款、客户别货物运输进款、保价收入汇总、品类品名别保价收入、到局别保价收入、客户别保价收入等内容。

营销团队。包括铁路局、货运服务中心、车站营销决策层三个层次,实现营销档案管理、营销跟踪、营销员业绩评定等功能。

政策法规。铁路局可以利用此功能公布一些货运规章制度,以及最新的有关货运政策的文件,使站段货运部门工作人员及时了解这些制度,以便及时地遵循最新的规章,做好货运工作。

功能实现对货主按照运量、运费、行业、品类、流向、忠诚度、收入率、增长率等不同指标进行货运市场细分、重点货主的发现与提升、货主流失预警以及对复杂营销形势进行直观分析、对货运营销工作进行准确市场定位等。

3. 站段营销分析

货运车站使用铁路局的数据集市,可通过手机访问数据集市或者网站,随时查询客户信息、服务信息或者客户货物的信息,为客户提供一对一的现场服务。

4. 货运服务中心

货运服务中心组织货运车站进行市场营销,使用铁路局的数据集市,对车站服务计划、任务指标、实际完成情况进行分析。

第四节　货运信息系统

一、货运信息系统综述

货运改革后,把货运分成前店和后厂,上一节讨论了前店的信息系统,从这节开始讨论后厂的信息系统,本书的目的,就是要强调通过后厂的信息系统的整合,为前店提供快速、强有力

的支撑。

本节所指货运信息系统定义为：与车站货运作业有关的所有信息管理系统，包括现在车管理、确报管理、货票制票、集装箱管理、特货管理、装卸作业管理、货检作业、仓储管理等。所有这些功能不应该作为单独的系统，而应该整合成统一的货运信息系统。

现在车管理信息系统从1983年开始立项，1986年首先在株洲北编组站投入使用，1987年在丰台西编组站投入使用，1989年在郑州北编组站投入使用，由于与驼峰、联锁等控制系统相结合，郑州北编组站信息系统获得国家科技进步一等奖。1994年铁路运输管理信息系统（TMIS）正式立项，同时启动了车站管理信息系统（SMIS1.0）的建设，系统包括现在车和货运受理、发送、到达和交付全过程，首先在沈阳铁路局试点，2000年开始在全路推广，2005年现车部分升级为2.0版本，货运部分经过西安西、闵行二次升级，现在正在全路推广；1997年计算机确报系统全面投入使用，2004年升级为2.0版本，1999年货票系统全面投入使用，2013年升级为3.0版本。集装箱系统于2002年在全路推广，2014年做了全面升级；货检系统于2013年在全路推广。货运信息系统建设的主要问题是子系统众多，且分散建设，横向整合不够，需要进行研发组织架构及整个系统的整合。

下面先从车站的现在车开始，然后按运输流程逐个讨论各个子系统，再讨论货运信息系统的整合。下面先给出货运系统的流程示意图，如图3-15所示。

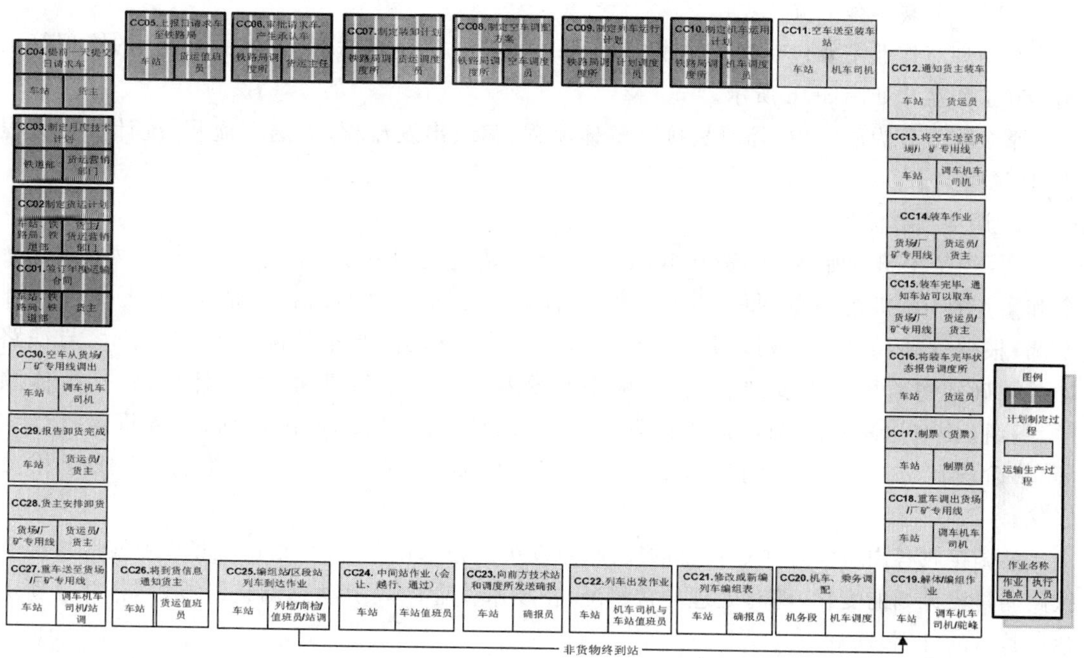

图3-15 货运系统流程示意图

在下面各小节中对本图中各个流程进行详细说明。

二、现车管理功能

(一)货车现车管理工作组织

前面已经讲了货物运输的受理环节,受理货物之后,马上要调配装载货物的空车车辆,装车后,将装载货物的车辆编成列车,将货物运输到目的地。调度系统主要负责列车运行,而现车管理的作用是组织车辆编组成为列车或者将车辆从列车上解体后送去作业。

这项工作需要车站完成,而车站负责此项工作的业务部门是运转车间(特等车站设调度车间)。运转车间主要岗位包括值班站长、站调、助调(计划区长)、值班员、车号员、货检员、调车区长、调车司机、调车长、连结员、制动员、列尾人员等。值班站长是车站作业总指挥;站调和计划区长负责作业计划,其他岗位均为实际作业;站调主要负责接发列车的计划,计划区长负责编制调车作业计划;值班员负责具体的接发列车工作,调车区长、调车司机、调车长、连结员、制动员负责具体的调车工作。站调接受铁路局计划调度指挥;值班员接受铁路局列车调度的指挥;车号员负责核对确报,负责保证车辆、货物、货票的一致;货检负责检查车辆装载的安全性,列检负责检查车辆本身的安全性,列尾人员负责列尾设备的安全性。

(二)车站现车作业流程

车站现车作业主要包括列车接发、列车解体、编组、货场取送和车站站存车辆的管理等工作。其工作流程如图 3-16 所示。

整个流程分为调度指挥流程、接车解体流程、编组出发流程、取送车流程、统计分析流程等,现说明如下:

1. 调度指挥流程

站调:每个班开始前,负责接收铁路局计划调度的日班计划,包括到发计划、调度命令和重点指示、机车信息;每个阶段开始前推算阶段开始时刻站存车情况,并上报路局计划调;根据铁路局日班计划、到达车流、站存车、检修车、作业车情况、命令和指示,与铁路局共同确定每阶段的出发列车;在技术作业图表上编制车站日班/阶段计划,包括解体顺序、编组(含取送)顺序、调机运用计划、驼峰运用计划、到发线使用计划、本务机走行计划等,将阶段计划下达到计划区长、值班员、车号、货检、调车区长、列检、机务段等相关岗位。

站调接收各岗位实际作业信息的反馈;自动更新技术作业图表,根据现场作业实际情况和铁路局阶段计划的变化,随时处理异常情况,在技术作业图表上动态调整阶段计划,并重新下达调整后的计划。

各作业岗位:接收站调下达的阶段计划;根据阶段计划执行相关作业;将实际作业完成情况反馈到站调系统。

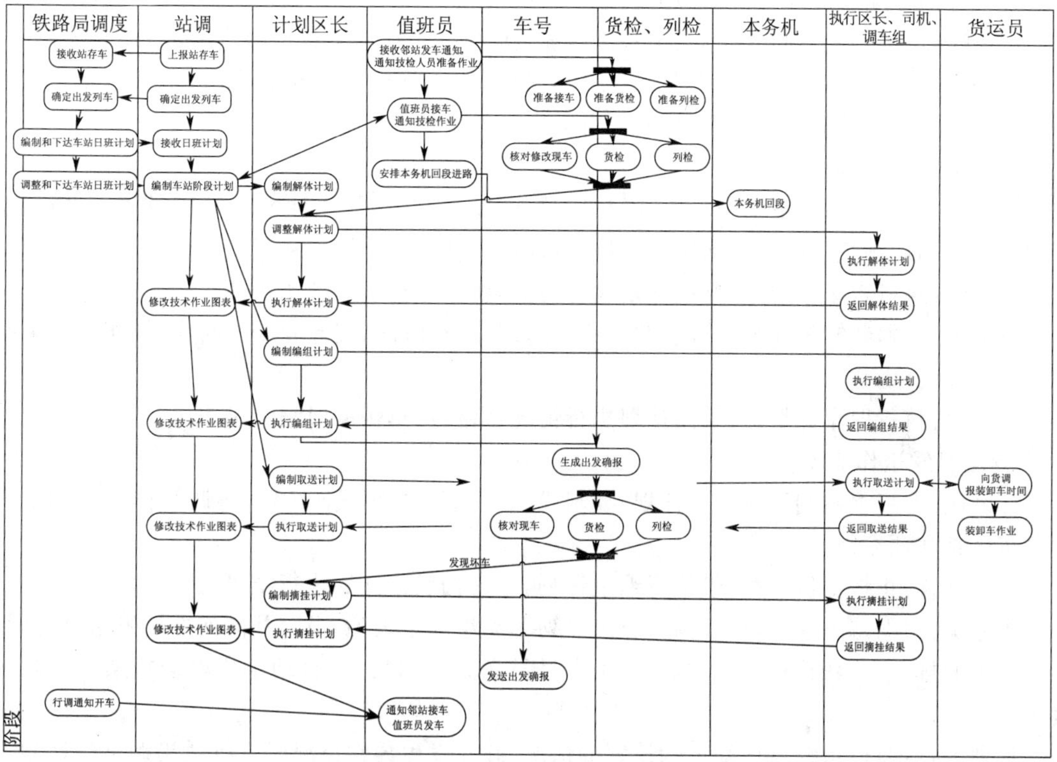

图 3-16　车站现车作业工作流程

2. 接发列车和编组作业流程

到达场车站值班员：通过 TDCS 接收邻站发车信息，自动匹配阶段计划，通知技检作业人员(列检、货检等)准备作业，同时办理进路，准备接车。列车实际到达后，监视进路控制系统接车并自动记录行车日志。此时站调技术作业图表将自动铺画实际到达线。办理机车回段进路，自动记录回段时间。

技检人员：车号和货检人员利用 ATIS、手持机、视频监控、超偏载、安全门等设备核对现车，检查篷布及货物装载状态，对危险品、破封车、超限超重等车辆进行登记，及时上报铁路局货运部门及相关单位；需要扣车或倒装时，通知计划区长编制计划；列检人员借助 5T 等设备检查车辆，发现不良车辆后，通过手持机向编组站系统发送车统 23、车统 26 扣车信息，系统根据此扣车信息进行运非转换、登记运统 5、运统 6、调整钩计划、安排扣车的取送车作业等。

车号员：与司机办理随车货票交接手续；根据现车核对结果修改确报，将到达列车的确报接入股道，生成现车(作为车站现车的数据源)。

计划区长：按照站调技术作业图表中阶段计划确定的顺序和时间编制解体计划，将解体计划通过钩计划打印设备(手持设备)下达给调车区长、调车司机和调车组。

调车区长:指挥调机、调车组和驼峰控制系统执行解体计划,并逐钩反馈计划执行情况。

计划区长:在驼峰自动解体作业过程中,监控系统执行钩计划的情况,并在发生异常情况时进行适当调整。计划执行完毕后,系统自动更新站调技术作业图表和现车。

3. 取送作业流程

计划区长:根据站调下达的阶段计划,调整(编制)取送车作业计划,将调车作业计划下发至调车区长和调车组。接收实际执行结果,自动更新技术作业图表和现车。

调车组:执行送车计划,并反馈计划执行情况,将作业车辆送到作业区。

货运员:根据装卸车计划进行装卸作业,并报告送车时间、装卸开始时间、装卸作业结束时间、取车时间。

调车组:执行取车计划,并反馈计划执行情况,将作业车辆取回编组场。

4. 编组发送作业流程

计划区长:根据站调下达阶段计划,编制或调整编组调车作业计划,将调车作业计划下发至调车区长和调车组。

调车区长:指挥调机、调车组执行编组计划,并逐钩反馈计划执行结果。

车号员:根据编组计划,在虚场形成出发列车编组顺序表(确报),并向前方站发送,根据编组顺序表的排序,重新整理货票和运单,由车号员送列车司机(应自动生成电子货票取代随车货票)。

计划区长:监控系统执行编组钩计划的情况,并在发生异常情况时进行适当调整。计划执行完毕后,系统自动更新站调技术作业图表和现车。

技检人员:当列车进入出发场后,进行各项技检作业(内容参见到达解体流程)。

出发场车站值班员:排列机车出段进路,自动或人工记录出段时间。安排出发径路,从TDCS自动接收发车信息,发车并通知临站,自动记录行车日志,系统自动铺画技术作业图表的实际出发线。

5. 统计作业流程

各岗位:根据确报、TDCS、装卸、运非转换等作业信息,形成运统8和运货7甲等数据。

统计员:编制、核对车站统计报表;上报十八点报表;利用确报货票信息,实现篷布统计,并上报铁路局篷布调度。

技术分析:根据车站技术作业图表、现在车、驼峰及调车作业记录,生成各种车站分析表。

(三)车站现车系统的计算机实现

1. 使用元数据描述站场环境

描述车站站场,如编组场、到发场、货场、车辆段、专用线等;描述站场之间的关系、站场显示内容等。

描述每个场的股道名称、股道容车数、列车进入方向等。

描述车站工作岗位，每个岗位拥有的功能、管理范围和权限。

描述车站的编组计划、编组方向等信息。

车站信息系统会根据本站的元数据描述生成本站的作业系统。

2. 车站作业指挥

车站编制日班/阶段计划指挥全站的运输生产，日班/阶段计划使用“技术作业图表”作为指挥的工具，如图 3-17 所示。

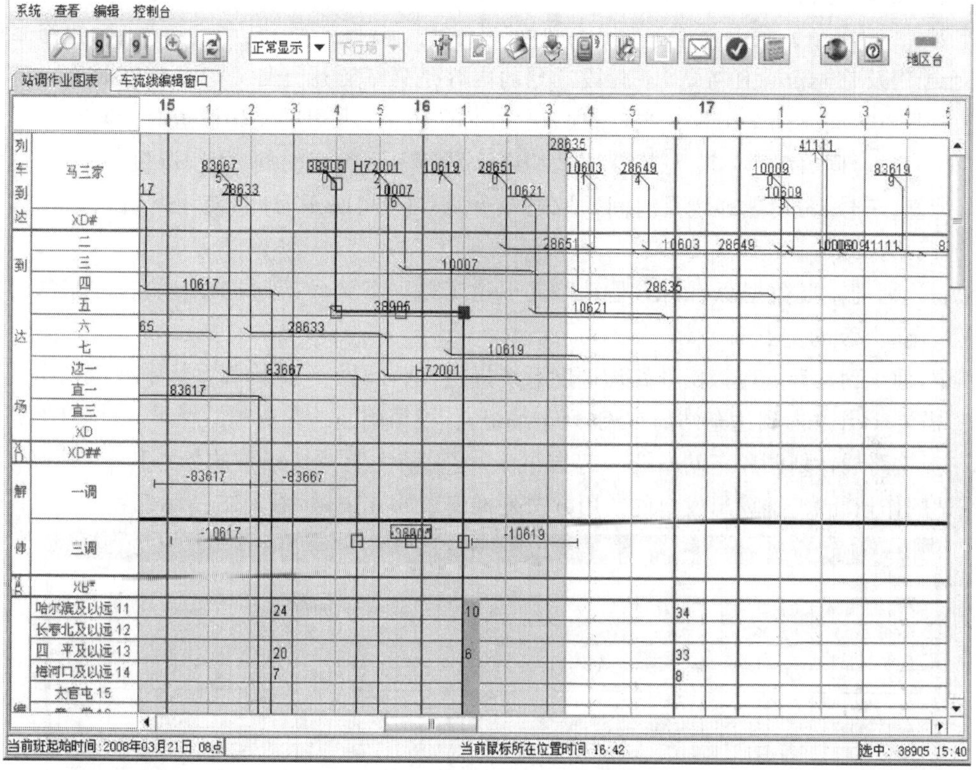

图 3-17　车站技术作业图表示意图

图表的列表示时间，每 10 min 为 1 格，6 格为 1 h，用较粗的制表线表示其整点刻度。

表格的行表示资源，行数取决于车站元数据的配置，车站的资源包括股道、驼峰、调车机车、区段连接线等。

如果资源被占用，则在资源的行上画一条线，线的长度表示对资源占用的时分。例如图中 15 点 12 分从马三家区段连接线接入列车 83667 次货运列车，接入到达场边一股道，停留时间从 15 点 15 分到 15 点 45 分，开始进行解体作业。15 点 35 分从马三家区段连接线接入 38905 次货运列车，接入到达场五股道，停留时间从 15 点 40 分到 16 点 10 分，开始进行解体作业，其中接入编组场 11 道 10 个车、13 道 6 个车等；83667 次 15 点 45 分使用一调（调机）进行解体，38905 次 16 点 10 分使用三调进行解体。以上示例说明了技术作业图表通过为资源编制计划，并将计划下达到相关岗位执行，相关岗位将执行实际返回到技术作业图表，生成实际线，站调根据实际线不断优化资源的计划线，实现透明指挥。

问题是如何使用计算机自动编制作业图表的计划线（也就是日班/阶段计划）？首先明确日班计划和阶段计划的内容。日班计划内容包括列车到达计划（各方向到达列车的车次、时分、机车号和编组内容）、列车出发计划（各方向出发列车的车次、时分、机车号和编组内容）、装卸车计划（装卸车数）、班任务（货车出入总数、中停时、编解列数、无调直通列数、扣修修竣车数、施工计划及临时重点任务等）。阶段计划的内容是列车到达计划（车次、到达时间、方向、占用到达场股道时间）、列车出发计划（车次、出发时间、方向、占用出发场股道时间）、列车解体计划（车次、解体时间、使用调机、驼峰资源）、编组计划（车次、编组时间、使用调机、牵出线资源）、装卸车计划（车号、占用装卸线及时间）、取送车计划（车列、取送时间、使用调机）、调机运用计划、股道运用计划等。

编制计划的主要数据源（依据）是铁路局下达车站列车到发计划、车站现在车、车站的货运和机车情况、上级的重点命令等。

其中，列车到达计划应该由铁路局调度系统提供，也可以从车流推算系统中获取列车到达计划信息，需要 24 h 之内到达车站的车流（列车编组）。根据到达的车流和站存车，就可以推算出发列车，一般铁路局计划调和车站站调一起推车流，计划调主要考虑线路的能力和重点列车，站调考虑车站的作业能力，推算出发车的常用方法是推流表的方法，如图 3-18 所示。

推流表

菜单项

时间/到达列车	方向1/股道	方向2/股道	方向3/股道	方向4/股道	方向5/股道	方向6/股道	方向7/股道	出发列车/时间
8:00/站存车	30	25	28	44	38	12	9	
8:20/11114	41	29	32	52	71	12	9	11113/9:20
	41	29	32	2	71	12	9	11115/9:30
9:40/11116	62	44	32	2	21	19	16	
9:50/21112	62	53	32	2	21	31	38	
	62	53	32	2	21	31	38	21115/9:55
10:00/21114	12	53	46	34	21	34	41	21117/10:00
10:10/21116	15	5	51	38	21	38	44	
	15	5	51	38	21	38	44	31115/10:50
11:10/31112	18	22	1	39	28	38	62	
11:20/31118	33	22	4	43	33	38	66	
	33	22	4	43	33	38	66	41115/11:50
12:10/41112	36	28	9	49	39	40	16	
12:20/41114	39	29	18	55	45	43	27	
	39	29	18	55	45	43	27	11115/12:30
13:10/51112	44	33	22	5	53	51	41	

图 3-18 车站推流表示意图

车站分成编组站、区段站、货运站和中间站等，编组站和区段站是技术站；技术站的主要作用是将不同方向的车流改编成同方向的车流（例如，北京丰台西站对应的方向有沈阳方向、济南方向、郑州方向、承德方向等），推流表就很清晰地反映了这种作用。推流表左面显示到达列车车次和到达时间，右面显示出发列车的车次和出发时间，上面显示编组站的所有方向。图中8点时刻，站存车方向1、2、3、4、5、6、7分别为30、25、28、44、38、12、9辆车。8点20分到达了11114次列车，其1、2、3、4、5、6、7方向分别为11、4、4、8、33、0、0辆车；解体后，各方向站存车变成41、29、32、52、71、12、9辆车；方向4和方向5车流分别为52和71辆车，按照编组计划规定（假设：编组计划规定满轴开车，设满轴为50车），9点20分开行11113次出发列车，方向4共50辆，方向4站存车剩2辆；9点30分开行11115次出发列车，方向5共50辆，方向5站存车剩21辆。其实，技术作业图表也具有推流表同样的功能，在图3-17中，38905次解11方向10车、13方向6车；17点时，11方向站存车为34辆，13方向站存车为33辆。

前面说到根据到达列车推算出发列车，出发列车什么时候开行由铁路局的列车调度岗位根据线路情况决定（要综合考虑客车、施工、重点车等）。由铁路局计划调度员编制每个车站的列车出发计划，下达车站执行。技术站（站调）的核心工作就是围绕列车的出发计划组织车站的作业，包括技术检查（简称技检）作业、解体作业、编组作业、取送车作业、直通车作业、交换车作业（上下行方向交换）、整场作业、调车机作业、施工作业、股道和驼峰运用等。为了保证列车按计划出发，在技术作业图表上为所有的作业编制计划，并严格控制各岗位按计划作业。计划可手工编制，也可以计算机自动编制、手工调整；编制好的计划下达到各个岗位执行，执行结果反馈回技术作业图表，站调根据反馈结果在技术作业图表上调整计划，监控各岗位的作业。

技术作业图表的计算机实现：首先编制图表的表头，上边是固定班次：8点到20点，20点再到8点，每10 min一格；左边是资源，从资源定义表中读入车站管理的资源信息，根据资源信息生成左表头；然后，从数据库中读入站存车信息，显示在当前时刻和资源对应的坐标上；再读入到达列车车次、时刻和到达列车确报，就可以开始编制各个资源的计划；从铁路局交互读入列车出发计划，根据出发列车要求，编制各个资源的计划，通常做法是调整解体和编组顺序，让先出发方向的车流先解体和编组。

整个图表的绘制形成阶段计划，阶段计划包含到发计划、调车计划、驼峰计划、调机计划等，再根据计划关联预确报、TDCS、技术作业、调车计划等信息，其数据结构如图3-19所示。

图中，第一列类图描述了阶段计划，例如，阶段计划为：

“201601010001”、“到达计划”、“8:10”、“11112次”、“上行”、“新计划”；

“201601010002”、“出发计划”、“8:20”、“11115次”、“下行”、“新计划”；

“201601010003”、“解体计划”、“8:10”、“11119次”、“上行”、“变更”；

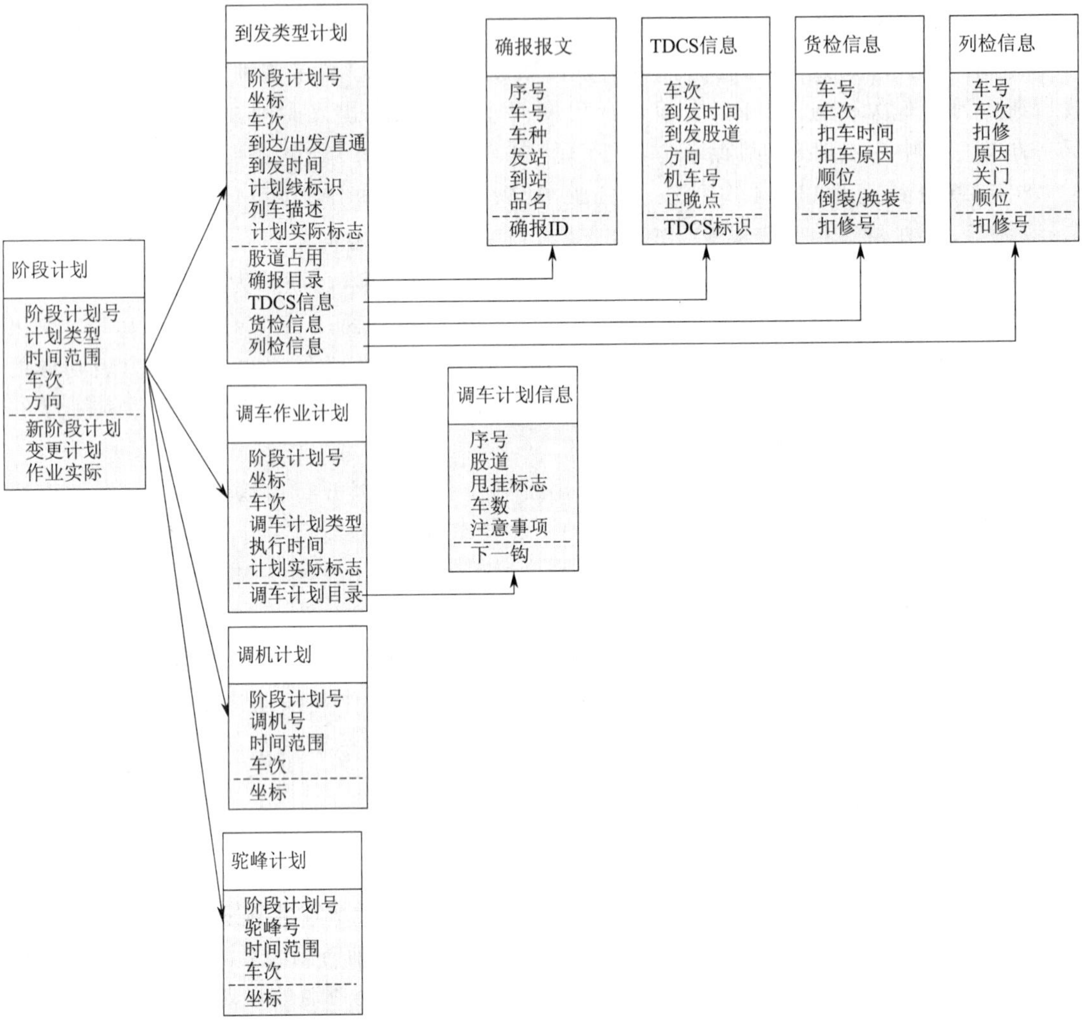

阶段计划
阶段计划号
计划类型
时间范围
车次
方向
新阶段计划
变更计划
作业实际

到发类型计划
阶段计划号
坐标
车次
到达/出发/直通
到发时间
计划线标识
列车描述
计划实际标志
股道占用
确报目录
TDCS信息
货检信息
列检信息

确报报文
序号
车号
车种
发站
到站
品名
确报ID

TDCS信息
车次
到发时间
到发股道
方向
机车号
正晚点
TDCS标识

货检信息
车号
车次
扣车时间
扣车原因
顺位
倒装/换装
扣修号

列检信息
车号
车次
扣修
原因
关门
顺位
扣修号

调车作业计划
阶段计划号
坐标
车次
调车计划类型
执行时间
计划实际标志
调车计划目录

调车计划信息
序号
股道
甩挂标志
车数
注意事项
下一钩

调机计划
阶段计划号
调机号
时间范围
车次
坐标

驼峰计划
阶段计划号
驼峰号
时间范围
车次
坐标

图 3-19　技术作业图表主要数据结构

其中,“新计划”表示在图表上新画一条线,“变更”表示不新画线,只在原线上变更内容,“实际线”是将计划线变成实际线,实际线一般不允许变更。第二列类图描述了图表上如何画线(类图对象),包括列车到达、出发、解体、编组、取送车、整场、调机活动、驼峰使用,每个对象包括坐标位置、车次、时间、颜色、车流等属性,调机还包括作业项目,每个对象包括若干方法,如初始化、编辑、移动、合法性检查、删除等。第三列之后的类图描述线(类图对象)的具体内容,如编组、车流、调车计划内容等。

可以手工编辑这些对象内容,例如输入到达车次,再关联确报信息;也可以自动生成计划

及其中的各个对象，再手工调整计划。自动生成计划包括根据列车到达计划，自动生成解体和编组顺序，分配调机、股道和驼峰，生成出发车计划，计算股道活用表，并根据现场反馈信息，自动调整计划。

所有对象包括两类：一类是计划；另一类是实际对象。通过实际的反馈可以动态调整计划，并利用实际对象实时统计班任务完成情况，如货车出入总数、中停时、编解列数、无调直通列数等。实际数据可以自动获取，例如列车实际到达和出发、解体和编组计划的执行实际、取送和装卸作业执行实际，将获取的实际信息写到技术作业图表形成实际线。在技术作业图表上，可以只显示计划线、只显示实际线或者将两者做对比。

3. 确报功能

确报产生于车站现车系统，也是现车系统最重要的数据源。现车系统可以看成在使用计算机模拟现实车站的车辆调度作业，而确报是对列车编组的模拟。当列车出发时，向前方列车到达车站发送确报，前方站收到确报后，将确报接入现车系统到达场，对确报做解体编组操作，又生成新的确报，再发往前方站，如此反复，形成对货车车流的预告。

确报内容包括确报头和确报正文，确报头包括列车信息、发报站、收报站、发报人等；确报正文描述列车编组，包括车辆顺位、车号、车种、发站、到站、货物品名、收货人、篷布数、货票号、备注、空重等各种标志信息。

车站根据确报推算车站车流，编制阶段计划和调车作业计划，现场完全按计划工作。所以，确报准确性非常重要，通常的做法是列车到达车站后，外勤车号员拿着确报现场逐车核对车号。由于目前在车站进站口上均安装了AEI(车号识别)设备，当列车通过时，AEI按顺序自动读入列车中每一车辆的标签(含车号)信息，并形成报文，传到确报系统，确报系统自动比对AEI的车号与确报车号的一致性，如不一致则需要车号员现场核对车辆上的车号与确报的车号，以保证确报的正确性。

如果现场核对结果不一致，需要内勤车号员编辑修改确报。外勤车号通过对讲机通知内勤车号；如果是空车，根据AEI车号等信息录入确报内容；如果是重车，一般根据货票修改确报内容。确报系统会自动补充标志信息，一个重要的标志是禁溜标志，因为车上装有易碎、危险货物，解体时不能使用驼峰溜放，只能使用调机送到编组场。

4. 接发列车功能

值班员负责列车的接发工作。到达列车的接车工作包括值班员按照列调命令和计划的股道安排列车进路，安排本务机回机务段，通知车号员、货检员、列检员、调车员技术作业。外勤车号员负责核对车号，与本务机司机交接货票，内勤车号员将编辑正确的确报接入现车系统，对应值班员接入的实际列车编组；货检员负责检查车辆的装载状态，对装载不合格的车辆通知计划区长调到整装线去整理或者倒装；列检员负责检查车辆的运行状态，对问题车辆或者到达维修公里的车辆通知计划区长扣车到车辆段；调车员需要对解体车辆进行摘风管作业。出发列车发车工作包括外勤车号员负责核对车号，与本务机司机交接货票；

内勤车号员负责为出发场列车编组发送确报（出发场列车编组转历史库）；货检员负责检查车辆的装载状态；列检员负责检查车辆的运用状态，摘下有问题的车辆；调车员需要为新编组车辆装好风管。值班员安排本务机出段，并挂好机车，按照列调指挥，安排列车正线运行，并通知邻站接车。

目前，主要岗位都使用计算机辅助作业，本部分主要说明值班员岗位的工作原理。值班员的主要工作就是为列车和本务机安排进路，通俗讲就是扳道岔，此项工作重点是安全，好在车站都使用了计算机联锁技术。计算机联锁是保证车站内列车和调车作业安全，提高车站通过能力的一种信号设备。计算机联锁系统由硬件设备和软件设备构成。硬件设备包括联锁计算机、安全检验计算机、监控终端以及现场信号机、转辙机、轨道电路等室外设备。软件设备是实现进路、信号机和道岔相互制约的核心部分，由两部分组成：一是参与联锁运算的联锁表、进路表等数据库；二是进行联锁逻辑运算，完成联锁功能的应用程序。图 3-20 是计算机联锁控制界面。

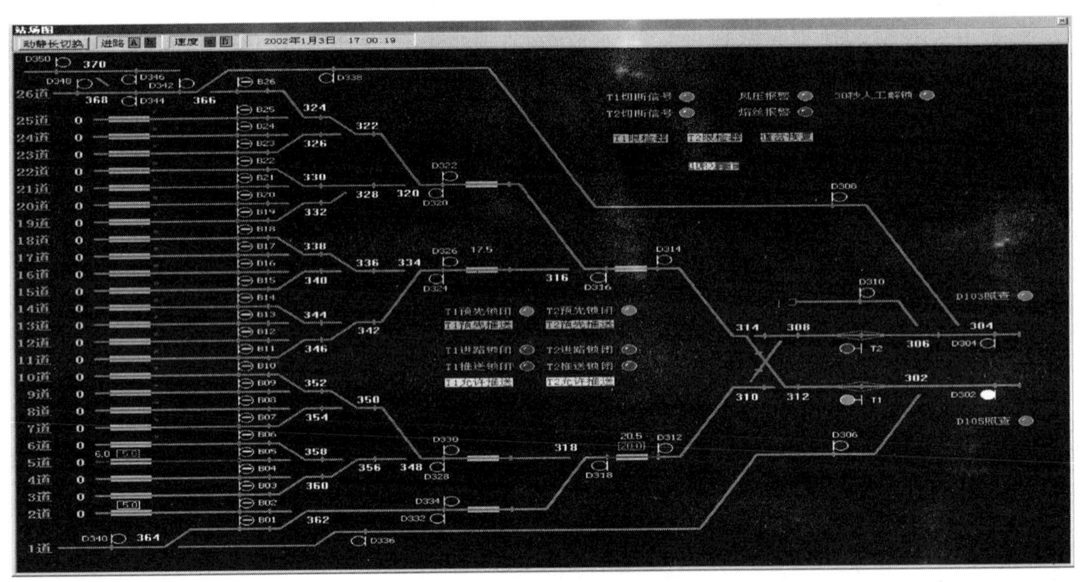

图 3-20　计算机联锁控制界面

当需要安排进路时，可以在图形界面上操作控制现场的信号机和转辙机，联锁系统先检查无敌对进路情况下，开放信号机和转辙机，并锁闭所有关联进路，这时界面上显示白光带，表示进路开通；当列车或者调机通过时，（轨道电路）显示红光带，表示进路被占用，当列车或调机通过后，相关进路自动解锁。

什么时候接发车是由 TDCS（列车调度指挥系统）决定的，铁路局列车调度使用 TDCS 编制阶段计划，下达给车站执行。值班员根据 TDCS 命令进行接发列车操作，并自动登记行车

日志。如果使用CTC(调度集中系统),则完全由铁路局列车调度控制接发列车工作,在下章详细说明。

5. 现车管理功能

前面已经描述了车号员接收、核对确报(列车编组),将确报(列车)接入到达场,就形成了现车(也叫站存车),本小节描述对现车的操作。

现车也叫毛玻璃,用于描述每个股道各方向的车数。在使用计算机进行现车管理之前,使用粉笔在毛玻璃上写上股道/方向/车数,当执行调车计划或者列车出发时,再擦掉重写。由于人的记忆力有限,导致经常编错车辆或者乱场,工作效率极低。所以,现车是铁路最早开发的信息系统之一,图3-21描述了现车系统主要界面,从左面数第1区是确报,第3区是毛玻璃,第4区是钩计划,第2区是执行钩计划后,确报中每一车号下达到编组场的股道情况。

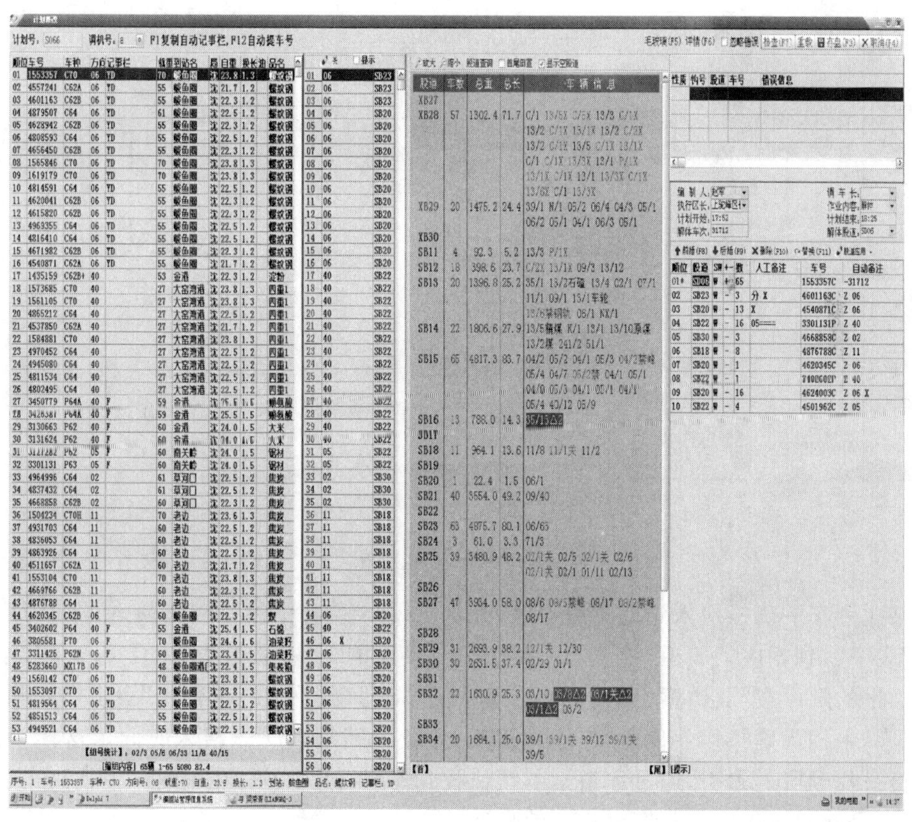

图3-21　计划区长作业界面

在毛玻璃区中,从左到右分别是股道编号、股道现有车数、股道现有车辆的总重、长度及车辆信息。车辆信息表示为“方向/车数”或者“车种/车数”,重车用“方向/车数”,空车用“车种/

车数”，其中，C 为敞车、P 为棚车、N 为平板车等。车数后面标明了编解时注意事项，并用颜色给以提示。

下面说明现车功能的计算机实现，图 3-22 描述了车站中，场、股道、车辆、车辆运行轨迹、装卸作业轨迹之间的数据关系。

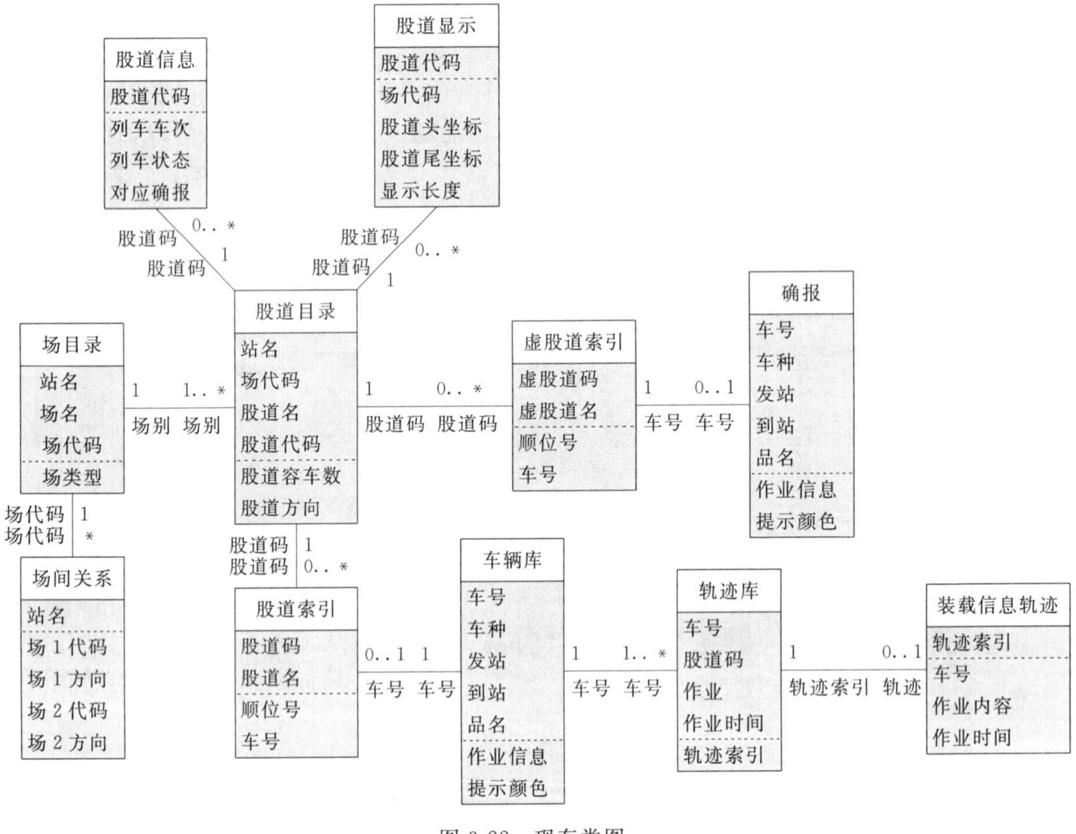

图 3-22　现车类图

当某次列车的确报接入到达场股道时，先从 TDCS 系统中读入列车接入的股道码，在“股道目录”表中找到相应的股道，检查股道是否符合接入的条件(股道为空，且接入车数小于容车数)，按确报的顺序在“股道索引表”中插入确报的车号和顺位，在“车辆库”表中插入确报信息，在“轨迹库”中插入确报作业信息，作业是接车，作业时间是 TDCS 接入时间。这样，就可以通过股道目录找到股道索引，通过股道索引顺位找到车号，通过车号在车辆库中找到车辆装载信息，通过车号在轨迹库中找到车辆作业信息。

一般车站都将模拟现场调车作业的计算机站场分成“实场”和“虚场”(计划场)。而计算机站场中车辆股道间移动是由执行调车作业计划实现的，调车作业计划也叫钩计划。调车作业计划先在虚场执行，计划区长对虚场的执行结果满意后(不满意可以回退，重新修改计划)，将

计划发送给钩计划打印机(钩打),对编组站的解体计划,发送给驼峰调车区长、调车司机和提钩员;对其他调车计划,交给调车区长执行。当调车区长指挥调车组完成实际调车作业后,再同步执行钩计划修改实场(修改股道索引)。

调车作业计划的内容如图3-21的第4区所示,调车作业计划包括计划目录和计划内容,计划目录包括作业车次、作业股道、调车时间、作业内容(解体、编组、取送车等)、调车长、调车区长、编制人等;计划内容包括顺位、股道、方向、摘挂、注意事项、作业首车号等。图中显示的是解体调车作业计划,在上行到达场6道挂(+)65个车,在上行编组场23道甩(-)3个、20道甩13个、22道甩16个等。计算机内执行是修改"股道索引表"中6道的65个车分别改为23道、20道、22道等,顺位根据股道内车数依次向后加。特别要注意,在修改"股道索引表"时,需要加排它锁,以免两人同时操作引起计算机内乱场。

调车作业计划可以手工编制,也可以根据技术作业图表确定的顺序自动编制。目前,解体调车作业计划的自动编制已经很成熟,摘挂列车编组计划的自动编制也已经成熟,但是,编组、取送车调车作业计划未实现自动编制,主要原因是这些计划编制比较简单,也比较灵活,现场不愿意实现自动化。由于篇幅的原因,本文仅介绍解体计划的自动编制。

自动编制解体计划的重点是股道活用表,表中定义了哪些股道放哪方向/车种(注:重车按方向,空车按车种)的车辆;对于方向多、股道少的车站,一个股道需要放多个方向的车辆;如果方向和股道一样,是否可以一个方向固定一个股道,答案是否定的,原因是可能出现一个方向突发车流的状况;由于可以预先推算一个车站的到达车流,所以,最好的方法是根据车流情况,计算最优的股道活用表,以达到调车钩数少,效率高的目的。自动编制解体计划的一个关键是解体照顾编组,在编制解体计划时,要考虑各种约束条件,例如编组计划的约束,满轴的约束,隔离、关门规则限制,禁溜、禁止过峰、限速的限制,所装货物对车辆运行及编挂的限制,股道线路坡度、长度、容车数、线路用途,设备情况(如供电、防溜等)的限制,机车区间牵引定数的限制,重点事项、军调命令、施工计划等调度命令的限制等。

自动解体时,先读入列车编组,对每一车辆,先检查限制条件,再按下列规则选择解体股道:一是按调度命令确定寻找匹配股道;二是按特征股道确定寻找匹配股道;三是按特征方向确定寻找匹配股道;四是按(股道活用表)重车方向确定寻找匹配股道;五是按(股道活用表)空车车种确定寻找匹配股道;六是按"露头"方向确定寻找匹配股道;七是按现有方向寻找匹配股道。

编制钩计划之后,通过钩打印机传给调车区长、司机和调车组负责执行钩计划,也可以直接将钩计划传送到司机的操作台和调车组的手持设备上,每执行一钩计划,通过驼峰或者操作台(手持设备)自动反馈钩计划的执行结果,自动更改"实场"。现车管理的关键是要保证计算机的"实场"与车站的现场保持一致,否则,会导致编错车的事故。所以,时至今日,自动执行调车作业计划更改实场的车站并不多。

列车改编后,需要内勤车号员重新整理货票,保证车、货、票的一致,计算机能够辅助车号员完成整理货票的工作,也就是协助定位改编后列车每辆车的货票来源位置(源列车及顺序)。

前面主要针对大站的现车系统，由于小站没有站调、区长、车号等岗位，所以，大站系统并不完全适合小站模式，好在针对小站模式，设计了全局现车系统，其主界面如图 3-23 所示。

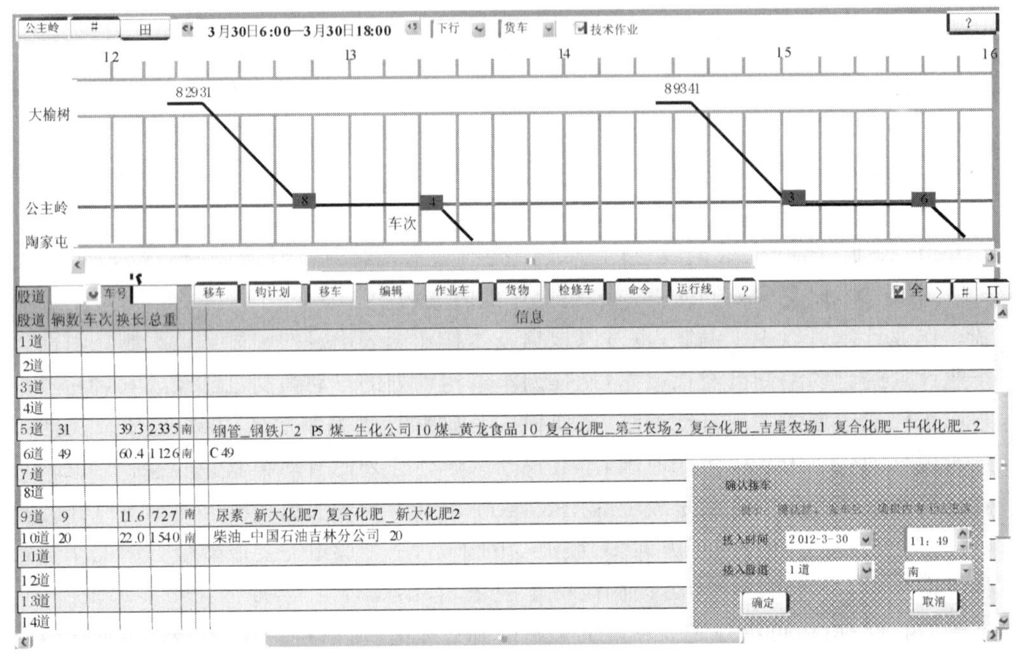

图 3-23　中间站现在车系统

小站现车与运行图相结合，当从运行图发现本站有甩挂或者送空车的列车时，自动通知车站接车，车站确认接车后，根据车站装车情况，编制或者自动生成调车作业计划，在毛玻璃上直接进行装卸车操作(对车辆库进行操作)。当铁路局在 TDCS 系统中为车站做了运行线后，可以根据编组生成新确报(列车)，并挂在运行线上。

将全局现车系统与 TDCS 相结合，将钩计划传给 TDCS，接收 TDCS 的返回信息，进一步提高小站系统的自动化程度。

6. 本务机和调车机车管理功能

编组站现车管理系统需要对本务机和调机进行管理。先说本务机，一般情况下，货运的本务机有固定交路，多在两个相邻编组站之间运行。所以，对编组站来说，新开列车需要机车，直通车换挂也需要机车。编组站站调关心机务段是否为新编组的列车或者换挂直通车准备了机车；机务段需要知道准确的叫班(列车出发)时间以及哪个机车挂了哪个列车(可能有多台机车停在机待线等待牵引列车)。

所以，机务段应向车站提供运力计划，按机车交路向车站显示可用机车列表；而车站站调或者调度所列调应为机务段提供准确的列车出发时间，也就是机车乘务员叫班时间；当列车出

发时，由值班员负责获取和输入列车的机车和乘务员信息。

再说调车作业，前面已经描述了站调使用技术作业图表编制调机的作业计划，计划区长通过下达调车作业计划布置了调机的作业内容，另外，调机还要接收调车区长和调车组的指挥。调车组由调车长、连结员、制动员组成，与调车司机一起共同完成调车任务；其中调车区长负责调机的走行进路以及与计划区长的联络，调车长指挥摘车和挂车，连结员负责具体提钩作业，制动员负责调车过程中的制动。目前，由于司机看不见调车组的作业实况，车站普遍使用了数字平面无线调车系统担当调车组与司机间的联络任务，无线调车系统由机车控制器、调车手持台和调车区长控制器组成。机车控制器主要用于接收调车组人员发来的各种调车机车操作指令，经过机车上的计算机处理，及时给出色灯显示、语音提示，同时进行语音回示。调车手持台由调车组人员使用，向机车发送各种调车信令、话音，以指挥调车司机调车。调车长手持台指令包括：停车、启动、推进、减速、十车、五车、三车、连结、溜放（其中十车、五车、三车表示调机所在车列与前车距离）。制动员、连结员指令包括紧急停车、解锁、已提钩、已连结等。另外，目前在调机上安装了站场进路显示终端，调车司机可以通过驾驶室屏幕看到进路开放的信号，防止了调车过程中挤岔等恶性事故。

需要再次强调的是应该将调车作业计划自动下达到数字平面无线调车系统，并将每钩的执行结果返回到现车系统，以提高现车系统的作业效率。值得一提的是笔者曾经在美国编组站看过由调车长无线遥控调车机车的走行和调车，说明使用信息技术优化调车作业过程大有可为。

7. 驼峰自动化系统功能

使用驼峰自动化系统可以提高车站的解体效率，驼峰自动化系统包括溜放速度自动控制、溜放进路自动控制、推峰机车遥控、现车系统接口、编尾微机联锁、站内无线通信等部分，如图 3-24 所示。

驼峰自动化系统从现车系统中自动接收或人工输入调车作业计划；根据作业计划办理推送进路，完成驼峰主体信号及联锁控制；按作业计划自动完成溜放作业过程，自动控制间隔制动位减速器，合理调整前后车组溜放间隔并保障目的制动位的入口速度要求，自动控制目的制动位减速器，合理调整车组的走行速度，保证与股道内的停留车列安全连挂。记录溜放作业过程的各种数据及操作，监测计算机设备、室外控制设备的工作状况，故障时给出报警。作业实绩实时反馈到现车系统，当车组开始溜放时，自动报告钩序和脱钩时间；当车组出清最后分歧道岔时，自动报告钩序、进入股道的时间、计划股道、实际股道、计划辆数、实际辆数、发生偏差的原因等。

8. 外勤技术作业管理功能

车站有大量室外工作业务，如车号、货检、列检、调车组、货运员、风管、列尾、施工等岗位都需要进行外勤作业，这些岗位都是货运工作不可缺少的环节。随着移动互联网的发展，配备手持设备可以提高岗位的工作效率。目前，各专业都在研究外勤岗位的信息化，但存在自成体系、互不共享的问题，甚至每个岗位各建一套站内无线通信系统。这里不再展开每个岗位功能，只谈一些共性问题。

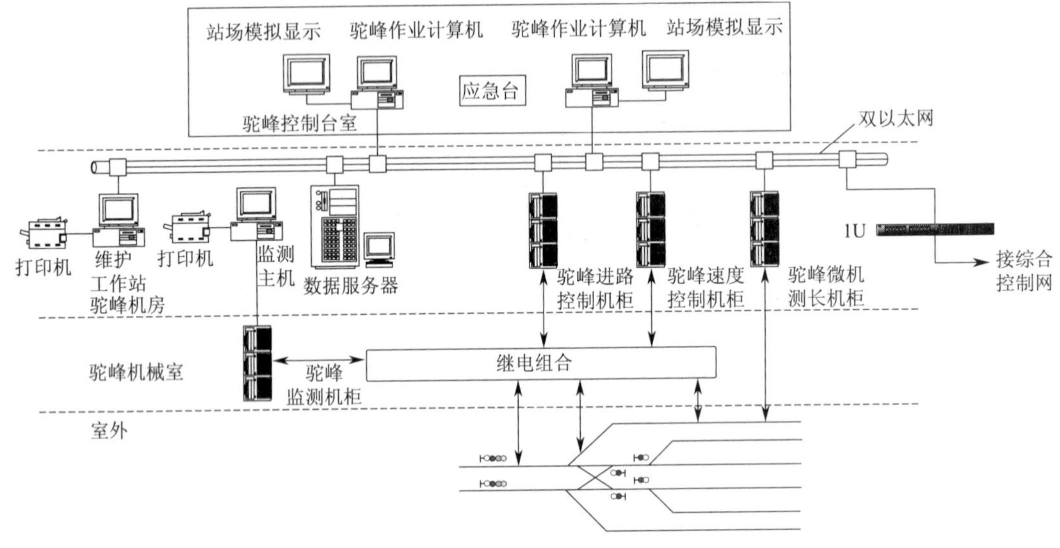

图 3-24　驼峰自动化系统结构

一是需要制订车站无线网络标准，保证所有岗位手持设备可以入网；二是建立统一的安全认证系统，入网手持设备统一管理；三是能接收列车到发计划或者调车作业计划信息；四是手持设备具备登录和派班的功能；五是监视所有手持设备的作业过程；六是计划系统能收到手持设备的反馈信息。手持设备管理系统的工作界面如图 3-25 所示。

手持机管理系统

发送　查询　退出　日期：2009-12-30

阶段计划

车次	时间	股道	计划	实际	货检	列检	列尾	风管	提钩	调车长	连结员
12345	8:39	D12	9:20	9:25	下到1	XDL1	LJ1	FG1	下1	DC1	LJ1
21112	8:50	D21	9:40	9:38	上到1	SDL1	LJ2	FG2	上1	DC2	LJ2
31234	9:11	D15	9:55		下到2	XDL2	LJ3	FG3	下1	DC3	LJ3
41321	9:14	D18	10:10		下到1	XDL1	LJ1	FG1	下1	DC1	LJ1
51212	9:52	D23	10:44		上到2	SDL2	LJ2	FG2	上1	DC2	LJ2
61234	10:21	F51	11:10		下发1	XFL1	LJ6	FG6		DC6	LJ6
71321	10:45	F53	11:23		下发2	XFL2	LJ7	FG7		DC7	LJ7
80123	10:55	F62	11:42		上发1	SFL1	LJ8	FG8		DC8	LJ8
90321	11:20	F66	12:10		上发2	SFL2	LJ9	FG9		DC9	LJ9

组号	机号	场别	登录	计划	实际
FG1	22188	上到	登记	5	3
FG2	22816	上到	登记	6	4
FG3	23816	上发	登记	4	4
FG4	24816	上发	登记	5	4
FG5	25816	下到	登记	5	4
FG6	26816	下发	登记	5	5
FG7	27816	下发	登记	6	4
FG8	28816	下到	登记	3	3
FG9	29816	下发	登记	5	4

图 3-25　手持设备管理系统的工作界面

图中左面显示针对每趟列车，为手持设备分配的作业，用颜色显示作业进度；右图显示每台手持设备分配任务数和实际完成数。车站通过界面可以掌握外勤作业的进度和工作量。

9. 统计分析功能

现车最后一部分是现车统计。现车统计是反映车站、铁路局管内以及新线、合资、地方铁路内每日十八点货车现有数及运用情况，作为日常调度指挥、编制运输工作计划、调整运力配置以及经营管理的依据。现车统计的原始数据是运统1、运统2、运统3、运统4、运统4-1、运统5、运统6、运统7、运统7-A、运统8、运统9。运统1(取自确报)描述了列车编组顺序；运统2、3(行车日志)描述了列车和车站的到发关系；运统4(货车出入登记簿)总结了运统1、2、3的列车到发和列车组成；运统4-1描述了新车加入和报废车剔除；运统5描述了扣修、修竣车登记；运统6、7登记非运用；运统7-A登记了部备用货车；运统8描述了每一车辆到发、检修、货运作业和停时、中时；运统9描述了阶段列车的停留时间。除运统7和运统-7A之外，其他数据都可以从现车系统中获取。运统9是非号码制统计，现在基本不用，而用运统8作为十八点统计报告的基础。

运报1和运报2主要为了掌握管内现在车，运报3主要为了掌握重车方向(接入交出车流)，运报4主要为了掌握中停时；运报-2ZY是为了掌握租用关系。车站的运报主要数据来源均为运统8，目前，运输信息集成平台在铁路总公司生成了运统8，应努力提高铁路总公司运统8的准确性，直接在铁路总公司完成十八点统计。这不但减少车站的统计人员，而且可以实现铁路运输情况的实时分析。

除了十八点统计报告外，车站还需要完成车流、资源以及调车作业的分析功能，如驼峰、调机、股道的运用分析等，应为车站建立数据集市，通过运输分析实时指导运输生产。

三、车站货检信息系统功能

(一)工作组织

铁路货检指货物由铁路运输，从始发地到终到地过程中，途经各个货检车站时，各车站货运检查人员对其运输载体、运输条件、所承运的物品状态等进行安全检查，以避免发生铁路行车事故的手段或过程。货运检查的内容主要是“三重一超一脱落”等问题。其中“三重”分别表示超重、偏重、集重，“一超”即超限，“一脱落”即货物在运输过程中坠落。

大的货运站和编组站设有货检车间，车间设车间主任、货检调度员(货检值班员)、内勤货检员、外勤货检员等。其中，内勤货检员主要通过电子设备(超偏载、安全门等设备)检查货物装载状态，货检调度员负责派班管理、标注重点检查事项，并将内勤发现的问题通知外勤货检员核查，外勤货检员负责具体的现场检查。

(二)货检工作流程

货检工作流程包括制订货检计划、标注重点车、预检、现场检车、扣修处理等步骤，如图3-26所示。

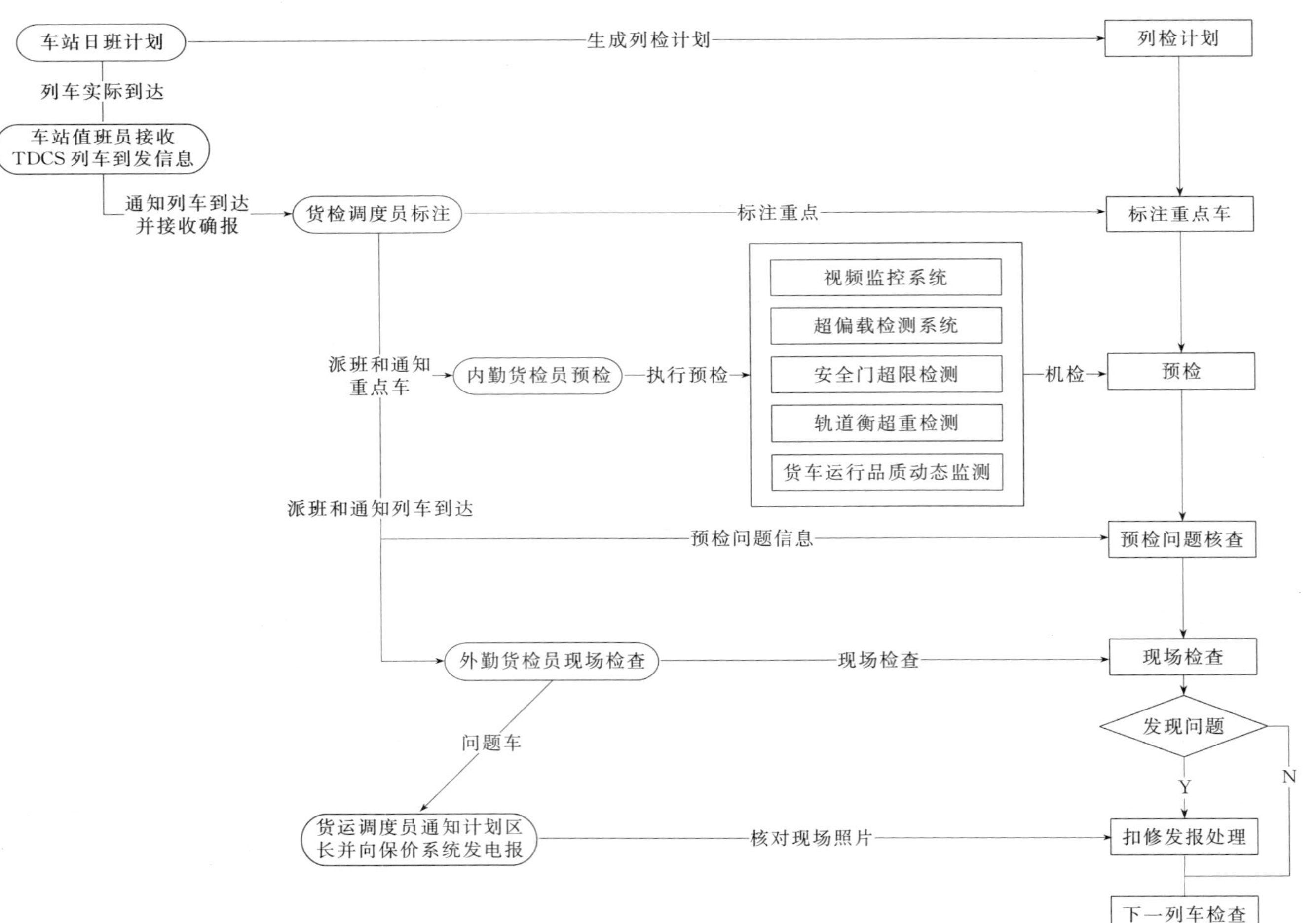

图 3-26 货检作业工作流程

当站调编制日班/阶段计划后，同时生成车站各相关岗位的日班/阶段计划，当然也包含货检的检车日班/阶段计划。

当值班员接收 TDCS 列车到站信息后，提前自动通知各岗位现场作业的股道，岗位包括列检、货检、摘风、列尾等，同时，将确报发送到各个岗位。

货检调度员接收到列车到达信息后，为内勤和外勤货检员自动或手动分配检车任务，自动标注重点检查车辆，如载有危险品、施封、篷布、押运作业、救灾物资等货车的检查。

在列车进站过程中，机检设备自动检测每个车辆的装载状态，视频设备需要内勤货检员实时观测，排除无问题车辆，记录问题车辆，并报警提示。

货检调度员根据机检问题，通过手持设备随时通知现场的货检员核查。外勤货检员收到检车任务之后，首先标注重点车信息，然后进行现场检车作业。在检车的过程中，随时报告问题的车辆，货检员作业完成之后，货检总调浏览数据，查看是否有甩车，如果有甩车，进行甩车确认，并通知计划区长。如果需要拍发电报，可以进行拍发和打印电报的操作。随后对于需要记录登记簿的信息(如危险品、篷布、救灾物资、押运、军运物资等)进行登记。

根据货检调度员确认的甩车信息，由货调安排货运员进行具体的重新装车、整理等问题车作业。货运作业完成之后，向计划区长安排取车作业，并产生相应报告。

(三)系统的计算机实现

图 3-27 为货检的系统结构，系统分为铁路总公司、铁路局和车站三层架构。铁路总公司级主要功能是政策发布、货运问题督办、货物运行状态监控、全路日况统计分析、数据挖掘等功能；铁路局的功能与铁路总公司类似，主要为铁路局内部的各类货运问题查询、督办、货物运行状态监控、押运员信息管理、问题车信息管理、全局日况统计分析、数据挖掘等功能；车站主要是货运检查功能，并与现车、危险品管理、超限管理、保价等子系统信息共享。

下面主要描述车站货检功能的实现，如图 3-28 所示，主界面显示货检阶段计划，阶段计划内容包括列车的序号、方向、车次、股道、辆数、施封车、篷布、到发时间、货检时间、左检查人、右检查人、重点车、机检问题、视频、完成确认、甩车确认等。

货检调度在主界面上为每个列车安排内勤货检人员和两个外勤货检人员(列车两边同时检查)，自动将计划发送到内勤的终端和外勤货检员的手持设备上。

在货检站进站口的轨道旁安装了安全门、超偏载仪、轨道衡、TPDS 设备。安全门用来检测货物超限，超偏载仪用于检测货物偏载，轨道衡用于检测货物超重，TPDS 用于检测超偏载和踏面损伤。内勤货运员通过视频监控设备监视货车装载情况，包括外勤看不到的车顶和车底，可以对可疑位置进行高清回放，发现问题及时登记。所有检测到的问题在货检调度员监控界面上自动报警，并将问题发送到外勤货检员的手持设备上。

货检手持机实现以下功能：直接获取作业列车和车辆编组信息；按车次或车号核对编组；登记作业车辆的施封、押运人、作业记事等信息；查看货运车辆装载信息、超限、超载、重点车提示；为问题车辆照相，并将照片传回货检中心，随时报告列车货检发现的车辆装载问题和检查进度。

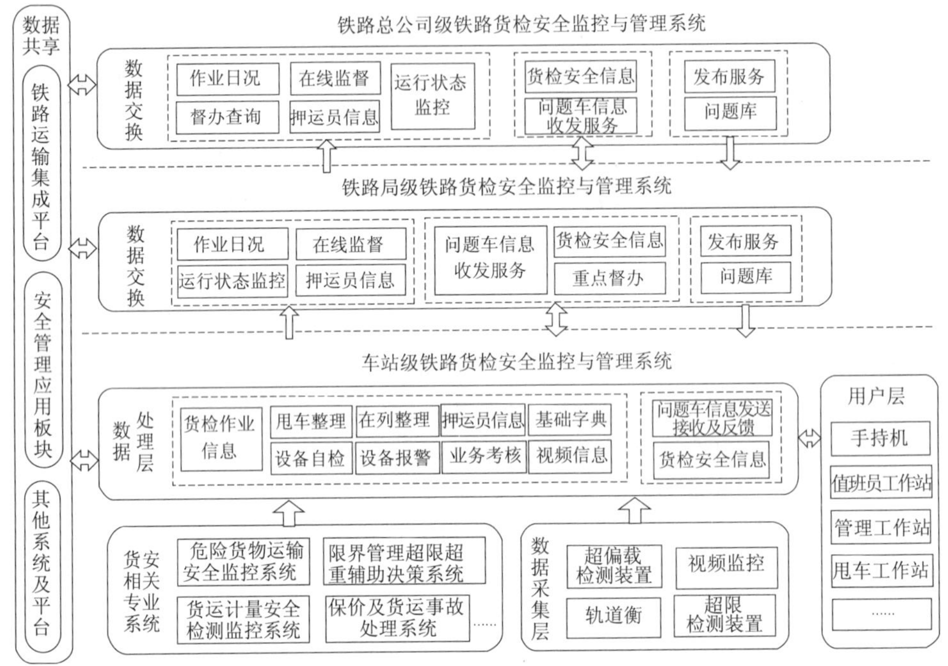

图 3-27　货检三级系统结构

首页　监控中心　作业监控　列车预告　问题车信息　台账报表　统计报表　设备监控　综合管理　考试管理　专业系统共享　系统维护

当前位置 >> 首页

开始时间 2014-07-15 06:00　结束时间 2014-07-15 20:00　场别　股道　车次　车号　查询　预告计划　打印手册　打印签认单　作业轨迹　交接班　推送现车

序号	轴向	车次	场别	股道	车数	列车属性	计划时间	实际到达时间	实际出发时间	开始作业时间	完成作业时间	左检查人	右检查人	上一检查站	语音提示	检查开始时间	检查完成时间	接收任务状态	查看视频	重点车标注	重点车数	在列数	甩车数	作业完成确认	更多	备注	超限车数	超偏载车数	机检匹配	确报匹配
1	京沪	G88302	丰西五场	3	34	出发	15日 13:57	15日 14:30		15日 13:56		蔡建军	王国传		已确认	15日 13:56		已接受	HD	标注						G8830				
2	京沪	87468	丰西二场	6	65	到达	15日 13:57	15日 14:10		15日 13:57		刘秋中	张兵		已确认	15日 13:57		已接受	HD	标注										
3	京广	21008	丰西一场	10	55	到达	15日	15日		15日		马万海	路山		已确认			未接受	HD	标注									匹配	取消

当前位置 >> 列车信息　车次：87468

顺位	车种车型	车号	发站	到站	品名	载重	记事	重点车标识	处理类别	超限	超偏载	空车不空	货检作业轨迹
1	X6K	5225183	吉林		空	0			正常				查看
2	X6K	5220196	分宜		空	0			正常				查看
3	X6K	5236547	贵溪北		空	0			正常				查看
4	X6K	5228845	新余		空	0			正常				查看

图 3-28　车站货检系统的主界面

当列车进站后，系统会自动通知外勤货检员去相应的股道检查；检测设备发现的问题以及重点信息也会传送到手持设备上，货检员只需要按手持设备的提示检查重点车、问题车。货检员每检查一车，按“确认”键实时报告检查进度；当发现问题车后，使用手持设备为问题车照相，

自动形成货运记录(包括车号、问题描述、处理建议),传回给货检调度员。货检调度员确认后,可以将扣车信息通知计划区长和货调,安排倒装或者整理,并自动拍发电报。

如果要全面理解货运信息化,必须从三个维度来理解,三个维度分别是货运组织维、货运种类维、货运安全维,如图 3-29 所示。

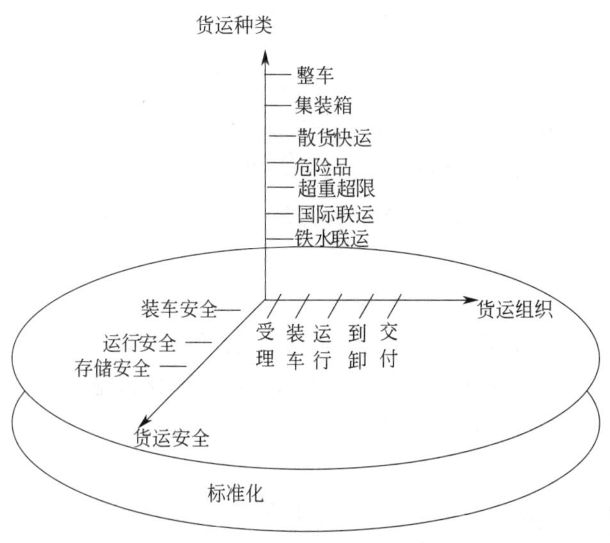

图 3-29　货运信息化的三个维度

信息整合要使三维重合。落到货检,货检也是三维空间对各货运种类运行安全的整合点。货检需要对特殊货物都有个登记,包括货运换装、施封情况、补封车、全程押运、危险品、超限货物、超载车、偏载偏重车等。大部分登记表可以从确报中直接生成,少部分登记表需要外勤货运员补充,登记后的信息生成货物追踪报文,传输到运输信息集成平台,提供货物安全追踪信息。

四、整车运输管理功能

(一)整车运输业务流程

整车运输业务主要包括受理、保管、装车、途中运输、到卸、交付、事故处理等业务,描述如下:

1. 受理

发站客服代表根据托运人提交的订单,编制运输方案,并向客户确认实货后,生成货物运单,向铁路局货调申请日装车计划,根据货调的批准日期,通知托运人送货或者上门取货。货物到达车站后,货运员按照运单验收货物,确认装载加固材料,并登记检斤验收登记簿;在运单上填记货位、验收日期、签章。

2. 保管

按整车货物的性质和要求存放在指定的仓库或雨棚，仓库管理员负责进出货物的登记和交接，在运单上登记货位出入库时间。

3. 装车

车站货调做装车计划；站调按装车计划安排取送车阶段计划；计划区长按阶段计划编制送车调车作业计划，并通知调车组送车。

外勤货运员负责装车对位、前三检、后三检，报装车开始和结束时间，在运单上登记车号、标重、施封号、篷布号、装载加固等以及登记货物承运簿；处理装车剩余货物。装卸队负责具体装卸作业和安全防护。内勤负责编制货票，核收运费。

站调和计划区长安排调车组取车，将取回车辆编组成列车，并与列车乘务员办理货票的交接手续。

4. 途中作业

途中作业指在货检站或技术站进行途中检查，主要包括货物的交接、检查、整理换装、运输障碍处理、途中押运等。由货检岗位登记检查信息，对不符合运输条件，需登记整理信息，拍发电报。不具备继续运输的条件时，需办理交付手续、网上销号。

5. 到卸

货调做卸车计划，安排货位；站调按卸车计划安排取送车阶段计划；计划区长按阶段计划编制送车调车作业计划，并通知调车组送车。

外勤货运员负责卸车对位、前三检、后三检，报卸车车开始和结束时间，在运单上登记卸车时间以及货物卸车簿、施封销毁登记、篷布回收登记；装卸队负责具体装卸作业和安全防护。

站调和计划区长安排调车组取车，将取回车辆编组成列车。

6. 交付

短信、电话通知收货人取货或通知送货上门；网上办理货物领取手续和支付费用。货运员向收货人点交货物、开出门单，在运单上填写交付日期；门卫检查无误后放行。

7. 事故处理

货运员发现货损货差，填写草记录；安全室填写货运记录和普通记录，确定责任人，按《铁路交通事故调查处理规则》处理，并为客户办理理赔手续。

(二)整车运输信息系统的主要功能

1. 订单功能

客户在货运电商平台上输入整车货物运输信息，车站的客服代表协助客户制订运输方案。

2. 实货确认

客服代表在电商平台上根据订单的联系人确认实货信息，生成运单，并向集成平台发实货报告。

3. 日请空车

电商平台根据实货自动办理请空车手续，批准后，短信或电话自动通知客户发货或者上门取货。

4. 运单受理功能

在电商平台中以图形化或表格形式为客户落实货物的送货日期和货区货位，客户可在网上打印进门单和运单，签字盖章后，与货物一起办理整车承运手续，在运单中补充承运信息，并向集成平台报告。

5. 仓储功能

货区货位的管理，出入库登记，货物的仓储位置查询和预分配等功能，向集成平台报告出入库信息。

6. 车站货调功能

根据车站的到卸和实货信息，编制装卸车计划；监视装卸实际，并向铁路局货调报告实际装卸车、待装、待卸车数信息；负责日计划的补请，货运统计分析等。

7. 整车监装卸功能

接车对位、安设防护牌、前三检、后三检、撤除防护牌，向货运系统和集成平台进行装卸作业报点，登记运单和装卸车簿等。

8. 装卸队管理功能

为装卸作业排班，安排装卸机械，计算作业工作量，装卸安全管理等。

9. 施封锁功能

主要实现施封锁管理、施封锁发放、使用、回收、销毁，运单登记等功能。

10. 篷布功能

主要实现篷布管理、篷布发放、回收、运单登记等功能。

11. 装载加固功能

装载加固材料管理、装载加固设计和材料发放、运单登记等功能。

12. 货票功能

货票制票和审核功能、废票功能、财收四统计、货票上报等。

13. 货检功能

货物装载情况、施封锁检查、篷布苫盖检查和报告等功能。

14. 交付功能

货物到达通知，内交付、外交付、打印出门单、交付报告等功能。

15. 进出门功能

核对进出门单功能。

16. 事故处理功能

打印草记录，上报货运事故等功能。

17. 各种表簿打印功能

生成和打印各种表簿，包括《检斤验收登记簿》、《货物入库登记簿》、《货物出库登记簿》、《货物装车登记簿》、《货物卸车登记簿》等。

18. 统计分析

生成各种货运报表，包括装车、卸车、运货7甲、货报等。

五、集装箱运输管理功能

（一）集装箱运输业务流程

集装箱运输业务包括受理、保管、装车、途中运输、到卸、交付、事故处理等业务，与整车流程差别在于多了一层集装箱的环节，描述如下：

1. 受理

托运人提出集装箱的运输需求，车站收到申请后，为托运人安排空箱；集装箱包括20英尺箱或者40英尺箱；对40英尺箱一般一车一箱，20英尺箱是一车两箱，如果客户要求20英尺箱，则车站需要设法安排同一到站的两个20英尺箱客户。

为客户上门送空箱或者客户自取空箱，这两种方式都是空去重回；还可以重去重回（客户刚取回重箱，可以继续使用）和站内装箱。记录集装箱的状态变化；集装箱到达车站后，货运员按照运单开箱验收货物，并登记“检斤验收登记簿”；在运单上填记货位、验收日期、签章；制票，收费，并通知货调送空车。

2. 保管

按集装箱要求存放在指定的货位，仓库管理员负责进出货物的登记和交接，在运单上登记集装箱出入库时间。

3. 装车

货调做装车计划安排货位；站调按装车计划安排送车阶段计划；计划区长按阶段计划编制送车调车作业计划，并通知调车组送车。

外勤货运员负责装车对位、前三检、后三检，报装车开始和结束时间，报装车或者回空（回送空箱）清单信息，在运单上登记车号、标重、施封号等，以及登记货物承运簿，使用龙门吊完成集装箱装车。

站调和计划区长安排调车组取车，将取回车辆编组成列车，并与列车乘务员办理货票的交接手续。

4. 途中作业

途中作业指在货检站或技术站进行途中检查，主要检查施封锁、集装箱破损等。由货检岗位登记和上报检查信息。

5. 到卸

货调做卸车计划，安排货位；站调按卸车计划安排送车阶段计划；计划区长按阶段计划编制送车调车作业计划，并通知调车组送车。

外勤货运员负责卸车对位、前三检、后三检，报卸车开始和结束时间、报卸车或回卸清单，在运单上登记卸车时间以及货物卸车簿、施封销毁登记；装卸队负责具体装卸作业和安全防护。

站调和计划区长安排调车组取车，将取回车辆编组成列车。

6. 交付

短信、电话通知收货人取货或通知送货上门；网上办理货物领取手续和支付费用。货运员向收货人点交货物、开出门单，办理重去空回或者重去重回或者站内掏箱手续，在运单上填写交付日期；门卫检查无误后放行。

7. 集装箱管理

到站、出站、进门、出门都需要仔细核对集装箱，对坏箱登记破损记录，复审拍照，进行修理，修竣后，返回空箱。为了保证集装箱运输的需求，还包括集装箱空箱调配和列备、解备功能。

8. 事故处理

货运员发现货损货差，填写草记录；安全室填写货运记录和普通记录，确定责任人，按《铁路交通事故调查处理规则》处理，并为客户办理理赔手续。

（二）集装箱运输信息系统的主要功能

1. 空箱发布功能

对全路的空箱进行管理，记录每个车站的空箱信息（包括卸后空箱或回卸空箱），每天在网上发布空箱信息，客户可以在网上订空箱，同时订空车；对已订箱客户，打印空箱出门证；箱管员安排送箱，或发提箱通知书、发短信通知取箱或站内装箱。信息系统记录集装箱状态和位置的变化。

2. 运单功能

本功能在货运电商平台上实现，主要包括为申请集装箱客户生成运单，图形化或者表格形式为客户落实集装箱送货日期和货区货位，客户可在网上打印进门单和运单，签字盖章后，与集装箱一同办理承运手续，在运单中记录承运信息，并发实货确认报告。

3. 仓储功能

图形界面管理箱场和货区货位，对出入库集装箱进行登记，集装箱的位置查询和预分配，向运单和集成平台报告出入库信息。

4. 箱管功能

使用图形界面对站内的集装箱，特别是空箱进行统一管理，包括空箱的发放、回收、进出门的监视、维修、修竣、列备、解备、新箱加入、报废箱剔除等管理，不同颜色显示不同集装箱状态，向集成平台报告集装箱的位置和状态。

5. 车站货调功能

根据车站的到卸和实货信息，编制装卸车计划；监视装卸实际，并向铁路局货调报告；负责日计划的补请;货运统计分析等。

6. 集装箱配车功能

网上发布集装箱配车信息,将两个 20 英尺箱配成一车。编制和打印集装箱的装载清单。

7. 集装箱监装卸功能

接车对位、安设防护牌、前三检、后三检、撤除防护牌,装卸作业报点,登记装卸车簿,生成装车清单、卸车清单、回送清单、回卸清单等,并发送到集成平台(集装箱追踪系统)。

8. 装卸队管理功能

为装卸队的装卸作业排班,安排装卸机械,计算每班的工作量,装卸安全管理,计件工资的计算等。

9. 施封锁功能

主要实现施封锁管理、施封锁发放、使用、回收、销毁等以及运单登记等功能。

10. 货票功能

货票制票和审核、废票、财收四统计、货票上报等功能。

11. 货检功能

货物装载情况检查、施封锁检查、检查情况上报等功能。

12. 交付功能

集装箱到达通知,办理内交付、外交付手续、打印出门单、交付报告、办理重去空回或者重去重回等功能。

13. 进出门功能

核对进出门单功能,包括空去重回、重去重回、重去空回、空去空回进门核验,非铁路箱进门信息的录入等功能。

14. 事故处理功能

打印草记录,上报货运事故等功能。

15. 集装箱维修

主要包括集装箱报修、送修、确认、修理、验收、送回等过程进行管理。

16. 集装箱追踪

实现所有重空箱位置和状态的实时追踪,可以在地图上显示集装箱的分布,输入集装箱号可以获取集装箱位置和状态信息。

17. 集装箱调配

将卸大于装地区的空箱调入装大于卸的地区,包括集装箱分布查询,集装箱需求查询,调度命令编制、下达、执行情况检查。

18. 统计分析

集装箱周转量、保有量、需求量、运量、装箱、卸箱、集报等按铁路总公司、铁路局、车站进行统计分析。

六、零散货物快运管理功能

(一)零散货物快运业务流程

零散货物快运业务与其他运输方式不同之处在于零散快运的运输组织突出一个快字，零散快运实行客运化的运输模式，采用固定车次、固定编组、固定线路和时刻、固定站台作业五固定的方式，零散快运作业的车站包括货运站也包括客运站，车站负责集货，列车上附带装卸机械和装卸人员，专门负责装卸作业。其主要作业包括受理、保管、装车、到卸、中转、交付、事故处理等业务，现描述如下：

1. 受理

客户在互联网、12306电话或者营业大厅提出运输需求，客服代表协助用户录入需求单到零散快运信息系统。如果上门取货，可在汽车上办理检斤、制票和包装，贴上条形码，手机扫描录入货物受理信息；汽车送到车站，并与车站办理交接，手机扫描录入车站交接信息。如果车站办理，则在车站办理检斤、制票和包装，贴上条形码，手机扫描录入货物受理信息和办理交接信息。为每个货物生成运输计划，特别为需要中转的货物自动指定中转站。

2. 保管

按货物的性质和要求存放在指定的仓库或雨棚，仓库管理员负责进出货物的登记和交接，在需求单(运单)上登记货位出入库时间。

3. 装车

车长使用手机或者电脑通过无线网络从零散快运平台上获取车站装卸车信息，由快运列车车长负责编制车站装卸车计划(也可以车站编制计划后传给车长)，指挥装车作业，负责装车对位、前三检、后三检，用手机扫描录入货物装车信息，并生成装车清单，传送到地面的快运信息系统，可以随时查询货物的状况。

4. 到卸

由快运列车车长负责编制装卸车计划(也可以车站编制计划后传给车长)，车长指挥卸车作业，负责卸车对位、前三检、后三检，手机扫描录入货物卸车信息，并生成卸车清单，传送到地面的快运信息系统，可以随时查询货物的状况。

5. 中转

对中转的卸车，车站编制货物的中转计划，经过仓储保管，中转列车到达后，办理装车作业。

6. 交付

短信、电话通知收货人取货或通知送货上门；网上办理货物领取手续。货运员向收货人点交货物、开出门单，在需求单上填写交付日期；手机扫描录入货物的交付信息；门卫检查无误后放行。

7. 事故处理

货运员发现货损货差，填写草记录；安全室填写货运记录和普通记录，确定责任人，按《铁路交通事故调查处理规则》处理，并为客户办理理赔手续。

（二）零散货物运输信息系统的主要功能

1. 需求单管理功能

本功能在货运电子商务平台中实现，主要包括需求单录入、需求单审核、需求单查询、需求单打印签章等。

2. 手持机受理功能

根据需求单安排门到站的取送作业，开发具有条形码读取和识别的手持机采集信息功能，包括在需求单中录入检斤、受理信息，打印和扫描条码标签，将需求单确认信息上报零散快运系统和集成平台。

3. 车站受理功能

可在车站办理零散快运的检斤、包装，贴上条形码，手机扫描录入货物受理信息或办理门到站的交接信息，上报零散快运系统和集成平台。为每个货物生成仓储和运输计划，特别为需要中转的货物自动指定中转站。

4. 货运制票功能

可在局域网或无线网环境下完成货票计费、制票和审核、废票、财收四统计、货票上传等功能。

5. 仓储功能

图形化货区货位管理，出入库登记，货物的位置查询和预分配等功能，向零散快运信息系统和集成平台报告货物出入库信息。

6. 零散货物列车管理功能

根据零散货物的需求，安排零散货物列车，编制列车的开行方案和时刻表，按需求调配列车的编组，在列车运行图上铺画运行线，组织列车按时刻表开行。

7. 作业资源管理

安排列车人员和装卸机械，计算作业工作量，装卸安全管理等。

8. 客服代表管理

管理零散快运的营销队伍，为客服代表提供营销、服务、培训等工具，提供客服代表的工作量统计。

9. 装卸计划功能

根据需求单编制各站零散货物快运的装卸车计划，包括中转货物的装卸计划，生成装卸车清单。

10. 装卸作业管理

接车对位、安设防护牌、前三检、后三检、撤除防护牌，装卸作业扫描确认，向零散快运信息系统和集成平台上报装卸清单，将每站的装卸计划与装卸清单进行比对，确保计划和实际一致。

11. 编制中转计划功能

为各个车站编制货物的中转计划，监督中转计划执行和执行中转装卸车报告。

12. 交付功能

货物到达通知，内外交付、打印出门单、通过手持机扫描快运货物产生交付报告，并上报零散快运信息系统和集成平台。

13. 上门送货功能

根据需求单，安排上门送货作业，在车站办理交接信息，与客户办理交付信息，交付报告上报零散快运信息系统和集成平台。

14. 事故处理功能

如发现快运问题，输入草记录，生成货运记录，将货运事故上报零散快运信息系统和集成平台等功能。

15. 统计分析

对工作量、装卸车重量、件数、需求单数进行统计分析。

七、零担运输管理功能

目前，铁路的零担运输主要是一站整零的方式，一站整零的意思就是同一到站的零担货物收集达到整车运输条件后，再申请日装车计划，按整车运输。所以，目前的零担运输基本是按整车处理的，为避免重复，只简单描述与整车的不同之处如下：一是先制票后装车，受理时，先填运单，再检斤、制票，当零担货物集结达到整车运输条件，向铁路局货调申请空车；二是装卸车后，除了报点作业外，还要打印装载清单，将车号和对应的运单号进行绑定；三是适应零担运输统计分析程序。

所以，对于零担运输信息系统来说，需在整车信息系统的基础上，补充零担检斤、运单、装载清单和统计分析程序。

八、特货运输管理功能

特货运输主要是整车运输，有时需要跨车运输，主要有超重超限货物运输、小汽车运输、鲜活易腐货物运输等，本小节主要分析与整车运输的不同点，及信息系统需增加的功能。

(一)超重超限货物运输分析

货物装车后，车辆停留在水平直线上，货物的任何部位超出机车车辆限界基本轮廓者，或车辆行经半径为 300 m 的曲线时，货物的计算宽度超出机车车辆限界基本轮廓者，均为超限货物。超限货物分为三个等级：一级超限、二级超限和超级超限。

货物装车后，重车总重活载效应超过桥涵设计标准活载的货物，称为超重货物。超重分为三个等级：一级超重、二级超重和超级超重。

1. 受理

托运人托运超限、超重货物时，除按一般货运手续办理外，还应附带"超限超重货物说明书"、"计划装载加固方案"，并在资料上盖章或签字。车站应认真审查托运人的有关技术资料，测量货物外形尺寸和重心位置。审查后，以超限超重货物运输请示电报向铁路局请示装运办法。跨越四个及以上铁路局的超重超限货物由铁路局审查后向铁路总公司请示，并抄送通过铁路局。

铁路总公司、铁路局接到超限超重货物运输请示电报后，向各有关单位批示装运办法。车站接到铁路局批示电报后，应按装载加固方案及时组织装车。

2. 装车

装车前，测量计划装载加固方案；装车后，测量实际装载加固方案，如果与批示电报不符，须重新请示，应用颜色醒目的油漆标画车厢；发站应填写超限超重货物运输记录，在运单、货票、确报上注明"超限超重货物"；以连挂车组装运时，应注明"连挂车组不得分摘"；限速运行时，应注明"限速公里"。并按规定在车辆上插放货车表示牌。

3. 途中运输

启运时，车站应向铁路局调度所拍发挂运请示电报；铁路局调度所接到挂运请示或邻局预报后，应核对挂运请示或预报内容，核对具体运行条件，填写超限超重车辆挂运通知单，纳入日班计划。调度所在挂运和接运超限超重车前，应将管内的具体运行条件以调度命令下达有关站段，并转发通过铁路局。车站接到挂运命令后，应及时做好车辆挂运准备工作，并将调度命令交值乘司机。超限货物应经由最短径路运输，但受到建筑限界或其他不利因素影响时，可指定径路绕道运输。装有二级及以上超限货物的车辆禁止溜放。

4. 检查

途中检查站应按规定检查超限、超重车辆，并记录和上报检查结果。

5. 限界管理

铁路局总工室负责按规定定期对管内建筑限界进行测量，并将办理超限货物运输线路的建筑限界资料报铁路总公司运输局。

(二)小汽车运输分析

小汽车运输信息管理主要实现汽车提车、装车、发运、到达、卸车、配送、回单、质损以及运输工具和备品等全程运输各环节管理、查询、监控等功能。

1. 提车。与厂家签订运输协议，根据交接单和 VIN 码，办理验车和提车，所提汽车存放在储运站，同时，办理请求空车的手续。

2. 装车。整个过程与整车的过程一致，货调安排专门货位装车，货运员对货位，专门汽车司机负责装车，设计了专门的装载加固装置，装车后制票。

3. 在途。沿途货检负责检查货物装载情况，并报告检查情况。

4. 卸车。货调安排专门货位装车，货运员对货位，专门汽车司机负责卸车。

5. 配送。卸车后，直接将车开到储运站或者 4S 店。

6. 回单。4S 店做质损检查，如未发现质量问题，将交接单寄回厂家。

7. 质损。如果在运输过程中,发现质损问题,走保险理赔流程。

(三)鲜活易腐货物运输分析

鲜活易腐货物运输流程与整车流程基本类似,不同之处在于提交运单时,需要附带检疫证明,并在运单内填写检疫证明的号码;在货票、运单、确报中都要注明鲜活易腐,以便加快运输;在运输过程中,可能需要押运人,隔离和安全防护,禁溜,加冰、加水、加盐等。

(四)超重超限货物信息系统功能

1. 建立全路限界资料数据库。数据库在铁路总公司和铁路局两级部署,各铁路局负责维护本局管内的限界和超重数据,并同步复制到铁路总公司及18个铁路局的限界数据库。

限界数据采集采用两种方法:一种是自动采集,该方法支持通过丈量、角架、摄影、摄像、自动限界检测车等手段,将采集的数据录入数据库;另一种是分专业人工采集,其中工务负责区段、曲线半径、桥梁、隧道等数据,电务负责信号、通信设备数据,房建负责站舍、站台等数据,供电负责接触网数据。如果施工需要限界,也应录入施工的限界数据。

根据限界数据,可以自动生成任意区间、区段、隧道、桥梁、线路、车站股道、单个设备等综合最小建筑限界。信息系统实现限界数据的发布、查询、变更申请、变更审批等流程管理。

2. 超重超限货物受理模块。在处理运单的同时,附带“超限超重货物说明书”、“计划装载加固方案”,测量和输入货物界限数据。

3. 运输组织决策模块。实现货物轮廓采集,对比区间综合最小限界,自动判别超限等级,并计算出影响运输安全的超限位置,计算偏差量和重车中心高,根据计算结果进行限界安全检算及装运办法和装载方案选择、通行径路选择、运行条件确定,图形显示运行径路。

4. 方案电报请示模块。自动生成方案的请示电报,接收批复信息。装车后,自动生成货物装车数据和装运办法,支持挂运电报的请示和批复,自动向通过铁路局和货检站转发电报等功能。如图3-30所示。

5. 装车作业确认模块。生成装车后的端视图和侧视图;根据受理模块获取货物界限,与装车前后分别测量的值进行比较,决策是否需要重新请示。如果不需要,则在运单中签名。

6. 挂运电报请示模块。货运员查看货物基本信息、请示电报及批示电报内容,并向铁路局调度所拍发挂运请示电报。

特运调度员要核对批示电报和发站的挂运请求内容并进行确认操作,制定会车、限速等具体运行条件,填写挂运通知单。

铁路局调度所的计划调、行调进行条件审查、制定具体运行方案和监视货物运行,填写超限超重车辆运行登记簿和挂运通知单。

7. 途中检查模块。途中货检站人员按规定检查超限货物,在货检报告上记录检查结果,并签字上报。

8. 全程追踪和监控。在运行图上标注超限货物列车,调度对超限货物进行全程追踪和监控。

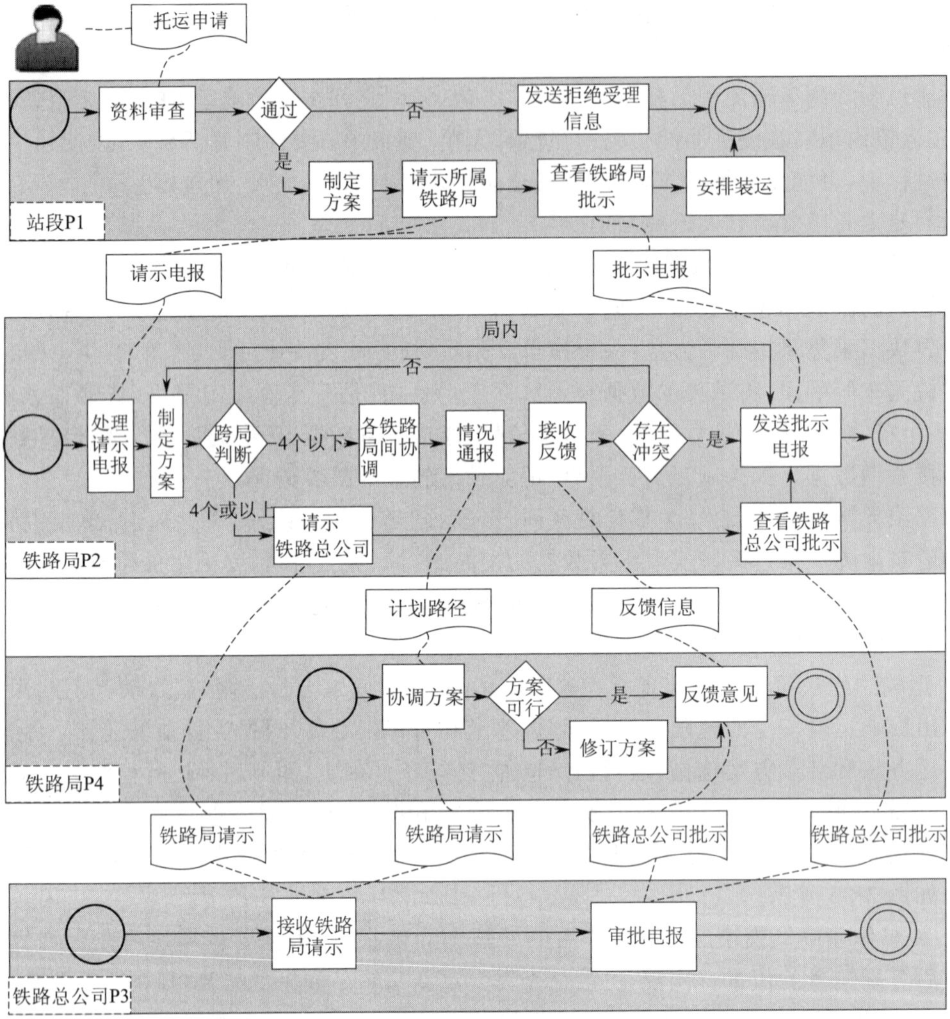

托运申请
资料审查
通过
否
是
发送拒绝受理信息
制定方案
请示所属铁路局
查看铁路局批示
安排装运
站段P1
请示电报
批示电报
局内
否
处理请示电报
制定方案
跨局判断
4个以下
4个或以上
各铁路局间协调
情况通报
接收反馈
存在冲突
是
发送批示电报
请示铁路总公司
查看铁路总公司批示
铁路局P2
计划路径
反馈信息
协调方案
方案可行
是
否
反馈意见
修订方案
铁路局P4
铁路局请示
铁路局请示
铁路总公司批示
铁路总公司批示
接收铁路局请示
审批电报
铁路总公司P3

图 3-30　超限超重货物运输审批流程

9. 统计分析模块。生成超限超重货物运输报表，完成各种统计分析功能。

(五)小汽车运输信息系统功能

1. 合同管理。对与厂家签订的商品车物流合同进行管理。

2. 接车信息登记。登记接车信息，交接单和 VIN 码，验车信息，存放商品车物流基地信息；通过电商平台请求空车。

3. 装卸车信息登记。如果装卸车过程发现质损情况，录入发现质损的环节、质损部位以供质损判定。

4. 发到信息登记。对车站发车、车站到达、到储运站、到 4S 店信息进行登记。

5. 配送信息管理。对于已卸车的商品车需要记录配送信息，维护配送过程数据，对配送过程发现的商品车质损情况进行维护。

6. 交接单管理。从接车开始，对交接单进行管理，对已收到和寄回的交接单及时填报交接信息。

7. 准时交货率管理。为管理层对发出的商品车进行全程追踪和监控，包括追踪查询、数据统计分析、商品车滞留情况监控及预警等功能。

8. 质损管理。对装车、卸车、配送等环节出现的商品车质损进行管理，对质损责任进行判定，进行保险理赔管理。

9. 备品管理。备品管理包括车站备品管理和车厢备品管理。

10. 物流费结算功能：系统提供对以交接单为载体的物流费结算功能，包括物流费、配送费结账管理。

（六）鲜活易腐货物运输信息系统功能

1. 在运单受理时，对某类（查表）鲜活易腐货物提示免疫证明，并在运单中记录。

2. 在货票、运单、确报中都要注明鲜活易腐，以便加快运输。

3. 对押运人进行管理，包括押运资质、押运安全管理等。

4. 解体作业时需要禁溜，同时调度员负责安排加冰、加水、加盐等作业。

九、危险品运输管理功能

（一）危险品运输业务流程

整车、集装箱、零担都可以运输危险品，其业务也包括受理、保管、装车、途中运输、到卸、交付、事故处理等环节，现描述与其他运输方式的不同点：

1. 受理

在托运危险货物时，应认真审核托运人资质证书、经办人身份证、押运人的《培训合格证》，不符合规定的一律不办理运输。危险货物名称应以《铁路危险货物品名表》中的"危险货物品名索引表"所列的品名和按规定填写信息化品名、编号；托运品名与发到站办理的品名是否相符，所运货物是否符合运输和办理条件。

危险货物的包装种类是否符合《铁路危险货物运输管则》中《铁路危险货物包装表》的规定，不符合时是否按"试运包装"办理。需要声明的事项是否在"托运人记载事项"栏内注明，如派有押运人的货物。

2. 保管

危险货物的保管应符合危险品配放表的要求，编号不同的爆炸品不得同库存放，存放危险货物的仓库应该建立值班巡守制度。

3. 装卸车

装车要求更加注意安全，且需配备安全防护用品。对受到污染的车辆，及时回送洗刷所除污。

4. 途中作业

主要检查危险货物车辆安全状况和危险货物押运情况；还包括危险品运输的隔离，解体编组时应该注意的事项（如禁溜、隔离）。

5. 事故处理

在危险品铁路运输信息采集的基础上，及时获得事故信息。在运输前，应确定应急救援管理方案；若发现事故，应协调各相关部门执行应急救援方案，并对整个应急救援过程进行监控和指挥调度，实现危险品事故应急处理的科学化、规范化和效率化。

（二）危险货物运输安全监控系统的主要功能

1. 法规文电管理。此功能应对与危险货物运输相关的各类法律、法规、规章、文件、电报、汇编等进行综合管理。对《铁路危险货物运输资质一览表》、《办理规定》、《品名表》、《铁路危险货物自备罐车管理手册》、《铁路危险货物运输管理规则》等铁路危险货物运输专用基础数据和资料进行维护、更新、查询浏览等功能。

2. 受理审核。以法规文电为基础，对危险货物承运过程中采集的受理数据进行自动审核；按照基于危险货物品名、装运方式、装卸车地点的控制以及货运人员、押运人员的资质管理，实现全程监控中的源头卡控。

3. 签认卡控。根据《铁路危险货物运输管理规则》中规定的危险货物发送、中转和到达程序，相关车站的货检人员，根据标准《作业签认单》，按照不同品类进行信息录入、上报和自动审核，实现全程监控中的过程卡控。

4. 危险货物追踪。一是将危险品办理过程信息送到运输信息集成平台，实现全国铁路危险货物发站受理、装车、途中运行、到站交付、销号全过程动态追踪和监视；二是在列车运行图上标注危险品信息，为特货调度等岗位建立危险货物监控、管理、查询、统计分析等功能；三是显示始发站受理审核、途中货检的签认卡控、终到站交付销号等信息。

5. 应急预案。一是根据《铁路危险货物品名表》、《铁路危险货物运输事故应急预案》等基础资料，针对危险货物运输事故提供应急预案和救援信息管理；二是针对危险货物运输承运、运行监控、险情报警、抢险指导，使危险货物运输全程处于安全可控状态，实现对路网各处救援能力和救援电话的快速查询；三是建立危险货物事故救援的案例库及专家系统，辅助制定事故救援方案；四是根据时间、地点、环境等情况对可能出现的问题车辆提供预警信息。

6. 综合管理。以各类电子台账、发送、到达和在途信息为原始数据，实现对危险货物运输过程中各环节信息的统计分析、决策数据支持，为组织生产提供技术依据。同时，提供法规文电、例行管理、信息服务等相关功能。实现全路办理资质、办理限制、自备车、法规文电等各类统一基础资料的同步、查询、对外展示等功能。

7. 试运管理。根据《铁路危险货物运输规则》中相关规定，实现对未列危险货物品名，以及包装、载运工具方面试运工作的信息化管理。

8. 电子台账。根据《铁路危险货物运输规则》中相关规定，实现与危险货物运输密切相关的重点台账电子化管理。

9. 辅助工具。针对铁路危险货物运输过程中的各岗位。提供一系列功能独立、简便实用的信息化查询工具。

（三）铁路押运管理信息系统

押运人管理信息系统主要包括押运人员管理、押运证件办理、押运人员的培训和考核管理、押运任务和合同的管理、任务的分配、押运过程的监督管理、工作量核算等。

利用机车CMD系统，通过无线组网，对车厢进行视频、温度传感器进行监控，如发现潜在隐患，启动报警器，并通知相关人员。

十、"五定"班列等产品功能

所谓"五定"班列，指的是定点、定线、定车次、定时、定价的货运列车。目前在开的班列包括快运班列、集装箱班列、行邮班列、特需班列等，由于班列是始发地直达运输，到达速度较快，运输基本按整车运输，与整车不同点在于货运列车按客运组织，客户固定时间到车站办理装车、卸车和交付作业，时间基本有保证。

"五定"班列增加信息系统功能主要在受理环节：铁路局每天在网上发布班列及其车号信息，客户在网上抢订车号，抢到后直接使用银行卡电子支付付款。然后，送货装车，可以在网上实时追踪货物的位置和状态，其他功能与整车信息系统相同。

其他运输产品包括救灾物资、重点物资、军事运输等。救灾物资和重点物资在运输途中，需要货检人员重点检查并报告检查结果。

十一、运单受理功能

在本章的第3节已经谈到过运单，所指运单为客户在电商平台上填写运单，但是，客户填写运单只是货物运输开始，运单的作用并不仅仅是记录客户的运输需求，而且要依据运单组织整个运输过程。前几节讨论了整车、集装箱、零担、零散快运、特货、危险品、班列运输等运输产品，在后面的章节中要讨论如何利用运单记录整个运输过程，利用运单整合所有运输产品信息。

运单有四个作用：一是由运输承运人签发的货运单据，是收、发货人同铁路之间的运输契约（商流）；二是货运作业过程的完整记录（物流）；三是作为收发货人与铁路之间交付的凭证（物权证明）；四是作为货票收费的依据（资金流）。

（一）与运单相关的作业流程

1. 运单起点

货物的追踪不仅是货车的追踪，真正的货物追踪需要从运单或者订单开始，由于很大一部分订单不能变成运单，所以，货物追踪的起点应该从确认实货运输开始，在电商平台"我的订单"功能中，可以有未填写完成的订单、有未提交的订单、也有已提交的订单，只有实货确认的订单才能变成运单。对中铁特货的商品汽车，获取提单实际就是实货确认，也就是货物运输追踪开始的时间。

2. 运单内容

运单内容包括横向和纵向的内容。横向指的是运单中包含的产品，纵向指运单包含的过程。横向产品包括整车、集装箱、零担、零散快运、超限超重货物、商品汽车、鲜活易腐、危险品、五定班列、救灾物资、重点物资、军事运输等。由于国际联运的格式差异比较大，所以，未包括国际联运产品，在本节最后部分，讨论国际联运产品。

纵向过程包括实货确认、运单受理、仓库保管、装车作业、启运、途中检查、途中作业、卸车作业、仓库保管、到达交付、事故处理、售后服务等过程。横纵向内容之间的关系描述见表 3-2。

表 3-2 运单横纵向内容关系

	整车	集装箱	零担	零散快运	超限超重	商品汽车	鲜活易腐	危险品	班列产品	救灾物资	军事运输
实货确认	A-1	A-2	A-1	A-1	A-1	A-3	A-1 A-2	A-1 A-2		A-4	A-4
运单受理	B-1	B-2	B-3	B-3	B-4	B-1 B-2	B-5	B-6	B-7	B-1	B-1
仓库保管	C-1	C-1	C-1	C-1	C-1	C-2	C-1 C-2	C-3 C-2	C-1 C-2	C-1	C-1
装车作业	D-1	D-2	D-3	D-3	D-4	D-5	D-1	D-6	D-1	D-1	D-1
启运	E-1	E-1	E-1	E-2	E-3	E-1	E-2	E-2	E-2	E-2	E-2
途中检查	F-1	F-1	F-1	F-1	F-2	F-1	F-2	F-2	F-1	F-2	F-2
途中作业	G-1	G-1	G-1	G-1	G-2	G-1	G-3	G-2	G-1	G-1	G-1
卸车作业	H-1	H-2	H-2	H-2	H-1	H-3	H-1	H-4	H-1	H-1	H-1
仓库保管	I-1	I-1	I-1	I-1	I-1	I-2	I-1	I-3	I-1	I-1	I-1
到达交付	J-1	J-2	J-1	J-1	J-1	J-3	J-1 J-2	J-1 J-2	J-1 J-2	J-1	J-1
事故处理	K-1	K-1	K-1	K-1	K-1	K-2	K-1	K-3	K-1	K-1	K-1
售后服务	L-1	L-1	L-1	L-1	L-1	L-2	L-1	L-1	L-1	L-1	L-3

下面解释表格中的符号：

A-1 为受理订单后，客服代表与客户进行实货确认；A-2 是通过申请空箱进行实货确认；A-3 是收到提货单后，表示已实货确认；A-4 为收到命令或者函件后，表示已经实货确认。

B-1 为按整车方式运单受理；B-2 按集装箱方式运单受理；B-3 按零担方式运单受理；B-4 除按整车受理方式之外，还需要按照超重超限受理方式（按超规）编制运输方案，并经过铁路局或铁路总公司的批准；B-5 除按整车、集装箱受理方式之外，还需要按照《铁路鲜活货物运输规则》，附带免疫证明等；B-6 除按整车、集装箱受理方式之外，还需要按照《铁路危险货物运输管

理规则》，审核托运人、押运人资质证书，做好应急预案；B-7 直接从网上选择班列车辆，网上缴费，按班列时间送货装车。

C-1 方式进出仓库都需要登记；C-2 除了登记外，还需要进行质损检查；C-3 除了登记外，还需要值守和安全防护。

D-1 为按整车方式进行装车制票；D-2 按集装箱方式先制票，配装后装车，需打印集装箱装车清单；D-3 按零担方式先制票，配装后装车，需打印零担装车清单；D-4 在整车装车的基础上，需测量装车货物超限情况，超过方案的界限需重新报批；D-5 在整车、集装箱装车的基础上，增加质损的检查；D-6 在整车、集装箱装车基础上，增加装车安全要求。

E-1 是通常的启运模式；E-2 是需要重点关注、加快运输的货物；E-3 是在启运时，需要向铁路局请示和向邻局通报的货物。

F-1 只做常规性的检查；F-2 需要做货物的重点检查，而且要求上报检查结果。

G-1 是常规的途中作业；G-2 需要注意隔离或者跨装，需要禁溜；G-3 途中需要加冰、加水、加盐等作业，需要押运人管理。

H-1 为按整车方式进行卸车作业；H-2 按集装箱、零担方式，需打印卸车清单；H-3 在整车、集装箱装车的基础上，增加质损的检查；H-4 在整车、集装箱卸车基础上，增加卸车安全要求。

I-1 方式进出仓库都需要登记；I-2 除了登记外，还需要进行质损检查；I-3 除了登记外，还需要值守和安全防护。

J-1 为整车的交付方式；J-2 是集装箱的交付方式，包括重箱出门；J-3 是商品车交付后配送到 4S 店。

K-1 为通常的事故处理；K-2 为商品车的事故处理，需办理保险理赔；K-3 为危险品的事故处理。

L-1 为通常的售后服务；L-2 是商品车需要回寄接收单；L-3 是军运后付等。

上面所表达的核心思想是在运单中需要描述的横向或纵向内容，下面将说明运单的数据结构。

3. 运单的数据结构

运单数据的来源包括订单、实货确认、运货五、货物受理、仓储、装车、启运、途中检查、途中作业、到卸、仓储、交付、服务等。

订单提供的数据包括订单号、客户信息、发货信息、收货信息、货物信息、物流服务信息等。

实货确认信息为：客户信息（姓名、联系电话、邮箱）、发货信息（订单号、起始日期、终止日期、发站、发专用线、发货单位、发货部门、发货单位地址、电话等）、收货信息（到站、到专用线、到局、收货单位、收货部门、收货单位地址、电话等）、货物信息（品名、车数、吨数、车种、运输特征、换装港、终到港、保价与否、怕湿与否、散堆装、非散堆装、装卸方式、单件重量等）、物流服务信息（接取：取货地点、取货时间、联系人姓名、电话；配送：配送地址、配送时间、联系人姓名、联系人电话等;仓储服务、搬运装卸服务)、附加信息(是否整列装车、是否定制信息服务、客户备注等)、实货确认时间、实货确认人、集装箱承认信息、提单信息。

货物受理信息包括:运单号(预约号、查询码)、受理日期时间、受理人信息、办理人信息、零担、集装箱货票、运费信息、指定货区货位、送货日期时间、整车实货信息(包装、件数、重量、体积)、集装箱实货信息、零散货物实货信息、超重超限信息、危险品信息、鲜活易腐品信息以及班列信息。

仓储信息包括:货区货位、入库时间、出库时间、登记人员、警卫信息以及质损信息等。

装车信息包括:主要是将车辆与货物相关联。整车包括车号、货票、施封、篷布、装载加固、装车时间以及装车班组、监装卸货运员、装卸机械等信息;集装箱还包括装车清单、施封信息;零担还包括装车清单、施封、托盘、集装笼等信息;超限装车信息;质损检查信息;危险品装车信息等。

启运信息包括:货物所在列车信息,超限车启运电报信息等。

途中检查信息包括:检查人、检查时间、扣车信息、倒装信息、超限检查、鲜活检查、危险检查、救灾和军运、施封信息等。

途中作业信息包括:解体、编组、更换机车、变换列车车次信息。

到卸信息包括:将车号、施封、篷布的关联从列车转为车站;卸车时间、卸车班组、监装卸货运员、装卸机械等信息;集装箱卸车清单;零担卸车清单;施封、托盘、集装笼从列车转车站;质损检查信息;危险品卸车信息等。

仓储信息包括:货区货位、入库时间、出库时间、登记人员、警卫信息以及质损信息等。

交付信息包括:交付日期时间、货物或者集装箱出门时间、杂费、交付人员信息等。

事故处理信息包括:货检电报、草记录信息、质损信息、处理人员等。

整个运单的数据结构如图 3-31 所示。

总体思想是制订运单数据结构标准,货运中的每个过程都要将有关数据写到运单中,从而通过运单实现货物的实时追踪,后面将讨论实现的细节。

对于整车,通常一个运单对应一辆车,但是,对于跨装车(或局管内运煤大列),一个运单对应多个车辆,这时,需要在数据结构中"车号"位放多个车号,并用"/"分隔。对于零担和集装箱,一辆车对应多个运单,车辆对应装载清单,再由装载清单关联运单。

(二)运单的受理功能

在实货确认环节,已经得到收货人、发货人、物流和货物的基本信息,在此基础上,运单受理功能如下:一是对客户的需求进行审核和卡控;二是安排仓储及装卸车地点和时间;三是确定货物重量、件数和包装,对运费进行试算;四是签订运输合同;五是传输到铁路总公司,开始货物的追踪。图 3-32 是计算机打印运单示例。

1. 审核卡控的内容主要是车站作业能力的办理限制,以及临时停限装命令。对超重超限货物还需要通过铁路局和铁路总公司的审批流程;对危险货物需要输入和审核托运人、押运人信息;对鲜活易腐货物要输入和审核免疫证明和押运人信息。

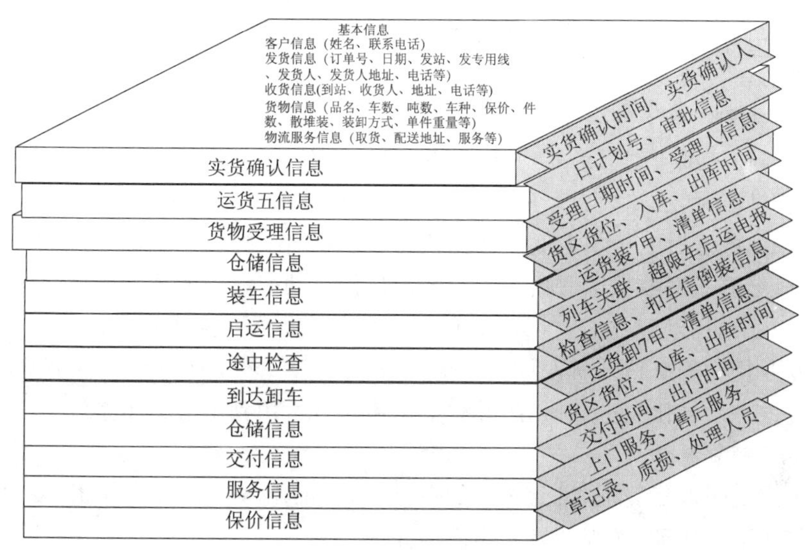

图 3-31 运单的数据结构

上海铁路局
货物运单
甲联:托运人→发站→到站→收货人

货物指定于： 月 日搬入
货 位：
订单审定号：04H00100293
运到期限： 日
（运单号：19421201204066515 9）
承运人装车
无施封
货票第 A531316 号

发站	合肥北	装车地点	铁路货场	车种车号	C64 4206706
到站（局）	芦岭(上)	卸车地点	铁路货场		
到站所属省(市)自治区		皖			
托运人	名称	安徽合肥米业集团		货车标重(吨)	61
	地址	合肥市黄山路72号	电话 0554-7634372		
	经办人	姓名 刘洋	手机 138****0273	施封号码	
		身份证号码	1424311981020*****		
收货人	名称	马鞍山钢铁股份有限公司		铁路篷布号码	
	地址	安徽省合肥五一路100号	电话 010-86792345		
	经办人	姓名 张国清	手机 [illegible]	经由	
		身份证号码	3502111985092*****	运价里程	

货物名称	件数	包装	货物价格(元)	托运人确定重量(千克)	承运人确定重量(千克)	计费重量	运价号	运价率	运费
混煤	200	散装	300000	20000	20000				2078.5
合计	200		300000	20000	20000				

托运人记载事项		承运人记载事项	

11942111315201202166306 6	发站承运日期戳：2012-04-08 17:20:00	到站交付日期戳：	发站货运员签章：	到站货运员签章：

注：本单不作为收款凭证。
电子商务系统机打运单

图 3-32 计算机打印运单示例

2. 根据托运人的位置在地图上选择装车地点，由货调根据配空车信息，安排具体的仓储及装车地点和时间。

3. 试算运费需要根据货物的发到站求出货物的经由和里程，根据里程、重量、品类等求出货物的运价；门到站（站到门）的运费根据托运地点与车站距离和重量（体积）计算运费。

4. 首次运输的客户可以预先传输货物的图片，以方便决策货物的装车方式。所有事情都

确定后,就可以与客户签订运输合同和启动运单的追踪功能。

(三)运单的合同功能

《中华人民共和国电子签名法》于 2004 年 8 月 28 日通过,于 2005 年 4 月 1 日起施行。明确了数据电文与传统纸质书面形式文件具有同等法律效力;明确了可靠的电子签名与手写签名或者盖章具有同等的法律效力。所谓可靠指的是电子签名制作数据用于电子签名时,属于电子签名人专有;签署时电子签名制作数据仅由电子签名人控制;签署后对电子签名的任何改动能够被发现;签署后对数据电文内容和形式的任何改动能够被发现。

目前,中国铁路已经建立 CA 认证中心,在 18 个铁路局建立了证书注册审核机构(RA),并通过国家专业机构的审核。所发放数字证书、电子签名、电子印章已在大客户、办公等系统得到应用。应进一步强化安全性研究,并将电子签名技术用到电子运单系统中。

(四)运单的领货凭证功能

为客户生成电子取货凭证,发到客户的手机上,凭证用客户的公钥加密,客户可以用私钥解密,然后,打印取货凭证,作为领货和出门的凭证。

(五)运单收费凭证

由于运单中记录了货运的全过程,所以,可以用作为货票收费以及铁路局间详细清算的依据,根据每项作业过程,打印出费用和成本清单,与预定的费用进行比较,分析占用的比例。

十二、电子货票功能

电子货票由货票和确报组成,货票对应列车上的货物,确报对应列车的编组,货票和确报是铁路最重要的数据源。在铁路运输中,货票必须随货物运行,否则,容易造成货物丢失。在实际工作中,由车号员负责按确报的编组顺序将货票叠好,放在专门的口袋里,交给列车乘务员,每次作业需要送票、取票、分票等手工作业,工作量大且易出错,迫切需要电子货票取代人工货票,下面从货票、确报,引出电子货票。

(一)货票信息系统功能

货票是铁路货运第一数据源。在车站的货票具有货物运输合同(运单副本)的性质,属于铁路有价证券凭证;其金额部分不得涂改,是处理货运事故向收货人支付运到逾期违约金和补退运杂费的依据;在运输过程中是货物运输凭证。根据运单填制的货票,印有固定号码,分甲、乙、丙、丁四联复写式票据。甲联:留在发站以备存查,作为本站统计和管理的依据;乙联上报铁路局收入检查室,供审核、记账用,由铁路局定期将票据送路局统计工厂,进行货物发送吨统计、局间货票资料交换、分货物品类别和区段别货流量统计等,然后再返回铁路局保存;丙联交给托运人作为承运和报销凭证;丁联在车站根据货物的编组,交给司机随列车运行,对于零担货票还要进行中转货票交换,作为中转零担车的配装依据。

铁路货票管理信息系统分为三级,分别是铁路总公司货票中央数据库、铁路局级货票库和车站货运制票终端。

1. 车站货运制票终端

对于集装箱和零担，运单受理后，车站便可以收费、制货票；对于整车，规定装车后，收费、制货票，车站货票制票终端一般位于货运站，也可以位于收货代理点(无轨站)。如果运单记录了完整的货运过程，货票可以直接读运单制票；但由于目前的运单记录不完整，所以，需要制票货运员补充完整的运单信息，如施封、装载加固等；然后，完成径路里程计算、计费、打印、存储等一系列操作。终端具有键盘输入控制、数值和逻辑校验、计费和记事智能处理、联机帮助等辅助功能；可打印普通、国联、水联、军运、快运、集装箱货票等，支持发送货票、交付货票、杂费票、补退款；支持现金支付、网银支付、预付款、预冻结、窗口 POS 机等支付方式；支持货票套打、营改增发票打印；货票数据保存后，在铁路局集中存储。支持对打印出错的货票进行作废处理。支持本站的货票信息综合应用，生成财收、装车结账、预付款抵用清单、抵用款流水单等报告。

2. 铁路局货票数据库

在铁路局建立完整的全局货票库，完成局内货票的收集和到达货票向到达车站的转发工作，为统计、收入、调度等部门提供原始货运信息。实现货票补退款、货票统计更正、军运后付货票的信息采集和查询、统计、报告文件生成与处理。

3. 铁路总公司中央货票库

在铁路总公司建立完整的全路货票库，同步生成统计摘要库。在货票轨迹库中记录货票的作废或恢复、运输途中的变更、转装、径路变更等信息。对跨局发送和到达货票信息进行分类整理，以标准格式按到达铁路局组织文件，并转发到达铁路局，由铁路局转发到车站。铁路总公司货票信息综合应用系统主要实现货票信息的查询、信息共享、统计分析，以及数据挖掘结果的查询与可视化显示。

(二)确报信息系统功能

列车确报是车站现车系统最主要的数据源，确报的另一个作用是铁路局调度所依据列车确报制订列车的停站和卸车计划。其他作用包括作为统计系统的数据源，为 5T 系统确定问题车辆；还作为违流违编检查的依据，导致有些车站为了逃避检查，人为修改确报中车号的方向和重量。

确报系统由车站、铁路局、铁路总公司三级系统构成，对车站来说，车站系统接收确报，通过调车作业计划改变列车编组，再发送确报。铁路局系统负责铁路局内转报；跨铁路局的报文交给铁路总公司，由铁路总公司系统负责铁路局间的转报。转报时，需根据列车的发报站、实际“经由”分界站或技术站、终到站确定转报的车站。

确报系统的主要问题是重复的报文太多，主要原因是确报每经过一个停站要重复发一次确报，而且，因为担心漏报，宁可多转；有的铁路局专门设置确报调度负责挑出正确的确报。

(三)电子货票(电子运单)

电子货票的定义为“确报”+“货票”。前面，已经说过货票是甲、乙、丙、丁四联复写式票据，采用电子货票的核心思想是将原有的四联减为一联，即去掉甲、乙及丁联票据，仅保留作为客户发票的丙联。

再重复一遍甲联留在发站以备存查;乙联上报铁路局收入检查室;丁联在车站根据货物的编组,交给司机随车运行。对于甲联、乙联已经有电子的票据,可以随时打印,没有必要再保存纸制货票。对于丁联,问题是如何确保车辆、货物和其货票在运输过程中始终关联,货物和其货票不分离?解决的办法是电子货票。简单地讲,对每个货票或者在车站,或者在列车上,如果在列车上,就把车次贴在货票上;换个列车就换个车次,保证货票指向货物所在的列车,用电子方法实现,就是电子货票,也解决了确报的重复问题。如图 3-33 所示。

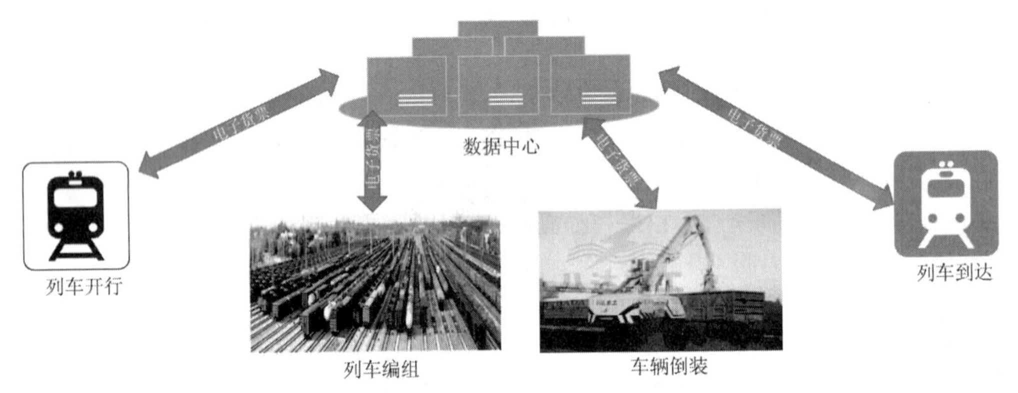

图 3-33　电子货票示例

当列车开车时,将列车装载货物的电子货票指向列车的货物;当列车运行时,将电子货票与 TDMS 和 TDCS 绑定,当货车解体或者甩车时候,将其电子货票绑定车站的货物;当列车重新编组、加挂时,将其电子货票重新绑定列车的货物;当货物需要倒装时候,电子货票需要重新绑定车辆和列车的货物;当列车到达目的地后,将其电子货票重新绑定车站货物。

下面要讨论如何保证车辆、货物与货票不分离。例如在德国货运列车开车前,需要调度人员确定已经形成完整的电子货票,才能开车。而在加拿大,货运列车司机确认手机上收到电子货票信息后,列车才能开车;到达另一个车站时候,车站主动从列车司机手机上获取电子货票信息。而在我国,每个车站需要靠内勤车号员按确报的顺序挑出运单和货票,放在专用纸袋里,交给列车司机,到下一个车站,司机在到达场将专用纸袋交给车号员;车号员再送给运转(站调)车间分票;分好的票再送到出发场交给司机。这样人工作业,降低效率,增加人员,确实到了应该改革的时候。

生成电子货票的关键是将确报中逐个重车的车号和货票绑定,一般需要在装车时绑定。对整车,由于先装车后制票,装车时将车号写入运单,制票时根据运单制成货票,使货票绑定车号。对集装箱和零担,先制票后装车,装车时用车号和货票生成装载清单(一车号对应多个票号)。在生成确报时,根据车号绑定整车货票和清单形成电子货票。

在重新编组时,需要与确报一起形成新的电子货票。在倒装作业时,货票或清单应该与新的车辆绑定。在卸车时候,应该解除绑定关系。为了确保不出现问题,电子确报传输可使用网

络和无线两种方式。

十三、仓储管理功能

铁路仓储包括车站仓库、散货的堆场和集装箱的箱场。描述如下：

1. 仓库管理

仓储信息应以图形化方式显示。在仓储位图上可以看到空闲或者已被占用的货位，货运员根据实货确认的运单以图形化方式为客户分配仓储位置。客户也可以在互联网上以图形化方式查询仓库的位置、仓储能力及占用信息。实际上，货运员应根据装卸计划安排仓库的使用计划、货物进出计划。

仓库保管员负责填写进仓、出仓和仓内移动的登记簿，生成搬运单；并将所有信息记录到运单中，以实现对货物状态和位置的精确追踪。仓库保管员可以查询仓库的安全信息，处理仓库残留货物，进行盘货、备货等库存管理工作；对仓库的使用效率进行分析。

2. 堆场管理

货运员根据实货确认的运单在堆场位图上为客户安排堆场位置；在堆场位图上可以看到空闲或者已被占用的堆位。客户也可以在互联网上以图形化方式查询堆场的位置、仓储能力及占用信息。

货运员根据装卸计划安排堆场的使用计划、货物进出计划。当货物到达后，堆场管理人员负责登记进场和出场的登记簿，并将所有信息记录到运单中，以实现对散装货物状态和位置的精确追踪，对堆场货物进行苫盖，对苫盖材料进行管理，对堆场的使用效率进行分析。

3. 箱场管理

货运员根据装卸计划安排箱场的使用计划。当客户的重箱进门或到卸前，在箱场货区货位图形上为客户事先分配好货位；客户也可以在互联网上以图形化方式查询箱场的位置、仓储能力及占用信息。将集装箱送到合适的位置。

当货物到达后，箱场管理人员负责填写进场和出场的登记簿，并将所有信息记录到运单中。集装箱场可以实现自动化管理，就是在集装箱上安装 RFID 介质，在箱场进出门、货区货位和装卸设备上安装 RFID 的读写装置，当集装箱进出箱场、货位之间移动或者装卸箱时，都可以准确获得集装箱的移动信息。货运员也可以事先将货运计划(出入库、装卸计划)发送到汽车和装卸设备上，并引导汽车和装卸设备完成计划任务，通过读取 RFID 读写设备的反馈信息实时获取任务完成情况。

十四、货调功能

车站的货调主要负责编制装卸车计划，并向铁路局货调上报装卸车实际完成情况。

货调的装卸计划功能与站调一样要为资源安排计划，如货场股道资源、装卸设备资源等，图 3-34 是为装卸计划表。

卸车查询 | 待卸车查询 | 装车计划查询 | 空车查询 | 空车计划查询 | 卸车计划 | 装车计划 | 剩余空车 | 货物查询 | 退出

货场/时间 ▸ 8:00 9:00 10:00 11:00 12:00 13:00 14:00 15:00 16:00 17:00 18:00 19:00 20:00 21:00

货场	股道	8:00—12:00	12:00—16:00	16:00—20:00	20:00—21:00
货运东站	01股道	15/6	13/8	10/10	11/12
	02股道	24/0	15/8	21/2	9/12
	03股道	14/6	11/13		8/16
	04股道	3/16	6/16		
	05股道	9/11		17/6	
	06股道	7/14	4/16	9/12	
	07股道		12/6		
货运北站	01股道	18/3	18/6	10/13	2/16
	02股道	6/16			
	03股道	5/13	13/7		
货运西站	01股道	5/16	9/13	12/6	15/6
	02股道	15/6	7/12	11/12	
	03股道	12/12	5/16		
	04股道	11/10			

图 3-34　装卸计划表

其优点：一是从图中可以明确装卸车股道资源计划和实际完成情况；二是明确取送车作业的时间；三是可以预推本站装卸作业的车流。

图的纵轴描述各车站及其作业股道资源，横轴描述作业时间，中间的阴影横线描述了作业实际，无阴影横线描述了作业计划。其中，框内数字第一段描述待装车数，第二段描述了卸车数。将作业计划下达到相关岗位，指导各岗位按此计划进行调车和装卸作业，并通过装卸作业功能返回装卸实际。

下面谈一下计算机编制装卸车计划的过程：

1. 待卸车信息

铁路规定是一卸、二排、三装车，所以，编制计划首先应考虑卸车。在卸车计划中，将包含每一货物到站的预测时间和收货人等信息，预测时间准确到小时。货调可以根据本站已到的待卸车和在途的待卸车编制卸车计划，除考虑货物和车辆外，编制计划还需要考虑机车的效率，所以，一般稍大车站都是按轮作业，以便发挥机车最大取送能力，一轮作业完成，再安排取送车进行下一轮作业。所以，货调也是按轮编制作业计划。对于大站由货调编制装卸车计划，小站由货运中心(或车务段)负责编制装卸车计划。

2. 待装车信息

根据货运改革的精神，实货确认后，就是待装车，铁路局调度应该尽快安排空车。显示待

装车就是显示铁路局货调安排了空车未安排装车计划的货物，特别要根据货物到达货位的情况，调整装卸计划。

3. 空车信息

显示在站和即将到站的空车，空车按车种进行显示，特别是要考虑修竣和扣修的空车。

4. 编制装卸车计划

根据装卸股道占用情况，待卸车、待装货物和空车信息，编制装卸车计划，在股道资源上先排列待卸车，再为待装货物安排空车。优先考虑快运货物、鲜活易腐货物、重点货物先装车。如果一轮计划安排不下，则安排到下一轮。排列计划后，站调按装卸车计划安排取送车，监装卸货运员按计划组织装卸车。

5. 增加使用车和增加卸空车计划

对于需要倒装的货物，则需要申请增加使用车和卸空车，并由货调编制倒装计划。

6. 写入装卸车实际

由于装卸车过程中需要报告"入线时间"、"装卸车开始时间"、"装卸车结束时间"、"出线时间"，将四个时间直接上装卸计划表，可以从表中看到装卸计划的实际执行情况和进度，研究异常情况的补救措施，可以根据实际需要动态调整装卸车计划。

7. 资源计划

为了完成装卸车计划，应该配套制定装卸资源计划，包括装卸设备和装卸人员的作业计划。

十五、装卸车功能

货运员根据装卸车计划，安排实际的装卸车。装卸车实际包括整车装车、集装箱装车、零担装车、超重超限装车、商品车装车、危险品装车等。

1. 整车装卸车

外勤货运员将货物具体位置下载到手机上，借助手持机指挥货物线的货车接车对位、确认安插防护牌、进行装卸车作业的前后三检工作，完成装卸作业后，确认撤除防护牌作业。通过语音、文本、照片及视频反馈装卸车作业进度，记录车辆相关信息。外勤货运员上报入线时间、开始作业时间、完成作业时间、出线时间，并更新运单和货票，改变车辆和货物的状态。可通过车号识别装置(或钩计划)采集货车入线时间、出线时间，在作业过程中实时反馈货位、货车、人员、装卸工组等资源状态，生成运货 7 甲作业台账。

2. 集装箱装卸车

集装箱货运员编制集装箱的配装计划，按配装计划事先将集装箱摆放在集装箱货物线两旁，并指挥到达货物线的货车接车对位、确认安插防护牌、进行装卸车作业的前后三检工作，完成装卸作业后，确认撤除防护牌作业，显示装卸车的实时进程。对于重点车进行拍照留存，上报入线时间、开始作业时间、完成时间、出线时间，上报集装箱装车清单、卸车清单、空箱回送清单、回送卸车清单。在作业过程中系统需要反馈箱位、货车、人员、装卸工组状态，并生成或更新集装箱发送登记簿，将车号、箱位等信息同步更新到运单、货票，修改车辆及集装箱货物状态，记载运货7甲作业台账。

3. 零担装卸车

零担货运员按方向编制零担的配装计划大表。将货物具体位置下载到手机上，借助手持机指挥货物线的货车接车对位、确认安插防护牌、进行装卸车作业的前后三检工作，完成装卸作业后，确认撤除作业防护牌。通过语音、文本、照片及视频反馈装卸车作业进度，记录车辆相关信息，外勤货运员反馈入线时间、开始作业时间、完成时间、出线时间，并更新运单和货票，改变车辆和货物的状态。可通过车号识别装置采集货车入线时间、出线时间，实现现场作业信息完整采集和反馈，在作业过程中实时反馈货位、货车、人员、装卸工组等资源状态，生成运货7甲作业台账，并上报和打印装卸清单。

4. 零散快运装卸车

零散快运采用客车化的运营方式，车站提前将货物堆放到站台；车长负责编制各个车站装卸车计划，提前指挥车上的装卸人员将待卸货物堆放在车门附近。当列车到站后，车上装卸人员使用自带的装卸设备，快速进行装卸作业，并使用手持机扫描货物条码，形成和上报实际的装卸车清单，与装卸计划进行对比，以保证装卸作业不但快速、而且准确。

零散货物跨局运输时需要中转作业，这时需要事先将在邻局中转的货物信息传给邻局，以便邻局提前做好中转货物的装车计划。

5. 超重超限装卸车

超重超限装卸车一般按整车信息处理，主要区别是需要在装卸车后测量超重超限的范围，如果超过申报的范围，则需要铁路局重新审批，如果路径超过4个铁路局，还需要铁路总公司审批。在启运时，需要向铁路局列车调度申请上路，以电报方式通知经过的邻局。

6. 商品车装卸车

当商品车用整车运输时，按整车信息处理。主要区别是质损的处理，因为装车是司机开车到专门的车辆上，或者在运输途中，难免发生剐蹭，所以，每次装卸车后，需要记录和确认商品车的状态变化，如遇到运输事故，立即申请保险理赔。

7. 危险品装卸车

整车、集装箱、零担都有危险品，分别按整车、集装箱、零担处理，区别是做好安全风险防护，并追踪和记录防护措施。

8. 施封管理功能

现有铁路货车所用施封锁均为钢质一次性施封锁。当使用棚车、罐车或集装箱运输时，需要在车站备件库登记领取施封锁，然后，对棚车车门、罐车出口或集装箱门进行施封，在货票中记录施封号，途中经过技术站作业时，需要检查施封锁是否起作用，施封号是否正确；到达目的车站后，再核对施封号后，对施封锁进行拆封。施封锁属于一次性使用的器具。

虽然，在用的施封锁价格相对便宜，但是，存在很多问题：一是货票中记录施封号不是没有，就是错误；二是途中检查执行不严格，设想两个货检员每班检查 20 个车，每个车至少 1 km，每天走 20 km，劳动强度太大；三是发现破封，难以跟踪破封时间。所以，应启用电子施封锁。

电子施封锁系统由防盗装置、电子铅封、手持机或固定读写器和管理信息系统组成。防盗装置具有防钻、防锯、防撬、防拉、防冲击和防技术开启能力，超强环境适应能力，且锁闭和开启操作简单方便；电子铅封装在防盗装置内部，由电子晶片和天线组成。电子晶片相当于一个具有无线收发功能及存储功能的单片机系统，可储存施封号、车种车号、货票号码以及施封站、施封时间、施封、补封人员等标志性数据信息；电子铅封天线则根据阅读距离、工作频率和车门锁闭结构等设计外形及尺寸。当防盗锁被打开，电子回路断开，封号失效，电子铅封自动报警。电子施封锁的工作过程描述如下：

施封。棚车、罐车或集装箱装载完毕后，货运人员可在托运人见证下利用手持机记录施封信息，将施封站、封印号、施封日期、时间、施封人等信息写入电子晶片中，将施封锁置于锁定状态，并将施封信息传到施封管理信息系统，写入运单和货票中。在运输全过程中，若防盗锁始终未被打开，则施封锁状态始终保持为锁定。

检封。在运输的全程实时检测门锁状态，一旦防盗锁被打开，锁状态立即变为开锁状态，并将锁被打开的时间自动记录在芯片中，即便门锁再次闭锁，锁状态仍然位于开锁状态。可以通过天线将报警信息发送给机车，再通过 CMD 系统传到地面；或者当列车经过铁路两侧的固定阅读器时，阅读器自动读出施封锁状态，当发现施封无效的车辆，立即报警。在途中发生失窃案件后，铁路公安部门可通过芯片提供的门锁打开时间来推断作案时间、地点、嫌疑人等。对于可疑的施封，货运检查人员也可通过使用手持机对密码门锁状态进行检查。

补封。对于需要补封的车辆门锁，经有关部门检查、核实并授权后，可由货检或货运人员关闭车门，并用手持机对施封锁状态进行复位，并写入补封信息，如补封站、补封号、补封日期、时间、补封人等，相应补封记录可传回货检和施封管理信息（运单、货票）系统中。

启封。对于到站车辆，由相关货运员用手持机对施封锁状态进行检查后，进行启封处理，处理过程通过无线通道传回施封管理信息系统，并写到运单和货票中。

9. 装载加固管理功能

装载加固管理功能包括装载加固材料管理、装载加固方案设计、装载加固方案实施等过程。

装载加固材料管理。包括材料采购，材料入库、出库管理，材料盘库，材料需求计算等。

装载加固方案设计。输入给定货物的规格（包括单件重量、重心位置、外形尺寸、支重面长度和宽度等）和装载加固要求，从数据库中既有定型方案中选取相近的装载加固方案，并且使用相同车辆装载的货物，然后比照该定型方案或暂行方案，自动生成给定货物的装载加固方案。

装载加固力值计算。系统自动完成:一是作用于货物上的各种力的数值;二是检查货物的稳定性;三是根据加固方法计算出加固后的各力值;四是自动生成 word 格式的力值计算报告。包括货物装载加固工作中常用的重车重心高、重心偏移、垫木高度、转向架高度、掩挡高度、货物稳定系数及加固材料强度等计算。

装载方案的实施。根据方案领取需要的装载加固材料,计算收取的费用,按装载加固方案进行现场实施,并将装载加固信息输入运单和货票等。

10. 篷布报告功能

篷布仅用于苫盖敞车装运的怕湿、易燃货物或其他需要苫盖篷布的货物。篷布分铁路篷布和自备篷布,发站使用篷布前,应逐张检查篷布质量。使用铁路篷布时,将篷布号码填记在货物运单“铁路货车篷布号码”栏内。使用自备篷布时,应在货物运单“铁路货车篷布号码”栏内划“⊗”符号,并在货物运单“托运人记载事项”栏内注明“自备篷布 * 张”和号码。

制票时,应根据货物运单将铁路篷布号码填制在货票内,将自备篷布张数和号码填记在“记事”栏内。

车站在办理列车确报时,应将现车实际苫盖铁路篷布张数记入确报的篷布栏内。对到达和出发的列车,车站货检应根据确报所记载的铁路篷布张数与现车核对。

在卸车时,货运人员需要填写《篷布交接单》,并将篷布交给车站。

11. 装车过程的变更

在货物运输过程中,当发现车辆问题或者装载问题时,需要进行倒装作业。先增加使用车、卸空车,然后,将货物换装到新的车辆,这时需要将被换车辆状态变空,新换的车辆加载原车的货运信息,同时,需要修改货票和运单的车号信息。

12. 装卸车信息小结

在装卸车过程中,主要需要修改车辆库和运单库,修改车辆库记录车辆装载内容的变化,装车时,在车辆库中写入货物信息,状态变成重车;在卸车时,从车辆库中将货物信息移到车站(仓储),状态变为空车。修改运单库,运单库中记录了整个装卸车的过程,包括入线时间、装卸车开始时间、结束时间、出线时间、集装箱和零担的装车清单、集装箱和零担的卸车清单、集装箱和篷布的回送清单、集装箱和篷布的回卸清单、超重超限信息、危险品信息、质损信息、施封信息、装载加固信息、篷布信息等。

所有的信息应该由负责装卸的货运人员录入,但在实际工作中,人工填写运单,由制票货运员负责装卸数据的录入工作。关键是过程数据不仅写到货票中,而且应写到运单中。

十六、货运用具管理信息系统

装载用具包括篷布、小型集装箱、托盘、集装笼和电子施封锁,这些用具对散货集装化运输或者对货物运输途中的保护具有重要作用,而且,也是铁路重要资产,所以,应该使用计算机进行管理。

整个系统包括用具工厂管理、用具报告管理、用具调度管理、用具追踪管理、用具统计分析、用具清算管理等功能。如图 3-35 所示。

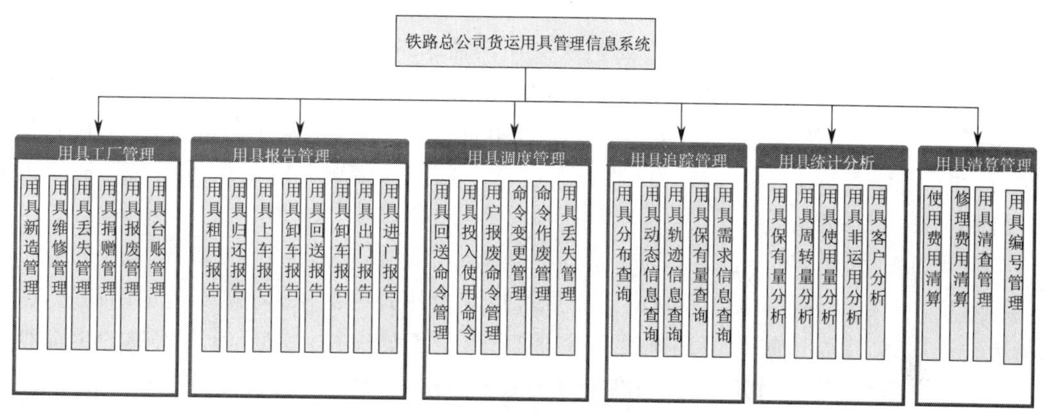

图 3-35　货运用具管理信息系统功能架构

1. 用具报告管理

用具报告包括使用、归还、出门、进门、装车清单、卸车清单、回送清单和回空清单 8 个报告,篷布和电子施封锁上报装车清单、卸车清单、回送清单和回空清单 4 个报告;而集装化工具小型集装箱、托盘、集装笼上报全部 8 个报告。

铁路车站在网上公布现有的集装化的运输工具,鼓励零散快运的客户使用,客户可以在网上申请小型箱、托盘、集装笼等,在客户订单受理时,将客户的货物与集装化运输工具绑定。客户可以像集装箱一样取空的集装化工具出门,送装载货物后的集装化工具进门,申请了集装化工具的客户可以在互联网上打印进出门条;当扫描进出门条时,则生成进出门报告。当车站确认需求单和集装化工具的关系后,生成集装化工具的使用报告,使用报告描述了每个集装化工具所承载的货物。当装车后,生成装车清单报告,装车清单报告既可以描述车辆所苫盖的篷布或者安装的电子施封锁,也可以描述所使用的集装化工具,实际上,装车清单分成两层,上层描述了车辆所装的集装化工具,再描述每个集装化工具中所承载的货物;体现在数据库中,每个货物对应一个集装化工具编号和车号。当货物在运输途中,车号与列车关联;当货物到站卸车时,发送卸车清单;卸车清单报告既可以描述卸下了车辆所苫盖的篷布或者电子施封锁去封,也可以描述所卸下的集装化工具,体现在数据库中,每个货物对应一个集装化工具编号和货位号,货位、篷布和施封与车站关联。这时集装化工具需要承载货物出门,空的集装化工具进门,最后,客户将集装化工具还给车站,完成一次运输周期。

当然,集装化工具或者篷布、施封都可以粘贴 RFID 或者条码;货运员可以通过手持机扫描输入所有信息。

2. 用具调度管理

由于对用具状态和位置的所有变化都进行了记录。所以,可以实现动态追踪用具的位置,查询用具的运行轨迹,统计用具的使用情况,分析用具的周转时间。

在实际工作中,调度人员更关心用具的分布情况,关心现有的用具能否满足客户的需求。由于运输的不平衡性,经常有些用具到达缺少用具需求的车站;而有些对用具需求旺盛的车站,却没有用具到达;这就需要调度人员执行用具的调度,通常调度员通过发送回送命令进行用具调度。车站收到调度命令后,按命令要求将用具装车回送,并发送回送报告;当用具到达卸车时,卸车站发送回卸报告;调度可监视调度命令的执行情况。电子施封锁回送命令的执行,可以依靠捎带运输。

3. 用具工厂管理

当发现用具需求量大,现在用具的保有量难以满足用户的需求,就需要向工厂订货,由工厂新造一批用具,需发送投入使用调度命令,按命令与工厂交接。工厂负责用具的生命期管理,从新造、日常维修维护到报废。调度人员每天分析用具的使用情况,分析用具的分布,用具数量的变化,遇到异常变化应分析原因,如用具的丢失或者客户用具的投入等,所有用具变化都需要用调度命令进行确认。

4. 用具追踪管理

在铁路总公司和铁路局建立集中的用具追踪库和轨迹库,收集所有的动态报告和调度命令信息,借助运输信息集成平台收集的列车和车辆追踪信息,实现在途和在站的用具追踪。管理人员可以随时查询用具的位置和状态、分析用具的使用情况。

5. 用具统计和清算管理

用具的管理部门要对用具运用情况进行统计分析,分析用具需求、周转量、保有量、行程、使用效率,分析维修的成本、增加的运输收入等。根据统计的收益、使用和维修情况,进行铁路局间或者与工厂间费用清算。

十七、专用线管理功能

铁路车站和专用线企业通过《专用线运输协议》明确各自的权利和义务。企业负责专用线的装卸车作业,铁路接轨车站负责指导、监督和检查。由于铁路大部分货运量来自专用线,有必要对专用线的信息化进行探讨。

(一)专用线管理功能

1. 专用线开通审批管理

专用线建设申请/审批模块按业务流程进行管理。流程如下:专用线申请报告→铁路局审批、铁路总公司备案;专用线接轨申请→专用线接轨审批回函;专用线施工申请→专用线施工审查;专用线竣工验收申请→专用线竣工验收纪要;开通申请→开通电报。

专用线开通后,铁路建立专用线管理台账,定义了与专用线相关的属性信息,并将专用线纳入铁路接轨站的现车系统。

2. 专用线协议管理

每年专用线企业与接轨车站签订《专用线运输协议》,协议规定了企业运输的品类和年运量,按车种规定标准装、卸作业时间和作业能力,铁路局货运处负责协议审批,并公布。

3. 专用线计划

每天铁路接轨站根据专用线的到卸和装车做日班/阶段计划,包括装车计划、卸车计划、机车取送计划等,计划下达到专用线执行,铁路接轨站调度实时监视专用线计划执行情况,动态调整计划。

4. 专用线实际作业

入线交接:在车辆到达专用线装卸地点后,货运员和企业运输员共同确认车辆状态、票据和货物信息,办理入线交接,记录入线时间(可通过 AEI 设备)和双方交接人员的用户信息,对入线的车辆可以进行信息补录。

装卸作业:由企业运输员和专用线货运员组织落实装卸车计划,装卸作业过程同车站的装车作业。根据专用线作业实际情况,向运输信息集成平台提供装卸车开始、结束时间报告;根据报告系统自动生成装车登记簿、卸车登记簿、货车调送单。一般有三种报告方式:一是在现场安装联网计算机设备,作业后,统一报告;二是电话通知货调,由货调按批录入时间,生成报告;三是将装卸计划下载到监装卸人员的手持设备,由监装卸人员使用手持设备报告。

装车信息采集:铁路接轨车站负责采集施封号、篷布号,补齐运单承运人填写的信息,用于填制货票。

出线交接:专用线内一批作业完成后,企业运输员和专用线货运员确认车辆状态、票据(运单)和货物信息,记录出线时间(或撤除装卸作业防护牌时间)和双方交接人员信息等。专用线交接地点安装视频监控设备,将视频图像接入货运信息系统。

5. 专用线安全管理

车站监装卸货运员负责专用线的安全管理,包括装卸前后的检查、超重超限、危险品、鲜活易腐货物运输、装载加固、施封、篷布等信息的记录和管理。

6. 运营分析

当企业货车在专用线的时间超过合同标准作业时间后,需向货主核收货车延时占用费。货车延时占用费为:(实际进出车时间－该货车标准装卸时间)×使用费率;运营分析功能具备标注中转车和使用费的调整功能,还具备专用线发送吨数、效益、安全等指标分析功能。

(二)专用铁路

铁路专用线仅仅是与国家铁路相连的企业铁路线,而专用铁路一般都自备动力,自备运输工具,具有完整的运输组织模式。

这里只描述与专用线不同之处,专用铁路都有独立的信息系统,或者使用铁路统一的信息系统,或者使用自己的信息系统。使用铁路统一的信息系统,可以当作铁路的一个车站处理;而使用自己的信息系统,需要与铁路信息系统进行接口,包括:

1. 从运输信息集成平台中查询进入专用铁路的车辆信息。包括列车到达的日班/阶段计划、列车确报、列车到达实际编组、运单、货票、篷布、施封、超限货物、机车等信息。

2. 获取从专用铁路出发的车辆信息。需要列车出发的日班/阶段计划、列车确报、列车出发实际编组、篷布、施封等信息。有的专用铁路与国家铁路有两个铁路接轨站，车辆从 A 接轨站进入，从 B 接轨站出去；由于进入专用铁路的现车记录在铁路接轨站的现车系统中，导致 A 接轨站现车有增无减，B 接轨站无法计算延时占用费，所以，需要对 A、B 两接轨站进行统一的现车管理。

3. 计算延时占用费。为减少车辆周转时间，专用铁路也需要计算延时使用费，与各专用铁路企业核定车种的标准作业时间，如果超出专用铁路的标准作业时间＋走行时间，需核收专用铁路延时占用费。

4. 装卸报告。专用铁道装卸报告方式有三种：一是通过与专用铁道的信息系统联网，获取专用铁道的装卸车报告；二是通过电话报给接轨站的货调（货运员），由铁路接轨站负责录入装卸报告；三是制票员负责专用铁路的制票，在制票的同时生成装车报告。目前，在铁路接轨站中保存了专用铁道的现车信息，当进入专用铁道的车辆回到接轨站时，如果空变重产生装车报告，装车报告内容取自货票；如果重变空，则产生卸车报告；如果重变重，则需要找到货票后，同时产生卸车报告和装车报告。

十八、货运资源管理功能

货运资源包括装卸机具、装卸劳动力、装卸有关的货物线、仓储设施等。装卸机具包括各类型门吊、堆垛机、装载机、叉车、搬运车、皮带输送机等装卸器械；装卸劳动力包括装卸机具的司机及装卸班组；装卸有关的货物线包括货场、箱场、专用线等；仓储设施包括堆场、箱场、仓库等。

资源管理应该按全生命周期的管理设计，包括建设、运行、维护、报废管理等阶段。建设管理主要为资源建立或者调整设备台账；运行管理主要包括资源的使用、调拨和考核管理；维护管理主要包括制订维护计划、备件计划、维修工单管理、故障处理等；报废管理将设备台账转历史；资源管理的核心是成本和效益管理，目的是如何通过管理降低成本、提高使用效益。

1. 建立资源台账

对每一类货装设备设施和装卸人员进行统一编号，作为生命周期的唯一编号。分别以示意图和列表的方式建立设备台账，图形展示货运站的货场、货物线、到发线、专用线、专用铁路接轨示意情况，雨棚、站台、露天货区、装卸机械（固定式）、货位等货装设备设施的分布示意情况；货场内货区货位（箱区箱位）的占用情况（已预约、正在使用、空闲、维修）、作业状态以及指定货位的货物信息；在站场平面图上动态显示安全监控设备、股道作业车等相关设备状态。

以列表方式展示设备设施的指标数据，如货物线、仓库、雨棚、站台等资源的数量、长度、宽度、容车数等基本属性信息，设备的生产厂家、出厂日期、规格型号等信息，还包括设备设施建

立、占用、清空、运用、维修、保养等历史记录信息。

建立货装人员组织结构字典、班组字典表，其中货运人员按人进行作业组织管理，装卸人员按班组进行作业组织管理。人员信息包括姓名、岗位、班组、车站、货运中心、工种特长等。历史信息包括技能培训、奖惩等信息，还包括每个当班人员的总任务数、装车任务数、卸车任务数、其他任务数，以及任务类型、作业地点、派班人员、派班时间、目前状态等详情的功能。

2. 资源的运用管理

车站调度人员负责下达日班/阶段计划，资源管理人员负责编制生产班组的日班/阶段计划和设备运用计划，下达任务工单，生产作业人员负责装卸、仓储等作业，并反馈作业执行情况。要求对全铁路局的设备进行统一管理，可以根据需要从各站调拨设备，进行调入调出记录；根据作业的记录对装卸班组和装卸机械检查评比。可以查询日常记录、季度和年度评比情况。

3. 资源的维护管理

资源管理人员负责根据实际情况维护台账；负责制定检修计划，监督检修人员执行计划，查看资源检修结果；通过分析资源发生的故障原因，寻求资源保养的措施。

检修人员依据资源管理人员制定的检修计划检修与保养资源，完成检修工作后，记录检修结果。

4. 成本管理

管理人员可以查询货运班组（人员）历史作业完成情况、作业量，设备秋检、维修和保养等记录，设备备品的消耗情况，实时完成成本、效益、工资奖金的计算。

管理人员定期需要汇总资源数量，分析各类资源作业量，作为资源和备件购置、生产力布局等决策的依据，并将资源和备件的采购和维护列入成本。

十九、货运计量安全检测监控功能

铁路货运计量安全检测监控系统由车站级、铁路局级和铁路总公司级三级系统构成。车站级系统主要负责收集和管理各检测站点的过车检测数据，并与铁路确报信息进行集成与匹配，实现货物装载状态的实时监控和报警管理。货物装载状态检测数据经铁路计算机网传输到铁路局和铁路总公司货运计量安全检测监控服务器，解析并自动送入铁路局和铁路总公司数据库；车务段和铁路局货运部门在铁路局数据库中查询管理辖区内货车的货物装载状态检测信息和报警信息；在铁路总公司可以查询全路货车的货物装载状态检测信息和报警信息。其结构如图 3-36 所示。

动态轨道衡、超偏载检测、TPDS 设备由称重设备、AEI 设备、微机、数据通信模块等组成。称重设备安装在轨道上，AEI、微机、数据通信设备安装在轨旁，AEI 设备读入车号信息，称重设备检测每个车号的超载或者偏载数据，将数据文件通过通信模块（Modem、光缆、HDSL 等）传输到车站服务器（CPS 服务器）上，CPS 服务器从集成平台读入本次列车的编组信息（确报），根据超重车号找出编组中车辆装载和发到站等信息，根据车辆装载信息进一步确认超重

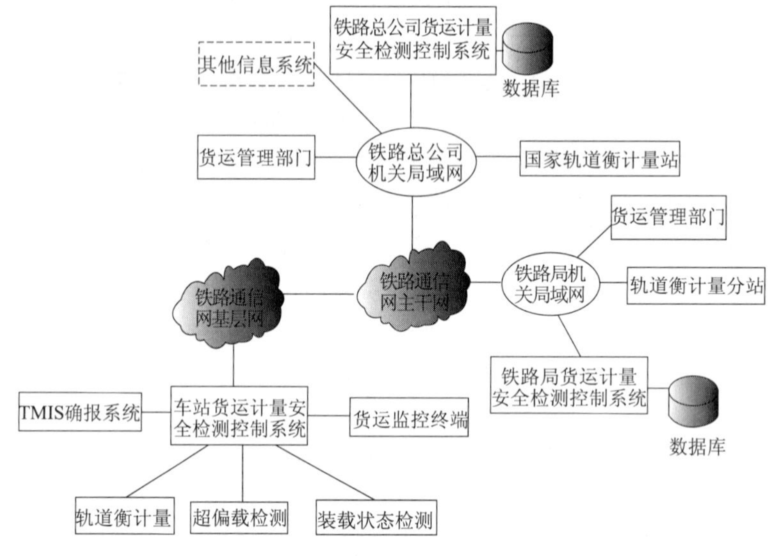

图 3-36　货运计量管理结构

信息，根据车辆发到站，将超载信息通过网络传输，向前方的货检人员以及铁路局和铁路总公司的货运部门报警，由货检人员负责核对检测结果，铁路局和铁路总公司负责在电子地图上对报警信息进行跟踪监控，并提供信息查询、自动生成各类统计报表等服务。

另外，为了维护货运计量检测设备，建立全路超偏载、轨道衡等货运计量设备的电子台账；合理安排设备检修检定计划，提供设备检修检定周期到期提示，收集全路设备检修检定信息；实时收集设备状态自检信息，对设备状态异常给予声光报警提示，通知设备管理部门及时进行故障检修；定期对设备检测精度进行分析调整。

二十、铁路货车装载视频监控功能

系统利用高清晰数字成像技术和计算机智能识别技术，通过图像采集和车号识别设备，对出站或进站每个车号的货车的两侧和顶部进行高清图像采集，通过计算机智能图像识别、对比技术对货车图像进行分割，并与数据库中标准货车图片进行比对，识别货车车厢或装载质量问题，在监控终端进行显示及声光报警。

识别的货车质量问题包括：车厢异常（如车门未关闭、松动等）、车厢内装载货物异常（如超高、超宽、偏载等）、车辆行走中车轮等关键部件异常（如松动或脱落、与钢轨产生火花等）、货车篷布苫盖异常（如搭扣松开、被风刮起等）、车尾标志异常（如丢失、脱落等）。这些现场检查工作主要靠外勤货检员完成，一趟列车大约 1 km 长，检查一趟列车需要两边两个人，如果每天检查 20 趟列车，需要两个人走 20 km。使用货车装载视频监控功能可以大大降低货检人员的劳动强度。但是，如施封号核对、跑冒滴漏等问题难以检查，施封号应使用电子施封，跑冒滴漏问

题需要研究专用检测设备。

系统主要由现场高精度摄像头、车号识别设备、灯光控制设备、测速模块和监视中心组成。当列车到达时，自动控制高精摄像头工作，控制灯光照明，控制车号识别设备读取车号信息，测速模块协调摄像头采集数据的频率。采集数据送到监视中心进行分析对比，监视人员可以实时观测监视结果，通知列检人员对发现问题进行核对。系统需要构成整个监控网络，根据车号与列车编组匹配，确认问题货车的前方站，通知前方站货检员核对检查货车装载视频监控功能发现的各种问题，并将问题汇总上报到铁路局和铁路总公司货运部门，各级货运部门可以通过浏览器快速检查货检工作。

建立全路货车装载视频监控设备台账，对设备运行状态进行集中检测，制订维修检修计划，并接收维修检修反馈结果，不断分析提高设备检测准确度。

二十一、货运规章文电管理信息系统功能

铁路货运规章管理信息系统实施铁路总公司、铁路局两级建库，铁路总公司、铁路局、基层站段三级管理模式，并通过办公系统向铁路站段发布或通过货运电子商务网向社会发布铁路规章、政策。

铁路总公司级系统中分设五个功能，分别为货运规章、政策法规、货运文电、检索查询及数字收发反馈功能，其中货运规章管理、政策法规发布、货运文电管理功能主要包括货运规章、文电、政策法规的录入、修改、发布、废止、查询、打印等；检索查询功能主要对已发布的货运规章、文电、政策法规向有权限的用户提供检索查询；数字收发反馈功能对各铁路局及专业公司是否及时下载文电工作的反馈检查，是确保全路货运规章数据一致性的重要保障。

铁路局货运规章管理系统具有上传下达的重要作用。功能包括铁路总公司货运规章的转发、铁路局自拟文电数据库的建立、基层站段用户信息的管理。系统分设三个子系统，分别为铁路局管内文电管理功能，包括文电的录入、修改、发布、废止、查询、打印等；数据收发反馈功能，包括接收铁路总公司发布、修改及废止的货运规章、政策法规、管理文电，连同铁路局管内文电发布、修改、废止一并向基层站段下达；检索查询功能，主要对已发布的货运规章、文电、政策法规向有权限的用户提供检索查询。

基层站段货运规章管理系统分设四个功能，分别为系统维护功能，主要设定系统用户管理及使用权限；基层站段文件管理功能，主要包括站段制定的制度、实施办法、业务指导等的发布、修改、废止、查询、打印等；收发功能，主要包括接收铁路局系统规章实时更新；检索查询子系统，主要功能是系统对已发布的货运规章、文电、政策法规等向有权限的用户提供检索查询及打印等。

二十二、列尾管理功能

列尾系统是列车尾部防护系统简称，安装在列车的最末车厢，通过一根软管与列车的主制

动风管相连，用于监控列车尾部主制动风管的气压变化，并将风压等列尾信息通过无线方式发送给列车的机车驾驶室内列尾监视装置，准确掌握列车尾部风压的变化。当列车尾部主制动风管内的风压因非正常泄漏低于规定的“门限值”时，装置会自动报警。

货车列尾装置像机车一样按线路区段进行固定配属，每跑完配属区段后，一般在编组站换成另外配属区段的列尾装置；换下来的列尾装置要进行充电；而新的列尾装置在上车前，要进行测试，测试内容主要是风压、电压和无线发射功率等数据。同样，机车驾驶室内的列尾监视装置也需要测试，所以，系统涉及车务、机务、电务和车辆等部门。

信息系统功能包括：一是建立列尾台账；二是根据列车的运行计划，编制列尾的运行计划和维修、维护计划；三是根据 TDCS 和车站的阶段计划，辅助列尾更换作业；四是记录列尾的测试和运行数据；五是对列尾故障辅助分析；六是维修管理；七是列尾位置追踪；八是统计分析。

1. 列尾台账

建立全路的列尾装置台账，记录列尾配属、调拨、借用、维修、报废等管理过程，实现列尾装置及其附属设备（电池、检测台、充电器等）的全生命周期的电子化档案管理。

2. 列尾计划

根据列车日班/阶段计划，自动产生列尾摘挂日班/阶段计划，包括列车车次、所挂列尾编号、电池编号、到达/出发时间等信息；列尾作业员依据阶段计划合理安排列尾摘挂作业。当发现列尾装置少于计划需求，列尾作业人员向铁路局列尾管理人员提出申请；列尾管理人员根据列尾装置的分布和需求，下达列尾回送的调度命令。

对列尾摘挂、交接、调整和回送等实际作业数据进行有效采集，对比实际数据与计划数据的误差，确保列尾设备的接续。

3. 列尾实际作业

由车站值班员通知列尾列车实际到达信息，包括到达时间和股道，列尾管理人员根据作业计划摘挂列车的列尾装置，或者根据回送的调度命令，进行回送列尾设备的交接。所有实际交接、摘挂信息记录在数据库中，包括列尾回送交给的列车车次，接取或者摘下的列尾所放位置，交接或摘挂的时间等。

4. 列尾位置追踪

根据列尾的摘挂和交接记录，结合 TDCS 的列车在途信息；建立每个列尾装置的动态库和轨迹库，实现列尾装置在站、在途的动态追踪。使列尾管理人员实时掌握各区段列尾动态分布信息，以辅助列尾的调配和维修管理。

5. 列尾数据管理

通过数据采集器，可实时采集各场区列尾主机检测台、电池充电仪的检测数据和充电数据，并将采集到的设备检测数据进一步解析、检验和入库。同时，将机车在出段时，需对驾驶室内的列尾监视装置进行检测，其检测数据与列尾主机检测数据一起进行有效存储和数据共享。

6. 列尾故障辅助分析

当发现列尾故障，记录列尾运行故障的信息，通过查询列尾主机的运行数据以及列尾主机和列尾监视装置的测试数据、历史档案信息，辅助对故障的原因和责任进行分析，并形成分析文档，同时，系统可按铁路局的管理要求对列尾运行故障进行统计分析，形成分析图表。

7. 维修管理

实现对列尾故障维修、送厂修、定期检修的记录管理，对列尾装置故障处理的闭环管理，车站相关管理人员可对每台列尾主机的维修和故障状况进行核查，实时掌握列尾维修的作业情况以及故障处理情况。

8. 统计分析

实现列尾作业日志的电子化管理，减轻值班员每日汇总整理的工作量，有助于各级管理人员及时掌握列尾作业情况。同时，信息系统可按铁路局管理要求，自动产生各类运用统计报表和工作量统计报表，提高管理效率。

二十三、散堆装货物运输抑尘站智能控制及作业质量监控功能

在铁路散堆装货物运输过程中，吹落的散货灰尘不仅对沿线的生态环境造成严重的污染，而且对铁路线路内道床、铁路信号和接触网等设备也会造成破坏，增加维修成本，对资源也造成不少的浪费，为此，铁路增设了抑尘站，负责运输过程中的抑尘。

目前，多数铁路散堆装货物装车站建有抑尘剂喷洒站，该站核心是铁路抑尘站喷洒控制系统，主要结构如图 3-37 所示。

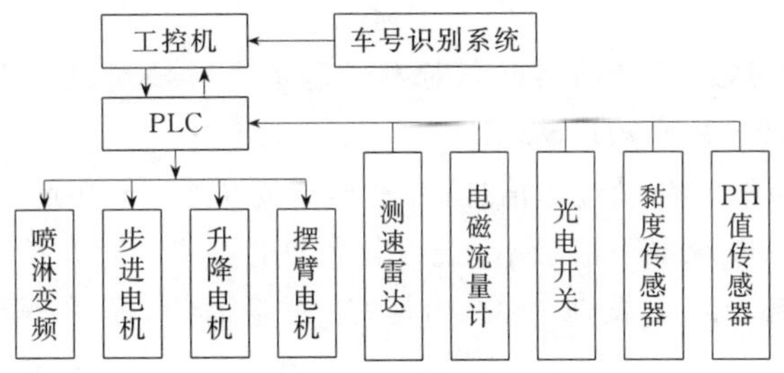

图 3-37　铁路抑尘站喷洒控制系统主要结构

系统由监视管理层、中间控制层、现场执行层组成。监视管理层由工控计算机、计算机网络设备、配以图形用户终端设备组成，负责读入列车编组信息，并且根据列车编组中各车厢散堆装货物数量，计算常规速度下的喷洒方案（每节车厢的喷洒流量或不喷洒），将喷洒方案传输给中间控制层，并实时监视下层设备的状态以及监视喷洒作业效果。控制系统通知司机以常规速度运行通过喷洒系统。

中间控制层是核心层，采用高性能可编程 PLC，对现场各个设备进行作业控制。首先是根据车号识别设备读入的车号信息，根据喷洒方案，确定车号对应车厢的喷洒量以及车辆长度和高度，其次是读入测速雷达的列车行驶速度，控制变频器以实现喷洒流量的恒压和流量大小

的调整，最后是通过光电开关，确定两车厢之间的间隔，确定喷洒动作的启停。现场执行层由电机、变频器、测速雷达、视频头等基础设备组成，负责执行具体的测试和控制动作。

喷洒作业完成后，自动生成每个列车的喷洒作业量以及质量报表，报表和视频监控图像被传输到车站和铁路局管理部门。车站和铁路局负责抑尘列车的调度，负责抑尘液的采购。抑尘站的作业报表汇总后报车务段、铁路局和铁路总公司。

二十四、口岸站和国际联运功能

货物运输须经两个或两个以上国家的铁路进行运送，使用一份运送票据完成货物全程运输称为国际铁路货物联运，国际联运业务包括进口业务、出口业务和过境业务，过境业务包括进口和出口业务。

(一)进口业务信息系统功能

进口业务流程如图 3-38 所示。

流程描述如下：

A. 接收邻国 EDI 发送的电子运单、确报、明日列车到达计划等报文，并将报文自动翻译成中文。

B. 口岸站货调根据明日列车到达计划向铁路局货调申请空车，根据承认车信息，制订各场的货装计划。

C. 当邻国列车到达后，根据邻国的确报信息，口岸站车号负责核对确报，接入现车，并将确报与电子运单进行匹配。

D. 匹配的电子运单送到口岸站票据室对电子运单进行核对，补录未匹配的运单信息，形成完整进口列车电子运单，并通知过磅。

E. 口岸站交接所核对或补录过磅信息，并根据车辆状态、货物装载情况等，决定是否拒收或者填写商务记录，如果发现填写信息不完整，由票据室协调补充完整信息。

F. 将检查通过的电子运单发往海关、国检、边检等部门，海关等部门检查后，发送回执信息。

G. 如果货物拒收，则将货车编入回送空车，送回邻国口岸站，并通过 EDI 向邻国发送执法信息。

H. 如果货物放行，则通知货代是否需要变更运单内容，票据室审核货代的变更是否符合铁路运输条件。

I. 货调为货物列车安排换装计划，安排作业时间和地点。

J. 站调负责被换车和换装车的取送。

K. 货运员监控换装过程，并报点(入线、开始、结束、出线时间)和送集成平台。

L. 如果换装过程发现外方问题，记商务记录；发现国内问题，记普通记录，记录发往安全室。如果换装后，还剩下余货，通知货代处理，或进行补票处理。

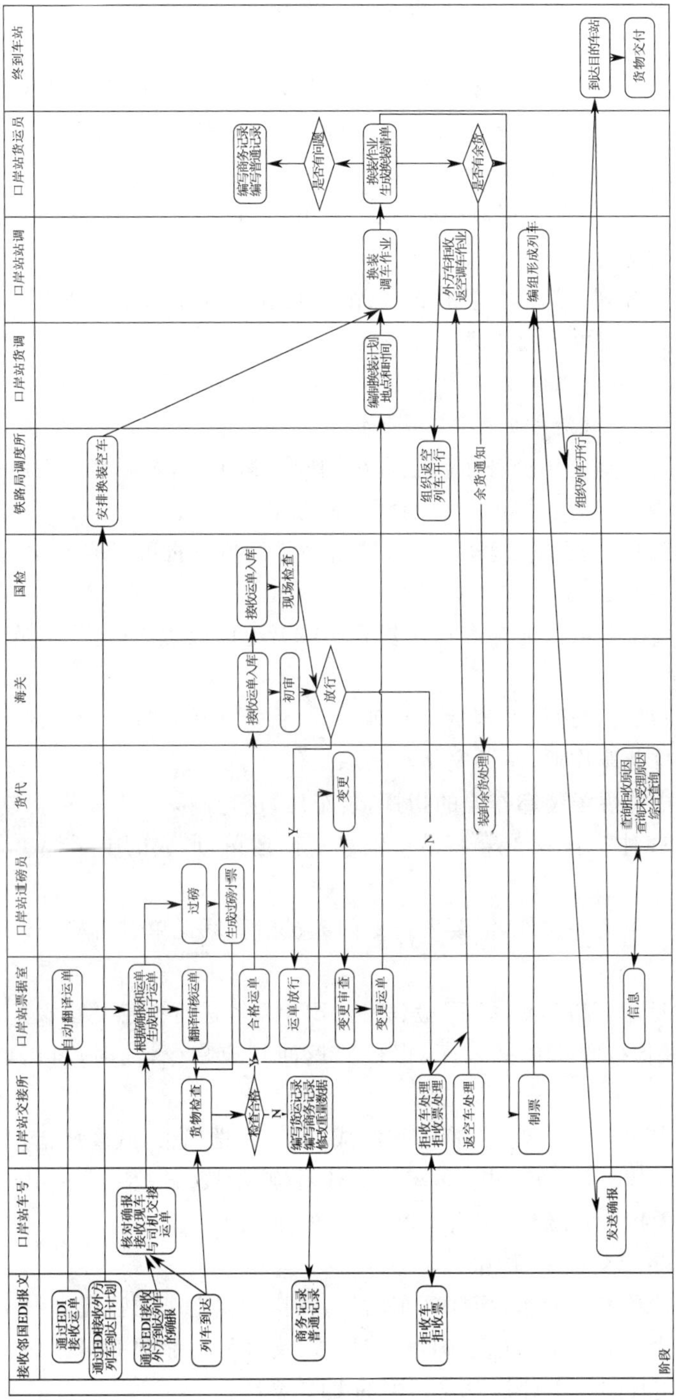

图 3-38　进口业务流程

M. 根据换装后的车号、施封、篷布、集装箱、装载加固等情况，生成报车单，重新制国内货票。

N. 站调组织取送车作业，将换装后国内车辆编成列车，车号员负责发送确报。

O. 票据室生成被换装外方空车的交接单，与外方进行车辆使用费清算。

P. 统计室生成进口联运统计报表。

Q. 系统应服务于货代，货代可以随时查询货物的位置和状态，查询货物拒收、未受理的原因，查询应缴纳的费用等。

R. 铁路局调度指挥列车运行到达目的车站，目的车站安排卸车作业。

S. 目的车站将货物交付给收货人。

（二）国际联运出口信息系统功能

国际联运出口信息系统流程如图 3-39 所示。

A. 货代在互联网货运电子商务平台上提出国际联运申请，客服代表在电商平台上受理申请，为客户申请月计划、日计划，协助用户制订运输方案，生成运单。

B. 货运营销部门负责批准货运月计划，铁路局货调负责批准日空车申请计划，计划调和列调安排空车。

C. 车站或者电商平台可以通知客户送货到站或者上门取货，承运货运员为客户在车站安排了货位。

D. 货物到站后，承运货运员办理货运受理手续，将货物放到货区货位。

E. 车站货调安排装车作业，站调安排车辆取送作业。

F. 货运员负责指挥现场装卸作业的指挥，装车后，进行制票。对整车将制票信息（包括施封、篷布等）写回运单；对零担、集装箱将清单信息写回运单，形成的电子运单才是完整的国际联运运单。

G. 为保证联运运单的完整性，需要安排专门人员对国联运单进行检查，不合格，退到车站重新填报。

H. 审核通过的运单可以送海关、国检、联检、EDI 系统进行信息共享服务。

I. 海关、国检、联检接收运单并入库、审核并返回相应指令；同时，将国联运单送邻国的 EDI 系统。

J. 同时，站调指挥货车的作业，将货车编组成列车，发送确报，调度所指挥列车开行。

K. 当列车到达口岸站后，车站接车，车号员核对确报，接入现车，并标出出口的货车。

L. 系统接收海关指令，并修改相应运单、车辆的海关指令。

M. 出口货运员生成交接单（确报）。

N. 站调根据交接单编组列车，指挥列车出发，并执行返空车的管理。

O. 车号员负责生成规定格式电子确报（交接单）文件发往邻国 EDI 系统。

P. 站调负责将明日的开车计划发往邻国的 EDI 系统。

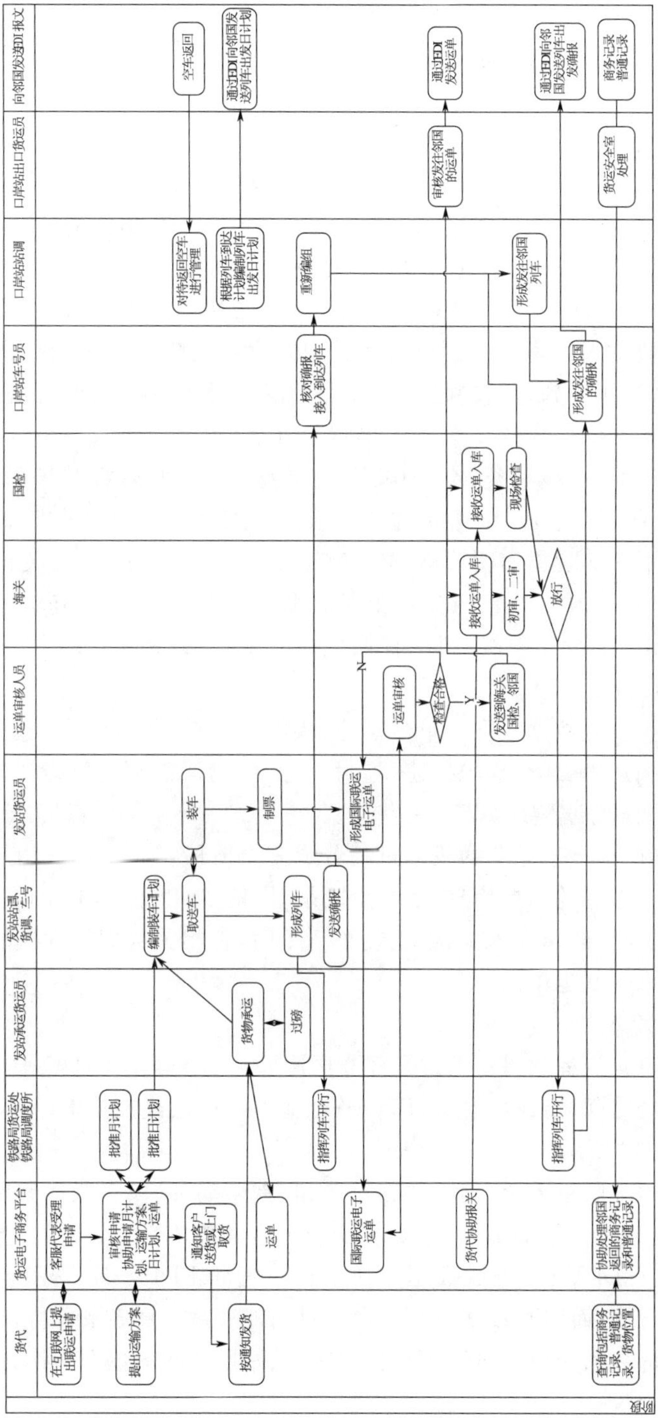

图 3-39　国际联运出口信息系统流程

Q. 安全室负责接收邻国 EDI 系统发来的商务记录和返空信息。

R. 客户可以在互联网上查询所有国联运输相关信息,包括货物追踪、商务记录、普通记录、缴费信息等。

(三)电子运单生成

实现国际联运信息化流程的关键是如何生成符合国际铁盟要求的电子运单。目前,电子运单格式是 51 位,铁盟提出的新格式是 101 位,本文仅介绍 51 位格式的数据项。描述如下:

1. 运送种类;2. 运输号码;3. 装车日期;4. 发货人、通信地址 .5. 发货人邮编;6. 发货人代码;7. 合同号码;8. 发站;9. 发站代码;10. 发货人的特别声明;11. 收货人名称、地址;12. 收货人邮编;13. 收货人代码;14. 对铁路无约束效力的记载;15. 通过的国境站;16. 到达路简称;17. 到达站站名;18. 到达站代码;19. 记号、标记、号码;20. 包装种类;21. 货物名称;22. 货物名称注释内容;23. 件数;24. 发货人确定的重量;25. 共计件数;26. 共计重量;27. 互换托盘(集装箱箱主箱号);28. 种类、类型(集装箱类型);29. 所属者及号码(集装箱载重);30. 文字描述(集装箱自备标记);31. 数字描述(集装箱自重);32. 办理种别;33. 由何方装车;34. 发货人添附的文件;35. 货物声明价格;36. 批号 1;37. 批号 2;38. 海关记载;39. 车种车号;40. 标记载重;41. 轴数;42. 自重;43. 换装后的货物重量;44. 铁路确定的重量;45. 施封个数;46. 施封号码;47. 发站日期戳、到站日期戳;48. 确定重量方法;49. 车站;50. 过磅人员;51. 出口国境站的运费。

从中可以看出,这 51 项数据包含运单名描述、收发货人描述、货物品类、重量及包装的描述、路径描述、装车的描述、承载车辆的描述、施封描述、货物保价和运费描述等。部分数据需要装车后才能填写,部分数据需要从货票中获取。

所以,需要将国际联运电子运单的录入过程分成三个阶段,第一阶段,由货代与客服代表一起通过电商平台录入基本的运单信息;第二阶段是对集装箱和零担,制票时将相关数据写入国联运单;第三阶段是对集装箱和零担,生成装车清单时,将相关数据写入国联运单;对整车,制票时将相关数据写入国联运单。

(四)国际联运数据交换平台

实现国际联运信息化流程的另一关键是建立国际联运数据交换(EDI)平台,实现与海关、国检以及邻国信息系统之间的数据交换。EDI 平台基本结构已经在第 3 节讲过,本小节简单描述数据流动,如图 3-40 所示。

图中描述了整个国际联运系统,涵盖铁路总公司、铁路局、站段三级。铁路总公司包括货运电子商务平台、货商 EDI 平台、国际联运数据交换平台和集成平台,前面一节已经描述过货运电子商务平台、货商 EDI 平台,国联数据交换平台与货商 EDI 平台作用一样,只不过货商 EDI 平台对国内其他行业,而国联数据交换平台针对国外铁路。集成平台将在第七节描述,平台主要负责平台之间的数据交换,包括总公司、铁路局、站段之间的数据交换;部分站段信息系统应安装在集成平台上。

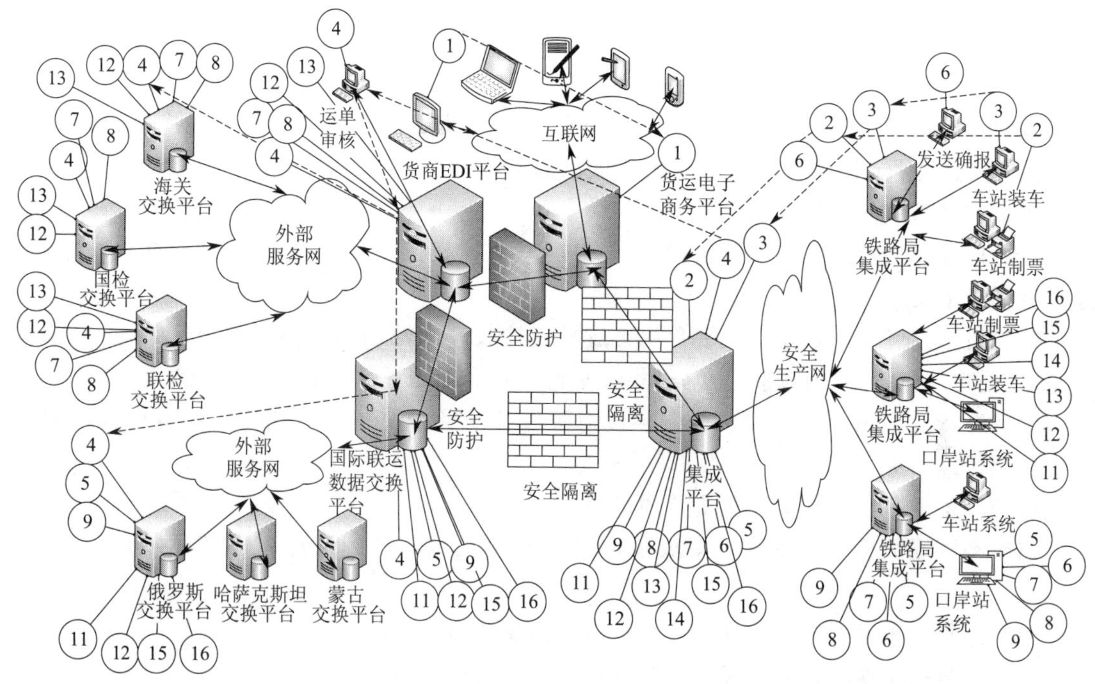

图 3-40　国际联运数据交换示意图

出口信息系统信息流程如下：

(1)对出口来说，首先在货运电子商务平台上开发国际联运订单和运单的输入界面，由货代(或客服代表)输入订单和运单信息；经客服代表确认后，将运单从电商平台传输到集成平台的车站信息系统(注：集成平台指铁路总公司集成平台传输到铁路局集成平台或反之)。

(2)对整车，承运受理、装车、制票后，形成完整的国联电子运单，将国联运单传送到集成平台进行审核。在国联运单初审界面，由车站(制票货运员)对国联运单进行初步审核。

(3)对零担、集装箱，先制票，只形成部分国联运单，还需要装车后，发送装载清单同时，补充完善国联运单，并传送到集成平台接受审查。在国联运单初审界面，由车站(集装箱或者零担货运员)对国联运单进行初步审核。

(4)在国联运单审核界面，由专人负责对国联运单进行审查，对不符合规定的运单退回车站重新填报，审查通过后，通过国联数据交换平台送邻国的 EDI 系统。

(5)在口岸站计划界面，由口岸站站调根据到达口岸站车流、现车以及口岸站作业能力，推算后两天经口岸站去往邻国的列车车流，经集成平台和国联数据交换平台将日计划发往邻国 EDI 系统。

(6)在(2)、(3)中形成的货物装车后，编组形成列车发往口岸站，使用确报程序经铁路局—铁路总公司—铁路局—向口岸站发送确报信息。

(7)口岸站收到确报,接入现车系统,对出口列车重新编组,与运单绑定,形成电子运单,经过集成平台—货商 EDI 平台发送到海关、国检、联检审核。

(8)海关、国检、联检审核后,发送执法指令,经货商 EDI 平台—集成平台发到口岸站。

(9)接到海关放行的执法指令后,使用确报系统经集成平台—国联数据交换平台向邻国 EDI 系统发送确报(交接单)。接收邻国发回的商务记录。

进口信息系统信息流程如下:

(11)接收邻国发送的运单信息,将运单经国联数据交换平台—集成平台,送往口岸站,将运单翻译成中文。

(12)口岸站经国联数据交换平台—集成平台接收邻国发送的列车和确报(交接单),核对确报后,与运单绑定,形成国联运单,经集成平台—货商 EDI 平台报给海关、国检、联检等。

(13)经货商 EDI 平台—集成平台接收海关等执法指令。放行后,执行换装,形成新的确报和货票。

(14)经集成平台向到站发送货票和确报。

(15)经国联数据交换平台—集成平台接收邻国发送的日到达计划,向铁路局调度申请空车。

(16)经集成平台—国联数据交换平台向邻国发送商务记录。

在联运数据交换平台上还实现了语言自动翻译功能、运单考核功能以及统计分析功能等。语言自动翻译功能主要建立国家、车站、品名等对照字典,按字典可以将中文翻译成外文或者外文翻译成中文,平台具有自学习功能,可以记忆审核过程中对字典的修改。运单考核功能可以考核运单填报质量或者多报少报,其实现原理是填报运单与口岸站的实际确报进行对比。统计分析功能主要分析各种商品各部门进出口数量。

(五)口岸站信息系统

口岸站与普通货运站的不同之处在于受理部分增加了进出口的作业,装卸部分增加了换装作业的功能。

1. 受理部分

以满洲里车站为例,车站交接所负责进出口货运业务的受理。主要有翻译、到发线、票据室、入口、出口等岗位,主要的服务对象是货运代理(货代)。

翻译岗位信息系统功能主要审核进口的运单,保证货代运单内容填写和翻译正确。

到发线岗位信息系统功能主要根据现场的货检结果,对不合格的货物进行拒收,并录入拒收原因;对填写不全的运单进行补录,如施封号、集装箱号,对过磅货物核对重量,处理商务记录等。

票据室岗位信息系统功能主要是受理货代的运单变更申请,审核变更是否符合铁路的办理限制。

入口岗位主要功能是将国外货票换成国内货票,需要根据换装的结果(报车单)打印国内

货票。

出口岗位主要功能是形成联运的交接单，也就是根据出口的列车车辆，核对其确报和货票，形成与邻国交接的电子运单。

2. 换装部分

换轮：在换轮场将整个车体平移到国内车轮上，即将国外车轮换成国内车轮，车号依然是国外车的车号，仅改变车轮，其他一切信息照旧。

对装：货物已有货主，货物不落地，直接换装到国内车辆上。其难点是国内车辆与国外车辆的装车量存在换算关系（可能一车对多车、多车对一车或者多车对多车，例如三车对两车），另外，还需要处理剩余货物。

卸车：货物暂时还没有货主，先卸到货场保管。

装车：将落地货物进行装车，可根据货运计划和运单进行装车。

补票：对换装后的剩余货物进行补票，处理需要货代配合。

熏蒸：根据原木的熏蒸要求，将熏蒸作业要求自动记入换装后的车辆信息中，以便调度安排车辆到熏蒸地点。

报点作业：上报装卸开始和装卸结束时间到运单和集成平台。

商务记录：换装过程中发现外方问题，提出商务记录申请。

普通记录：换装过程中出现中方问题，制普通记录。

报车单：根据换装结果生成报车单，作为货运制票的依据。

第五节　行包信息系统

一、行包信息系统综述

行包运输是铁路行李包裹运输的简称。铁路行李是凭有效客票托运的旅行必需品；铁路包裹是由旅客列车运送或按客运速度办理承运的货物。虽然，行包由客运部门管理，但是，属于货物运输的一部分，而且行包具有批量小、到站分散、种类繁多、包装规格不同等特点，因而运输组织工作复杂，作业环节多，需要较多的劳力、设备和机具，运输成本较高，所以，单独一节叙述。

从 20 世纪 80 年代开始，铁路就开始行包信息系统的研究工作。首先在发送制票环节引入计算机，主要解决了行包运价里程的计算、行包票据的打印、自动结账等问题；随后，在到达交付环节也逐步开始应用计算机，包括到达票据的录入、通知、交付、结账、统计、库存管理等功能。到 20 世纪 90 年代，开始实施局域网环境下的行包管理信息系统，系统涵盖了行包运输的主要环节，包括承运、中转、到达、事故处理等。在此基础上，开始尝试车站间的联网，特别是中铁快运，实现了快运营业部间的联网和快件追踪。从 2003 年底，中铁快运股份有限公司（当时称行包快递有限责任公司,简称中铁快运)提出行包信息系统调整技术方案,实行大集中的架构;整个系统由行包营业部、铁路局行包区域中心、全路行包中心三级信息系统构成,建立基于VPN的三级树型Internet网络;在全路行包中心建成行包作业的全程追踪系统,实现全路行包办理站间的数据交换,全路行包运输生产数据的汇总处理、统计分析等,并与清算、收入、统计中心交换数据。在行包营业部建立车站级行包管理信息系统,实现办理站行包到达、中转、发送、仓储、配装、交付等作业环节的计算机管理,实现车站与行包追踪中心、车站与代办点等的数据通信,行包区域中心从全国行包中心获取与本局管内有关行包统计数据,完成本局管内的行包调度、业务统计和业务管理等职能。建立全路统一的行包客户服务系统,为客户提供热线电话服务。

目前,行包信息系统正在向全程物流服务方向发展,全程指的不仅是提供站到站的行包运输服务,而且提供门到站、站到门的服务,物流指的不仅是行包运输服务,还包括仓储、包装、配送等物流服务。

二、行包全程追踪信息系统

行包信息系统的标志是实现所有行包位置和状态信息的全程追踪,这不仅是客户服务的需要,而且更是管理的需要,因为通过追踪,可以精确地掌握货流的分布,准确地制定装车和卸车、配送等计划,提高运输效率。

行包追踪从受理承运开始,到交付结束,中间通过取送、保管、装卸、运输等作业过程,每一个作业过程都要经过交接核对,同时,记录到追踪库中。下面分两步说明,一是追踪库的数据结构;二是追踪的实现过程。

1. 追踪库的数据结构

追踪库从承运开始记录,包括保管→装车→运输(中转)→保管→卸车→保管→交付→配送等完整过程。整个追踪库主要由三个库组成,分别是动态库、轨迹库和历史库。动态库记录了行包货物当前的位置和状态,用于客户的行包货物信息查询和行包调度;轨迹库记录了行包货物运输过程中的作业轨迹,用于作业管理、统计分析和事故分析;轨迹库一般保存有限的时间,过期的轨迹库数据转存到历史库。追踪库的简化数据结构见表3-3。

表3-3 行包追踪数据库结构

序号	字段名	汉字名称	类型	长度
1	Fld_No	顺序号	Int	—
2	Ticket_No	票号	Char	8
3	Batch_No	批次	Char	1
4	Ticket_Label_No	条形码	Char	60
5	PACKAGE_INDEX_TAB	行李票索引	—	—

续上表

序号	字段名	汉字名称	类型	长度
6	BAG_INDEX_TAB	包裹票索引	—	—
7	DepartStation_Code	发站	Char	5
8	ArrStation_Code	到站	Char	5
9	DF_Flag	到发中转标志	Smallint	—
10	In_Train_or_Station	在站在途取送标志	Smallint	—
11	DF_Datetime	到发日期时间	Smalldate Time	—
12	Print_Ticket_Datetime	制票日期	Date	10
13	Current_DepStation_Code	行包当前发站编码	Char	5
14	Current_ArrStation_Code	行包当前到站编码	Char	5
15	Current_Train_Code	行包当前列车车次	Char	8
16	Current_XLC_Code	所在行李车车号	Char	8
17	Station_Bagman_Codo	交接交行李员编号	Char	8
18	Train_Bagnmn_Code	交接接行李员编号	Char	8
19	Update_Datetime	本次更新日期时间	Smalldate Time	—
20	Current_State	当前行包状态	Char	10
21	Trucks_no	取送卡车编号	Char	10
22	Phone_Number	取送人员手机号	Char	11
23	Trucks_Location	取送卡车位置	Char	30

将行包追踪数据库数据分成静态和动态数据，静态数据是在行包运输期间不变的数据，如行李票或者包裹票数据，可以在使用时借助索引进行关联。动态数据是行包运输期间变化的数据，如所在车站、所在列车、货位、行李员、日期时间等。每当行包状态发生变化时，修改动态库，同时在轨迹库中插入一条记录；将轨迹库数据移送数据仓库（或统计库），完成行包信息系统统计分析功能。

追踪库是整个行包信息系统的核心，所以，必须建立备份库，对数据进行实时备份。备份一般采用异步备份，将写到动态库的数据，再通过数据库复制技术写到备份库，当追踪库发现异常，立即启用备份库进行行包货物的追踪。

2. 追踪的实现过程

实现过程包括在站追踪的实现过程和在途追踪的实现过程。追踪和报告的实现过程如图 3-41 所示。

整个系统采用 B/S 架构，在铁路总公司集中建数据库，包括动态库、轨迹库、历史库、行包票库等，各站行李员的作业直接写入铁路总公司数据库，作业过程可以借助手持设备扫描条

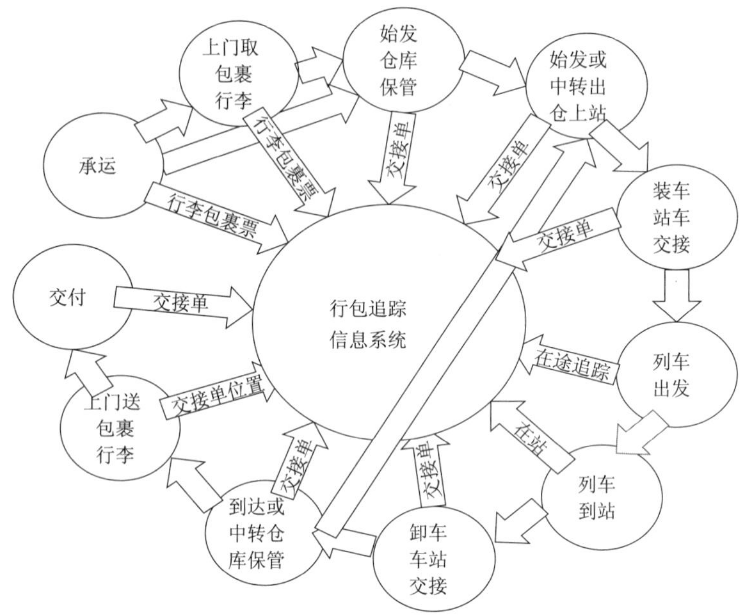

图 3-41　行包追踪和报告的实现过程

码，也可以直接录入。当承运生成行李或者包裹票后，开始在动态库、轨迹库中生成本行李或包裹票的记录，启动本行包货物的追踪，当入库保管时，承运人员与保管员通过手持设备扫描行包货物标签办理交接手续，生成交接单，行包的状态是“在库”，“位置”是仓库的货位；当装车时，装车行李员通过扫描生成交接单，先与仓库交接，再与列车行李员交接，行包的状态从“在库”变成“在站”、再变成“在车”，“位置”变到列车行李车上。当列车出发，行包开始在途追踪；当列车到站后，通过列车行李员与车站行李员扫描交接，开始在站追踪，行包的状态从“在车”变成“在站”、再变成“在库”，当配送时，对汽车进行追踪；交付后，整个追踪过程结束，从动态库中去掉本行包记录。

当行包装到列车上后，就开始行包的在途追踪。实际上，依靠行包追踪库中的“在站/在途”标志位，当标志位为在途时，将对行包货物追踪转化成对列车的追踪。目前，行包的在途追踪依赖于旅客列车时刻表的信息，其前提是列车严格按时刻表运行，但实际运行中，有晚点情况，为了提高追踪的准确性，使用 TDCS 的实际线进行追踪，可以追踪到行包货物的具体运行区段。

在每个车站建立一个行包仓储管理子系统，按仓储、货区、货位、行包票进行管理，实时形成每个站的行包货流表。每个站仓储的行包数量应始终与追踪库中每站行包数量一致，后台程序不断校核两者一致性，以提高整个系统的数据可靠性。

三、车站级行包管理功能

车站行包营业厅是行包具体承运部门，也是行包信息系统的具体操作部门，车站级行包管

理信息系统主要包括承运接取、保管、装车、卸车、交付、配送等环节。

(一)作业流程

1. 承运作业

承运作业包括受理环节、安检检斤、制票收款和拴签入库四个作业环节。受理环节可以在网上提交《行包托运单》,拨打95572电话提出需求,由受理人员录入托运单,也可以到营业网点办理。

如果在营业网点办理,受理人员先协助客户做好包装,贴上条形码,由受理人员安检和称重,输入基本信息,并扫描条形码,将条形码、件数、重量等信息自动输入托运单;然后,核算运费,制票收款,自动生成唯一的行包票号,将行包票信息记入追踪库。如果上门办理,可以自带称重、制票、条码等设备完成上述过程。

受理部门每天进行财务结算,进行收入、运量、票据和班组交接统计。

2. 承运保管作业

承运保管包括上门接取行包货物的承运保管、营业所接取行包货物的承运保管和中转交付行包的承运保管。由仓库保管员扫描所保管的行包,可自动为行包分配货位,将行包按分配的货位堆放和管理;生成交接单并送追踪库,追踪库行包状态变为在库;并通知计划室做装车计划。

3. 装车作业

装车计划员根据行包运输方案编制装车计划,下达给备货行李员执行;备货行李员根据装车计划在货位寻找行包货物。扫描行包条码生成出库交接单,交给送车行李员;送车行李员将行包货物、交接单交接给列车行李员;正常装车完毕后,送车行李员将交接后的交接单交装车计划员,装车计划员做装车确认;交接单送追踪库,行包状态变为装车。如果装车过程有剩余货物,则退回仓储,在追踪库中同一单行包分成两批或多批(同一单行包均到达才能办理交付),通知计划员处理交接单;如果行包货物发现问题,则需要填写货运记录。

4. 运输作业

当装车都结束后,将追踪库行包状态置成“在途”状态,行包需要通过TDCS的运行线进行追踪。当行包货物到达后,将追踪库行包状态置成“在站”等待卸车状态。

5. 卸车作业

根据到达行包编制卸车计划,交给接车行李员,并与列车行李员办理交接单,将追踪库行包状态置为卸车;交接行李员将中转行包货物交中转仓储,将到达行包货物交到达仓储,并填写交接单。

6. 中转和交付保管作业

中转行包货物入库包括中转卸车入库、未能按计划装车行包回库。接车或者送车行李员将行包票据和行包同时交给入库管理员,入库管理员对行包扫描,对外部转运行包要补录票据信息。入库管理员确认票据、行包与信息系统记载一致。可自动为行包分配货位,对行包按货位进行管理，将行包按分配的货位堆放；生成交接单并送追踪库，追踪库行包状态变在库；通知计划室做装车计划。

到达行包的交接过程是由接车行李员将行包票据和行包同时交给库区管理员。库区管理员对票据和行包货物扫描确认，保证与信息系统记载一致。可自动为行包分配货位，对行包按货位进行管理，将行包按分配的货位堆放；生成交接单并送追踪库，追踪库货物状态变在库；通知到达交付室联系客户。

7. 中转作业

为中转行包货物做好中转计划，包括一次、二次中转等，到达中转站后，按卸车计划进行卸车，按装车计划进行装车。

8. 交付作业

到达室通过短信、电话、传真联系客户。客户可以凭单证或者密码到营业厅办理提货手续，也可以送货上门。如果送货上门，追踪库的状态是“配送”，当交付货运员（或司机）与客户办理交付手续，追踪库行包状态变为“交付”。对无人认领行包货物，要进行催领，超过催领期限的行包，报上级批准后，记为无主货。对于破损丢失的行包货物做事故记录。

其他功能需求包括结账、统计分析、库存核对与监控、安全事故管理等。

（二）计算机实现

1. 需求网上受理

在电商平台上受理行包需求，通过互联网上的电脑、手机APP、微信、电话等提交需求，可申请门到门和物流服务，试算运费，查询办理条件或者办理限制，实时查询行包货物的位置和状态。

2. 车站行包受理作业

在车站办理行包托运手续，可联网获取托运人乘车信息，联网获取行包称重数据，输入行包基本信息后，打印行包专用条码标签，自动计算行包费用并印制行包票据（行李票、包裹票、行包混合票及客运杂费），自动为承运行包分配货区货位。每班结束后，可打印班组/窗口日班结账、财收-4报表；进行行包班组/窗口日常统计及查询。

3. 货区货位管理

自动为行包分配货区货位，对货区货位进行图形化管理，行包货物的出入库管理，移库管理，行包货物的查询，行包货物存放时间、行包流向的统计分析等。

4. 计划编制

根据行包列车和仓储行包货物编制行包货物的装卸车和中转计划，与实际作业进行对比分析。

5. 手持设备生成交接单

为装卸车、仓储、货物接送等岗位配置手持设备，主要功能是下载计划，按计划扫描行包标签；生成受理、承运入库、出库备货、装车、卸车、中转入库、交付入库、未装入库、交付等交接单。

并同步触发修改追踪库和插入轨迹库。可以补录交接单、行包票等数据。

6. 行包到达作业管理

对到达货物通过短信、电话、邮件等自动发催领通知。在窗口办理到达交付手续，可查询行包到达票据和位置信息，行包到达交付窗口换票计费处理，到达交付日班结账和统计报表等。

7. 行包中转作业管理

对中转行包票据进行管理，中转发送计划编制及交接表打印，中转日班统计分析报表打印，中转货区货位查询等功能。

8. 接取送达管理

通过手持设备接收取送作业命令，使用专用设备进行称重、计费、制票、票据数据上传，手持设备扫描行包条码上传受理和交付数据等。

9. 票据管理

对票据的请领、确认激活、更正、领用、作废等全过程进行管理，对票据使用情况进行统计分析。

10. 行包安全生产管理

行包信息的追踪查询，无主及逾期货物信息管理，行包事故处理，安全室事故旬报、月报统计分析打印，行包安全档案管理，行包事故公文处理等。

11. 车站行包生产统计分析

各种日常行包统计报表，发送、中转、到达、运量、收入、成本、流量、流向、货源、库存、货主等各种行包指标分析。

四、行包调度与指挥功能

上一小节分析了车站行包营业厅的主要功能和实现，本小节主要探讨行包总公司以及区域中心的运输指挥功能。

（一）业务需求

铁路行包调度工作分为三级指挥，即行包总公司调度、分公司调度和车站营业部调度，三者共同完成铁路行包日常运输组织的指挥与调度，包括行包运输组织、行包运输资源调配、运输渠道畅通、运输速度及时。

行包调度的核心思想：在给定的行包资源和行包需求的基础上，为需求编制资源调配的合理方案实现效益的最大化和成本的最小化。其中，资源包括行包专列、行李车、仓储、作业人员以及作业工具等。

对于总公司行包调度而言，一是需要监督路网内行包运量、流向和运能利用情况，协调跨局长途行包运输的中转接续车次和节点选择；二是协调分公司共同编制行包运输方案和日计划，包括直通、管内、链式运输方案和计划；三是监督行包积压情况、行李车和行包专列的使用情况；四是重点盯控公司级大客户行包的及时装运情况。

对于分公司行包调度而言，要根据各大车站的日计划，参考小站规律装运量，较为全面地计算每趟列车在各区段的行包运量密度，依据大站兼顾小站、始发站兼顾中间站的均衡协调原则，汇总并调整各站的装车和卸车计划，并监督各站按计划执行效果，监督各站物流和门到门作业情况；监督各站行包积压情况、行李车和行包专列供应情况，及时向客调申请运能；统计各站完成任务情况。

营业部主要有经营型营业部、车站营业部。车站营业部收集当日各营业网点的快件行包，加上车站承运的普通包裹，及时做出装车计划和卸车计划，安排物流取送作业；衔接各个车次组织合理运输，按行包货物优先等级尽快装运。

(二)功能实现

行包调度信息系统的结构如图 3-42 所示。

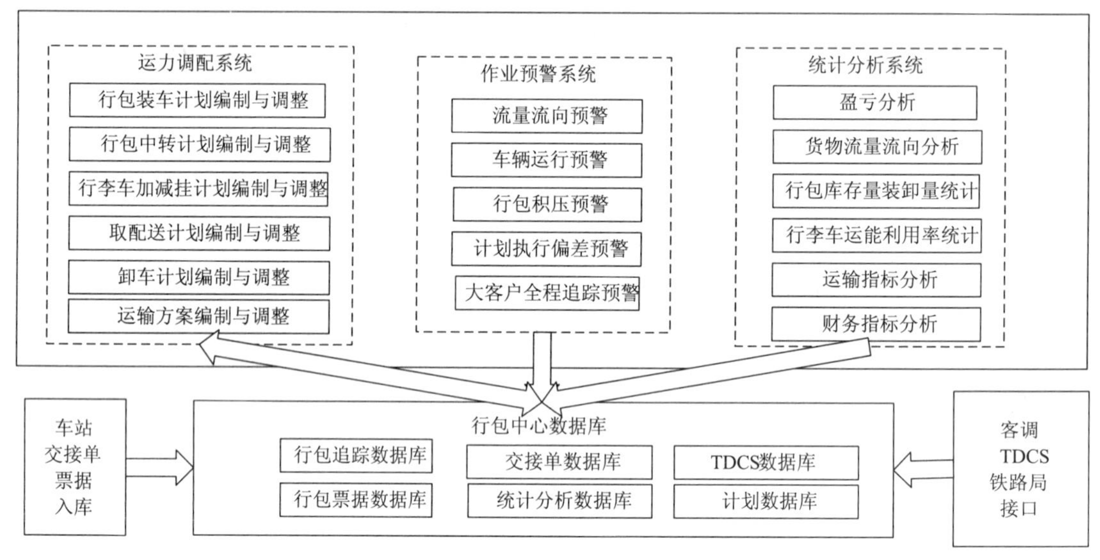

图 3-42 行包调度信息系统结构

1. 运力资源配置功能

运输方案编制与调整。运输方案指行包车的开行方案，包括行李车及行包专列等；根据运行图可确定行包车具体方案，计算运能。根据行包运输实际需求或积压情况，通过系统发布调度命令，向铁路总公司或者铁路局客调或运输部门申请增加或减少列车或者行李车。

行包装车计划编制与调整。根据运输方案和行包的装车需求，编制装车方案，可以自动编制也可以手工编制，编制时需要考虑货物的流量、流向、体积、重量、装车站停留时间、卸车站停留时间、库存时间、大站兼顾小站、始发站兼顾中间站、货物运输优先等级(始发中转、中转时限、发送时限、中转大客户、中转快件、发送大客户、发送快件、中转包裹、发送包裹)等，编制时可以使用数学优化方法。

卸车计划编制与调整。根据行包的到站自动生成沿途各站的卸车计划，可以用手持设备先下载装车或卸车计划，在扫描时，将交接单与计划对比，发现交接单扫描错误或者缺少，马上提醒。

中转计划与调整。根据运输方案中列车的接续关系，以及接续列车的装载能力，自动计算行包的中转计划，包括一次中转或二次中转等。可采用数学方法，计算最优的中转计划。

行李车加减挂计划编制与调整。如果行包流量流向需求大于或远小于装车计划，可以根据需求生成加减挂调度命令。

调度命令管理。调度命令申请、核对、会签、签发、执行监控等。

大客户管理。包括大客户合同管理，计费规则管理，以及运量统计分析。

基础数据管理。对行包运费、品类、行包办理站、营业网点等数据进行维护。

接取送达计划在下一节描述。

2. 作业预警系统功能

流量流向预警。分线路方向实时盯控运力资源与货物流量的匹配度，分路段节点式盯控运能紧张程度，分析运能利用率、盈亏情况，发现问题及时调整对应方向的流量和装车计划。

行李车运行预警。根据TDCS信息获取行李车的正晚点信息，获取各站到发时间、停时，以及装卸需求，提前做好行包装卸准备。获取行李车虚拟的预警，所装货物低于阈值则报警。

行包积压预警。实时分析各车站行包积压情况，积压时间、数量、方向，超过一定天数则预警。

计划执行偏差预警。实时分析计划与实际执行之比，发现偏差及时报警。

大客户全程追踪预警。监控对象扩展为行包运输产品包括大客户、时限快递、快递、普包、行李等，包括始发、终到车站、沿途中转站、在站停留时间，督促相关部门及时处理超时情况。

长途车次的超重货物预警。对分公司上报的超重货物信息及时汇总，分析跨局直通车次的超重货物件数和处理超重货物到达预警信息。

3. 统计分析系统

盈亏分析。车站在发车前根据票面信息统计行李车所装货物的收入总和，考量每辆行李车收入是否大于区段平摊使用费等单车成本，为车站营业部行包计划员编制装运方案提供依据，实现盈亏型调度。

货物流量流向统计。行包发送、中转量统计，运量和收入统计，运输作业指标统计，行包各品类别流量流向统计，货源与货主统计分析。

行包库存量、装卸量统计。及时统计上报分品类、分等级行包库存结余，中转行包停留时间，沿途装卸办理量，吸引范围内预计到达发送量。

分方向的行李车运能统计。主要是指各次列车加挂的行李车，分阶段统计汇总剩余运能，以便铁路总公司调度员估计运能紧张区段和虚糜区段，及时申请加挂或摘甩行李车，做到运能合理利用。

运输指标分析。分析各种运输指标,包括正晚点率、运量、运程、运输效率等。

财务指标分析。分析各种财务指标,包括收入、成本、清算相关数据指标等。

五、行包安全管理

1. 编制客运记录

可以快速调出客运记录的原票信息,在此基础上编制客运记录,打印并保存客运记录;如果系统中没有票据信息,则根据客运记录生成一条票据信息,传输客运记录到中心服务器。

2. 编制行包事故记录

编制行包事故记录的原票信息,可以从系统中提取,打印并保存行包事故记录:传输行包事故记录到中心服务器。

3. 编制赔偿要求书

根据客户赔偿要求,编制赔偿要求说明书,同时必须与行包事故记录编号关联,打印并保存赔偿要求书。

4. 编制事故赔偿通知书

根据事故处理结果,编制赔偿通知书,同时必须与行包事故记录编号关联,打印并保存赔偿通知书。

5. 编制、接收铁路传真电报

根据安全员需求,编制传真电报,注明需要传送的营业部(车站),并将电报内容发送至对方营业部系统中。安全管理应用定时搜索到达本营业部的传真电报,并及时显示和打印。

6. 编制退款证明书

编制、打印并保存退款证明书,允计删除退款证明书。

7. 安全文涵查询

对所有已编制的安全文涵按照同期或编号进行查询浏览,并提供打印功能。

8. 分析事故原因

根据票号、发站、到站、品名、发货人、收货人、承运日期、到达日期、到达车次等信息组合查询,列出详细票据信息和票据操作记录。根据交接单和车次装载情况记录,分析事故原因。

9. 无主货查询

根据货物特性(品名、件数、重量、承运日期范围)查询所有营业部所发现的无主货信息。

第六节　物流信息系统

一、物流信息系统综述

物流信息化是指物流企业运用现代信息技术对物流过程中产生的信息进行采集、分类、传

递、汇总、识别、跟踪、查询等一系列处理活动，以实现对货物流动过程的控制，从而降低成本、提高效益的管理活动。物流信息化是现代物流的灵魂，是现代物流发展的必然要求和基石。

铁路是传统的物流企业，随着铁路总公司的成立，铁路总公司提出了推进铁路货物运输向现代物流转型的企业目标，就是要以满足客户需求为要旨，以信息化为支撑，通过发展全品类物流、提供全流程服务、开展全方位经营、实行全过程管理，实现运输、仓储、加工、信息服务等业务的融合发展。

根据铁路总公司的部署，铁路的信息部门也提出了物流信息化的实施意见。即以铁路现代物流业务发展需求为驱动，以实现物流全过程信息化服务与管理为目标，在"互联网＋"战略指引下，按照统一规划、分步实施、重点突破、加快推进的原则，充分利用云计算、物联网、大数据等信息技术，建立铁路物流信息化标准体系，大力推进铁路物流信息化建设，建成中国铁路95306网和铁路物流综合信息系统，搭建铁路共用物流信息平台，整合完善铁路既有信息系统，实现铁路内外部物流信息资源共享共用和互联互通，以信息化促进铁路货物运输向现代物流转型，为铁路物流发展提供强有力的支撑与保障。

根据实施意见，一是建设了95306网站，并于2015年5月投入运行；二是在全路范围内实施了零散白货的门到站、站到门的接取送达信息系统，于2015年10月投入使用；三是研发物流调度信息系统，于2015年9月投入使用；四是编写了物流园区信息化建设标准，并作为物流园区建设标准的一部分发布；五是研究铁路共用物流信息平台和铁路物流标准化体系。

二、95306物流网站功能

95306网站包括十大板块功能。其中，"我要发货"是货运电子商务系统，"我要买票"是互联网售票系统，前面均已说明。"物资采购与招商平台"服务于铁路内部物资采购及土地、商铺等资源的招商，其他板块包括大宗商品交易、铁路商城、仓储服务、广告服务、旅行服务、资讯服务、文献检索七个功能板块。

大宗商品交易包括煤炭、焦炭、矿石、钢铁、粮食、化工、矿建、糖类、蔬菜、日用品、电子电器、纸及纸浆、文教用品、化肥、水泥、石油、棉花、饲料、木材、饮食品、酒类、水果、纺织品、有色金属、工业机械等26个品类板块大宗商品。主要功能包括企业供求信息发布、产品挂单、交易撮合、应单、企业名录、产品展厅、企业专场展示、产品采购、挂牌交易、竞价交易、邀约交易、委托交易、在线客服、物流服务、交易量统计等功能。

铁路商城是铁路B2C商品交易平台，具体包括商品浏览、商品选择、商品咨询、搜索引擎、竞价排名、商品购买、商品评价、投诉服务、信息服务、账户管理、商品分类、商品管理、营销推广、订单管理、客户关系管理、供应商管理、评价管理、优惠管理、收藏管理、物流服务、支付服务等功能。

仓储服务实现铁路仓储资源管理、发布、线上交易等服务，包括仓储展示、出租仓源发布、求租信息发布、仓运配一体化、仓储管理、库存管理、虚仓管理、仓储附带物流服务、账务、统计分析等功能。

广告服务是对 12306 和 95306 网站的广告进行招商及管理，提供产品信息发布、分类比较、竞价排名、广告位、广告客户、广告创意、广告投放、投放流程管理等功能。

旅行服务包括餐饮、酒店、旅游等服务。重点关注行程规划、旅行社比选、宾馆、餐饮、景点门票、旅游接送、车辆预订、搜索引擎、竞价排名、服务点评、娱乐活动、信用评级等服务功能。

资讯服务包括旅游行业资讯、客运行业资讯、铁路客运资讯、票务资讯、多种运输方式衔接资讯、财经资讯、行业资讯、行业指数、物流资讯、铁路资讯、95306 视点、95306 指数等功能。

文献检索包括文献检索、文献查询、文献收藏、文献评价、文献订阅、文献购买、物流服务、个人信息查询、投诉服务等功能；为服务商提供信息采集、文献采编、文献审核、文献发布、订阅管理、统计分析、服务管理、服务商管理等功能。

95306 网站的建设目标是整合铁路资源，实现铁路互联网营销，开辟新的客货源市场，拓展延伸增值服务，增加铁路客货运量。建立健全自身物流服务体系，深入挖掘物流需求，从客户商品交易开始，关注和跟踪铁路货源，建立完整、高效、快捷、以供应链为核心的物流响应、仓储、配送体系，提升铁路物流服务整体效率。

三、接取送达功能

（一）接取送达功能需求

铁路传统运输方式是站到站的运输方式，门到站、站到门的运输由客户负责。铁路向现代物流方式转变要求铁路承担门到门的服务，也就是当客户在 95306 网站上选择了门到门运输时，铁路如何实现两端接取送达服务和货物定位跟踪。

所以，接取送达功能的需求是：当受理了门到门订单服务后，通过接取送达系统实现统一派单、取送货调度管理、车辆调度管理、社会运力资源采购等功能，实现接单、接取、在途、送达等各环节全面信息管理，借助电子地图导航、电子围栏、距离测算和车载（司机手持机）GPS/北斗等应用，实现对接取送达的里程确认和定位跟踪。

具体业务流程描述如下：

客户需求。客户可利用线上、线下两种方式，通过 95306 网站、APP、微信、95306 电话和车站（中心站、作业站、办理站、无轨站、收货点）等多种受理渠道，提报包含托运人、收货人、发到地点、货物信息等内容的需求单。由于客票的销售点分布很广，有些铁路局利用客票代理点收集货物、提交订单，实现门到站的服务。

需求分发。依据客户提报需求单的发货地，自动分发到铁路局 95306 货运客服人员。

核实确认。铁路局 95306 货运客服人员对发站、到站、品名、件数、重量、运费、服务方式、取送货里程等内容进行核实确认，生成需求单。

自动分单。95306 网站根据物流调度定义的分单规则，实现需求单自动分单至铁路局（货运中心、站段）配送调度。

接取派单。铁路局(货运中心、站段)配送调度利用接取送达功能,综合考虑司机情况、车辆位置(GPS、北斗)、电子围栏划片等因素,进行接取派单;也可以采用派单、选择、竞价等方式实现对社会个体车辆的接取业务整合。

司机接取接单。司机利用手持终端,完成接取接单操作。

上门取货。通过手持终端,自动导航至取货地,完成上门取货操作;上门取货时,铁路局可根据需要,选择携带移动制票箱等设备,进行现场安检、称重、制票、贴签及条码扫描,也可取货后到车站办理货运手续。

集货上站。对上门取货时未进行安检、称重、制票、贴签等作业的,在车站进行相应操作;对于货主直接将货物送到车站的,在车站进行安检、称重、制票、贴签等作业;对于货主将货物送到办理站或无轨站的,由系统生成无轨站短驳集货单,供物流调度进行车辆派单使用;集货上站后,可进行条码扫描和货物入库作业。

车站装车。通过车站计算机终端或车长手持终端,编制装载清单;可选择使用条码扫描方式输入货物数据。

车站卸车。通过计算机终端,也可以选择条码扫描,对卸车作业进行确认。

中心站中转作业。制定装、卸车计划,进行卸车入库、装车出库、出发确认等操作,各作业环节可选择条码扫描或计算机终端方式进行信息确认。

货到自提。通过 95306 短信系统,为收货人自提取货提供短信通知服务。

送达派单。铁路局(货运中心、站段)配送调度利用接取送达系统,综合考虑司机情况、车辆位置(GPS、北斗)、电子围栏划片等因素,进行送达派单;也可以采用派单、选择、竞价等方式实现对社会个体车辆的送达业务整合。

司机接单。司机利用手持终端,完成接单操作。司机到站取货时,可选择进行条码扫描录入数据。

送货上门。利用 95306 短信系统,通知客户上门送货服务;并通过手持终端交付签收,可选择条码扫描方式交付签收。

客户满意度评价。采用短信方式进行客户满意度评价调查,分为满意、一般、不满意。

信息追踪。利用 95306 网站、手机 95306APP、95306 微信等,为客户提供全程追踪查询。

(二)接取送达功能实现

根据需求,信息系统主要功能包括从 95306 网站获取订单,物流调度分派订单,依靠电子围栏将订单分配给汽车,引导汽车走行路径,动态监视订单执行情况和货物位置,生成统计分析和结算报告等。

1. 接取送达信息系统结构

接取送达信息系统采用集中式的结构,铁路总公司、铁路局和站段的物流调度均通过 B/S 方式连接到集中数据库读取信息。其结构如图 3-43 所示。

整个接取送达系统主要分为四部分:一是货运电子商务平台;二是物流服务平台;三是移

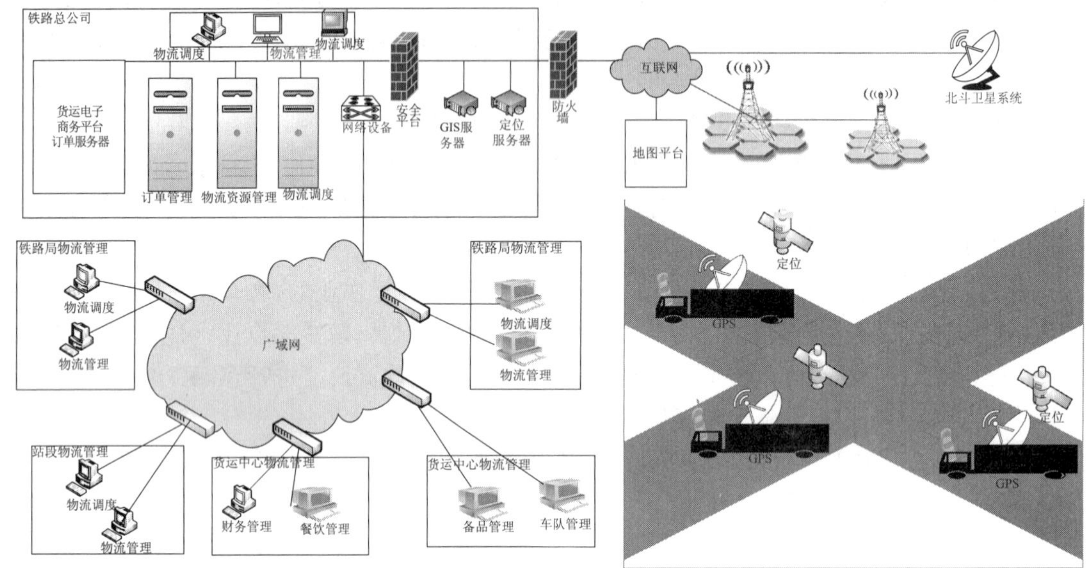

图 3-43　接取送达信息系统结构

动互联网(Internet 和 GPRS)；四是司机的移动终端。

物流服务平台包括资源管理服务器、物流调度服务器、订单服务器、GIS 服务器、定位服务器。订单服务器从货运电子商务服务器接收需要接取送达服务的订单；物流调度服务器负责将订单按发站规则分配物流任务，站段负责执行物流任务，铁路局负责站段之间的协调和监控；资源管理服务器负责汽车、司机、装卸设备等物流资源的管理；GIS 服务器需要从地图平台(百度、高德等)下载地图数据和实时获取线路拥堵情况；定位服务器获取卫星定位(北斗或GPS)数据。

司机的移动终端包括通信和定位功能，通信功能使司机可以通过移动互联网从物流服务平台接收指令，定位功能使物流服务平台通过移动互联网随时获取司机的位置信息。

2. 系统的软件结构

整个系统的软件结构如图 3-44 所示。

软件模块主要包括四个部分：一是资源管理模块；二是卫星定位模块；三是地理信息模块；四是调度监控模块。

3. 资源管理模块包括汽车资源、司机资源、物流设备资源、订单接单、条码资源的管理。汽车资源管理实现汽车车辆及车辆相关信息管理，包括车辆基础信息管理、与车辆关联的司机、GPS 设备、手持设备管理等子功能。其中车辆基础信息管理包括车牌号、司机、所属机构、车长、额定载重、额定体积等的维护和查询功能，其中车辆包括铁路车辆或者社会加入的车辆。司机资源管理实现铁路司机或者社会司机的驾驶资质等基础信息的维护和查询功能。物流设

备资源管理包括对北斗(GPS)设备、手持设备、电子秤、制票设备、制签设备和条码的登记管理,所有设备必须登记注册,统一维护。订单接单管理包括派单接单、选择接单、竞价接单,派单接单是指派司机承担接取送达任务;选择接单是向所有手持设备发布订单信息,如果司机觉得合适,就可以选择抢单;竞价接单是针对一些效益好的订单,通过竞价方式选择司机。订单执行过程信息主要包括手持设备两次扫描的信息:对接取任务,从客户接取货物后,粘贴并扫描条码是第一次上报信息,送到并与车站办理交接后,扫描条码第二次上报信息;对送达任务,从车站接取货物并扫描条码,是第一次上报信息;客户交付签字后,扫描条码和客户签字是第二次上报信息。条码管理对所有条码进行唯一性管理。

4. 卫星定位模块保存了卫星接收的车辆运行数据,包括实时和历史数据;通过这些数据可以查询某辆车运行的当前位置、运行轨迹、历史轨迹;统计每辆车真实的走行公里、周转时间等指标;计算车辆的油耗,可以与接单计划进行对比,衡量其与计划的偏差。

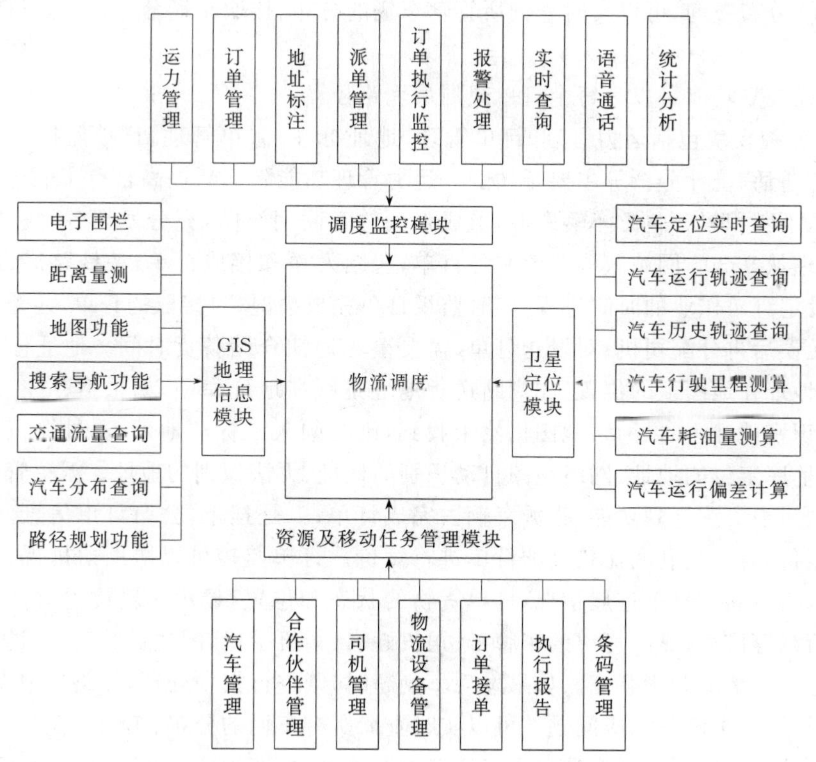

图 3-44　接取送达系统软件结构

5. 地理信息模块负责将所有车辆信息在地图上真实地显示出来。

一是获取地图数据,由于百度、高德等公司的地图数据是对社会开放的,而且数据是不断变化和更新的,所以,需要每天刷新地图数据。

二是电子围栏功能，电子围栏标注和展示了车站取配范围(如 20 km、50 km 取送范围)，对铁路局电子围栏就是铁路局的范围，对于铁路总公司电子围栏就是全路范围；所以，通过电子围栏限定了车站的作业范围；电子围栏功能包括电子围栏标注、电子围栏展示以及客服信息服务三个主要子功能；对电子围栏标注，需要铁路局综合考虑管内道路交通情况，结合车站地理位置和运力资源，利用地图圈定的技术手段来设定每个作业单位的业务范围，并按照业务要求，可分别定义零散货物快运、批量零散货物快运、整车、集装箱等铁路运输产品的业务范围；电子围栏展示提供电子围栏查询功能；客服信息服务包括输入车站，获取车站的各类运输产品不同业务范围的区域信息；输入取货或送货地址，获取该地址所属哪个车站的业务范围。

三是电子地图的功能，包括地图漫游、放大缩小、鹰眼、地址搜索、测距、导航等功能。

四是交通流量查询功能，发现通畅或者堵塞的路段。

五是车辆分布查询，可以实时查询所管辖车辆的分布、接取车辆分布、送达车辆分布、空车分布等。

六是路径规划功能可以为每个订单规划最优路径。

6. 调度监控模块包括运力管理、订单管理、地址标注、派单管理、订单监控、报警处理、实时查询、语音通话、统计分析等主要子功能。运力管理功能除不断提高自有车辆运力资源运行效率的同时，不断积累分包方车辆资源，形成强大的互联网车队，充分发挥各种运输资源的优势。订单管理从 95306 网站获取物流服务订单，包括发送和接取订单，按铁路局、站段对订单进行分配，设定订单作业的时间进程，实时监视订单完成情况，对接取的订单，还需要核实订单任务，核实无误后再分配司机；对发送订单，需要事先通知仓储备货时间。地址标注是系统自动识别送货地址在地图上的位置，先判断送货地址是否在地址库中，如果不存在，系统根据网络地图自动识别地址，如果网络地图仍然未找到，则必须人工标注地址，通过绿、黄、灰三种颜色区分在地址库定位的地址、网络地图自动识别的地址、无法识别的地址。派单管理有三种方式：一是根据运力资源规划功能，指派车辆去完成订单；二是挂单，公布订单信息，由司机自愿选择；三是竞价，对一些利润比较高的订单进行竞价。订单监控可以协助司机规划运输线路，为司机导航，实时展示订单进展情况，订单货物的状态和位置，显示车辆位置、行驶路线、行驶速度、动态荷载等信息，显示订单的车牌号、司机姓名、司机手机、配送员姓名、配送员手机等信息，显示任务签收情况和满意度。如果发现车辆超时，则进行报警处理，如路途中发生意外，调度员立刻组织资源去解决相应问题。可以实时查询所有车辆的分布、车辆的任务、车辆的运行情况，最合理地调配资源。语音通话可以实时地与车辆司机通话。统计分析是对车辆使用情况、配送作业完成情况、配送的各种指标、完整率、及时率进行统计分析。

四、仓储物流功能

现代“仓储”不是传统意义上的“仓库”或者“仓库管理”，而是在经济全球化与供应链一体

化背景下的仓储，是现代物流系统中的仓储，这就要求在仓储物流信息系统设计中反映出。首先，仓储是物流与电子商务中的库存控制中心。库存成本是主要的物流成本之一。因此，减少库存、控制库存成本就成为物流的主要任务。其次，仓储是物流与电子商务的配送中心，评价物流或者电子商务企业优劣在于配送系统的反应速度及效率，现代物流中提高效率的关键就在于仓储。再次，仓储是物流与供应链中的增值服务中心。现代仓储不仅提供传统的储存服务，还提供与制造业的延迟策略相关的后期组装、包装、打码、贴唛、金融等增值服务等，可以说绝大部分增值服务都体现在仓储。最后，仓储还是现代物流设备与技术的主要应用中心，软件技术、互联网技术、自动分拣技术、光导分拣、RFID、声控技术等先进的科技手段和设备的应用，为提高仓储效率提供了实现的条件。下面分六部分介绍现代仓储服务。

1. 仓储服务信息管理功能

完整的仓储物流管理信息系统应包括仓储业务受理、入库作业管理、库存管理、出库作业管理、补货、备货、盘点模块、报表统计、信息查询、人员管理、财务结算等模块。

仓储业务受理模块用于受理客户的仓储业务，主要是登记客户储存业务信息，管理人员做出合理的仓储计划和管理方案。

入库作业管理模块根据业务受理信息，经审核确认后，根据客户要求或货物性质选择仓库，根据仓位占用信息进行仓位的分配，同时修改仓库信息，同时生成入库货物明细通知。

库存管理模块负责仓储货物的收、发、存、移库等管理，包括库存状况分析、ABC 分类管理等子模块，可随机显示和打印当前的库存量、库存中现有量、计划收到量、已分配量、可用量等库存信息等。

出库作业管理模块根据客户的实际需求和实际库存情况，对出库申请进行审核，以最快的速度生成出库货物明细通知单，同时修改仓库信息和配送业务信息。

盘点模块动态显示库存的品名规格、前期库存、本期入库、本期出库、本期退货、现库存等信息。

报表统计模块实现了对入库和出库数据的统计，包括对仓位汇总、费用汇总和库存汇总等的统计功能，并可打印输出查询结果。

信息查询模块可以查询所有仓位和物品信息，包括曾经存放过的和现在存放在仓库中的物品信息。

所有的模块都与财务结算模块信息共享，进出库和盘点的同时，计算仓库收费信息、库存价值信息、作业和管理成本信息等。

2. 网上仓储信息管理功能

网上仓储信息管理主要包括仓储信息发布、仓储网络、仓储管理、仓单管理、对网上商城的支持等功能。

仓储信息发布功能包括在互联网上发布仓储的出租信息、仓储的需求信息、仓储设备供求信息、铁路专用线的服务信息等。

仓储网络功能在地图上显示铁路网络仓储的分布、地理位置，点击显示仓库内货区货位的分布、仓库的存储能力等。还包括交收仓库申请、审批、交收仓库信息维护、物流园信息维护、交收仓库注销申请、审批等。

仓储管理功能包括网上入库单录入和审核、入库通知、存货凭证管理、货物挂牌管理、货物存储记录查询、货区货位变更管理、办理提货单、录入出库单和审核、出库通知、库存维护、客户现货盘点、库存预警、客户和供应商管理、账务管理等功能。

仓单管理包括仓单注册确认、生成原始仓单、生成过户仓单、仓单打印管理、仓单货位信息变更、仓单其他信息变更、仓单挂失核准、仓单核准签发、注册仓单注销、仓单失效管理、仓单冲抵保证金、仓单解冻等服务。

对网上商城的支持包括三个方面：一是直接为网上商城提供仓储；二是联合为网上商城提供仓储；三是直接为商城客户进行配送。为网上商城提供仓储需要增加补货、备货等功能模块。补货模块基于与客户的合同，判断当库存量低于标准库存量时，迅速通知进货，以保持商城销售所需的库存量；备货模块是为了提高配送的速度，当订单支付成功后，同时通知仓库进行备货。联合为网上商城提供仓储是由于客户虽然只有一个实体仓储，但是往往多处经营，如95306网、淘宝网、京东网上，这就要求95306网建立虚拟仓储，并同客户的实体存储同步。而且要求能将客户在其他网上建立的实体店搬到95306网上。

3. 供应商管理库存(VMI)模式支持

供应商管理库存是以供应商产品最快送达到客户为目的，以双方(仓储物流和供应商)最低成本为目标，在一个共同的框架协议下把下游企业的库存决策权代理给上游供应商，由供应商行使库存量决策的权利，并对过程进行监督和持续改进。

其信息系统功能根据仓储辐射地区范围，利用大数据分析的方法预测范围内供应产品销售量，以决定商品的储存量，决定从下游企业进货的频率，根据网上订单快速进行物流配送，保证货物最快到达客户的手中。

4. 准时制(JIT)模式

准时制指的是将必要的零件以必要的数量在必要的时间送到生产线，并且只将所需要的零件，只以所需要的数量、只在正好需要的时间送到生产线。准时制的目的是使客户零库存，这就要求铁路的物流过程也严格按计划进行，按计划进行仓储进出库、配送管理。

5. 仓储增值服务

仓储增值服务是指在完成物流仓储任务上，根据客户需要提供的各种延伸业务活动，包括包装、加工、配送等服务。增值服务信息化包括增值信息的发布、增值项目受理、增值项目计划、增值项目过程追踪监控、增值项目管理等功能。

6. 智能仓储系统

智能仓储系统包括自动化仓库、物联网仓库等。所谓自动化仓库是在不直接进行人工处理情况下自动存储和提取货物的管理信息系统，它是以计算机综合管理与控制系统为基础，加上多层货架、堆垛机及其配套的运行设施、托盘、货箱等联合组成。此外还配有路标导航，容错系统及自动安全消防监控系统，是机电一体化和现代信息技术在物流流通领域中的应用。实现功能主要有货位自动分配、货物存放规则管理、ABC 分析、托盘管理、货物统计、货物分拣、盘点、保质期管理、出入库规则管理、出入库管理、库存管理、质量跟踪，以及编码维护、条码管理、操作记录、日志管理等。

基于物联网的仓库自动读取进出库以及货物所在位置信息，在大门、装卸设备、货位通道上安装读写器；在货物上安装 RFID 设备，自动读取进出门、装卸、货位等信息，可实现自动读取货物出入库、装卸作业、自动盘点、库存统计等功能，可以下载作业计划，根据计划自动分拣货物，自动引导车辆到达货位，实时报告作业执行情况等。

五、物流园区功能

物流园区是指在物流作业集中的园区，在几种运输方式衔接地，将多种物流设施和不同类型的物流企业在空间上集中布局的场所，也是有一定规模的和具有多种服务功能的物流企业的集结点。铁路物流园区是以铁路为枢纽的物流园区，园区应包括货运车站、仓储设施、配送中心、运输管理中心和信息中心等适应城市物流管理与运作所需的物流部门和设施，应提供物流活动不同环节（如运输、储存、包装、装卸、流通加工、配送、信息服务等）的服务功能；应入驻相关配套部门（如银行、海关、商检、税务等）。

铁路物流中心信息系统的结构如图 3-45 所示。

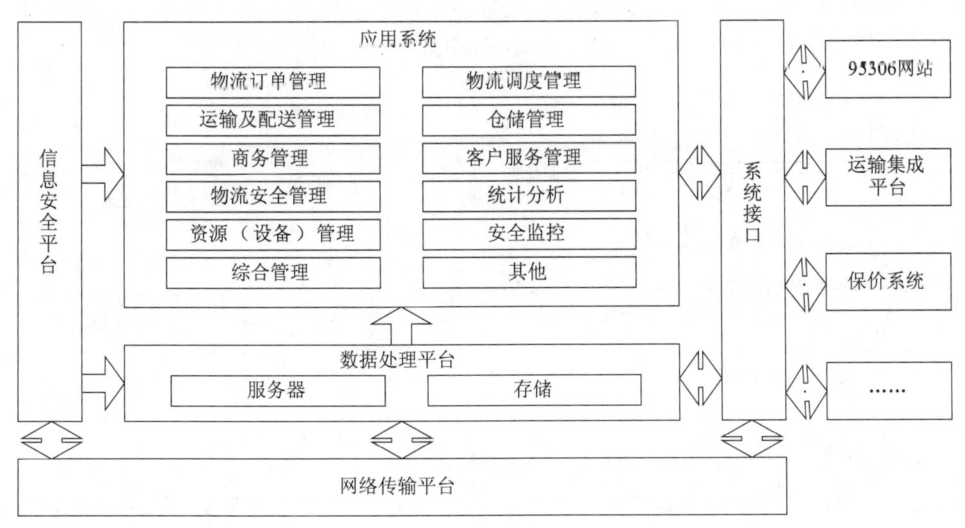

图 3-45　铁路物流中心信息系统的结构

铁路物流园区信息系统共12个应用模块，分别为订单管理、调度管理、运输及配送管理、仓储管理、商务管理、客户服务管理、安全管理、统计分析、资源（设备）管理、安全监视、综合管理。

订单管理是物流园区与客户的接口。订单内容包括铁路运输、门到门运输、铁水联运、国际联运、仓储、配送或者物流加工服务等，还包括物流园区下设的无水港或者收货点受理的订单。订单可以由客户直接在95306网站录入，也可以由营销部门或者收货点在95306网站输入，营销部门可以从95306网站获取本物流园区的订单，并分析和动态监视订单的执行过程。

调度管理。调度管理模块负责物流订单处理，将订单分解成调度指令和计划，下达给相关部门执行。指令包括铁路运输、仓储配送、联运运输、加工服务等。如果订单是铁路运输，物流调度将分配给货运计划员和货调安排空车；如果订单是配送或者门到门运输，则将订单分配给配送调度；如果订单是仓储，则将订单分配给仓储管理人员；如果订单是加工服务，则将订单分配给加工管理人员。每天生成订单执行的分析报告，供管理人员决策。调度管理模块与各模块之间关系如图3-46所示。

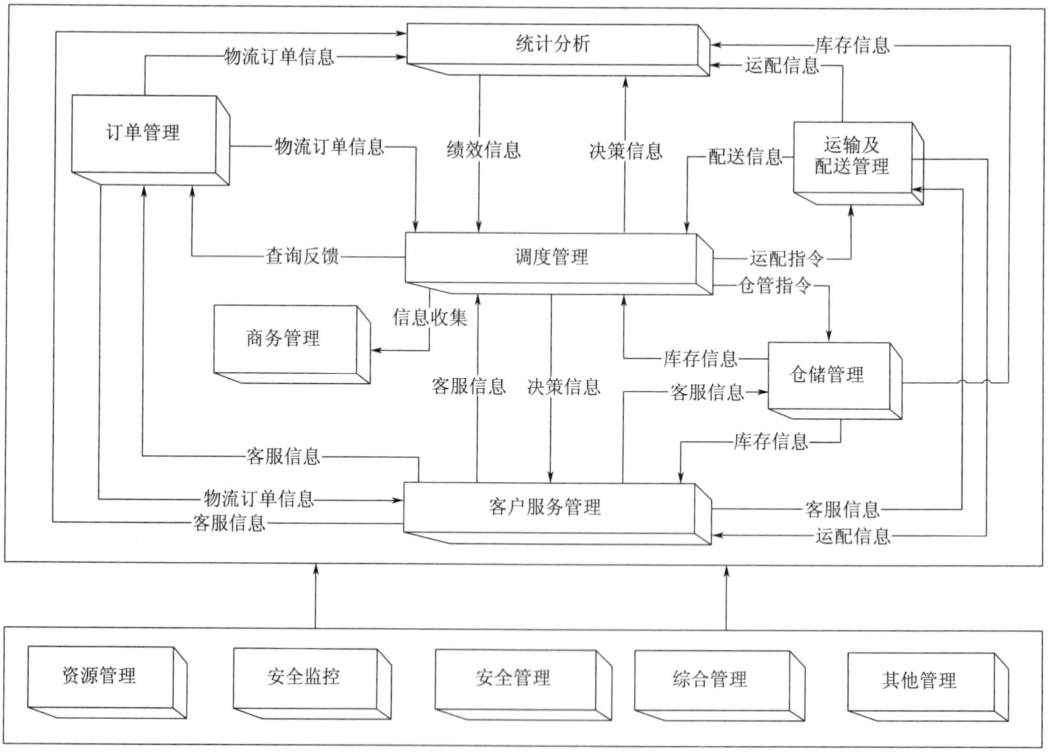

图3-46　调度管理模块与各模块之间关系

铁路运输利用货运信息系统的功能；物流配送利用接取送达信息系统功能；仓储和物流服务利用仓储物流信息系统功能；商务服务和客户关系管理利用货运营销信息系统的功能；资源管理利用货运信息系统的功能。通过物流调度系统将所有功能进行串联，最终实现物流过程指挥、追踪监控和分析功能，实现信息流与物流、商流、资金流高度统一。

统计分析模块收集了物流过程信息，对铁路物流中心运营情况进行统计，主要包括货物发到量、运输（物流）效率、运输（物流）效益、服务质量等指标的统计、计算、分析，还包括仓库利用情况、车辆利用情况、其他设备使用情况、货物的平均配送时间、货物破损率等统计。

安全管理、资源管理、安全监控、综合管理等系统保证了物流中心的平稳运行。

六、物流调度功能

1. 物流调度需求

主要有四点：一是物流不仅涵盖铁路运输，而且还包括取送、仓储、包装、加工等服务，需要物流调度熟悉各种服务流程，组织好后厂的工作，最大限度满足客户的需求；二是存在着如行包、高铁快运、普通货运、货运班列、快运、民航、水运、汽车等多种货运的运输方式，作为物流调度可以综合选择性价比最高的运输方式，例如局管内快运选择零散快运，跨铁路局的快运选择高铁或行包快运；三是物流管理部门组织铁路各部门参与企业的物流总包，综合运用各种物流手段，最大限度满足客户需求，并监督总包的服务过程；四是记录物流服务过程数据，进行大数据分析，对物流任务完成情况进行分析，不断优化物流服务。

2. 物流调度功能实现

物流信息发布。由各物流园区、货运中心在网上发布本地所拥有的物流信息（如仓储、加工、包装等）。

物流资源管理。维护所有物流资源，包括物流人员、司机、车辆、物流设备、物流机构等。

物流服务管理。对各物流园区、货运中心所拥有的物流服务及其服务部门进行描述，包括服务方式、所需时间、服务能力、服务地点、获取方式等。

物流计划管理。对订单任务进行分解，形成计划，下达到相关部门执行，并监督任务的执行结果。例如订单需要进行接取、送达作业的，生成接取、送达作业任务，并将任务下发给接取送达部门，并接收返回的作业状态。监控一定时间范围内各局、各站物流作业情况，包括任务总量、实际作业任务数量等。

调度命令管理。使用调度命令对铁路内部物流过程进行协调，如资源调拨、服务协助。调度包括请令、审核、会签、批准、回复等步骤。

物流服务方式选择。根据客户满意度及优化理论，选择运输方式、运输线路等。

数据同步和数据传输。数据同步保持各个模块之间的数据同步，例如物流调度与接取送达、物流仓储等模块间数据同步，包括机构数据、人员数据、车辆数据同步。数据传输包括订单、计划和调度命令的传输。

物流承包管理。对各局、各企业的物流总包完成情况，包括进度、收入、运量等进行统计分析，并进行相关考核。物流总包运到时限兑现情况抽查分析等。

物流数据分析。通过集成平台和货票实时获取物流数据，包括运输情况、接取送达情况、仓储情况、物流服务情况、物流收入情况、资源和设备利用率、物流任务完成情况等。

七、铁路共用物流信息平台

铁路共用物流信息平台是铁路货运营销的一部分，主要实现 5 个功能，分别是数据交换功能、综合信息服务功能、业务交易支持功能、应用托管服务功能、行业监管服务功能。

数据交换功能。数据交换功能通过 EDI 系统支持行业间的信息交换，包括与港口、船公司信息交换；与海关、商检、联检信息交换；与物流企业之间的信息交换；与铁路大客户之间的信息交换。

综合信息服务功能。查询物流相关的政策法规等信息；交通部、海关、商检、工商、税务等信息；各物流企业相关信息，如物流园区、企业资质等；城市地理信息，如路径、城市管理信息；铁路、民航、公路、港口等交通和价格信息等。

业务交易支持功能。包括发布业务的咨询信息；发布物流的供需信息；业务过程中支持信息，如报关、缴税、保险等。

应用托管服务功能。为中小物流企业提供企业信息化服务，并整合供应链相关企业的信息资源，实现供应链相关企业间业务信息的共享和资源的优化整合，如配送、仓储、货代管理等。

行业监管服务功能。包括企业资质管理、企业信用管理、监管信息发布、行业分析等功能。

八、铁路物流标准化体系

铁路物流运输信息化标准体系是在对国家、行业和企业标准等规范性文件科学有序地整理的基础上，形成面向铁路物流运输信息化的标准集合。铁路物流运输信息化标准体系如图 3-47 所示。

铁路物流运输信息化标准体系由信息基础标准、信息技术标准、信息系统建设标准、信息安全标准四个分体系组成，体系框架为三级层次结构。其中，一级类目四个，二级类目十九个，三级类目二十七个，体系框架需根据信息化发展需要进行动态维护与调整。

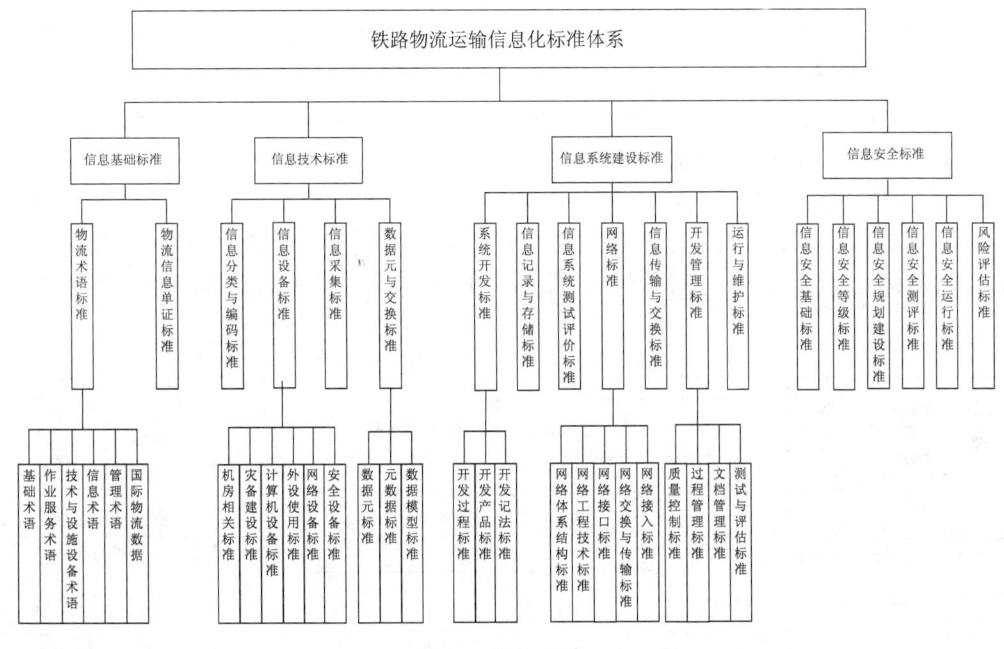

图 3-47 铁路物流运输信息化标准体系

第七节 铁路货车与货物动态追踪信息系统

一、铁路货车与货物动态追踪信息系统综述

1994 年全路启动了铁路运输管理信息系统(简称 TMIS)建设,其核心是建立大集中的机车、车辆运用管理系统,所有货运机车、特别是车辆的货运作业,都产生 TMIS 报告,根据报告实现货车与机车的动态追踪。所以,货车追踪功能被称为 TMIS 的标志性工程。但是,由于受网络环境的制约,TMIS 的报告半途夭折。1996 年,铁道部启动了车号识别(ATIS)系统工程,系统于 2002 年基本建成,实现了货车与货物大节点追踪。1998 年启动了集装箱追踪信息系统建设,2003 年在全路投入运行。2004 年铁道部信息办提出了建设集成平台的建议,2004 年底基本完成了在当时怀化和石家庄铁路分局的试点,由于撤销铁路分局等原因,项目未能继续。但是,沈阳铁路局一直坚持集成平台的研发,于 2012 年投入运用。2013 年铁路总公司建成全路运输信息集成平台,完全实现了 1994 年提出的 TMIS 设计目标。

二、车号识别系统和大节点追踪系统(ATIS)

车号识别系统和大节点追踪系统是中国最早大规模应用 RFID 技术的信息系统,由于铁路货车车辆没有固定的经路，今天在新疆地区的车辆，10 天后可能就到了福建，再过 10 天又到了东北。掌握每一车辆的位置、状态和运行轨迹，实现货车车辆的追踪一直是铁路部门最迫切需要的信息系统之一。大节点追踪系统结构如图 3-48 所示。

通过在货车上安装 RFID 车号标签，在轨道旁安装标签的读出装置，实现了基于车号识别的货车追踪，下面从硬件结构和软件两方面说明车号识别的应用。

1. 车号识别系统的总体结构

系统主要由车辆电子标签、电子标签编程网、AEI 读出装置（便携式和地面）、车号处理系统（CPS）、列检复示、铁路局监测系统、铁路总公司大节点追踪系统组成。其结构如图 3-48 所示。

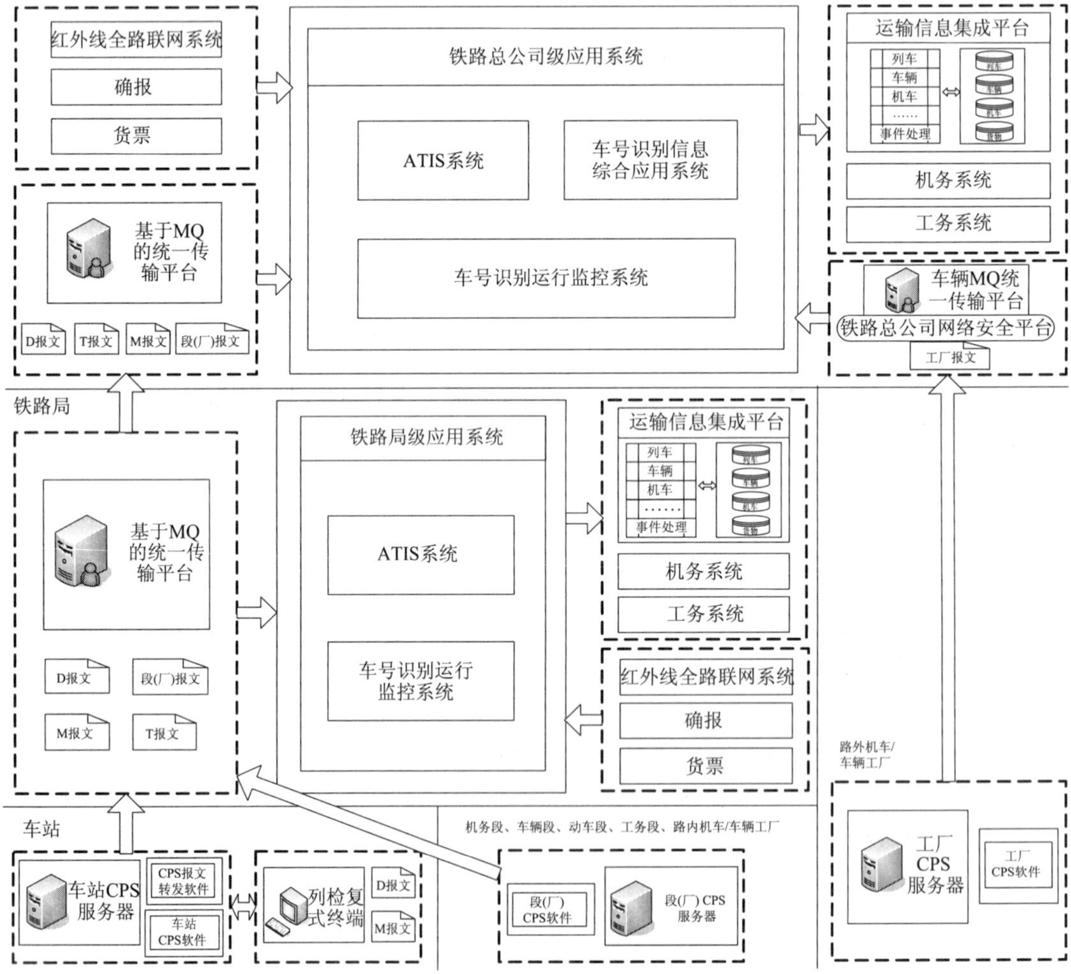

图 3-48　大节点追踪系统结构

车辆电子标签。采用无源设计方案，电子标签内无电池，所需工作电源从照射到其上的微波射频中提取。车辆电子标签安装于车体底部。

电子标签编程网。在铁路总公司设立标签服务器，铁路总公司负责标签的车号分配，以保证分配标签车号的唯一性。由车辆工厂和车辆段专门部门负责配置和维护标签，使用电子标签信息编程器及相应支持软件，完成车辆电子标签的信息申请、写入等工作。

读出装置(AEI)。电子标签的读出装置分为室内部分和室外部分，室内部分包括射频识别装置和数据处理装置，室外部分安装在轨旁，包括车轮传感器和地面天线。其中室内的射频识别装置包括 RF 射频装置、标签信号采集板，数据处理装置包括工业控制机、显示器、键盘及鼠标。

车号处理系统(CPS)。由 CPS 服务器、多串口扩展卡、调制解调器及 CPS 软件组成。CPS 相当于 AEI 装置和 ATIS 系统之间的中间件，起到了管理多个 AEI 装置并向铁路局和铁路总公司 ATIS 系统传送信息的桥梁作用。

列检复示。由列检复示主机及列检复示软件组成，位于各铁路局列检所。列检复示系统所需信息由 CPS 提供。

铁路局检测系统。位于铁路局车辆安全检测中心，由检测服务器及相应软件组成，负责对全局车号设备运用状态进行实时检测。

铁路局、铁路总公司车号识别系统(ATIS)。在铁路局和铁路总公司建立 ATIS 数据库，负责收集分界口、车站、车辆段、车辆检修车间、客整所、存车线、动车段、动车运用所、大型养路机械运用检修段、工务机械段、造修工厂采集的 ATIS 信息，实现对机车、货车、客车、动车组和大型养路机械的动态追踪和轨迹信息汇总。

2. 车号识别系统实现原理

AEI 与 ATIS 系统间主要传输 3 个报文，分别是 M 报文、D 报文和 T 报文(后来又增加了 5T 系统报文和机车的报文)。M 报文是报告 AEI 设备运行状态的报文，在无列车通过时，CPS 计算机定时向 AEI 装置发状态查询报文，AEI 装置收到查询报文后，如果状态正常，则回答状态正常的 M 报文。AEI 装置还与 UPS 保持通信联系，当 UPS 状态出现故障时，则形成 UPS 故障的 M 报文传送给 CPS，CPS 将 M 报文通过统一传输平台传输到列检的复式系统、铁路局和铁路总公司 ATIS 数据库，并通知铁路局车辆安全检测中心对 AEI 设备进行维修。D 报文是车辆标签报文，T 报文是车辆轴距的报文，其中 D 报文最重要，报文包括报文头和报文内容，D 报文的主要内容是“属性码、车种、车型、车号、换长、制造厂、制造年月”。

当列车到来时，首先车轮压过距离天线约 50 m 处的 AEI 开机磁钢时，开机磁钢产生脉冲信号，通过电缆传送到 AEI 主机，该脉冲信号经 AEI 设备处理形成系统复位信号，使系统设备复位，即“将系统初始化、设置定时器及初始化参数，启动 RF 射频装置，通过天线发射微波信号”。当安装有标签的车辆或机车陆续经过天线作用范围内时，标签依据内存数据对微波信号进行反射调制，天线接收到经标签调制的信号后，传送给地面设备主机箱中的 RF 射频装置，RF 射频装置对已调制的标签信号进行解调、放大等处理后送给 Reader 卡，进行译码和数据处理，最后形成 16 个字节的标签数据放置到数据缓冲区，从而完成对标签的识别。在读取标签数据的同时，还通过开、关 AEI 磁钢对列车车轮信号进行采集，完成计轴、计辆、测速，并将标签按顺序形成基于车号的报文。当整列车通过后，根据车速快慢，由系统软件控制延时一定时间后，关闭 RF 射频装置，停止发射微波信号。

AEI 将标签形成的报文进行解释处理，形成列车过车数据的 D 报文、车辆轴距数据的 T 报文，并启动与 CPS 计算机的通信，将过车的 ATIS 报文发送给 CPS，并等待 CPS 计算机的确认，如果 CPS 因某些原因未能正确接收到该报文，就需要重新发送。发送报文后，AEI 又恢复到正常的通信应答状态，等待下一列车的到来。

CPS 设备通过铁路统一传输平台将过车 ATIS 报文传到列检的复式系统、铁路局 ATIS 数据库、铁路总公司 ATIS 数据库，后台程序将车号以及经过的地点信息插入数据库。应用系统通过 WEB 服务器访问铁路总公司 ATIS 数据库，输入货车车号后，可以查询此货车经过的 AEI 地点信息。

3. 货车和货物的大节点追踪信息系统

在分界口车站、编组站、区段站、车辆段、客整所、存车线、动车所、大型养路机械运用检修段、工务机械段、车辆工厂等大节点布有约 5 000 台 AEI 设备，通过 ATIS 系统采集通过的机车、货车、客车、动车组和大型养路机械的 ATIS 报文，并通过统一传输平台，汇总到铁路总公司 ATIS 主机，在主机上建有 ATIS 数据库和货车动态追踪数据库，入库程序如图 3-49 所示。

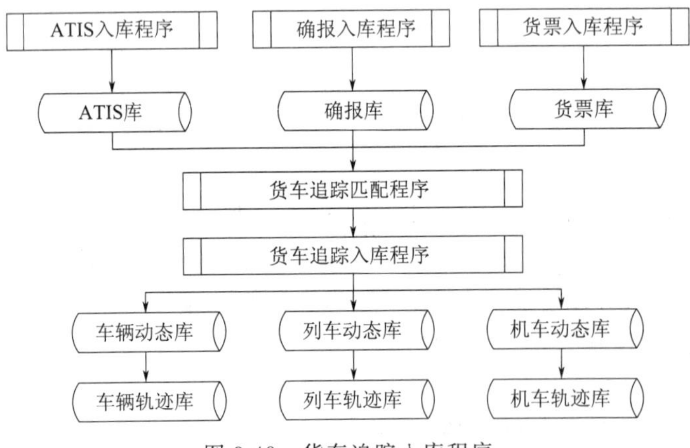

图 3-49　货车追踪入库程序

在铁路总公司建立全路近 70 万辆部属货车、10 万辆自备货车的车辆动态库、列车、机车动态库，以及车辆、列车、机车的轨迹库和历史库。利用 AEI 的车号信息与确报和货票的车号

信息匹配，将车辆、列车、机车的位置信息、车辆的空重状态和重车的装载信息记入车辆、列车、机车动态数据库中，初步掌握车辆、列车、机车的当前位置和状态，车辆所载货物信息，实现了货车和货物的大节点追踪。

ATIS系统的实施为调度部门掌握全路货车的分布，分界口实际通过的重车、空车，新车投入、车辆检修和运用打下了基础。实现了铁路局间货车使用费的准确清算，避免了抢铁路局十八点的情况。初步实现了TMIS的目标，受到客户和站段欢迎。

三、运输信息集成平台

虽然ATIS系统实现了货物的大节点追踪，但是，远远不能满足当前铁路货运改革和物流发展的需要，既不能实现在站的追踪，也不能实现在途的追踪。所以，运输局提出建立运输信息集成平台，实现货车、机车、货物精确追踪的目标。

（一）运输信息集成平台系统结构

铁路运输信息集成平台（简称集成平台）对现有运输信息系统的数据资源进行整合，建立列车、车辆、货物、机车、机车乘务员等信息共享库，实现货车、货物、机车的动态追踪和动态分析，实现车流推算和车流分析。总体结构如图3-50所示。

整个系统分成三级结构，上层是铁路总公司集成平台数据库，中层是铁路局集成平台数据库，下层是站段的应用系统，站段应用系统产生业务报告，报告通过铁路内部安全生产网络传到铁路局、铁路总公司集成平台数据库，集成平台负责解析报告，生成业务追踪的动态库、轨迹库和历史库。系统实现一点采集、两级建库、三级应用。一点采集指数据从站段一处采集多处共享；两级建库是在铁路总公司和铁路局两级分别建库；三级应用是在铁路总公司、铁路局和站段开发追踪库应用。

（二）运输信息集成平台的站段报告

集成平台目前采集的报告数据包括列车数据、车辆数据、机车数据、乘务员数据、货物数据和客票数据，形成列车、车辆、货物、机车、乘务员的追踪库、轨迹库和历史库。

1. 列车报告数据

现车和TDCS系统提供了列车编组、列车出发、列车运行、列车到达、列车解体、列车保留和解除保留等报告，报告内容包括列车车次、列车基本信息、列车编组、列车状态和状态变化时间；在列车追踪库中记录了“列车编成→列车出发→列车运行→列车到达→列车解体”等步骤，描述列车从生成到消亡的全过程，将TDCS列车实际运行线信息与列车报告信息整合，形成在站和在途的动态列车追踪，在站追踪可以精确到站内位置和状态变化，在途追踪可以精确到区段。

其中，列车编组/解体报告自动取自现车系统的编组/解体钩计划，列车出发/到达取自现车系统的列车出发/到达报告，列车运行报告取自TDCS，列车保留和解除保留均取自现车系统的保留车报告。

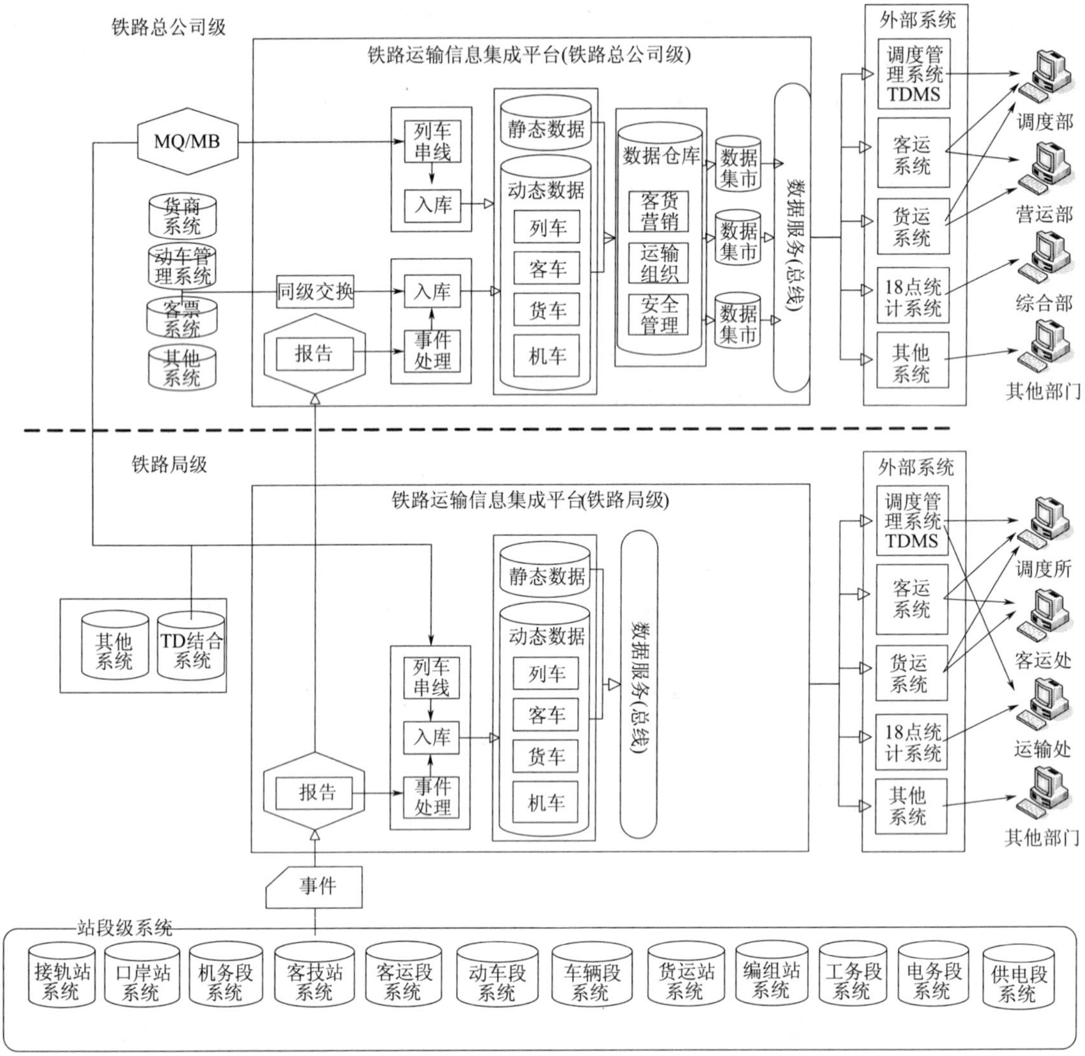

图 3-50　铁路运输信息集成平台总体结构

2. 车辆数据报告

车辆数据报告包括货车、客车、动车数据报告。货车车辆数据包括在站和在途信息。在站信息包括新车加入、报废车退出、扣修、修竣、装车、卸车、运非转换等数据报告，报告内容包括车号、车辆基本信息、车辆装载信息、车辆状态信息和状态变化时间等。由于列车报告中有列车详细的编组信息，所以，在途信息取自列车数据。其中，装卸车报告还包含入线、装卸开始、装卸结束、出线报告。

在车辆追踪库中，记载了车辆取车、装卸车、送车、车辆到发、车辆运行、新车加入、报废车退出、扣修、修竣、运非转换等步骤，描述了每一车辆从装到卸、从扣修到修竣、从新车到报废的全生命周期。

客车和动车车辆只包括新车加入、报废车退出、扣修、修竣和运非转换等数据报告。其中，新车加入、报废车退出、扣修和修竣数据取自 HMIS、KMIS 和动车管理信息系统，装车(包括入线、装车开始、装车结束、出线)、卸车(包括入线、卸车开始、卸车结束、出线)和运非转换数据取自车站货运信息系统。

3. 机车和乘务员数据报告

机车和乘务员数据包括乘务员出退勤、机车和乘务员出入段、出入站、运行等数据报告，特别是出站时，进行了机车、列车、乘务员信息的匹配，实现了与 TDCS 实际线的绑定。在机车和乘务员数据库中记载了乘务员出退勤、乘务员和机车出入段、出入站、运行等信息，实现完整的机车和乘务员的准确追踪。

货运机车乘务员出退勤信息取自机务段和公寓机车运安系统，客运乘务员出退勤、出入段信息取自客运段信息系统；机车乘务员和机车出入段取自机车运安系统，乘务员和机车出入站取自 TDCS 或者机调系统；乘务员和机车运行信息取自 TDCS 系统。

4. 货物数据

货物数据取自货运信息系统，将运单、货票、集装箱等数据与车辆数据绑定，并记录从受理、承运、仓储、装车、运行、到卸车、仓储、交付等信息，实现货物从受理、装卸车、仓储、运行、交付全过程追踪。

对于物流数据需要从门到站和站到门开始追踪，需要从上门接收货物开始，到上门交付货物结束。使用手持设备产生相应的报告，并将报告与运单(需求单)绑定。

5. 客运数据

客运数据取自客票或者检票系统，由于检票系统不完整，主要还是取自客票。目前，主要关心的是每个停站的上下车人数。

除此之外，集成平台还从调度系统(TDCS、TDMS)、货票、确报、货运计划、动车、车站等多个信息系统自动采集数据。

(三)铁路总公司级集成平台应用

铁路总公司集成平台为四级技术架构(见图 3-50)，底层负责接收报告数据，建立原始报告库；第二层是数据处理层，形成追踪库和轨迹库；第三层是数据仓库层，实现数据分析；第四层是数据集市层，为各应用提供分析服务。

1. 底层模块主要采集报告数据，建立原始的报文库，建立对原始报文的考核机制。主要接收来自各铁路局级 MQ 平台转发的站段上报的列车、货物、客车、动车、货车、机车、乘务员等事件的报告报文，经过校验处理，建立原始报文库，并交给第二层处理。同时还负责接收同级相关系统交换过来的数据，主要包括 TDCS 系统(通过 T/D 结合服务器)转发的列车运行实际和阶段计划数据、ATIS系统转发的车辆数据、客票系统转来的客票数据、国联转来的国联数据等。

按照覆盖率、及时率、合规率、完整率对原始报文进行考核，覆盖率主要检查所有的报告点是否在使用信息系统；及时率考核所有报告是否在规定时间内报告；合规律考核报告内容的逻辑是否正确；完整率考核报文的数量是否正确。特别完整率需要多个数据源相互校验，例如到发报告的完整率使用TDCS的到发车数进行核对。

2. 第一层形成原始报文库，第二层主要生成追踪的动态库、轨迹库和历史库。主要工作包括事件处理模块、入库模块、查询模块等。

事件处理模块负责处理事件报文，首先对报文严格按业务流程进行整合，以运行线和车站节点为核心，将所有事件数据与串线(实现一列车一条线)后的列车运行线或者车站相关联。对在途车，以TDCS运行线串联列车，列车标识关联车辆、机车和乘务员，再用车辆关联货物和乘客。对在站车，从车站可以关联在站列车、在站车辆、机车、乘务员，从运单可以关联货运在站全流程信息。

入库模块负责将集成的数据分别写入列车、机车、货车、客车、动车、乘务员、货运全流程的动态库和轨迹库。为了提高数据的可用性，需要使用多个数据报告互相补充，例如到发报告，使用现车报告做补充，将集成平台中的现车与车站实际现车比较，如果集成平台车数少，说明少了到达报告；如果集成平台车数多，说明少了出发报告。由于入库报文数量大，采用分布式并发算法，提高入库的速度。

查询模块提供货物、列车、机车、货车、客车、动车、乘务员等信息的查询，查询货物位置和状态、列车的正晚点、车辆的状态分布等。查询人员包括铁路客户，也包括铁路调度部门、客货运输部门，查询工作量非常大，为了提高响应速度，采用了内存数据库技术，在报文入库同时，将报文同步复制到用于查询的内存数据库，由此降低了主数据库的压力，提高了查询性能。查询的结果可显示在地图、铁路示意图或者运行图上，例如在地图上显示所有列车，正点列车显示绿色，晚点列车按晚点时间范围分别显示黄色、白色、红色等。在运行图上显示区段运行的列车运行线，运行线闪烁代表列车上有问题报告，点击列车显示关联列车编组、机车、乘务员等信息；选择乘务员就可以与列车乘务员进行通话，协助处理列车问题。

3. 第三层是数据分析层。将集成平台数据经过面向主题的加工处理，形成分析数据，例如车流推算数据、编组计划推算数据、营销分析数据等。目前，十八点统计数据采用逐级汇总、逐级上报的方式，既不准确，也不实时，而且耗费大量人力，集成平台上提供最完整的作业数据，基本覆盖了十八点统计所要求的数据，完全可以自动、实时地生成十八点格式的统计报表。

4. 第四层是数据集市层，根据每个部门的需求，从数据仓库中提取数据形成本部门的数据集市，建立本部门所需的数据模型，提供数据分析服务。例如，某铁路局曾经提出：要追踪进入铁路局的货车在每个车站的作业时间，以减少中时和停时，利用数据集市，可以建立相应数据模型，自动生成每个车站作业时间报表，对超时间的作业显示红色，可点击进去分析超时的

原因。

5. 在集成平台上,建立共享的基础数据维护体系,提取各个相关信息系统中的基础数据,形成基础数据标准,统一进行维护。

(四)铁路局级集成平台应用

铁路局级集成平台的核心思想是要实时掌握局管内的现车(包括客运和货运的车辆)、机车、乘务员、列车、货运、客运等信息,实现现车、机车、乘务员、列车、货运、客运的实时追踪。也就是在铁路局建立列车、机车、车辆、乘务员、货物的动态库和轨迹库。

铁路局级集成平台可以像铁路总公司一样,在原有的信息系统中增加报告功能,例如货运、现车、集装箱、车辆等信息系统中增加列车出发、列车到达、装车、卸车、装箱、卸箱、检修、修竣等报告,还需增加列车进出分界口的报告,铁路局集成平台将报告入库,形成列车、机车、车辆、乘务员、货物的动态库和轨迹库。

但是,在实践中,有些铁路局不使用报告的方式,而是把动态库和轨迹库作为运输信息系统的一部分(而且是核心部分),将作业过程中的信息,例如列车到发、车辆装卸,直接写到动态库、轨迹库中,只为铁路总公司产生报告,而运输信息系统变成在铁路局集中的运输信息系统。其优点一是减少了报告层次,二是建成了全铁路局集中的运输信息系统,这是今后的发展方向。

以铁路局全局现车系统为例子。全局现在车系统站在全局运输组织的角度上,基于面向对象的思想,通过对铁路货物运输全过程的深入剖析,构造了一个全局性的运输系统组织和运行的业务模型。模型中抽象出货物、车辆、机车、乘务员、列车等铁路运输的基本元素,描述了这些元素的各项属性和一系列活动。见表 3-4。

表 3-4 生命周期活动

元素	生命周期活动
列车	列车分界口接入、编组、始发、运行、到站、出发、保留、解保留、甩挂、解体、分界口交出
车辆	新车出厂、外局接入、运行、到达、调车作业、送线、开始卸车、卸车完成、开始装车、装车完成、取车、检修、修竣、出发、交出外局、报废
机车	新车出厂、外局接入、运行、到达、入段、检修、修竣、出段、出发、交出外局、报废
乘务员	出勤、上车、下车、退勤
货物	受理、接取、承运、仓储入库、出库、配货、装车、发送、运输、到达、卸车、仓储入库、出库、送达、交付

在全局现在车系统中,针对运输元素的生命周期活动添加相应业务处理模块和数据记录,使得全局运输信息系统均用相同的列车、机车、车辆、乘务员、货物属性和与其关联的业务动作,实现局、站协同的统一管理,为统一调度指挥打下基础。

在车站端,将车站的业务处理过程与运行线、列车、机车、车辆、货物等运输基本信息单元有机地结合在一起,实现车站作业(包括列车的到、解、编、发和甩挂,车辆的装、卸作业,运非转换处理等),同步反映了列车、车辆、货物的状态、位置变化等。

在铁路局端，系统集中存储并处理全局运输业务系统数据，可以方便快捷地实现各个应用系统的数据整合和业务模型的组建；通过铁路局端的 T/D 结合实现 TDCS 运行线的实时采集与整合；通过 ATIS 分界口数据采集与 TDCS 数据结合获取接入铁路局的列车和编组信息；实时展示全局现在车，方便调度对现在车掌握；方便了全局阶段站存车及车流分析，为运输管理和日常指挥人员提供实时分析、统计和决策功能，宏观分析运输组织情况，微观了解所有车站运输组织细节。通过预警分析，实时发现站段运输组织存在的问题。

在车务段端，系统掌握车站运输生产目标、车站阶段作业内容、车站运输生产现状；监控车站作业组织各环节安全情况，并进行作业辅助考核、统计、汇总等。

在企业端，提供针对局管内大中型企业的全局现在车查询处理，能够全面掌握企业货物运输的全过程，包括企业货物装卸、到发情况，预计到达货物通知，实时追踪企业货物及车辆位置等。

(五)集成平台数据结构探讨

集成平台实现列车、机车、货车、客车(包括动车组)、乘务员、货物的追踪。需要建立列车、机车、货车、客车、乘务员和货物的动态库和轨迹库。

对于货运列车来说，其数据结构应包括列车基本信息、列车作业信息(包括作业地点、人员、时间等)、与机车、乘务员和车辆编组的关联信息。

对于客运列车来说，其数据结构应包括列车基本信息、列车作业信息(包括作业地点、人员、时间等)、与机车(动车)、乘务员、车辆编组及客票的关联信息。

对于机车，应有基本的台账和维修履历信息，其动态库结构包括机车基本信息、机车作业信息、与基本台账关联、与列车或车站(机务段)关联、与乘务员关联信息。

对于货车，应有基本的台账和维修履历信息，其动态库结构包括车辆基本信息、货车作业信息、与基本台账关联、与列车或车站(车辆段)关联、与货物关联信息。

对于客车，应有基本的台账和维修履历信息，其动态库结构包括车辆基本信息、客车作业信息、与基本台账关联、与列车或车站(客车段或动车段)关联、与客票关联、与乘务组关联信息。

乘务员的数据结构应包括乘务员基本信息、作业信息、与列车关联、与机车的关联信息。

货物的数据结构最复杂，货物的追踪应包括整车、集装箱、零担、零散快运、行李、包裹等。其数据结构包括货物基本信息、作业信息、与货票关联、与需求单的关联、与行李票的关联、与包裹票的关联、与清单(集装箱、零担)的关联、与货车的关联、与列车或者车站的关联等。

(六)集成平台功能实现

上小节描述了集成平台的数据结构，本小节主要通过图 3-51 细化数据结构与应用系统之间的关系。

图 3-51 说明了集成平台的数据结构是由列车、机车、车辆、货物、乘务员多个动态库、轨迹库组成，其内容由多个信息系统写入。例如现车系统在编组时，产生编组报告或者直接写入动态库和轨迹库；列车出发时，现车系统发送出发报告；列车运行时，获取 TDCS 的运行信息，列车到达时，现车系统发送到达报告；列车解体时，现车系统发送解体报告。

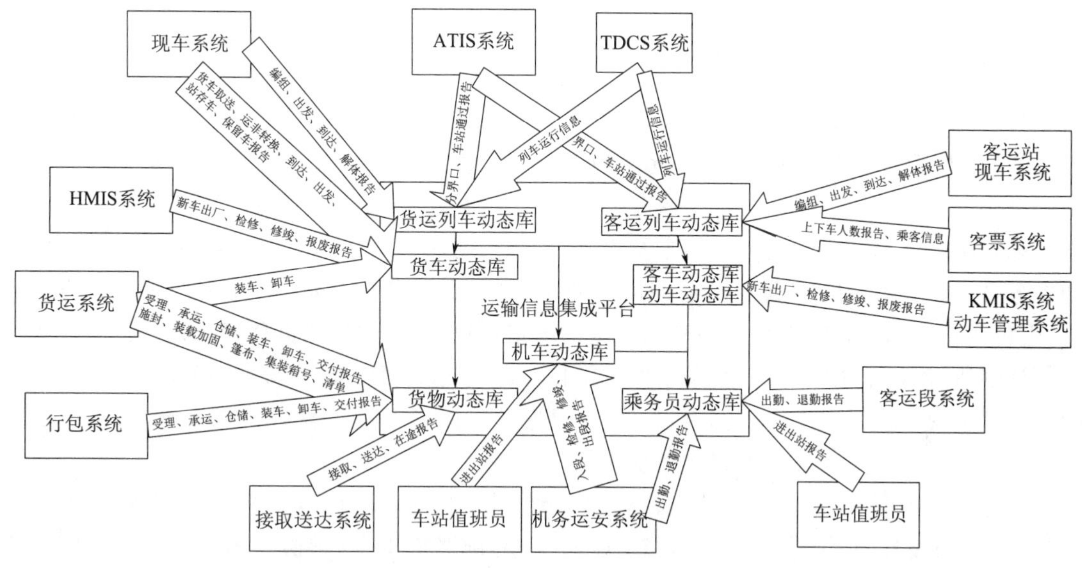

图 3-51 集成平台数据结构与应用系统之间关系

图 3-51 还说明多个动态库之间有着关联关系，当响应客户查询请求时，需要关联多个动态库和轨迹库，例如要查询现车进入铁路局作业次数、停时，需要关联列车和货车车辆的动态库、轨迹库；如果查询门到门货物的位置，对在站货物，需要查询货物动态库；对在途货物，需要通过列车关联 TDCS 信息；对站到门、门到站的货物，需要关联接取送达系统的地图信息。

四、集装箱追踪信息系统实现

由于一个货车车辆可以装一个或多个集装箱，集装箱存在配装的问题，需要用清单关联集装箱和货车车辆。在车站货运(集装箱)信息系统中，做集装箱装卸车作业时产生了四个报告，分别是装箱清单、卸箱清单、回空清单(空箱回送清单)、回卸清单(回送空箱的卸车清单)。除此之外，在客户取送箱进出门时，产生了集装箱进出门报告，如果进门箱非铁路箱，则需要补录集装箱信息。

在集装箱制造工厂制造新箱后，需下达新箱投入使用调度命令；当集装箱报废时，需有上级批准的报废调度命令；当集装箱列备或解备时，需要有列备、解备调度命令。集装箱修理时，需要录入修理、修竣报告。清单、报告和调度命令一起构成了完整的集装箱追踪所需的数据源。

所有集装箱报告需要与集成平台的集装箱在站和在途信息进行集成，也就是与运单和列车信息集成，形成完整的集装箱的追踪库和轨迹库，在此基础上，建立数据仓库，实现集装箱查询、分析和统计。

五、货运机车和乘务员的追踪

目前，正在全路的机车上安装 CMD 系统，系统具有北斗卫星定位功能，但是，全路所有机车安装 CMD 设备需要几年的时间，近期的工作在完善机车和乘务员的报告体系。采取的措施分三步工作：一是机车报告包括机务段出发、车站出发、车站到达、机务段到达共 4 个报告；二是采集机车维修和修竣的调度命令及报告；三是当列车出发时，将列车（TDCS 信息）与机车和乘务员绑定。系统的难点主要是谁负责列车、机车和乘务员绑定，一般铁路局采取的办法是：由机调在机车周转图中负责列车和机车的绑定计划，由车站值班员负责在计算机上确认是否按计划执行，如果未按计划，则车站值班员按实际情况重新绑定列车和机车，并反映在列车的出发报告中。这样在途时，通过 TDCS 进行追踪。如果入机务段后需要维修，通过请求维修调度命令报告机车在段的维修状态变化。

乘务员追踪从出勤登录开始，到退勤登录结束，由机务段调度负责机车和乘务员的绑定计划，如未按计划，由车站值班员按实际情况重新绑定机车、乘务员和列车，形成乘务员的追踪。因为本段、本铁路局关心本局的乘务员在外段的工作情况，所以，外段机车和乘务员的追踪信息应通过集成平台传回到所在铁路局和机务段，实现机务段对本段人员在外的信息管理。

第八节　保价及货运事故处理系统

一、保价及货运事故处理系统综述

铁路货物保价是指托运人在托运货物时向承运人声明其托运货物的实际价值，凡按保价运输的货物，托运人除缴纳运输费用外，还要按照规定缴纳一定的保价费，若铁路运输过程中出现被盗、丢失、损坏、污染等情况，铁路按照托运人的声明价值赔偿损失。

“保价及货运事故处理系统”（V1.0）自 2003 年开始组织研发，2005 年通过技术评审，并在全路统一推广实施。在建设中，根据业务需求的变化不断进行适应性完善和功能扩充，2009 年开始实施原铁道部、铁路局、车站保价系统三级联网，目前已经在全路 3 500 多个站（点）、各铁路局保价管理部门、铁路总公司安装并运行。

目前，正在实施基于货运全流程的事故查定和网上理赔，进一步提高事故处理时效，缩短理赔时间和减少客户到车站的次数。

二、业务流程

保价信息系统处理流程如图 3-52 所示。

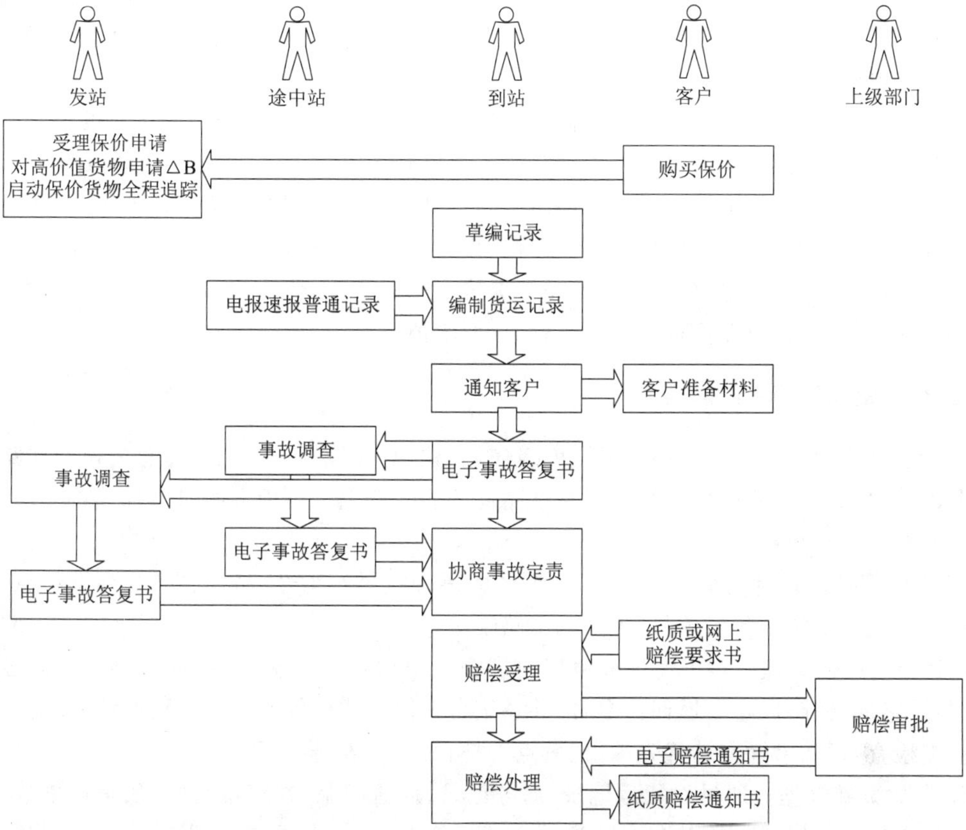

发站　途中站　到站　客户　上级部门

受理保价申请
对高价值货物申请△B
启动保价货物全程追踪

购买保价

草编记录

电报速报普通记录

编制货运记录

通知客户

客户准备材料

事故调查

事故调查

电子事故答复书

电子事故答复书

电子事故答复书

协商事故定责

纸质或网上
赔偿要求书

赔偿受理

赔偿审批

电子赔偿通知书

赔偿处理

纸质赔偿通知书

图 3-52　保价信息系统处理流程

首先，客户在发送货物时，可以对所运货物申请保价。车站受理后，对贵重货物，车站需要向铁路局申请△B，并在确报中进行标注，沿途货检都要进行货物检查，当货检发现问题后，沿途站向到站发传真电报、速报、普通记录。当卸车时发现问题，先发草记录，再发普通记录。为了查找事故原因，到站向发站和沿途车站发送电子事故答复书，协同调查事故原因以及事故定责，同时，向客户通报货物状态和原因。如果属于铁路责任，则通知客户准备证明材料，并提供赔偿要求书，铁路部门执行理赔流程，并报上级部门批准后，实施赔偿。

除了事故处理的需求外，保价系统还包括保价费率管理、代办管理、资金管理、统计分析和决策支持等功能。

保价费率管理。铁路总公司制定铁路货物运输及行包保价费率的上限及下浮政策，下发至各铁路局。铁路局在授权的浮动范围内进行保价费率调整，下发至站段，站段在日常保价办理流程中执行批准的保价费率，必要时可向铁路局申请保价费率浮动。铁路总公司和铁路局可以检查保价费率执行情况，对违反规定的费率及时报警。

代办管理。代办管理包括站段保价代办管理、地方铁路保价代办管理和代理保险管理。由铁路总公司负责制定政策，铁路局负责审批保价代办和代理权限，并在铁路总公司备案，站段负责具体申请和执行。

保价资金主要用在两方面，一是运输事故的理赔；二是用于货运安全项目的投资。站段的理赔款向铁路局申请报销，铁路局负责理赔款清算和向站段转账。投资包括站段（铁路局）申请、铁路局（铁路总公司）审批，实施项目管理，并编制长期和短期的投资计划。

统计分析包括保价收入、事故、两无、理赔、投资等统计分析报告。决策支持功能主要分析客户、运量、货物品类、费率政策、货运产品与保价之间的关系，研究如何提高保价收入，减少事故和赔付支出的办法，对保价资金进行监管、保值增值。

三、保价运输管理系统的实现

保价运输管理系统采用“二级部署、四级应用”架构，二级部署是在铁路总公司和铁路局部署服务器，车站和车务段的应用均部署在铁路局的服务器上。下面分级进行描述：

（一）车站系统功能

1. 投保管理。在货物承运时，根据货票中的票符、票号、车号、品类、发站、到站信息，以固定的算法生成该批货物的保单号，该号码全路唯一。

△B货物运输管理。对于保价金额高的货物须申请△B运输管理，站段填写命令号申请书，上传铁路局，铁路局自动返回命令号，并登记台账。对△B货物进行全程追踪，并通知沿途货检重点检查，通知沿途车站优先编组、重点看护，必要时安排押运人员。

2. 事故案卷管理。通过对货运记录、商务记录、普通记录、铁路传真电报、货运事故速报、货运事故查复书、局间行文、查询答复书、货运事故鉴定书、赔偿要求书、赔款通知书、定责通知书、货运事故报告、赔偿审批报告、无法交付通知书等事故相关数据文档的制作，实现对事故案卷的有效管理，所有的案卷同时传铁路局和铁路总公司，实现全路信息共享。

3. 事故记录。当发现货运事故后，货运员填写草记录，货检发铁路传真电报，安全室负责制作货运记录、商务记录、普通记录。当遇到重大事故，自动拍发事故速报。

4. 事故分析定位。实现安全事故数据的综合分析功能，通过运输集成平台快速定位沿途经过的车站、沿途的作业、货检的检查情况。根据定位，并行向沿途车站安全室发送货运事故查复书，自动接收对方的答复书，事故处理每步过程都要在铁路局和铁路总公司记录。

在分析事故过程中，与沿线车站在线召开视频会议，或与当事人一对一在线交流，共同分析事故原因，其间，方便、快速地调阅各种台账和文件，主要有：人民来信、典型案例、上级文电规章、沿途作业人员记录、作业视频、施封锁请领、使用、回收、普通记录、货运记录、票据信息、使用台账等。

5. 安全室根据分析结果制作货运事故鉴定书、定责通知书、货运事故报告，并通知客户货物的状态及原因。接受客户的赔偿要求书，经与客户协商和领导审批后，发布赔款通知书。

6. 赔偿财务管理。批准赔款后,向财务发出赔款通知书,财务在规定时间内使用电子方式支付赔款,按期接收财务回单信息,案卷结案,同时向客户发送已赔款信息。

7. 事故处理单位拍照两无货物,加载到系统中,录入摘要信息,并上传到铁路总公司数据库。事故处理单位在两无货物图片库中查询到疑似本单位丢失货物,填制货物移交申请。若货物长时间无人认领,则由货物所在单位填制变卖申请报铁路局审批。

8. 站段向铁路局申请保价款报销,并进行收款确认。

(二)铁路局系统功能

1. 理赔审批。理赔中心使用智能审批程序在线审批事故赔偿报告,将审批通过的结果直接返回给理赔受理单位,若审批未通过,则填制审批未通过原因后,返回给理赔受理单位。受理单位在线查询审批结果。在理赔审批时系统自动统计分析客户的运输信息和理赔记录。并按重点品类、客户设置阈值,接近阈值时进行提醒。设置预警时限,系统自动对即将到理赔期限仍未赔付的案卷提示预警。

2. 无主货审批。对长时间无人认领货物的变卖申请进行审批。

3. 全过程监管。铁路局能够实现对站段编制记录、拍发速报、事故调查、事故定责、受理赔偿、下发赔通、财务交接、办理汇款等事故处理各个环节的质量和时间进行卡控,设置各个工作环节的办理时限,记录各工作环节的起始时间、截止时间,并提前预警。

4. 建立全局保价及事故处理业务人员资料库,包括学历、职务、联系电话、单位、主要职责等基本信息,提供编辑、查询等功能。

5. 统计分析功能。实现货运事故月报、保价运输报告及无法交付、无标记货物月报及其衍生的相关统计对比报表,进行按月、季、半年、全年汇总统计,产生汇总表、两年对比表等统计功能。对全局保价收入和支出进行统计分析。

6. 辅助决策功能。分析客户、运量、货物品类、费率政策、货运产品与保价间关系,研究如何提高保价收入,减少赔付支出的办法。

7. 保价财务管理包括站段报销、清算、转账、预算管理、费用支出分析、行包和邮政清算、保价运输收入分析、保价重点资产管理、资本金监管等。

(三)铁路总公司系统功能

1. 建立处理过程记录库和台账库。包括人民来信、典型案例、上级文电规章、事故调查文档和赔付文档,有权限的管理人员可以调阅参考。

2. 两无货物图片库。铁路总公司建立两无货物图片库,各级用户可通过摘要信息在铁路总公司的两无货物图片库中查询两无照片。

3. 全过程管控。铁路总公司能够对全路各局事故处理各个环节的时间卡控,设置各个工作环节的办理时限,记录各工作环节的起始时间、截止时间,实现提前预警。

4. 统计分析功能。实现货运事故月报、保价运输报告及无法交付、无标记货物月报及其衍生的相关统计对比报表,进行按月、季、半年、全年汇总统计,产生汇总表、两年对比表等统计功能。全路保价收入的统计分析。

5. 建立客户档案,实现客户关系的管理功能,对客户投诉进行处理,对客户的满意度进行考核。

6. 辅助决策。分析客户、运量、货物品类、费率政策、货运产品与保价间关系,研究如何提高保价收入,减少赔付支出的办法。

(四)内部办公系统

1. 保价规章查询、保价费率查询。

2. 事故状态查询、无主货物查询、保价运输事故跟踪。基本报表查询。

3. 客户资料查询、客户回访和满意度调查、问卷管理、投票管理、建议投诉管理、新闻公告管理等功能。

4. 保价费率管理。铁路总公司制定和公布铁路保价费率政策范围。站段负责申请保价费率的浮动,申请流转到铁路局,铁路局根据铁路总公司政策进行浮动范围的审批后,下发站段执行,并在总公司备案。铁路总公司和铁路局通过货票监督站段的执行情况,发现违规及时报警。

5. 铁路总公司制定保价代办机构资质及劳务费政策。站段向铁路局提交代办建议,铁路局审核和授权后,站段与代办单位签订代办协议,上报铁路局,并在铁路总公司备案。铁路局负责授权站段与代办单位进行代办费结算。铁路总公司、铁路局审核控制代办量占保价总量的比例。

6. 铁路局与保险公司签订代理保险协议并存档,上报铁路总公司,录入保险公司实务手续和保险费率表。站段根据协议、实务手续和保险费率表办理保险费,按期与保险公司进行结算。铁路总公司和铁路局审核控制保险费和保价费的比例。

7. 铁路总公司制定地方铁路保价的相关政策,铁路局和地方铁路签订保价运输协议,确定保价收入分成比例,上报铁路总公司备案。接收与地方铁路签订代办保价协议的保价收入,根据协议和货票保价信息核查数据的准确性,相关站段登记台账和上报表单。

8. 保价项目投资的审批。站段或铁路局填制项目申请计划,提交上级单位审批,铁路局或铁路总公司对提报的项目申请计划进行初审和审核批复。对项目正式立项,制订投资计划,并监督计划的执行。

(五)保价门户

保价门户位于95306网站上,是货运电子商务的一部分。

1. 首页介绍铁路保价运输的基本知识,保价运输的法律法规,以及铁路保价运输的成功案例等基本信息。

2. 保价业务一栏包括保价费用查询、保价货物追踪、保价事故提示等功能。

3. 理赔业务一栏包括理赔知识和流程查询、下载赔偿要求书、填写赔偿要求书须知、理赔进度查询、客户管理、赔付通知等功能。

4. 办理客户的赔付手续,采用短信、微信、邮件方式等多种方式方便用户办理手续,采用

电子转账等支付方式方便客户理赔。

小　　结

本节主要讨论了货运营销信息系统、货运信息系统、行包信息系统、物流信息系统、货物追踪和运输信息集成平台、货运保价信息系统，整体架构如图 3-53 所示。

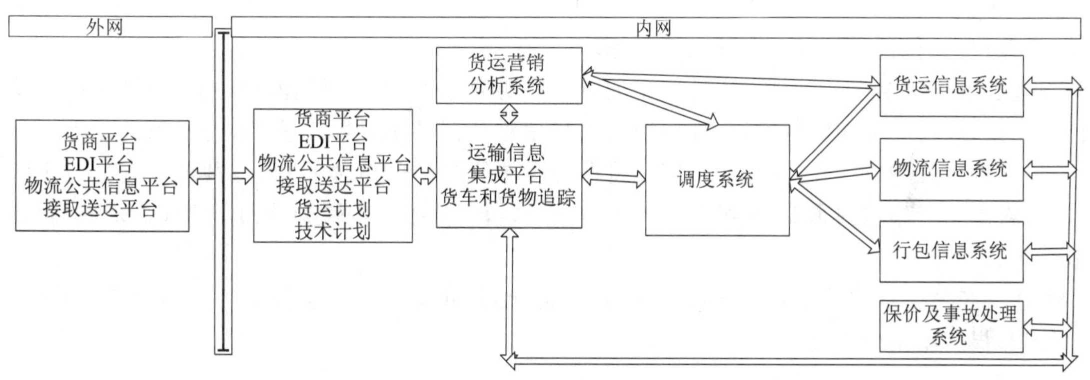

图 3-53　货运信息系统整体架构

货运电子商务平台、EDI 平台、物流公共信息平台和接取送达平台的应用部分在外网，数据部分在内网；四个平台可以分布在多台服务器上，也可以集中在一个集群中；共同组成对外（客户）服务的门户，也是前店后厂中的前店。以集成平台为核心物流、货运、行包、保价等信息系统组成了后厂；其中，集成平台是前点与后厂的桥梁，调度系统根据客户需求，组织货运、物流、行包系统装卸车，形成货流；作业过程中发现事故则交保价系统处理；行包管理信息系统采用全集中的信息系统架构，货运和物流管理信息系统由于相对复杂，采用铁路局集中的方式，而保价及事故处理信息系统事故处理部分在铁路局，网上理赔部分在铁路总公司。整个货运信息系统以集成平台为核心，在集成平台上记录了货运系统的核心数据，它们是货物、列车、机车、车辆、乘务员、行包、集装箱、篷布、托盘、施封锁等，记录它们的位置和状态变化。由于集成平台数据的完备性，所以，所有统计分析数据可以直接从集成平台上获取，先由站段直接连到铁路总公司集成平台上做十八点统计报告，共同提高集成平台和十八点统计数据的准确性和实时性，当两个数据一致后，就可以直接使用集成平台的数据做统计，提高自动化程度和实时性，实现减员增效的目标。

信息系统应提供对铁路现代物流的强力支持。一是提供多种受理方式，包括电话、95306 网站、车站窗口；还可以通过微信、短信、手机 APP 等方式；利用客票代售点、移动收货网点等方式，就近受理零散货物；利用 EDI 平台，受理大客户的货物等。二是接到门到门受理需求后，利用铁路接取送达系统，充分调动铁路和社会的汽车资源，利用电子围栏技术，以最优效率、最快的速度为客户提供接取和配送服务。三是充分利用铁路的运输能力，可以利用五定班列、高速铁路、行包、零散货物班列、整车等手段，物流调度系统可以根据订单，自动安排最佳的运输方式，并可以向用户实时反馈货物位置和状态。四是利用仓储信息技术提高铁路物流服务水平，为各个网站提供最快的物流配送服务。

以电子运单为基础，对铁路货运信息系统进行整合，目前，在受理环节已经进行了整合，如何从后厂进行整合？从三个维度对货运进行整合，即运输组织、运输安全和运输方式。运输组织包括受理、仓储、装车、货物变成车辆、车辆集结成列车、出发、中转、卸车、仓储、交付等。运输安全包括施封、装载加固、危险品、超限超重、货检、保价等。运输方式包括整车、零担、集装箱、零散快运、行包、高铁快运、五定班列等。

通过电子货票（电子运单）代替原来纸质运单所起作用，追踪货运的全过程，货票只打印增值税发票，取消其他四联货票，全部使用电子货票替代。特别是随车货票，为了保证车票不分离，可以使用两种方式，一种是通过网络将电子货票直接传到解体站；另一种可以先通过无线技术，将电子货票传到车上（手机上），到编组站后，再通过手机传输到地面。等应用成熟后，再取消第二种方式。

建立车站作业的计划体系，为每个资源编制计划，并实时监督执行中的反馈信息，动态调整计划，提高车站作业效率。

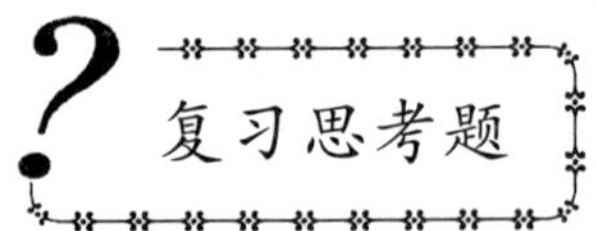

复习思考题

1. 简述货主对铁路信息化的需求。
2. 简述铁路货运部门对信息化的需求。
3. 简述铁路货运的基本流程。
4. 什么是前店、后厂？什么是前店前台、前店后台？
5. 简述货运电子商务系统的主要功能。
6. 举例说明货运电子商务平台的前后台程序是如何互相配合的？简述货主查询货物位置和状态的电商平台内部流程。
7. 简述铁路 EDI 系统常用的四种通信方式。各有何特点？
8. 为什么要使用 EDI 系统？举例说明其应用。
9. 简述 FMOS 系统的主要功能。
10. 为什么要建立集优（集中受理、优化装车）系统？
11. 简述技术计划的主要内容和实现原理。
12. 简述货运站的营销需求和功能实现。
13. 简述现车系统如何利用技术作业图表指挥货运站的现车作业。
14. 简述解体调车作业计划的编制流程。

15. 简述现车系统毛玻璃的主要功能。
16. 试画出推流表程序的流程图。
17. 简述货检系统的工作流程。
18. 简述车站货检调度员程序的主要功能。
19. 简述货运信息系统的主要流程。
20. 对比整车、零担、集装箱、零散货物信息处理的不同之处。
21. 简述超重超限信息系统涉及的岗位及其主要功能。
22. 对比特货运输与普通货物运输不同之处。
23. 简述运单的主要功能。货运信息系统如何处理运单?
24. 电子货票信息系统的关键是什么? 如何解决关键问题?
25. 简述车站货运调度程序的主要功能。
26. 托盘追踪信息系统应包括哪些报告?
27. 简述专用线管理信息系统的主要功能。
28. 简述列尾信息系统的主要功能。
29. 简述口岸站进口的信息系统处理流程。
30. 简述货物出口信息系统处理流程。
31. 简述车站行包信息系统的受理和发送环节。
32. 简述编制行包中转计划需要考虑的因素。
33. 简述物流接取送达信息系统配送程序的主要流程。
34. 简述物流系统中电子围栏的主要功能。
35. 简述如何利用仓储功能提高物流配送的时间。
36. 简述物流园区信息系统的作用。
37. 简述货物和货车追踪的主要数据结构和实现原理。
38. 简述集装箱追踪的实现原理。
39. 为什么说实现货物追踪是铁路货物运输信息系统的标志工程?
40. 简述货运事故处理信息系统的主要流程。

第四章

行车组织与调度信息系统

【本章要点】 本章的要点是行车组织与调度指挥信息化。铁路的调度是围绕着列车指挥运输生产的，如何精准地组织列车满足旅客和货物运输的需求是行车组织与调度指挥信息化的关键。本章探讨了货运列车编组计划、运行图编制自动化、车流推算、运输调度管理、列车调度指挥、站段综合自动化、十八点统计等信息系统，从列车开行方案，到列车运行图、货运车流组织、列车日班工作计划、列车运行指挥、车站列车作业指挥，再到列车运行的统计分析，详细阐述了行车组织和调度指挥信息化的全过程。通过本章的学习，掌握各信息系统的目标、流程、基本功能和实现原理，了解铁路总公司、铁路局、站段运输组织间的互动关系，调度工种之间的关系，以及如何通过信息系统保证铁路运输有序和高效。

第一节　行车组织与调度信息化背景

前面描述了铁路生产的产品是实现旅客和货物的位移，每天铁路运输众多的货物和旅客，如何协调和综合运用铁路各种技术设备和资源，保证最大限度地满足旅客和货主的需求，又保证安全、高效地实现旅客和货物的位移，是铁路行车组织与调度指挥的关键。特别是货运改革之后，为了方便货主，实行实货制，取消了货主月计划和日计划的申报，货物随到随装，且保证货物的运到期限，更增加了行车组织的难度，迫切需要利用信息化的手段，提高行车组织的效率。

行车组织的第一步是获取旅客和货主的需求。客运的需求主要分析各个时期站间上下车人数，也叫客流（或叫 OD 流，其中 O 是出发，D 是到达），包括不同席别、不同列车种类之间的需求，如硬座、硬卧、软卧的客流需求，普通列车、特快列车、直达列车或者高铁的客流需求。货运的需求主要分析不同时期站间的装卸车数，也叫货流，包括不同品类、不同车种之间的需求，如煤炭、粮食等装卸车需求，需要多少敞车、棚车、罐车等。

行车组织的第二步是根据需求，设计满足客户需求的产品，也就是编制列车的开行方案。先编制客车的开行方案，再制订货车的开行方案。对于客运，根据站间客流（OD 流）决定各等级列车开行方案，包括高铁开多少趟列车，普客、快车、特快、直快各开多少趟列车，每趟列车的预计编组组成，需要多少硬座、软座、硬卧、软卧、行李车等车辆组成列车。货车的开行方案也叫编组计

划,根据站间货流(OD 流)决定各等级列车开行方案,包括需要多少货运产品,直达、技术站直达、直通、区间、小运转等列车组织方案,各等级列车中需要敞车、棚车、罐车车种数量等。

行车组织的第三步是根据列车开行方案编制列车的运行图,由于每天需要上万对列车,编制列车运行图中就是需要消解列车开行方案上的时间冲突,一般采用先客车、后货车,先高等级列车、后低等级列车,先跨局列车、再管内列车,均衡地将所有开行方案无冲突地铺画在列车运行图上。同时,还要考虑机车、动车、客车、车站股道的配备,形成列车开行的整体方案,再根据列车运行图生成各种评价指标,以评价运行方案的效果。

行车组织的第四步是根据列车运行图生成每天的日班计划,实际上,每天车流并不相同,例如对客流来说,星期五、六、日的客流高于一星期其他天的客流,而"春运"或者"十一"的客流远大于平时的客流,所以,不能靠一张运行图包打天下,需要对列车日班计划进行调整和优化。日班计划的调整和优化需要客调、货调、车流调、机调、辆调、施工调、军特调、集装箱调度、篷布调度、快运调度等多个调度工种协同参与,所有调度工种的计划合并形成列车日班计划。

行车组织的第五步是列车运行的调度指挥,列车调度根据列车日班计划,编制阶段计划,并指挥和监视列车按阶段计划运行。指挥的工具是 TDCS(列车调度指挥系统)或者 CTC(分散自律调度集中系统)。使用 TDCS 时,车站的控制交给车站值班员;使用 CTC 时,列车调度负责全部控制。列车调度最大工作量是非正常情况下的列车运行组织,如何依靠信息化技术减少列车晚点是调度指挥的关键。

行车组织的第六步是统计分析,一是工作量统计,如旅客发送量、货运装、卸车数等;二是运输过程分析,如中停时分析等;三是为第二天日班计划做好数据准备,如十八点现在车车流分布。

前面已经介绍了客流和货流的调查分析是客货运营销工作的一部分,由运输局营运部负总责。客运列车开行方案也主要由客运部门负责,这里不再重复。货运列车开行方案(编组计划)和列车运行图由运输局调度部技术处负责。铁路日常调度由运输局调度部的调度处负责。行车组织过程见表 4-1。

表 4-1 行车组织过程

步骤	任务	负责部门	主要内容
第一步	客流需求	铁路局客运站	调查分析客运站的客流
		铁路局客运处	汇集客运站调查数据,根据经验,分析铁路局内客流
		运输局营运部客运营销处	汇集铁路局调查分析数据,根据经验和客票分析预测全国铁路的客流
	货流需求	铁路局货运站	调查分析货运站管辖范围内的货源货流
		铁路局货运处	汇集货运站调查数据,根据经验,分析铁路局内货源货流
		运输局营运部货运营销处	汇集铁路局调查分析数据,根据经验和货票分析预测全国铁路的货源货流

续上表

步骤	任务	负责部门	主要内容
第二步	客运方案	铁路局客运处	根据局内客流调查和分析，以及当前担当列车上座率，调整客运列车开行方案
		运输局营运部	汇总各铁路局列车运行方案，对跨局客运列车开行方案进行调整
	货运方案	铁路局运输处	根据管内货源货流，以及当前的编组计划和运能，调整管内编组计划
		运输局调度部技术处	汇集铁路局的编组计划和货源货流，汇集铁路设备运能，调整跨局和重点编组站的编组计划
第三步	运行图	运输局调度部技术处	根据开行方案，组织全路运输处、客运、货运、机务、车辆、电务、供电等部门，联合编制全路列车运行图，并协调跨局列车
		铁路局运输处	参与跨局列车运行图编制，负责局管内列车运行图编制
第四步	日班计划	运输局调度部调度处	负责每个铁路局货车保有量，负责编制每个铁路局装车轮廓计划，分界口重车轮廓计划，分界口空车排空计划，负责重大施工计划的审批，负责跨局客调命令审批
		铁路局调度所	客调负责增开或者停运临客列车，负责旅客列车编组的甩挂； 施工调根据施工需求，编制施工计划； 货调负责审批和编制各站段装卸车计划； 计划调负责车流推算，编造货运列车日班计划；编制分界口重空车计划； 机调为增加的列车配机车； 动车调度为增加高铁列车配动车； 车辆调度为增加列车配客车和车辆扣修； 集装箱、篷布调度为货流配集装箱、篷布 快运调度安排快运班列或货物的计划； 军特调安排军运、特运货物运输计划； 客服调度负责客服信息的发布； 综合各种调度计划形成综合日班计划
		站段调度	配合日班计划形成车站的作业计划，其目的保证日班计划准确执行
第五步	行车指挥	运输局调度部调度处	列车调度监视全路列车运行情况，监视全路列车的正晚点，负责各种非正常情况处理。 供电调度监视全路供电电网的运行
		铁路局调度所	列调根据日班计划，实际指挥列车运行； 电调根据日班计划，指挥供电电网运行
		车站值班员	负责接发列车，为列车安排股道
第六步	统计分析	车站统计室	负责车站的十八点统计
		铁路局调度所	负责收集局内各车站和调度所的统计结果，形成铁路局十八点统计
		铁路局综合部运输分析处	负责收集各铁路局的十八点统计数据，形成全路的十八点统计报告

下面主要说明铁路的调度体系。铁路各级运输调度分别代表各级领导组织指挥日常运输工作。铁路运输调度工作实行分级管理、集中统一指挥的原则，铁路总公司设调度处，铁路局设调度所，技术站设调度室。调度处和调度所设行车、计划、货运、客运、特运、施工、机车、车辆、供电、工务、电务等调度工种。

铁路总公司调度的职责：一是列车运行指挥和安全监督；二是日常客运、货运和车流组织工作；三是编制和下达全路调度轮廓计划和日班计划；四是监督按轮廓计划、日班计划、编组计

划、运行图指挥行车；五是掌握重点用户、港口和车站的装卸车；六是掌握旅客、军运及重点列车的始发运行情况，处理跨铁路局旅客列车的加开、停运、变更径路、客车甩挂、客车、动车组临时调拨；七是负责审批日常Ⅰ级施工和繁忙干线的施工项目日计划；八是负责全路抢险救灾物资、人员运输组织工作；九是按阶段收取各铁路局调度工作报告，检查全路日常运输工作完成情况；十是批准备用货车的备用、解除；十一是负责全路专用货车的统一调整，军运备品和集装箱的回送，篷布的运用和备用、解除；十二是处理安全事故、自然灾害等突发事件信息，启动应急预案，组织救援、调整运输计划。

铁路局调度的职责：一是列车调度指挥和安全监督；二是负责编制和下达铁路局调度日班计划，并组织各站段落实；三是均衡地完成铁路总公司下达的车流调整计划和去向别装车计划，重点掌握排空、重点物资运输；四是按批准的计划组织列车在分界站均衡交接；五是负责组织和监控列车运行，重点掌握旅客、专运、军特运、超限超重、挂有装载危险货物车辆等重点列车；六是掌握铁路局管内各站和主要用户、港口装卸车，重点抓好大客户、路企直通、战略装卸车点的运输组织工作；七是负责铁路局管内抢险救灾物资、人员运输组织工作；八是严格掌握铁路局管内备用货车的备用、解除；九是掌握铁路局管内客车配属、客流变化、旅客列车开行情况，组织铁路局管内旅客列车的临时加开、停运、迂回运输、编组、车辆甩挂和实施票额调整；十是负责铁路局管内专用货车的调整，军运备品和集装箱的回送，篷布的运用和备用、解除；十一是负责编制、下达施工日计划，发布运行揭示调度命令、施工调度命令；十二是检查、通报各站段安全正点情况，及时收取、上报铁路交通事故、自然灾害等突发事件信息，启动应急预案，组织救援、调整运输计划；十三是及时收取、上报调度工作报告；十四是检查各站段执行调度命令和规章制度的情况；十五是负责铁路局日常运输工作完成情况及调度安全工作情况分析。

车站调度的职责：一是认真执行上级调度命令和指示，及时处理影响行车安全的有关情况；二是掌握货源、货流、车流，根据铁路局下达的日班计划，正确编制和组织实现车站的班计划和阶段计划；三是按作业计划、技术作业过程和时间标准，完成编组和解体列车的任务；四是及时收集到达列车预确报，正确推算现车和指标，按阶段向铁路局调度汇报车流和车站作业情况；五是组织旅客、军运、行邮、行包列车，“五定”班列、重载和重点货物列车的开行；六是主动与厂矿企业联系，及时预报车辆到达情况和取送车作业计划，按计划均衡地完成装车和卸车任务，组织新送客车、货物作业车、检修车和专用车的取送；七是组织救援；八是正确运用计算机等先进设备组织指挥运输生产；九是认真分析考核车站日常作业计划的兑现情况和日常运输生产完成情况，及时向铁路局调度和车站领导报告。

第二节　行车组织与调度指挥需求

一、编制编组计划的需求

1. 客车开行方案需求

本节再次讨论客车开行方案是为了与货运开行方案做个对比。在编制客运列车开行方案之前,先要获取客流,这里的客流不仅指位移旅客的数量,还包括旅客的行为需求,即选择安全、舒适、快捷、经济等行为的团体人数。然后,为了编制客运列车开行方案,需要将对安全、舒适、快捷、经济的选择转换为对列车产品、席别的选择。这里所指列车产品包括高铁、直快、特快、普快、普通、旅游等列车,席别指软卧、硬卧、软座、硬座等席位数。在编制客运列车方案后,还需要经济、合理地计算所需要的机车、车辆和各种服务装备的数量,且在满足旅客需求情况下,尽量减少旅客列车空坐席(席位虚糜)的比例。

2. 货物列车编组计划需求

编组计划规定了如何将货流组织成为列车,并从发送地向目的地运输的计划,是货物列车开行方案的具体体现。与客车开行方案一样,在编制编组计划前,先要获取货流数据,货流不仅要描述货物的位移,而且,描述货主在货物运输中对安全性、速度、价格和运到期限等要求。货流又分为大宗货流、零散白货、集装箱、行包快运、特种货物等货流;对不同品类货流,运输需求有所差异,例如大宗货物要求低运价且对速度要求不高,但零散白货对运到期限要求高且运价也相对高。货物运输需求正从原有的"大批量、单货种、长周期"向"小批量、多批次、多货种、快速化"转变。

在编制货物列车编组计划时,需要考虑将这种变化的需求直观地转化成列车产品、运输方式和运输组织方式。这里列车产品包括始发直达、阶梯直达、技术直达、直通、摘挂、区段、小运转等;运输方式包括整车、行包快运、集装箱、零担、零散快运等;运输组织方式包括规划型和组织型等。

二、编制列车运行图系统功能需求

列车开行方案只是一个方案,方案之间还存在很多时间上的冲突,要变成真正可以执行的方案,需要将方案铺画到列车运行图上。列车运行图描述列车区间运行时间及在车站到发或通过时刻以及列车重量和长度、施工作业等,是全路组织列车运行的基础。为了编制列车运行图,需要自动收集铁路路网、列车开行方案、运行技术参数等资料。根据资料,牵引计算线路列车速度、区段通过能力等数据。再根据资料和牵引计算结果铺画列车运行图,铺画列车运行线;为了防止冲突,先铺画客运、后画货运;先铺画方案(分界口)时间,再细化每条线的运行和在站时间;先铺画高等级的列车,再低等级列车;先铺画基本运行图,再铺画分号运行图。列车运行图编制过程是化解冲突的过程,是优化线路列车通过能力的过程,是不断调整和优化运行时刻的过程。编制列车运行图后,还需要编制机车周转计划、动车组运用计划、车底运用计划、乘务交路计划等,对编制的列车运行图进行分析和评价,对列车运行图、机车周转图、客车车底周转图、动车交路图、乘务交路图的图形绘制、打印和报表输出等功能。

三、运到期限和随到随装需求

货物运到期限是指从发站承运货物的次日起,至到站卸车完了时止或货车调到货车交接地点时止的时间。随到随装是指货主不必申报月计划和日计划,就可以装车并完成整个货物

的运输过程。随到随装和运到时限是铁路客户服务的需要，是适应激烈的市场竞争的需要，是铁路货运向物流服务转型的需要。

为了适应随到随装和运到期限的需求，调度信息系统应该准确地预测货运装车需求，事先为随到随装的货物准备好空车，为即将装车的货物计算运到期限，并始终监督货物按运到期限运行。

为了适应这种对传统的货运组织模式改变，不仅仅局限于每一货物，而且，要兼顾铁路局间、车站间整体车流的平衡，只有做到整体平衡，才能实现每个货物的随到随装和运到期限。从调度信息系统来说，就是做好车流推算和车流调整。车流推算包括重车推算和空车推算，是根据车流的去向推算未来时间车流的分布情况。车流调整是根据车流推算的结果，为了达到局间和站间的车流平衡和提高运输效率的目的，计算并实施重车调整、空车调整、备用车调整和临时调整，并通过日班计划组织实现。

四、列车日班计划(简称日班计划)功能需求

前面已经说过，列车运行图是长期的列车计划，具体落实到每一天，就需要编制每天的列车日班计划。日计划是由当日 18 点至次日 18 点内的运输工作计划。日计划分为两个班计划:当日 18 点至次日 6 点为第一班;次日 6 点至 18 点为第二班。

编制日班计划是以列车运行图为基础，以调度命令等形式对列车运行图进行调整后，生成每天的日班计划。日班计划主要包括客运工作计划、施工日计划、货运工作计划、列车工作计划和机车车辆工作计划等，下面分别说明。

1. 客运工作计划编制需求

由于每天的客流不一样，客运工作计划就是在列车运行图的基础上，针对每天的客流需求，通过调度命令对基本图进行调整，形成每天的客运工作计划。

客运工作计划的内容包括列车、列车编组、列车车底、列车时刻表、列车交路等信息。其中:列车信息描述列车往返车次、发站、到站、担当局等基本信息;列车编组描述列车的车厢数，包括硬座车厢数、软座车厢数、硬卧车厢数等;北京到新疆来回需要 6 天，如果列车每天开，则需要 6 组车底，可以用车底周转图作为客运工作计划的补充资料;列车时刻表描述了列车始发、终到及沿途运行和停站时分，客运工作计划还关心停站需要的作业，如上水、行包作业等;列车交路信息描述列车从出段到入段往返的车次和时间(或者套跑、上下行车次变化)，例如:从北京动车段到北京南站，北京南站到上海站，上海站回北京南站，北京南站回动车段 4 个车次构成完整北京到上海的列车交路。

客运工作计划的信息需求包括读入列车基本图的客车信息，选择列车车次显示相应的列车编组、列车车底、列车时刻表、列车交路等信息。审核、补充、编辑、修改列车相关信息，包括编辑临客调度命令，客运调度命令申请、会签、审批、下达、回执等，调度命令上日班计划运行图，以及日班计划执行情况的统计分析等。

2. 施工日班计划编制需求

铁路维护单位根据设备状态编制施工的年计划和月计划，在列车运行图中为固定维修项目预留了天窗，对非固定的维修也需要申请施工日班计划。

施工工作计划内容包括施工编号、等级、项目、施工日期、作业内容、地点(含线别、区间、车站、行别、里程)和时间，施工限速、行车方式变化及设备变化，施工单位、施工负责人、路用列车进出区间开行方案等信息。

施工日班计划的编制需求包括从基本图中获取施工天窗信息，根据月度计划和铁路设备监测和检测状况编制施工日班计划。施工日班计划以及施工调度命令的申请、会签、审批、发布、回执等；通过调度命令在列车日班计划运行图上加载施工信息以及重点提示等内容，生成施工揭示命令，实现施工信息发布、提示、查询、分析等功能，并负责监视施工计划的执行，统计施工计划的兑现率。

3. 货运工作计划编制需求

货运工作计划主要是装卸车的计划。长期以来，装车计划是由货主和车站提前一天申报，随着货运改革，实行随到随装，装车计划由车站负责申报。卸车计划由到卸列车推算而来。

货运日班工作计划内容：一是各站装车计划(包括发货单位、品类、到站、到局、运费、限制口、车种别装车数)；二是各站卸车计划(包括到站、车种、卸车数，收货人)；三是“五定”班列、集装箱、企业自备车、战略装车点、路企直通等直达列车和成组装车的列数、组数及辆数。

货运日班工作计划的编制需求包括：一是铁路总公司根据推算的车流分布情况，根据分界口、限制区段的能力和铁路局建议，编制日班轮廓计划(包括到局别使用车数、通过限制口的装车数和重点要求)，并下达到铁路局执行；二是铁路局接收站段的日请车信息，并根据轮廓计划进行审批，审批后形成铁路局装车计划；三是推算各铁路局的到卸车，根据到卸车编制铁路局卸车计划；四是为装车计划配空车；五是发布与装卸车有关的调度命令，如停限装调度命令等。

4. 列车工作计划编制需求

将客运工作计划、货运工作计划及施工工作计划合并形成基本的列车工作计划。虽然，在列车运行图中也编制了一部分货运工作计划，但是，实际装车方向或数量会有较大的变化，需要整体考虑最优的列车工作计划。

列车工作计划内容：一是旅客列车的开行计划，以及临时加开、停运、迂回运输、编组、车辆甩挂等命令；二是施工计划和命令；三是货物列车到、发及运行计划，分界站货运列车交接或排空计划(包括列车车次、到开时分、各列车中去向别重车数和车种别空车数)；四是管内工作车输送计划、各站配空挂运计划和摘挂列车的装卸、甩挂作业计划；五是五定班列等货运产品计划；六是装载超限超重、军运物资(人员)、剧毒品货物车辆，有限制运行条件的机车车辆、自轮运转特种设备挂运和专列开行计划；七是区间装卸作业计划；八是路用列车运行计划。

列车工作计划编制需求包括：一是铁路总公司根据分界口、限制区段的能力和铁路局建议，编制和向铁路局下达分界站列车交接和排空计划；二是铁路局计划调度安排排空计划，同时为装车安排空车；三是在客车工作计划和施工工作计划的基础上，计算货车车流，并为货车车流编制

运行线计划，根据轮廓计划先铺画跨分界口货运列车，再铺画铁路局管内的货运列车；既先铺画自装交出的货运列车，再铺画接入交出的货运列车，然后铺画接入自卸的货运列车，最后铺画自装自卸的货物列车；四是铺画货车线后，应该检测货运列车、客运列车和施工计划之间的冲突，并调整运行线化解冲突；五是需要增开跨局列车或超重超限列车（危险品车）应与邻局协商，并报铁路总公司批准；六是编制日班计划后，报总公司批准，总公司批准后，发布执行。

5. 机车工作计划编制

在编制列车工作计划的同时，由机车调度为列车配备机车，产生机车计划周转图和实际周转图。

机车工作计划内容：一是各区段机车周转图，包括机车交路、机车型号及机车号；二是机车沿线走行公里、机车运用台数和机车日车公里；三是机车出（入）厂、大、中、辅（小）、临修、回送计划及重点要求；四是机车乘务员的分布、换乘地点和乘务员计划；五是各车辆检修基地扣修、修竣车辆取送计划；各沿线车站停留故障车辆检修计划；六是跨铁路局及铁路局管内客、货检修车回送计划及重点要求。

机车工作计划编制需求：一是需要实时接收列车工作计划；二是需要掌握当日十八点机车和乘务员的动态分布情况，掌握机车运用和回送计划、机车检修情况；三是需要维护机车所需要的基础数据（如机务段、机车交路等）；四是可以根据基本运行图先编制客车的机车工作计划，当列车工作计划编制完成后，应立刻传给机车调度，根据列车工作计划，为每个列车勾画机车交路计划；五是合理安排机车检修计划；六是检查计划编制的合理性，严禁乘务员超劳；七是消除对放单机，减少单机走行，如编有紧交路时，必须配备相应的保障措施。

6. 站段日班计划编制需求

客运站根据铁路局列车日班计划，预先编制车站的日班计划，内容包括客运站接发车计划、股道应用计划、检票计划、旅客接送广播计划、引导计划等，并组织车间落实。

客运段根据日班计划，预先编制客运段日班计划，内容包括乘务员计划、备品计划、餐饮计划、保洁计划等，并组织车间落实。

客车段根据日班计划，预先编制客车编组计划，为列车准备客车车辆。

动车段根据日班计划，预先编制动车编组计划，为客运专线列车准备动车组。

技术站根据日班计划，预先编制车站的日班计划，包括接发列车计划、股道运用计划、调车作业计划、驼峰、调机计划等，由站调负责监督各车间按计划执行。

货运站根据日班计划，预先编制车站的日班计划，包括装卸车作业计划、接发列车计划、股道运用计划、调车作业计划等，由货调、站调负责监督各车间按计划执行。

机务段根据日班计划（机车周转图），预先编制机务段日班计划，包括机车计划和乘务员计划，由机务段调度员监督落实。

车辆段根据日班计划，预先编制日班计划，主要负责车辆的扣修、修竣和5T的安全检查，由车辆段调度员监督落实。

工务、电务、供电段根据日班计划，预先编制施工计划，由工务、电务、供电调度员组织实施。

五、调度指挥和运行监控需求

1. 列车调度员

列车调度员负责组织管辖区段各站实现日班计划，其职责包括：使用 TDCS(CTC)系统接收日班计划，根据日班计划及时铺画和下达 3～4 h 阶段运行调整计划，指挥列车按计划运行，并下达车站执行。其主要内容包括：车站列车到、发时分和列车会让计划、列车在中间站作业计划、区段装卸车计划、施工计划、重点列车注意事项等。

当列车不能按日班计划运行时，需要按先客后货、按列车等级调整运行图，优化安排救援、抢险机车，组织列车恢复正点。

列车通过后，轨道电路自动采集 TDCS 运行信息，形成列车运行的实际线，列车调度员根据实际线动态调整阶段计划。

2. 运输日常组织功能

车流调度、列车调度实时监测分界口交接情况，组织各局按批准计划均衡完成分界站列车、车辆交接任务；实时监测铁路局车流结构和全路主要通道车流动态分布情况，发布预测、预警信息，提供车流调整依据；实时监测全路分界站的列车违编、违流情况，督促各局严格按车流径路和列车编组计划组织列车开行；实时监测技术站作业情况、作业能力，结合全路车流情况，自动对技术站能力实施预警。

客运调度处理跨局旅客列车的加开、停运、变更径路、客车甩挂，根据需要临时调拨客车、动车组；实时监测全路旅客列车、重点列车、行包专列的始发及运行情况，维护列车运行秩序。

货运调度实时监测全国重点用户、港口和车站的装、卸车情况，根据全路主要装、卸站能力和各局日班计划，自动进行车流调整预警，提前采取停、限装(交)等措施；保证均衡运输；实时跟踪掌握全路抢险救灾物资、人员运输组织情况；动态掌握和管理全路备用货车，检查各铁路局对备用货车的管理情况；实现全路专用货车、集装箱、篷布、军运备品的动态掌握，统一进行回送、备用或解除等调整。

施工调度对日常施工和施工项目实现网络化管理，掌握各施工日计划执行和兑现情况。

根据全路机车、机班分布情况和各局日班计划编制情况(含技术站到、开计划和分界口交接计划)，结合全路车流情况，自动生成机车超劳、机班预警。实时绘制机车实绩周转图，自动统计、分析跨局货运机车全周转时间。

按阶段提取各铁路局调度工作报告，检查日常运输工作完成情况。

3. 安全管理

当发生灾害、设备故障等影响行车的突发情况，列车调度员接到报告后，须报告领导，并立即采取应急预案，向有关车站、司机、运转车长发布调度命令。信息系统主要为现场提供联系手段，提供救援的辅助信息。

主管业务处可根据设备管理单位的施工申请，审核提报，由施工调度室发布运行揭示调度命令。

六、统计分析需求

统计分析主要围绕调度工作计划进行统计分析，包括列车工作计划、客运工作计划、货运工作计划、施工工作计划、机车工作计划的兑现情况，列车、客运、货运、施工、机车完成的实际工作量、客流货流数据、运输收入、运输指标、列车的正晚点情况、存在问题分析等，并准备下一天的车流推算数据。

每天，从各个站段和调度系统收集十八点的数据，包括列车数据、客运数据、货运数据、机车数据、施工数据、调度数据等。先由站段进行数据的统计汇总，核对无误后，上报铁路局调度所统计室汇总；调度所加入调度数据统计结果，核对后，上报铁路总公司运输局；总公司汇总后，得到全路的运输统计分析数据。

第三节 货运列车编组计划

一、货物列车编组计划综述

货物列车编组计划(简称编组计划)是货运车流的组织计划，它规定了路网所有重空车流编成列车的车站和到达车站，规定了编组种类、车流内容和编挂办法等。货物列车编组计划的编制应以车流结构、站场布局、设备能力为基础，以车流径路为前提，以技术经济分析和计算为依据，进行多方案选优。编组计划既是货运车流组织计划，又是站场设备运用计划；既是路网各车站分工的战略部署，又是调节铁路方向和站场工作负担，缓和运输紧张状况的有效手段；既是行车组织的基本文件，又是铁路与其他部门联劳协作的具体体现。因此，正确编制和执行列车编组计划是充分发挥铁路运输能力，提高运输效率，尽可能满足运输市场需求的重要途径。

目前，国内很多学者进行了编组计划模型和优化算法的研究，北京、太原、济南等铁路局也使用了计算机编制编组计划，但编组计划涉及跨局货流和车流，必须从全路层面进行考虑，而铁路总公司一直依靠人工经验调整编组计划，缺乏成熟的支撑工具。随着计算机及网络技术在铁路行业的普及和应用，使利用计算机编制货物列车编组计划，实现车流组织与管理的科学化和现代化成为可能。

本节主要分 9 个方面，一是基础数据管理；二是货运数据管理；三是车流径路计算；四是车流量分析；五是编组计划编制；六是编组计划调整；七是技术站分工；八是编组计划指标计算；九是违编违流分析，下面分别说明。

二、基础数据管理功能

编组计划的基础数据主要对路网进行描述，包括：路网上的作业车站，车站的作业能力；路网上的线路,线路的里程数据和通过能力;路网上的编组站(技术站),编组站分方向辐射的作业区域和作业能力;铁路局与车站、线路之间的关系,铁路局间分界口的描述等。

为了简化路网结构,将路网提炼为“支点”和“支点间连线”,形成运输能力管理“网格”,并以全国铁路示意图的形式展示。其中支点是具有两个边以上的车站(一般为技术站);将中间车站的货流按方向汇集到“支点”(向上行的货流汇集到上行支点,向下行的货流汇集到下行的支点),将货流与“连线”进行关联,连线的货流是经过本线路所有货流的叠加,将货流的吨数(车数)标在连线上,连线的粗细代表货流大小,形成的网络图称为货流图。

三、货流数据管理功能

编制编组计划需要货运的原始数据,现有的原始数据包括货票、运货7甲、运货五、订单数据、运单数据、车辆轨迹库数据。其中货票数据关系到铁路局的收入和清算,经过收入人员的专门审核,所以数据十分准确,但是对于零担和集装箱,货票数据未与车辆关联,也就是只有发送吨数,没有发送车数,而且货票中缺少空车数据;而运货7甲反映了实际的装卸车数,并与装载清单进行关联,但有少数地方或专用铁路车站未使用运货7甲。货运五数据反映的是空车需求的数据,与实际装卸车有一定的偏差;订单数据是用户的发货需求数据,也与实际装卸车有一定偏差;从发展眼光看应使用运单数据,因为运单从受理、制票关联到交付整个货运过程。而集成平台的车辆轨迹库数据包括所有重车和空车的走行轨迹。

编制编组计划的关键是数据的准确性,所以,需要将数据进行综合整理,现以货票或运单为基础;补充集成平台车辆轨迹库的装卸报告、空车走行数据和清单数据,并按年、按月、按阶段形成包括装车站、卸车站、发送吨、发送车数、发车局、卸车局等编组计划的原始数据。

根据原始数据,建立数学模型,预测下年、下月、下一阶段各车站发往不同方向、不同到站的装车数。预测方法从车站和客户两个角度进行预测,也可以按货物的品类或运输方式进行预测。将预测结果按发送车站和到达车站进行叠加,保存形成 $M \times M$ 的车流数据(M 为全路车站数),并向车站展示。车站可以根据实际调查数据修改预测结果,修改的数据保存到货流数据库中。应鼓励车站使用预测数据,以提高数据的准确性,这是计算机编制编组计划的基础,也是改变月计划、日计划的模式为货流预测模式的基础。

四、车流径路计算功能

编组计划关心的货运数据是发站、到站、吨数、车数,若要把数据落到线路上,需要调用径路的计算算法。算法的输入是发站、到站,以及特定径路所需的品名、收发货人等;返回的是发站和到站之间经过的线路、分界口、技术站以及走行里程等。常用的车流径路算法有两种:一种是最短径路+特定径路的方法;另一种是常用径路。最短径路+特定径路方法是铁路总公司文件规定的方法,是总公司货运营销部门根据货源货流分析确定的走行径路;常用径路方法是记录两站点间列车常走的径路,此方法比较符合调度作业的实际,实践证明两种方法都是需

要的。

(一)最短径路+特定径路方法

本方法已经在货票和技术计划等程序中使用,程序比较成熟,而且维护有保证。调用径路计算函数,参数包括发站、到站、品名、收发货人等;函数返回走行径路、分界口、车站、里程等数据。

(二)常用径路计算方法

1. 路网描述及维护模块

将铁路车站分成普通车站和支点车站,普通站是连接两条线路的车站,支点站是连接两个以上线路的车站和尽头站。将路网模型描述成两层,第一层是由支点站构成的路网;第二层是分列车上下行描述支点站和普通站之间的关系。支点站路网描述任意两个支点间的径路,设全路共有 N 个支点,则路由数是 $(N-1)^2$ 个径路,每条径路描述了从始发支点到终到支点之间经过的所有支点站、分界站以及里程,依次可以求出支点站之间的所有径路。

2. 根据历史数据统计车流常用径路

根据支点列表,求所有两个支点间的常用走行径路。在集成平台轨迹库的历史数据中累计两支点间的所有走行径路信息,两点间可以有多条走行径路,保存每一条实际走行径路及其所占比例,比例最大的是常用径路。

3. 求车流径路模块

求任意两个车站之间的径路,先从车站找支点,再根据支点选择最大比例的径路,如果本径路超过线路或编组站的能力,再选择次高比例的径路。返回所经过的车站、分界口和里程信息。再从支点找车站,因为支点到车站路径是唯一的,由此得到车站间的车流径路。相对于前一种方法,本方法的优点是如果第一条经路货流量超过线路能力,可以按比例自动选择第二、第三条径路。

五、货流(车流)分析功能

这里所说的车流是将货物的数量按车进行计数,即以车作为计数单位。通常运货7甲、运货五都是以车为单位。

(一)货流分析

1. 货流分析

预测下一年的货运数据,除以365得到平均一天的预测数据。从数据源中统计始发和终到站间每天平均重车车流,包括整车货流、批快货流、零散快运货流、集装箱货流、行包快运货流。货流分析包括站站间的货流分析、支点间的货流分析、地区间的货流分析、编组站间的货流分析等。

2. 国铁空车流计算

从数据源中统计始发和终到的每天国铁平均空车流,可以从卸车地到装车地统计空车流,也可以按区域的装卸差计算空车流。将重车流与空车流进行叠加,形成完整的重空车流。

3. 自备车空车流计算

对于自备车来说,无论空车还是重车,都有固定的径路,一般都是重去空回。所以,可以单独统计自备车空车车流。

(二)货流查询显示

1. 查询车流组成。以表格或图形方式显示当前和预测的货流以及形成的空车流和重空叠加车流数据。各个车站的车流组成;各个支点管辖区段的车流组成,各个区段的车流;各个区域的车流等。编组计划主要是研究如何组织车流,可以使用表格或者图形的方式直观地查询车流组成信息。

2. 查询分界口交出总车流。按用户要求汇总各分界口交出车流以及形成的空车流,并以表格形式显示。分析交出车流是否超过分界口的能力,是否可以通过调整车流径路解决问题。

3. 查询干支线车流。按用户要求汇总各干支线间车流,并以表格或图形方式显示。分析线路的车流是否超过限制区段的能力,是否可以通过调整车流径路解决问题。

4. 查询最短径路/特定径路/全部经路。输入发、到站,查询两车站间的特定径路、最短径路和里程,查询所有经路及其里程。

5. 查询支点站间的车流。将中间车站的车流按径路汇总到支点站,查询支点站间车流。

(三)辅助选择编组计划产品

1. 显示全部车站(假设全路共 M 个货运车站)间的车流:显示全部 $M\times M$ 的车站矩阵,左边一列是发站、上边行是到站,中间是到发站间以车辆为单位的车流数。由于矩阵过于庞大,可以按“发站、到站、辆数”显示辆数超过一定数量的车流(如超过 10 辆),并按辆数进行排序,检查有多少车站之间可开行装车地始发直达列车。

2. 显示全部支点站间车流:将中间站的车流按方向汇集到支点站(假设共有 N 个支点站),显示全部 $N\times N$ 的支点矩阵,左边一列是发支点站、上边行是到支点站,中间是到发支点站间车流数。点击某一支点站,显示支点关联的中间站车流。可以横向切片,也可以纵向切片,横向切片表示始发支点到达其他全部支点的车流,纵向切片表示到达本支点的源点,不显示车流为 0 的车站。还可分类查询零散快运、批量快运、集装箱、重车、空车、自备车等各方向到达和出发的车流。如果矩阵太大,可以按“发站、到站、辆数、吨数”显示辆数超过一定数量的车流(如超过 20 辆),并按辆数进行排序,检查有多少支点站间可开行基地直达列车,包括站到支点、支点到站、支点到支点等情况。

3. 选一个铁路局,显示铁路局全部支点站和其他铁路局间的车流矩阵,左边一列是发支点站和发局、上边行是到支点站和到局,中间是到发支点站和铁路局间车流数。目的是显示与本局有关联的车流,所以,并不关心其他局之间的车流。点击某一支点或铁路局,显示有车流的支点站和中间站。

4. 显示日历开行装车地始发直达的列车的支点车站(将中间站车流按方向汇集到支点站)间的车流。分别显示站到站、站到支点、支点到站、支点到支点等多种模式,显示发到站、支

点站、车数、吨数。

5. 显示编组站间的技术直达车流，勾掉装车地始发直达、基地始发直达、日历始发直达车流后，将跨两个编组站的车流归结到编组站。显示技术站直达车流，显示 40×40 编组站矩阵之间的车流，左边一列是发编组站，右边行是到编组站，中间是到发编组站间车流数。可以横向切片，也可以纵向切片，横向切片表示始发编组站到达其他全部编组站的车流，纵向切片表示到达本编组站的源站点，不显示车流为 0 的车站。还可分类查询零散快运、批量快运、集装箱、重车、空车、自备车等各方向到达和出发的车流。

6. 显示中转车流数，勾掉装车地始发直达车流和技术站始发直达车流，显示每个编组站需要中转的各方向车流数。如何设计中转车站是编组计划编制过程中的最大难点，很多学者都研究了编组计划的优化算法，但由于算法的复杂性是 $2^{N\times(N-1)/2}$（N 为技术站数），而我国的路网又非常复杂，所以，难以用数学算法解决问题。可以沿用现在的调整组号方法，也就是通过图形化的方式查看现在的组号下车流变化趋势，再模拟调整组号后，车流的变化趋势，用模拟的方法证明是否应该调整组号。

7. 显示局管内车流，显示不经过编组站的车流，或者跨一个编组站的短途车流。显示站到站的车流、或者支点到支点、或者站到支点的车流。目的是设计直通列车、区段列车、摘挂列车和小运转列车。

8. 查询自备车车流，包括重车和空车车流。车号的第一位为 0 的车辆是企业自备车，企业自备车进入国铁运行均与铁路局签有协议，只能在规定的线路运行，所以，企业自备车多是重去空回，可以提前确定空车的方向。

（四）空车车流的分析

空车车流推算方法准备在车流推算一节进行详细描述，本节主要描述空车车流分析的概念。按照行车组织的理论，每个铁路局管内的车辆数（保有量）应保持平衡，应该等于装车数与周转量的乘积。有的车站装大于卸，有的车站卸大于装，就需要将卸大于装的车站空车送往装大于卸的车站。供应空车的车站向需求空车的车站送空车，具有典型的供求关系的数学模型，在实际工作中，通常是分成两次推算，第一次是局之间的排空车的推算；第二次是局内空车的推算。所以，在计算空车流时，先根据铁路局之间的装卸差采用表上作业法计算局之间的排空车流，然后，再计算编组站（或分界站）到需求车站或者供应车站到编组站（分界站）的车流，这样就大大简化了算法，且符合运输实际。

在实际空车调配过程中，空车是由排空站逐步向空车需求区域集中分配的过程，先将空车集中到编组站或者区段站，然后，再送到空车需求站，在空车调配的模型算法中，既要考虑优化算法，又要考虑现实实际，从现实逐步向优化过渡。

六、计算机编制编组计划功能

编组计划的内容包括“顺号、发站、到站、编组内容、列车种类、定期车次和备注”。其中，列车种类包括始发直达、阶梯直达、基地直达、日历直达、空车直达、技术直达、直通、区段、摘挂、小运转列车。编组计划的例子见表4-2。

表4-2 铁路编组计划示例

顺号	发站	到站	编组内容	列车种类	定期车次	附注
1	金州	哈尔滨南	哈尔滨南及其以远,5 000 吨,83.0	五定班列	80201	主要卸车站:滨江、香坊、哈尔滨站
2	金州	灵山	灵山站卸	始发直达	85861～85865	—
3	金州	各站	1. 沈阳南及其以远补轴; 2. 粮食直达同一站	始发直达	—	第一组挂机次
4	金州	鸡西	空敞车,83.0	空车直达	86001 86003	—
5	金州	七台河	空敞车	空车直达	86007	—
6	金州	长春北	长春北及其以远和空车不分组	技术直达	—	—
7	金州	沈阳南	沈阳南及其以远和空车不分组	直通	—	—
8	金州	沈阳南	1. 沈阳南及其以远和空车不分组; 2. 辽阳—北台间及溪辽线; 3. 鞍山站卸	区段	—	向沈阳局管内不得超过两个组号
9	金州	甘井子	甘井子站卸	区段小运转	—	—
10	金州	大连北	南关岭—大连北间站顺	枢纽小运转	—	—

下面按装车地直达列车、技术直达列车和区域列车分别描述编组计划的计算机编制过程。装车地直达列车包括重车直达列车和空车直达列车;区域列车包括直通列车、区段列车、摘挂列车、小运转列车等。

(一)装车地始发直达列车编组计划

装车地始发直达列车是货车由发站至到站运输过程中,不产生改编中转的货物运输组织形式,具有经济、快速等优势,是编组计划的最高境界。装车地分为三种情况,一是一站直达,二是阶梯直达,三是基地直达,卸车也是这三种情况。首先选择一站直达的车流;然后,再选择反阶梯和基地直达的车流;如果都不行,检查是否可以根据日历组织装车(按周期循环组织列车开行)。

1. 一站直达列车分析。在预测货流数据库中检索同一到、发站满足开行条件的远程货流(开行条件主要通过线路的牵引计算和车站股道容车数确定,如载重5 000吨～5 500吨、换长50辆～60辆),将查询结果显示在装车地点大宗货物装车数表上,见表4-3。程序可计算同一发货人同一品类、不同发货人同一品类、同一发货人不同品类、不同发货人不同品类货车的组合,可优先选择同一发货人同一品类优先开行直达列车,优先选择路、矿、厂、港开行能够直出直入和整列装卸的直达列车。

表 4-3　装车地始发直达列车一览表

铁路局	始发站	终到站	发货人	品类	装车数	直达数
哈尔滨	双鸭山	天津西	煤矿公司	煤	120	120
	鸡西	济南西	煤矿公司	煤	71	60
沈阳	鞍山	秦皇岛	鞍钢	钢铁	66	60
	鲅鱼圈	苏州	首钢	钢铁	55	55
北京	邯郸北	绵阳	邯钢	钢铁	73	60
	石家庄	新丰镇	多发货人	多品类	57	55

为满足开行条件的车站制订装车地始发直达列车开行方案，方案内容包括始发站、终到站、列车编组内容、列车种类(始发直达)、定期车次和备注等。例如上表中：双鸭山到天津西每天可开行两趟列车、编组内容是煤直达同一到站；鸡西到济南西每天可开行一趟列车、编组内容是煤直达同一到站。在编制运行图时，再赋予列车车次和开行时间，从而根据开行方案形成完整的开行计划。

2. 阶梯和基地直达列车分析。定义车站之间的阶梯和基地关系。除了装车站始发直达外(从预测货流库中去掉装车地始发直达货流)，在预测货流数据库中检索同一到、发阶梯或者同一到、发基地满足开行条件的远程货流(如车数大于 50 车、重量大于 5 000 吨)，将查询结果显示在装车基地站大宗货物装车数表上。据此计算基地到站、站到基地、基地到基地的车流(阶梯到站、站到反阶梯、阶梯到反阶梯等)，为阶梯、基地列车制订编组计划，内容包括始发基地、到达基地、列车编组内容、列车种类(基地、阶梯直达)、定期车次和备注等(注意编制车站需要具备形成列车的能力)。

3. 日历开行始发直达列车分析。对预测货流库中的剩余车流计算日历装车的货流(从预测货流库中去掉已经计算过的货流)，在预测库中检索周期内满足开行条件的远程货流(一般为大宗货物或始发直达的剩余车流)，如煤、粮食等，将检索结果显示在日历装车基地站大宗货物装车数表上。据此计算可以开行的日历装车的车流，为车流制订编组计划，内容包括始发站、到达站、列车编组内容、列车种类(日历直达)、定期车次和备注等。

4. 空车直达列车分析。将回送空车加入到预测库中，可以按两种方法整理空车库，一是在以往的回送经验基础上，进行预测，形成回送空车数据库记录；二是利用预测库中铁路局(编组站)间装卸差直接进行计算，再考虑企业自备车回送空车。将两种计算结果进行适当融合整理形成含有空车的预测库，在数据库里对空车按站、阶梯、基地等进行空车满轴的计算，如果符合满轴条件，优先开空车直达列车。否则，将空车与重车一起计算。

5. 车流归并表。为了支持阶梯、基地直达列车，需要对阶梯、基地车流进行归并，阶梯站车流归并包括站—反阶梯、阶梯—站、阶梯—反阶梯车流归并。基地站车流归并包括站—基地、基地—站、基地—基地车流归并。简单的处理方法是按支点车流进行归并，将车流按方向

并到支点，一般上行归并到上行支点，下行归并到下行支点，包括站—支点、支点—站、支点—支点车流。这种归并过程可以用编组计划进行描述。

(二)技术直达列车编组计划

不能组成装车地直达的长途车流需要到编组站集结，形成技术站之间的车流，这些车流可能需要经过多个编组站中转改编，本小节主要讨论如何使用信息技术选择这些车流。

1. 编组站间单组列车计划表

单组列车是指同一车站出发、终到站及其以远的车流所组成的列车。列车中的车辆可以混编，也可以按照一定要求成组编挂，且在正常情况下，其编组内容在列车运行至终到站之前不发生变化。

通过径路算法可以计算出每个货流经过的第一个和最后一个编组站，并保存到预测货流数据库中。搜索第一个和最后一个编组站相同的货流记录，比较其中满足开行条件的货流，为这些货流编制编组计划，内容包括第一个编组站、最后一个编组站，列车编组内容、列车种类(单组技术直达)、定期车次和备注货流等。注意：技术直达列车为不相邻编组站之间开行的列车，如果两个编组站相邻则为直通列车。

求出的编组计划仅仅是初始计划，很多教科书和论文中讨论了如何求最优的编组计划。其中包括传统的分析方法和现代的数学规划方法。在传统计算方法中，有绝对计算法、分析计算法、表格计算法、树形筛选法等，这类方法计算工作量大，不适宜求超过 5 个技术站的优化问题。在数学方法中，主要有线性 0-1 规划模型、线性整数规划模型、二次 0-1 规划模型、有利编组去向模型、多目标规划模型、随机规划模型、双层规划模型、网络分析模型等。还有的论文提出将装车地直达、技术直达及区段列车编组计划综合优化，将技术站间单组与分组直达列车编组计划的综合优化。本文不准备展开算法，仅仅举个例子，然后提出算法的建议。

假设从北京丰台西编组站到西安新丰镇编组站每天平均车辆数是 50 车(简称 N_1)；而丰台西到郑州北编组站每天 200 车(简称 N_2)，从郑州北到新丰镇每天 200 车(简称 N_3)。有两种方案：一是 N_1、N_2、N_3 都单独开，二是 N_1+N_2 和 N_1+N_3，N_1 和 N_2 合并从丰台西开到郑州北解体后编入 N_3 到新丰镇。两个方案中，方案 2 更优。这是因为 N_1 每天 50 个车，集结时间按每天一半算需要 12 小时；而 N_1+N_2 和 N_1+N_3 的集结时间都是 2.4 小时(每天一半为 $1/2\times24/5=2.4$，其中 5 是 N_1+N_2 为 250 车，50 车 1 列共 5 列)，再加上 N_1 在郑州北无调变有调增加的 3 小时，$2.4+2.4+3=7.8$ 小时，远小于 12 小时，所以，方案 2 优(在教科书上，通常按车小时计算方案 1 集结时间为：50 车×12 小时＋200 车×3＋200 车×3＝1800 车小时；方案 2 集结时间为：50 车×(2.4 小时＋ 2.4 小时＋3 小时)＋ 200×2.4＋200×2.4＝1350 车小时)。如果 N_1 为 300 车，则方案 1 为：300 车×2 小时＋200 车×3＋200 车×3＝1800 车小时；方案 2 为：300 车×(1.2 小时＋1.2 小时＋3 小时)＋200×1.2＋200×1.2＝2100 车小时，则方案 1 集结时间少。

建议的算法采用启发式的方法：即以开行方案的列车总集结时间为最小，按照最大流进行

启发，将单组列车按流量大小进行排序，同方向流量大的单组列车开直达列车，流量小的同方向列车检查合并后开行，可以减少集结车小时。

2. 编组站间分组列车计划表

分组列车是指由到达列车终到站及其以远的车流和到达列车终到站以近的车流所组成，且须按去向分组的列车（始发相同）。在预测货流库中寻找具有相同经路的编组站货流。例如从郑州北编组站到哈尔滨南编组站的车流（假设 30 车），与郑州北编组站到沈阳局沈阳西编组站的车流（假设 40 车）具有相同径路，且两车流组成分组列车，其车流（70 车）满足开行条件，且需要在沈阳西补轴开往哈尔滨南。这时，分组列车的开行方案是第一个编组站（郑州北）、最后一个编组站（哈尔滨南），列车编组内容（到哈尔滨南 30、到沈阳西 40、沈阳西补轴）、列车种类（分组技术直达）、定期车次和备注货流等。

但是，本方案也可以从郑州北编组站到丰台西编组站，再从丰台西到哈尔滨南编组站满足开行条件；或者从郑州北编组站到山海关，再从山海关到哈尔滨南。究竟选择哪个方案，也是数学优化问题。另外，分组列车也可以与单组列车一起进行综合优化。

3. 剩余车流合并方案表

扣除单组列车、分组列车之后，编制剩余编组站车流的合并方案表。例如，从西宁到哈尔滨南车流量很小且远，需要经过与其他车流合并，才能达到目的车站，对于路网来说，大部分编组站间的车流都很小，需要将所有车流互相合并后汇入编组计划中。西宁到哈尔滨经过兰州北、新丰镇、郑州北、丰台西、山海关、沈阳西，可以有两个方案：一是利用已有的单组和分组编组计划，二是合并剩余车流，例如合并武威南、迎水桥、乌西的车流。应该尽量利用已有的、同方向的单组和分组编组计划，因为既不增加始发集结时间，又减少了中转的集结时间。

按照上面的思路，将剩下的编组站车流按大小和方向进行排序，先处理较大的车流，再处理小车流。优先利用已有的、同方向的单组和分组编组计划，尽量减少沿途的编解次数；如果不存在单组和分组计划，再考虑多方向车流的合并；最差的情况是站站编解。

以中转范围内较小车流补充的方式形成直达（直通）列车，有相同发站不同到站车流的合并，不同发站相同到站车流的合并，不同发站不同到站车流的合并，两衔接车流与远距离车流的分段合并等情况。合并过程一是标记每一单支车流的去向；二是确定远距离车流并入单支车流，形成同去向编组列车车流合并方案；三是确定合并车流编组去向方案。实际上，往往是在现有的编组计划基础上，进行综合优化。

（三）区域列车编组计划

区域列车包括区段站—编组站、编组站—区段站、区段站—区段站、区段站内部的列车。前三种是直通或区段列车，后一种是摘挂或者小运转列车。区域列车的编组计划由铁路局负责编制，铁路总公司只负责协调跨局的区域列车。

1. 区域车流表

分区域显示域内全部车流：显示全部车站（支点站）的矩阵，左边一列是发站、上边行是到站，中间是到发站间车流数,车流数包括三部分:一是始发终到都在本区域,二是始发是本区域,终到是本区域的技术站(技术直达车流),三是终到站是本区域,始发是本区域的技术站(技术直达车流),区域车流的对外接口是编组站或者大区(汇集了对外交换的车流)。点击某一车站,显示车站汇集的车流。可以显示重车车流表,也可添加空车车流,重空车流一起考虑。

2. 区域单组和分组列车计划表

除掉始发直达和技术站开行的列车外,求区域内的满足开行条件的单组和分组车流。如果始发、终到站之间跨过一个以上的区段是直通列车,其编组计划为始发站、终到站,列车编组内容、列车种类(直通列车)、定期车次和备注货流等;如果始发、终到站之间在一个区段是区段列车,其编组计划为始发站、终到站,列车编组内容、列车种类(区段列车)、定期车次和备注货流等。

3. 剩余车流合并方案表

扣除单组列车、分组列车之后,对区域内车流标出路径和方向,对具有相同径路的两支车流或多支车流编制车流合并方案。研究列车开行过程中不断摘挂而列车基本满足开行条件的方案。合并过程一是标记每一单支车流的去向;二是确定车流摘挂方案;三是确定车流编组方案为:始发站、终到站,列车编组、列车种类(摘挂或小运转列车)、定期车次和备注货流等,其中列车编组描述了在哪些车站需要挂车,哪些车站需要摘车。

(四)车站作业分工计划

前面已经说过,编组计划除了编制列车开行方案之外,还需要编制每个车站的作业分工计划。这些计划主要是到达的车流计划和出发的车流计划。由于编组站比较复杂,主要讨论编组站的作业分工计划。

编组站到达车流计划包括本地向外地车流、其他编组站到达本地的车流和本编组站中转的车流。编组站的出发车流包括本地去往其他编组站、其他编组站到本地和中转的车流。将编组站全部到达、出发、中转车流列表,得到编组站作业分工计划表,见表 4-4。

表 4-4　新丰镇编组站作业分工计划

到发	来源	发站	到站	编　　组	车流量	中转站	备注
到达	本地向外车流	西安西	新丰镇	西安到济南西以远	230		直通
		咸阳北	新丰镇	咸阳到上海以远	170		区段
		—					
	到达本地车流	兰州北	新丰镇	兰州地区到西安车流	320		直达
		成都北	新丰镇	成都地区到华山车流	270		直达
		—					
出发	本地向外车流	新丰镇	济南西	到济南西以远	230	郑州北	直达
		新丰镇	南翔站	到上海以远	170	南京西	直达
		—					
	到达本地车流	新丰镇	西安东	兰州地区到西安车流	320		直通
		新丰镇	华山西	成都地区到华山车流	270		区段
		—					

续上表

到发	来源	发站	到站	编　　组	车流量	中转站	备注
中转	有调	兰州北	丰台西	兰州到北京以远	190	丰台西	直达
		兰州北	南京西	兰州到南京以远	160	南京西	直达
		—					
	无调	兰州北	郑州北	兰州到郑州以远	180		直达
		宝鸡东	郑州北	宝鸡到郑州以远	230		直达
		—					

从表中可以统计出整个编组站的工作量，包括需要接发列车数（全部车流）、需要解体编组的车数（有调中转）、只需要技术作业的车数（无调中转）。本地车流主要包括直通、区段、摘挂、小运转车流，去往其他编组站和中转车流包括技术直达、分组直达（需补轴）和剩余合并的车流。

对于表中的每一出发列车，包括有调中转出发列车，列出列车前方中转站，例如新丰镇到济南西的出发车在郑州北中转，新丰镇到南翔的出发车在南京西中转。郑州北和南京西就可以作为中转车流放到其（郑州北和南京西的）作业分工计划表中。

为每一编组站，编制编组站中转计划表，每个编组站的中转车流来自多个相关编组站，根据所有到达本编组站中转车流计入中转计划表。对每一编组站，调取所有其他编组站发出车流中转计划表经本站中转的数据，并且，将相同编组站到中转车进行合并。

目前，运输局通过编组计划会议，与铁路局协商主要车站的编组计划，若车站作业繁忙，则为车站编组计划减少组号，若车站作业空闲，则为车站编组计划增加组号。车站的实际编组计划结构是“车次范围、组号、方向、列车类型（直达、直通、小运转等）、满轴吨数范围、满轴换长范围等”，其中，满轴吨数范围根据线路的牵引重量计算得到；满轴换长范围根据经过车站的股道长度而定。

（五）列车编组计划方案

对所有的车站（编组站），列出作业分工计划表，包括始发地装车直达、阶梯直达、基地直达、日历直达、技术直达、直通、区段、摘挂、小运转等列车。

对始发地直达列车先计算装车地直达，再计算阶梯直达、基地直达，最后计算日历直达，还需要考虑车站的作业能力和货物的品类是否适宜开行直达列车，否则就应该调整计划为技术直达列车。

对技术直达列车，需要考虑单组车流、分组车流和剩余车流，先拟订一个初步计划，然后，再进行综合优化。单组和分组车流多出自大型厂矿。剩余车流小且多，最好能与单组车流和分组车流整合，否则，需要综合剩余车流，尽量选择集结时间少、少解编作业的运行轨迹。

对区域的车流，先考虑单组和分组车流。剩余车流也是小且多，一般是每个区段站一天开两趟车，研究如何通过固定的列车完成沿途车站的取送作业。

当列出车站的作业分工计划表后，统计整个编组站作业量和线路作业量，检查如果作业量超过编组站和线路的能力，需要重新调整车流，将中转车流分配到其他编组站，或者通过绕行解决线路紧张的问题。

七、编组计划调整功能

编制货运列车的编组计划需要大量的工作，特别是在新旧编组计划切换时候，容易引起路网现场车流的混乱。这是因为编组场每个股道均有习惯方向，让调度人员逐步适应方向变化需要一个过程。所以，编组计划调整经常是微调。

如前所述，列出每个车站的作业分工计划表，统计其工作量，并与车站的实际作业能力进行比较，标出能力紧张或者能力富裕的车站。在路网图上，显示能力紧张或者能力富裕的车站。

优化的方法是增加约束条件。也可以通过将紧张车站的部分中转车流转移到能力富裕的车站实现；或者从紧张车站的中转车流分一部分到能力富裕的车站实现。对线路紧张，应在路网图上标出能力紧张和富裕的线路，通过绕行解决线路紧张问题，如果不能绕行，需要通过重载运输、增加线路等手段解决。

在调整编组计划后，可以通过集成平台实时读取各技术站的实际执行信息，根据计划的车流与实际车流的偏差进行再调整。

八、技术站的车流组号

车流组号也称为方向号，表示车站吸收车流的范围，组号越多，吸收车流多，作业流大。可以为每个车流分配唯一的号码，形成全路唯一的车流组号。国外发达国家每个车流都有唯一组号，而在我国每个车站的车流组号唯一，车站间不唯一。

目前，车站信息系统的车流组号均为人工编制，编制方法是将路网图按本站车流方向划分出若干区域，每个区域代表不同组号，使用不同的颜色标注，当车流调整后，车站须重新划分组号区域。

有论文探讨过为车站自动划分组号，主要思想是根据本车站分配的车流方向，首先建立路网图，然后，从每个方向遍历路网图，遍历的过程生成二叉树，不断计算里程和车流量，关键是两个方向的边界车站归属的组号，由里程和车流决定。

九、指标计算功能

根据货运列车编组计划进行各项技术指标的计算，对编组计划编制质量进行评价。一种划分体系将列车编组计划质量指标分为四大类：列车比重指标、能力适应性指标、车辆运用指标和市场适应性指标。

列车比重指标是体现铁路运输服务质量的十分重要的内容。列车比重评价指标包括五定班列比重、集装箱班列比重、定时集结列车比重、直达列车比重、编入直达列车车流占直达车流

比重、直达列车平均运距和货车平均改编次数7项指标。

能力适应性指标包括：主要编组站通过能力利用适应度、主要编组站通过能力利用均衡度、主要编组站改编能力利用适应度和主要编组站改编能力利用均衡度4项。其中，编组站通过能力利用率均衡度包括到达场通过能力利用均衡度和出发场通过能力利用均衡度两个分指标。

车辆运用指标是反映铁路运输效率和运输成本的重要指标，包括：总车小时、货车中转时间、货车周转时间、货车日车公里等指标。货车中转时间、货车周转时间和货车日车公里这3个指标的计算是以对全路所有的计划车流都进行OD流分析为前提的。

市场适应性指标主要是货源适应程度。这一指标主要是针对快运货运市场而言的，用来衡量运输产品结构、快运列车的开行密度、组织方式等是否适应市场需要，这是一个定性指标，可用专家调查法得到指标值。

十、违编违流分析功能

违编违流运输违背了铁路的编组计划，增加了运输企业的运输成本，降低了货运能力和运输效率，提高了运输生产成本，降低了安全性，所以，需要对违编违流情况进行分析。

（一）违编违流判定规则

违编违流的判定规则包括八个方面：一是高等级列车车流编入低等级的列车中；二是低等级列车车流编入高等级的列车；三是未按规定选分车组或未执行指定的编挂顺序；四是未按规定的重、空列车数开行；五是未按补轴、超轴规定编组列车；六是违反车流径路，将车辆编入异方向列车；七是未达到或超过编组计划规定的基本组重量、辆数或长度；八是始发直达列车不符合编组计划规定的编组方法。

（二）基础数据准备

判定违流需要每个车站的货物列车编组计划文件和车流径路程序，货物列车编组计划文件包括编组去向、车次范围、重量、换长、分组形式、车辆排列、吸引范围等。

（三）判定程序说明

1. 对集成平台的每辆列车，取其编组、货票、TDCS实际走行径路、日班计划等信息。

2. 根据编组内容，判断车流等级（直达、直通、区段等）与列车车次等级是否一致（第一、二条）；

根据编组计划文件和编组内容，判断是否按指定的分组和编挂顺序；判断始发直达列车是否符合编组计划规定的编组方法（第三、八条）；

根据日班计划判定是否按规定的重、空列车数开行（第四条）；

根据列车实际走行过程中重量的变化，判定是否按补轴、超轴规定编组列车（第五条）；

判定TDCS实际走行路径是否与径路程序定义的径路一致（第六条）；

根据编组计划文件和编组内容，计算列车总重和换长，判定是否达到或超过编组计划规定的基本组重量或长度（第七条）。

3. 对违编违流的列车检查是否有调度命令,命令内容与违流是否一致,如果一致记为有令违流,反之为无令违流。

4. 分析违编违流的原因、责任人和责任单位。

5. 对违编违流列车进行显示报警,并生成违编违流分析的各种报表,包括日常违流分析和精密违流统计。

第四节　运行图编制自动化

一、计算机编制运行图综述

由于上节谈到的列车开行方案存在着时间上的冲突,必须通过编制列车运行图化解时间上的冲突。铁路列车运行图是表示列车在铁路区间运行及车站到发或通过时刻的技术文件,它规定各车次列车占用区间的程序,列车在每个车站的到达和出发(或通过)时刻,列车在区间的运行时间,列车在车站的停站时间以及机车交路、列车重量和长度等,是全路组织列车运行的基础。列车运行图是列车运行时刻表的图解,规定各次列车按一定的时刻在区间内运行及在车站到、发和通过。列车运行图是列车运行的时间与空间关系的图解,它表示列车在各区间运行及在各车站停车或通过状态的二维线条图。

我国铁路从20世纪70年代开始研究计算机编制列车运行图,经历了计算机编制双线区段列车运行图、单线区段列车运行图、铁路线路运行图、全路客车方案图、枢纽地区列车运行图、铁路局列车运行图、全路直通客车运行图、全路客货列车运行图的发展过程。从力求最优化目标出发建立计算机自动编图系统,到从力求实用、确保编图质量的目标出发建立智能辅助决策与人机交互相结合的编图系统;从单机编制局部区域的列车运行图,到基于计算机联网群体协同编制全路列车运行图,逐步探索出了一条适合我国铁路路情的计算机编图研究发展之路。

1997年,原铁道部启动计算机编制京沪线列车运行图的试点工作。2000年,多个铁路局在实际编图工作中采用了计算机编图,取代了传统的手工作业编图方式。2003年,实现了基于计算机局域网编制全路直通客车方案二分格图。2005年,实现了基于计算机局域网编制全路旅客列车运行图。2009年,实现了支持异地联网编图的全路列车运行图编制系统3.0版。2013年,又成功地研究开发了全路列车运行图编制系统4.0版,实现列车运行图及其日班计划编制的一体化管理。

目前运行图编制系统正朝着全路计算机联网,自动化、智能化、多部门联合编图,铁路总公司和铁路局一体化编图方向发展。

二、运行图系统总体结构

简单的列车运行图结构如图4-1所示。其输入的是列车开行方案和编组计划,输出的是

全国铁路列车运行图(基本图)、列车时刻表和指标数据。

图 4-1　列车运行图结构

列车运行图系统涉及人员多、部门广，需要 18 个铁路局的运输、调度、客运、货运、机务、车辆、电务、供电、工务、信息等部门参与，每调一次图，前后数月，工作量很大，是典型的群体决策问题，若实现全国联网编图，应采用全路集中的方式，其结构如图 4-2 所示。

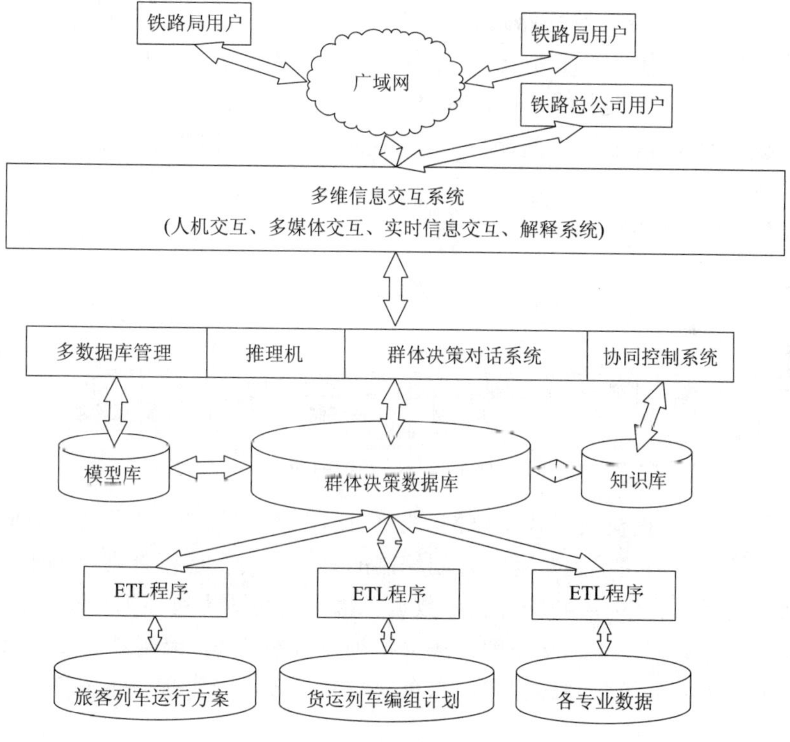

图 4-2　列车运行图逻辑系统结构

系统采用智能群决策支持系统的体系架构，由信息源、信息提取、存储和管理、决策信息处理、信息交互等部分分层次构成。通过数据提取(ETL)程序，从客运系统中获取旅客列车开行方案，从运输信息系统中获取编组计划、运行径路、施工计划等信息，从机务系统获取机务段、折返点、换乘点、机车交路、牵引计算等信息，从工务获取线桥隧等信息，从电务获取信号、闭塞区间等信息，从车辆获取客车、动车、客技站、动车基地等信息，从车站获取股道、上水信息等。

数据库中存放全路的运行图数据，铁路局各业务部门均要把编图过程中需要的基础信息存放在运行图数据库中，以便全路信息共享。数据库的数据经过加工、核对，按推理过程进行组织就形成知识，存放在知识库中。运行图编制过程是一个调整冲突和不断优化的过程，将编图中所用的计算和优化模型存放在模型库中，通过推理机分析各种情况，调用相应的知识和模型进行推理，形成优化的列车运行图。

前面说过，参加编图工作需要数百人参与，运行图编图管理信息系统应该支持任务建立、任务的分解、任务的跟踪，也就是支持协同工作。首先为每次编图建立任务，可能在编“五一”图时候，同时考虑暑期和“十一”的运行图，所以，系统中同时有多个任务并行推进。然后，将任务分成子任务，例如先编制方案图，再细化分界口运行时刻，各铁路局再细化本局范围内的列车运行图，需要按线路进行细化。为每个任务（子任务、孙子任务）建立群组，分派不同的角色。系统为每个任务、子任务分配资源，包括存储、CPU、网络、多媒体、黑板、对话的频道资源等；提供功能除了编图功能外，也包括在群组的网络中提出问题，并提供视频会议、论坛、微信、QQ讨论解决问题等功能，这是上图中群体决策对话系统和协同控制系统要解决的问题。

列车运行图系统的功能结构如图4-3所示。

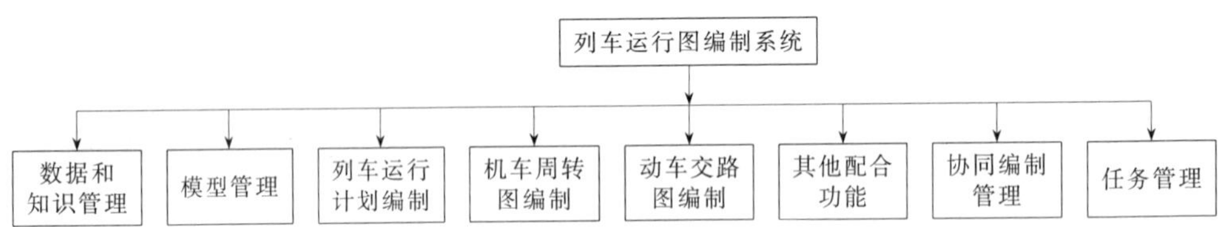

图4-3　列车运行图系统的功能结构

其中，数据和知识管理模块描述了路网、线路、区间、车站等数据，形成了时间和空间推算的基础。模型管理模块描述了列车运行计划编制的模型。列车运行计划编制模块将列车开行方案转换成列车运行图、时刻表和统计指标数据。机车周转图模块根据列车开行方案，编制机车周转图和机车指标数据。动车交路图模块根据列车开行方案，编制动车交路图和动车指标数据。任务管理模块负责任务分解、分派、角色定义和任务进度管理。下面详细描述各个模块功能。

三、运行图的数据和知识管理

（一）列车运行图系统的主要数据

1. 列车运行图基础信息

铁路路网信息：包括路网结构、枢纽结构、车站平面图、车站字典、区段字典、线路字典、分界口字典、车站中心里程表、铁路局字典、机务段字典、车务段字典、供电段字典等。

铁路技术设备信息：主要指车站技术设备、机务技术设备、电务技术设备、供电技术设备、工务线桥隧设备。

列车运行图信息：包括列车分类车次、机车交路类型、列车时刻表、机车周转图等。

2. 列车运行图决策信息

列车运行图需求信息：客货列车开行数量、开行区段范围、列车特性、列车车次、设备施工、检修、维修需求、机车交路需求、客车车底周转需求等。

列车运行图决策依据信息：国家及有关部、委指示和命令、列车运行图技术标准等。

3. 编图过程数据文件

列车运行图、机车周转图、客车车底周转图、列车时刻表、机车周转表等技术资料；相应的列车数量和质量指标信息；各铁路局上报资料信息及审定后的下达信息；编图总结信息；运行图调整信息等。

(二)知识库信息

在计算机系统中，各种字母、数字符号的组合、语音、图形、图像等统称为数据，数据经过加工后就成为信息。人们在头脑中将数据与信息、信息与信息在行动中的应用之间所建立的有意义的联系，体现了信息的本质、原则和经验，就是知识。所以，知识库内容如下：

1. 路网知识

将路网知识分成四层，第一层是铁路局和线路的分界口；第二层是区段；第三层是车站；第四层是车站内部股道。整个路网可以用地理信息描述：第一层包括路网结构图形文件、铁路局、分界口、线路等描述；第二层包括区段、区间、区段设备、区间设备、主要枢纽结构图、区段和区间结构图等描述；第三层包括停车站、限制停车站、机务段名、车辆段等描述；第四层包括车站设备、单双线、区间距离、车站中心里程、闭塞方式、信号机坐标、信号联锁方式、机务段设备、车辆段设备、车站平面图形等描述。

2. 列车、机车知识

包括列车分类、列车车次、列车运行线、列车优先级、机车交路类型、列车与线路的关系、列车牵引机型、担当区段、机车运用方式、乘务方式及乘务工作时间标准等信息描述。

3. 运行图知识

包括列车运行图分类、列车区间运行时分、起停车附加时分、列车在中间站停站时间、车站间隔、列车追踪间隔、列车运行图缓冲时间、线路允许速度、车站过叉速度、列车径路、机车和动车在站段停留时间标准、区间通过能力、编组站设备能力等描述。

4. 列车作业知识

包括列车在技术站、客运站和货运站的技术作业时间标准，线路及接触网维修“天窗”时间、给水站时间、补(双)机时间、货物列车技术作业停站时间、机车换挂及乘务员换乘时间、旅客列车车底技术作业停站时间等描述。

5. 运行图参数知识

包括列车车次表、列车运行线表示方法、接发列车作业程序、列车会车作业程序、越行作业程序、列车占用区间时间计算表、区间列车开行计划表、线路牵引重量、列车换长、运行图结构等描述。

(三)运行图结果文件

包括列车运行时刻表文件、机车周转图文件、客车车底周转图、列车运行图指标、机车运用指标、客车车底运用指标、分界口列车指标、编图命令存档、上报资料及审批资料存档等描述。

四、运行图计算模型

列车运行图系统中的主要模型包括:旅客列车方案优化模型、单线列车运行图优化模型、复线列车运行图优化模型、单双多线列车运行图混合优化模型、网状线路列车运行图优化模型、机车交路优化模型、客车车底运用优化模型、列车始发方案生成模型、技术站直通列车接续模型、列车运行图分析与评价模型、列车运行仿真模型等。

所有优化模型的核心思想:使列车的总旅行时间为最小(列车总旅行时间=所有列车旅行时间之和);机车总消耗时间最小(机车总消耗时间由两部分组成,一是机车牵引列车旅行消耗的总时间,二是机车在机务段和机务折返段所在站的停留总时间);运输费用最小、平均接续时间最小、列车运行线均衡等。

为了列车运行安全和最大满足客户的需求,所有优化的前提是必须满足以下约束条件:

(1)列车区间运行时分约束:列车在区间内的运行时分不得小于规定的运行时间标准。

(2)列车在站停车时分约束:列车在车站的停车时分不得少于其在该车站规定的最少停留作业时间(技术停时、营业停时)。

(3)列车间隔时间约束:当同方向列车在区间追踪运行时,列车追踪间隔时间不得小于相应追踪运行间隔时间标准。

(4)同方向列车越行条件约束:当高等级列车越行低等级列车时,必须等高等级列车完全通过时,低等级列车才能开行。

(5)车站间隔时间约束:为保证行车安全和最有效地利用区间通过能力,列车在车站到达、出发或通过作业应满足所需要的最小间隔时间。

(6)占用区间约束:在单线半自动闭塞区段,一定时间范围内只允许一列列车占用区间。

(7)列车禁停约束:某些车站,禁止某方向或某种类列车停车,对该类列车在该站节点有禁停约束。

(8)敌对进路约束:发生敌对进路后,必须等待第一列车完全通过进路后,第二列车才能运行。

(9)天窗时间约束:必须为有计划的线路施工或技术设备检修预留天窗,并遵循天窗有关规定。

(10)列车到发时刻特殊要求约束:对于某些列车,其到发时刻在某些车站往往存在一些特殊的要求,因此,对于该类列车,需要将其到发时刻限定在期望的时间范围内。

(11)车站到发线约束:任意时刻,任意车站被列车占用的到发线数不得超过该站所具有的到发线数。

(12)机车乘务员工作时间约束:机车乘务员连续工作时间小于文件规定的时间。

很多论文建立了数学模型求解运行图优化问题,但是,由于其算法复杂性为$(N!)^{M-1}$,其中 N 是列车数,M 是车站数。对于全路几千个车站,几万个列车,只能使用“推理机”+“人机对话”的方式求运行图的满意解。

五、列车运行计划编制

在编制列车运行图时,应遵循先铺画旅客列车运行图、货物列车运行图,再铺画施工天窗。先铺画高等级列车运行线、再铺画低等级列车的运行线。铺画顺序按先国际后国内、先快车后慢车、先长途后短途的顺序进行,为了实现这一点，对列车按等级进行特征编号，最优先列车的特征号为 1,次优先列车的为 2,依此原理,级别最低的列车其特征号为最大。同时，把列车走行线路划分为相对独立的列车径路。每一径路对应着车站和区间。具有同一径路的列车,其经过的车站和区间完全相同;具有不同径路的列车,其走行径路上至少有一车站和区间是不相同的。

整个计算机编图过程如图 4-4 所示。

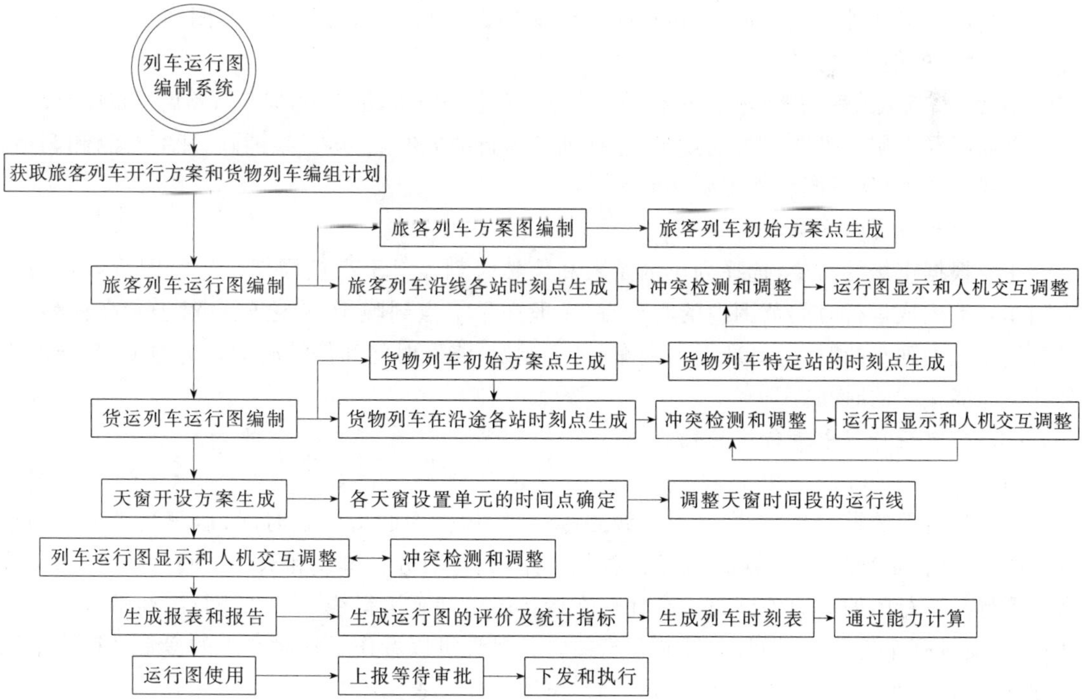

列车运行图编制系统
获取旅客列车开行方案和货物列车编组计划
旅客列车运行图编制
旅客列车方案图编制
旅客列车初始方案点生成
旅客列车沿线各站时刻点生成
冲突检测和调整
运行图显示和人机交互调整
货运列车运行图编制
货物列车初始方案点生成
货物列车特定站的时刻点生成
货物列车在沿途各站时刻点生成
冲突检测和调整
运行图显示和人机交互调整
天窗开设方案生成
各天窗设置单元的时间点确定
调整天窗时间段的运行线
列车运行图显示和人机交互调整
冲突检测和调整
生成报表和报告
生成运行图的评价及统计指标
生成列车时刻表
通过能力计算
运行图使用
上报等待审批
下发和执行

图 4-4　计算机编图过程

从上图可以看出列车运行图的编制过程：

第一步是获取旅客列车开行方案和货物列车编组计划，旅客列车开行方案包括列车车次、开行等级、始发终到站、对数、径路、编组内容、停站方案、列车客座能力利用、车底运用等内容；货物列车编组计划包括顺号、车次、发到站、编组内容、列车种类等。

第二步是按优先级顺序，对每一旅客列车，要生成初始方案点，特别是确定合理的列车始发和终到时间范围；再根据始发和终到时间推算沿途通过各区段和车站的时间，判断通过区段的时间是否符合前述的约束条件或者是否有冲突，需要通过不断回溯消解冲突；然后，显示推算的旅客列车运行图，并不断通过人工交互的方式，调整列车运行图，并不断进行约束条件和冲突的检测。

第三步按优先级顺序，推算或者人工交互生成每一货运列车的始发时间和关键时间点，并根据需要预留货物列车运行线。再根据货物列车初始方案，推算货运列车沿途通过各区段和车站的时间，并判断是否符合前述的约束条件或者是否有冲突，并通过回溯消解冲突。然后，人工交互的方式显示和调整货运列车运行图，并不断进行约束条件和冲突的检测。

第四步是安排天窗时间，通过人机交互的方式确定天窗的时间点，并对天窗占用的运行线进行调整，显示带天窗的列车运行图，并进行约束条件和冲突的检测。

第五步显示编成的运行图，征求各铁路局的意见，根据意见和建议对运行图进行调整，并进行约束条件和冲突的检测。

第六步生成各种报表和报告，包括向社会发布的列车时刻表，各种运行图的统计和评价指标，列车运行的能力数据等。

第七步将新编或者调整的列车运行图上报铁路总公司审批，批准后，向各铁路局发布执行。

下面解释编制运行图的关键技术，包括列车运行的方案点、运行线铺画、冲突检测和调整、运行图优化技术、运行图软件主要功能等。

（一）列车运行的方案点

主要根据市场的需要，选择列车的始发和停站时刻。对于高铁周期化运行图可以均匀地为列车自动生成运行时间范围内的时刻点（一般在早 7 点到晚 10 点之间）；对于非高铁列车，多数沿用过去列车的时点，对新增的列车，考虑始发、终到时间和停站时间均为白天，且与城市公共交通能接续的时间。

（二）列车运行图中运行线的铺画

列车运行图的界面如图 4-5 所示。

列车运行图的纵轴是车站、区段和线路（空间），运行图的横轴是时间；运行线描述了列车运行的时间（横轴）和空间（纵轴）关系。根据线路，运行图分为单线和双线区间，双线区间又分为上下行。运行图编制的关键技术是如何在运行图中铺画运行线。整个运行图铺画过程是选择列车，安排列车的运行时间，并铺画运行线。其过程可以看作是在时空中的搜索过程。常用的搜索策略：一种是深度优先搜索，另一种是宽度优先搜索。

深度优先搜索是以列车为核心，将所有的列车按特征值（一般指列车等级）进行排队，特征

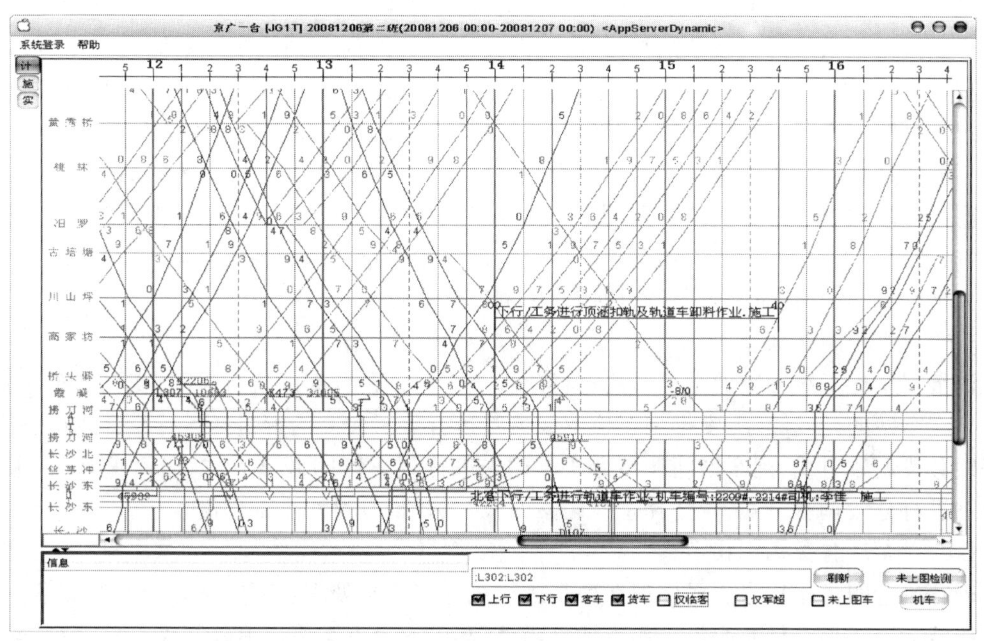

图 4-5 列车运行图界面

值小的列车排在前面;特征值相同的列车比较客流和收入,客流大和收入高的排在前面。对每一列车,从始发站开始,为列车安排径路上通过区段和车站的时间,一直安排到到达终到站的时间,根据“区间、时间点”或“车站、时间点”可以画出本列车的运行线。每为一个区段或车站安排列车时间的同时,需要检查是否满足约束条件,也就是保证没有冲突。

宽度优先搜索是以区段为核心,通过径路计算,找出所有经过区段的列车,按优先级对每一列车,根据区段离列车始发站的位置和列车始发时间,安排通过区段的时间;同时,检查所有安排是否满足约束条件,保证不发生时间上的冲突。然后,滚动地安排下一区段,一直滚动安排所有的区段,形成列车运行图。区段的推算有三种方式:第一种是正向推算方式,即在已知始发时间情况下,从始发站向终到站滚动区段推算列车通过时间,始发站的选择从始发列车最多的车站依次开始;第二种是反向推算方式,即在已知终到时间情况下,从终到站向始发站滚动区段推算列车通过时间,终到站的选择从终到列车最多的车站依次开始;第三种推算方式是从中间开始向两端推算的方式,中间车站一般选择能力紧张区段,紧张区段是通过列车最多的区段(可以通过将列车开行方案带入径路程序中求出列车经过的所有区段,区段经过列车数累加后得到通过区段的列车数,比较通过列车数最大的区段为紧张区段,注意如果紧张区段超过列车通过能力,则应考虑安排绕行)。

关于深度和宽度搜索方法的比较,深度搜索法按照列车等级依次逐列铺画运行线,其优点是用计算机实现比较简单,但缺点是先铺画的列车运行线质量较好,后铺画的列车运行线因受已铺画列车运行线的影响，往往有较多的待避次数和较长的停站时间，导致列车运行质量较差。广度搜索法采取区间滚动铺画的方式，即按照一定的列车到发顺序铺画完一个区间的列车运行线后，再铺画下一个区间的列车运行线，逐区间推进；广度搜索法的优点是可以通过优化列车到发顺序方案优化列车运行图的结构，缺点是用计算机实现较复杂，可能会因无法推进某个区间的列车运行线铺画而需回溯多个区间，甚至需要重新设定始发区间的列车到发顺序才能有解。两种方法都有实践，可以综合使用，例如旅客列车运行图编制使用深度优先算法(因为旅客列车先编，每个区段列车相对少)，货运列车运行图编制在旅客运行图基础上使用宽度优先算法；或者在列车运行图调整时，使用宽度优先算法。

(三)冲突检测和调整

消解列车运行线冲突的常见方法有：移线，改变列车在区间的运行时间，变更列车停站，改变列车在车站的到发顺序，安排列车连发或追踪运行等。冲突消解包括运行线全线调整方式、运行线分段调整方式、列车区间调整方式。优先进行列车区间调整方式；退而求其次，采用分段回溯进行分段调整方式；若选择全线调整方式，需要推算过程全部回溯。

(四)列车运行图优化技术

列车运行图优化技术主要体现在列车运行线冲突调整处理过程中选择较好的方案。例如选择线路上列车总旅行时间最小作为评价函数，其中一个方案使用追踪间隔，另一个方案未使用追踪间隔，选择方案时，使用追踪间隔方案评价函数好，则选择评价函数最好的方案。这就称基于启发式搜索最优方案，从而实现了运行图的编制的优化。

对于单线、双线线路区间的编图问题，不再将单线、双线的编图分隔成两个独立的问题来解决，而将它们各自的内涵归纳成系统不同的约束条件，这些约束与其他约束条件共同组成了编图系统的约束条件集。整个编图工作实质上可以看成一系列状态空间的动作转移序列，运行线按启发式的推定，体现为满足一系列设置条件及规则下的操作集合。

(五)列车运行图软件主要功能

1. 基础数据维护。维护运行图编制所需要的基础数据，包括线路、车站、分界口、列车、运行图、作业、约束条件等数据。

2. 运行图绘制。生成列车运行图图形数据并显示图形，包含构成运行图框架的站名线、时间线、指标表格线、公里标表格线等，以及列车运行线。

3. 天窗绘制。在运行图上绘制天窗，还需要标注时间点，上下行用不同颜色区分。

4. 股道运用显示。在运行图上标注车站股道占用信息。

5. 运行图显示功能。图形放大、缩小、还原、区域放大缩小，设定运行线(宽度、颜色)，标注(字体、颜色、大小)、运行图显示格式和显示参数设定等。

6. 人机交互调整运行图。人工输入列车时刻点，移动列车方案点，平移运行线，锁定/解锁运行线，运行线编辑锁定，正向推线，反向推线，双向推线，交换运行线，变更列车运行参数，重新分配列车车次，擦线，分解列车，删除列车，复制列车，增加列车等。

7. 运行线检查。根据列车运行图的约束条件，对列车运行线进行合规性检查，不断消解冲突，调整优化运行线。

8. 列车运行计划审批。对编制结果是否符合技术条件进行检查，完成铁路总公司、铁路局、调度所对指定列车始发终到时刻点、分界口时刻点的审定会签功能，铁路总公司对列车运行计划进行审批，确认编制结果。

9. 运行图编制结果上报与下达。将编制的列车运行图上报铁路总公司管理部门，下达至各铁路局运输处、调度所、客运、货运、机务、供电、工务、电务、车辆等相关部门。

10. 指标统计及评价。计算出列车运行图的各项指标，包括开行的列车种类、列车数、技术速度、旅行速度、速度系数、总停站时间、平均停站时间等指标，对所编运行图的各项指标进行评价。

11. 能力计算。对全线进行分段，计算全线及分段的最大列车通过对数，形成各线及分段的能力汇总表。

12. 时刻表生成。输出列车在沿途各站的时刻表，输出列车办理客运业务车站的时刻表。

13. 列车运行计划输出。根据选定的范围打印输出运行图，图上站名区、时间区、运行框架及运行线区作为一个整体的区域绘制。

14. 知识库和模型库的维护。包括知识分类、疏理，知识目录和元知识的建立，各类模型的完善和优化等。

六、机车周转图编制

机车周转图是机车工作计划，也是机车乘务员和机车整备人员的工作计划，它是根据列车运行图、机车交路及所采用的乘务制度进行编制的，其具体要求是：保证列车运行图和运输方案的实施，及时提供全部开行列车所需的机车；经济合理地使用机车，保证完成计划效率指标；严格贯彻《中华人民共和国劳动法》，合理安排机车乘务组的劳动及休息时间；安排好自、外段机车的整备作业时间及机车在自段的辅修、中修时间。

机车周转图的目标及内容：确定了机车牵引列车的车次及到、开时间；确定了机车在自外段的技术作业时间；确定了机车担当列车的作业顺序；根据机车平均全周转时间，确定了机车使用系数和使用台数；确定了机车检修及整备等工作及作业顺序。

机车周转图的计算机编制流程如图 4-6 所示。

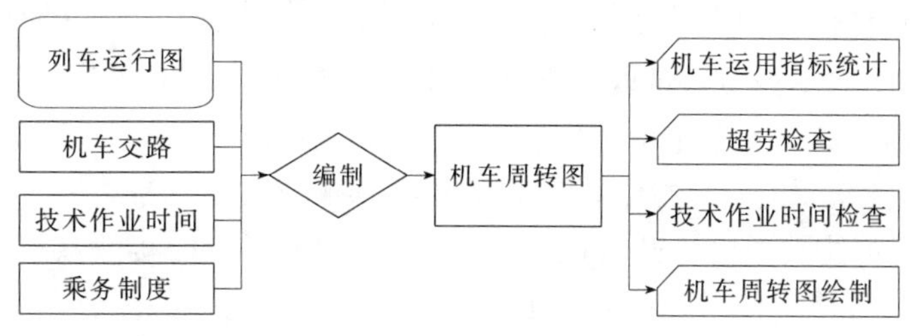

图 4-6　机车周转图的计算机编制流程

对计算机编制机车周转图来说，由于它与列车运行图的紧密关系，一般需要经过以下步骤：

第一步连接数据库。通过与计算机列车运行图系统的数据接口获取列车运行图方案中技术资料和原始数据，包括：列车运行图或列车时刻表、机车交路和机车运转制、乘务制度和乘务方式、各区段牵引机型、列车编组或牵引定数、机车自外段作业时间标准、乘务员换乘作业时间标准、列车使用补机区段、机车走行公里、使用台数和中间站检查停留时间标准、机车小、辅修作业时间标准等。

第二步建立交路信息。通过人机界面设置交路信息，选择需要编制机车交路的牵引区段(可同时选择多个区段)，勾画机车交路的方式(肩回式、半循环、环形)，以及最短折返时间、机务本段、折返段和中间站作业时间等信息。

第三步自动编制机车周转图。根据已经获取的编图数据和编图要求的牵引区段，系统自动编制使用机车台数最少的机车周转图，并汇总统计机车使用台数、机车日车公里等指标。

第四步机务编图人员检查图形的合理性。如果上述的机车周转方案满足设备及人员要求，则进行第八步周转图打印和上报工作。

第五步人机交互。系统通过人机界面为机务编图人员提供修改机车周转图的功能，同时，根据机务人员的修改意见更新和显示机车周转图。

第六步生成运行图修改方案。机务编图人员判断是否需要运输编图人员修改列车运行图，如果不需要修改列车运行图，进行第八步。否则，反馈列车运行图修改方案，机务编图人员将列车运行图的修改意见转达给列车运行图编图人员。

第七步修改运行图。如果列车运行图编图人员根据机务编图人员的意见修改列车运行图，则返回第一步编制机车周转图。

第八步打印输出。在计算机屏幕上显示机车周转图，生成周转图指标统计报表，并上报编图的管理部门。

下面主要讨论机车周转图自动编制和机车周转图模块的主要功能：

(一)机车周转图自动编制

机车周转图分为基本机车周转图和日计划机车周转图，本节只讨论基本机车周转图编制问题，日计划机车周转图编制问题将在第六节描述。

自动编制机车周转图需要满足以下要求：一是不允许出现对开单机；二是为列车配置合适的机型和机车台数，以满足列车牵引定数和列车速度的要求；三是担当列车牵引任务的机车需要满足车辆的技术要求，如直供电机车、符合整备技术作业时间标准、一个列车最多允许附挂4台机车等；四是尽可能减少单机开行；五是双机牵引列车尽可能接续双机牵引；六是到发机车不均衡的情形下，可使用机车附挂以满足机车供应。

自动编制过程如下：

1. 首先读入列车运行图，将运行图中的列车按线路分组。

2. 对每组列车，找出需要换挂的所有车站。

3. 为每个换挂车站经过的列车勾画机车交路，先要找出经过换挂车站所有上下行列车，将列车方向和下一换挂点相同的列车分成一小组，然后，为每小组列车勾画机车交路。一个简单的自动勾画机车交路的实例解释如下：例如，换挂车站 A 站某方向有下一换挂点相同列车 10 列，见表 4-5。

表 4-5　A 站列车(机车)到发时刻

顺序	1	2	3	4	5	6	7	8	9	10
到达时刻	18:31	19:00	20:00	22:00	22:50	02:01	04:02	09:01	12:10	15:00
完成整备	19:51	20:20	21:20	23:20	00:10	03:21	05:22	10:21	14:30	16:20
出发时刻	18:20	20:20	23:30	01:00	03:20	06:30	10:30	12:50	15:30	17:20

其中：表第二行显示列车上行到 A 站的时刻，表第四行表示反向列车(或者终到返回或者另外的下行列车)从 A 站出发的时间，在 A 站需要换挂机车，需要换挂到达机车，按照技术要求，到达机车需要经过 100 min 的整备时间，表第三行显示到达机车加 100 min 后完成整备的时间。优化算法的意思是：让完成整备的机车尽快挂出发列车，在车站等待挂运的时间越少越优。在本例中，选择 18:31-19:51-20:20；19:00-20:20-23:30；20:00-21:20-1:00；22:00-23:20-3:20；22:50-00:10-6:30；2:01-3:21-10:30；4:02-5:22-12:50；9:01-10:21-15:30；12:10-14:30-17:20；15:00-16:20-18:20 是最优的方案(15:00-16:20-18:20 的意思是 18:20 出发列车挂 15:00 到达机车，16:20 完成整备)。上例只是车站的一个方向，同理，还需要为车站的所有方向始发和换挂列车安排机车，为所有始发和换挂车站的列车安排机车，就形成了机车周转图。

4. 在本例中，从车站到达和车站出发是成对匹配的。但是，在实际作业中，很多车站是不成对的，这就需要将多余的机车事先调到缺少机车的方向或车站(通过安排单机或者列车附挂机车的形式调动机车)。但是，调哪个方向或车站机车，如何减少单机走行，也是数学优化的问题，如表上作业法、加减表法、图染色数法、线性规划算法、匈牙利算法、旅行商算法、机车周转图时空模型、最小费用最大流模型等优化方法，感兴趣的读者可参考有关书籍。

(二)与列车运行图的协调

机车周转图是按照列车运行线编制的，因此，机车周转图编制与列车运行图之间是一种协调反馈关系。机车周转图对列车运行图的反馈，主要体现在两个阶段：列车运行方案编制阶段和列车运行图编制阶段。在列车运行方案编制阶段，通过编制合理的区段列车始发布点方案，调整列车的到发次序，实现机车的合理接续，例如密集发车时，就需要考虑机车的供应关系。在列车运行图编制阶段，根据列车运行图的阶段性编制结果，编制机车周转图，通过计算机车运用效率指标，分析机车周转图机车接续关系，检查是否满足机车运用技术作业标准，通过运行线互换、运行线平移、调整列车运行时分实现机车紧交路，从而优化机车运用。

(三)机车周转图软件主要功能

机车周转图软件主要包括基础数据管理、机车周转图编制、调整、机车周转图绘制、周转图指标统计等功能。

1. 基础数据管理首先定义机务段和机务折返段字典,再定义每个机务段各方向的机车类型以及交路数据、交路车站和车次、机车作业时间标准、乘务员作业时间标准、机车周转图编制参数等。提供机车周转图绘图参数的设置功能,包括机车周转图图形输出页面设置、图形元素的颜色及属性设置、字体设置、标题设置等。

2. 机车周转图的自动编制。系统采用参数化设置,首先读入列车运行图的列车数据,根据机车交路和周转图数据,采用合理的机车接续线勾画算法,自动生成机车周转图编图方案。

3. 机车接续线调整与维护。提供基于图形界面的机车接续线人机调整,包括机车接续线的添加、删除、修改等功能,并提供机车接续线的层次自动调整功能。提供机车周转图的布局调整,利用图形工具对周转图的交路区段以及车站布局进行调整。提供机车周转图的合理性检查,通过超劳统计与列车指标统计,实现对机车周转图编制结果的检查;同时,系统检查周转图数据是否完整,交路车次是否已指派机车,机车接续时间是否满足机车作业标准和乘务员作业标准,各机车运用是否相对均衡,使用机车数是否合理等。

4. 机车周转图的绘制。系统依据机车周转图数据,生成规定的机车周转图图形,在计算机屏幕上显示机车周转图。绘制过程含图元及图形操作,图元操作包括放大、缩小、局部放大、满屏显示、图形漫游、刷新、字体放大、字体缩小、撤销与恢复操作。图形操作包括移动运行线、接续线、车站线、标注、待避线,待避线设定与取消,图形界面添加、删除、修改运行线、待避线和机车接续线,并可以同时修改其相关属性数据。

5. 绘图图形调整与输出。依据设置的绘图参数,实现机车周转图图面布局的自动调整,并提供人机交互形式的调整手段。根据用户选择的纸张大小及打印机设置,提供机车周转图图形的打印输出。

6. 指标统计与分析。根据机车周转图编制结果,生成机车周转图的各种统计数据,以利于编图人员进行机车周转图的检查和机车周转图的指标分析。系统主要提供机车周转图各列车车次的区段列车运行指标统计;根据设定的机车超劳标准,对机车周转图编制结果提供机车超劳统计;实现各区段机车运用效率指标的统计。能按铁路局、机务段形成各统计数据的汇总;并能读入不同时期的区段指标统计数据,形成区段机车运用指标的对比。提供统计报告的文件格式报表输出,并提供各种报表文件的模板编辑功能。

七、动车交路图编制

上小节讨论了根据列车运行图编制机车周转图,但是,高铁采用的是分散动力的动车组技术,而不是用机车作为动力。所有针对高铁的列车运行图,需要编制动车组的运用计划图表,即动车交路图。

动车组的计划主要包括动车组运用计划和动车组维修计划，动车交路图是动车组运用计划的一部分。它根据给定的列车运行图、动车组检修修程规定以及检修基地条件等，为动车组在什么时间、在哪个车站、担当哪次列车，在什么时间、在哪个车站、进行哪种类型的检修等作出具体安排，以确保运用状态良好的动车组完成高铁列车的运输任务。动车组维修计划规定行驶里程、检修内容及检修时间等。

动车交路图的计算机编制流程如图 4-7 所示。

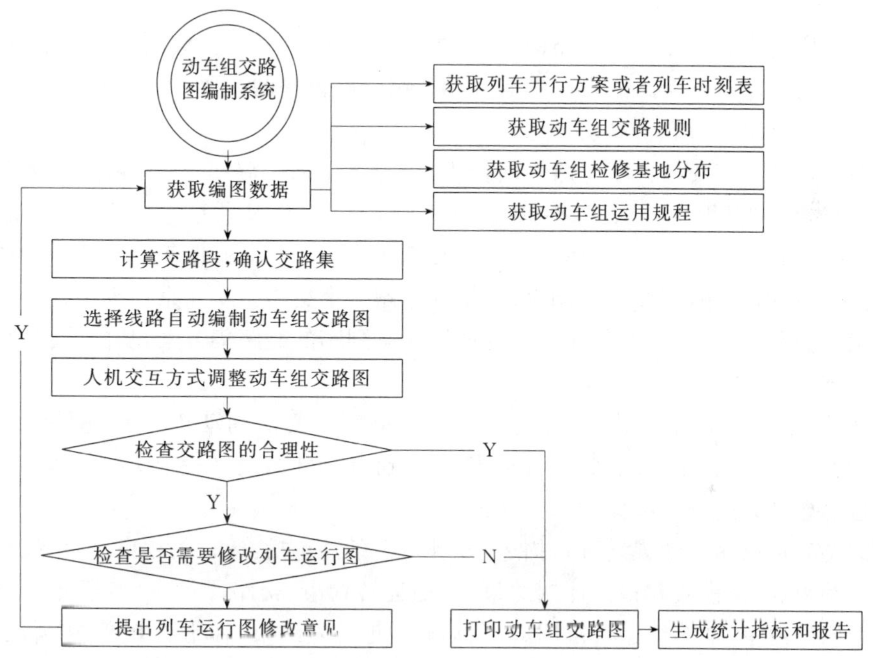

图 4-7 动车交路图计算机编制流程

对计算机编制动车组交路图的主要步骤如下：

第一步连接数据库。从数据库获取列车运行图方案中技术资料和原始数据，包括：列车运行图或列车时刻表、动车组的检修规则、动车组的检修基地分布、动车组运用规程和中间站检查停留时间标准等。

第二步计算和确认交路集。根据已经获取的编图数据和编图人员要求的编图线路，首先计算交路段，生成可行的交路集，人工确认交路集。

第三步自动编制动车组交路图。系统自动编制动车组最少的动车交路图，并汇总统计动车使用台数、动车日车公里等指标。

第四步人机交互。系统通过人机界面为动车组编图人员提供调整动车交路图的功能，同时根据动车组编图人员的修改意见更新和显示动车交路图。

第五步编图人员检查交路图的合理性。如果上述的动车交路方案满足设备及人员要求，则进行第八步动车交路图打印和上报工作。

第六步生成列车运行图修改方案。动车编图人员判断是否需要运输编图人员提供修改列车运行图，如果不需要修改列车运行图，进行第八步。否则反馈列车运行图修改方案，动车编图人员将列车运行图的修改意见转达给列车运行图编图人员。

第七步修改列车运行图。如果列车运行图编图人员根据动车编图人员的意见修改列车运行图，则返回第一步编制动车交路图。

第八步打印输出。打印动车交路图，生成指标统计报表，并上报编图的主管部门。

下面主要讨论动车组交路图自动编制和动车组交路模块的主要功能：

(一)动车组交路图的自动编制

既有线列车中途需要按机车交路多次挂机车，与之不同，高铁一个交路要跑多个来回，例如同一组动车，7:00 从北京—天津，8:00 从天津—北京，9:00 从北京—天津，……完成一个交路；另一组动车，7:30 从北京—天津，8:30 从天津—北京，9:30 从北京—天津，……完成另一个交路；每半个小时一趟，需要 4 组动车；每组动车跑一个交路。从北京—天津是一个交路段，由交路段组成交路，优化的意思是找出覆盖线路所有列车的交路集方案，从中寻找使用动车组最少的交路方案。

不仅如此，根据动车组运用规程，跑到一定公里后需要回到动车基地进行维护维修(如2 700公里日检、36 000 公里一级修)，所以，当到达维修时间时，最好一个交路跑完，且到达离维修基地最近的车站，尽量减少动车组的空驶。

上面的意思可以用数学规划进行描述，并且约束条件包括：运行图约束、使用权约束、动车组运用模式约束、检修模式和检修体制约束、周期运转约束、交路段约束、客运专线类型约束、动车组类型匹配约束、动车组运行范围约束、动车基地容量约束、客流约束等，在满足约束条件情况下，目标函数使用的动车组数量最少、完成的旅客需求最大、动车组的走行里程最小等。解方程自动编制最优动车组交路图。

(二)动车组交路模块主要功能

1. 数据管理模块。管理数据包括动车段、动车基地字典、动车组检修基地分布、动车组配属、动车组交路规则、动车组运用规程、修程修制规程等数据。

2. 编制模块。包括编制元数据维护管理、数学模型及求解算法维护、运行线选择、动车交路计划自动编制等功能。

3. 调整模块。提供图形化的人机交互功能，编制人员可以对自动编制的结果进行调整。当人工调整不理想时，可以生成运行图调整建议反馈给编图人员。

4. 绘制模块。编制人员可根据需要调整图形并直接输出动车组交路图。

5. 指标和统计模块。包括动车组交路图统计等，计算动车组交路计划的各项指标，包括最小动车组数、平均走行里程、平均动车组交路计划运用时间、平均担当的运行线数量、平均接

续时间、动车组空车走行里程、动车组运用效率等指标。

6. 合并与上报模块。将所有高铁线路数据报表汇总、打印，并随运行图数据自动上报。

八、运行图配合功能

运行图配合功能包括车底使用计划编制、乘务交路计划编制和车站股道分配计划编制。客运车底使用计划编制是根据动车组交路计划、车组类型、动车组配属、动车基地与运用所的设置、动车组的修程修制等自动生成动车车底的使用计划表。客运乘务交路计划编制是根据运行图、动车交路计划、客车车底使用计划、乘务制度等编制客运乘务计划。车站股道分配计划编制是根据列车运行图、车站的股道能力以及施工等计划，为到达列车编制停靠站台和股道的时间段计划。

九、任务分配功能

编制列车运行图包含大量的工作。任务分配功能是利用信息技术对运行图编制任务进行分解成子任务，动态监视每个子任务的执行情况，及时解决编制过程中的各种问题。

1. 编制人员组织管理

对总公司、各铁路局参加编图的人员进行管理，包括注册管理、登录管理、工作权限管理、个人工作计划管理、个人任务分配、个人任务完成情况等。对编图人员进行分组，包括每组工作人员和负责人、每组工作任务和工作计划、完成任务情况等。

2. 任务管理

每年一两次编图任务，每次任务可以有多个版本，每个版本目标不同。任务管理主要定义任务，并对任务进行分解成子任务，定义任务和了任务之间的关系。

3. 任务分配

将任务和子任务落实到项目组或者具体人员，包括人员的责权利等定义。

4. 编制进度管理

定义每个任务的进度计划，监视每个任务的具体完成进度情况。特别是显示关键路径和关键任务的进度以支持领导决策。

5. 编制质量管理

制定编制质量目标，对编制过程质量和问题进行监控。

6. 编制数据管理

对运行图编制数据进行管理，包括客流、货流数据、客运列车开行方案数据、货运编组计划数据、路网数据、车机工电辆供电等原始数据，也包括编图结果数据。

7. 知识管理

不断积累编图过程知识数据，完成编图过程中各种模型的优化。

8. 成果展示

对编图的中间或最终成果进行展示，报告各个编图小组的工作报告和建议。

十、协同编制管理功能

由于参加编图的人数众多，协同编图管理功能主要是为编图人员在计算机上提供一个协同沟通的平台，包括协同编图管理、问题建议、任务督办、网络会议、培训、在线研讨等功能。

1. 协同编图管理

信息系统支持一人编图，多人在线出主意；也支持多人编图，边编图边研讨等功能。

2. 问题建议

对编图过程发现的问题，立刻记录到问题库中，编图负责人可以组织大家研讨问题，提出解决方案供大家讨论。

3. 任务督办

对编图任务工作进行督办和检查，显示督办和检查的执行情况。

4. 网络会议

在网络上召开编图的工作会议，支持会议通知、会议发言管理、会议记录等功能。

5. 培训

对编图过程的各种技术问题和技术发展进行培训。

6. 在线研讨

在网络上组织在线研讨，包括双人或者多人研讨，提供交流黑板、资料查询等功能。

第五节　货车车流推算和运到期限

一、铁路货车车流推算和运到期限综述

具备发站和到站的货物称为货流，在装车站将货物装入铁路货车形成车流，车辆挂在列车上以列车为单位在路网上移动，就形成列车流，用机车牵引列车运至货物的目的地，即完成了货流、车流和列车流的流动。

为加强车流调整工作的预见性和计划性，对未来的车流动态所进行的预测工作，称为车流推算。它包括远期车流推算和近期车流推算两种，本节所讨论的是近期的车流推算。货物运到期限是指从发站承运货物的次日起，至到站卸车完了时止或货车送到卸车地点、货车交接地点时止的时间。

我国的现行车流预测方法由原铁道部规定，从 20 世纪 50 年代初一直沿用至今。其具体内容可分为远期车流推算、近期车流推算和运用车保有量推算。远期车流推算一般可预测未来 3～7 天到达局管内的车流，近期车流推算一般可预测 2 天通过铁路局的车流。推算远期到达铁路局的管内工作车，一般使用表 4-6 所示的格式。

表 4-6　现行车流推算表

年　　月

发局	A	B	C	D	E	F	G	…	计	局自装自卸计划				合计	局自装交出计划			
运行周期	4	4	3	2	1	2	3			Ⅰ分局	Ⅱ分局	Ⅲ分局	计		×××口	××口	…	计
月计划																		
日期																		
1																		
2																		
3																		
4																		
5	50																	
⋮																		
⋮																		
计																		

车流填记及推算方法是按照各装车局到本局的接入分界站的运行期限，分别将有关的车数填入不同的日期栏内。例如，A 局装到本局的车辆，设其运行期限为 4 天，若 A 局本月 1 日装到本局的车数为 50 辆，则应在 A 局名下对应 5 日的栏内加入 50 车，其他各局 1 日装到该局的车数也根据运行期限加入相应栏内。逐日填记，即可预计今后某日接入管内工作车的车数。

近期车流推算的推算方法是根据邻局相互交换的待发重车数中预计接入需经某分界口交出的重车数，加上本局向某分界口交出的待发重车数及本局当日预计向某分界口站装车的重车数，减去当日十八点前预计可向某分界口交出的重车数，即可推算出当日十八点需经某分界口交出的待发重车数。将此数除以该分界口的移交车周转时间，即可得出预计当日某分界口应移交的重车数。保有量的车流推算常用车流表方法，先汇总当前各方向车流，按时间节点加上到达的车流，减去出发的车流得到每一时间节点的保有量车流。

铁路货物运输运到期限由三部分组成：货物发送期间（T_f）、货物运输期间（T_{yun}）、特殊作业时间（T_t）：

$$\text{运到期限 } T=T_f+T_{yun}+T_t$$

其中，货物发送期间（T_f）一般为 1 天。货物运输期间（T_{yun}）普通货运计算方法为每 250 运价公里以内为 1 天；快运整车货物每 500 运价公里以内为 1 天。特殊作业时间（T_t）为中途加冰货物，每加冰一次，另加 1 天；运价里程超过 250 km 零担货物和 1 t、5 t 集装箱另加 2 天，超过 1 000 km 加 3 天 ；一件货物重量超过 2 t、体积超过 3 m^3 或长度超过 9 m 的零担货物，另加 2 天；整车分卸货物，每增加一个分卸站，另加 1 天。

随着高铁开通和铁路运输能力增强，国家能源结构调整和铁路大宗货物运输下降，附加值高、时效性强的小品类零散白货和集装箱货物在快速增长，对铁路运输期限提出了越来越高的要求。加拿大铁路为了满足客户货运需求，提出了服务可靠性战略(SRS)，即对客户货运需求，铁路为客户制订行程计划，征求客户同意后，铁路严格按行程计划执行。加拿大的SRS系统被多个发达国家使用，其系统的核心就是号码制的车流推算，下面主要讨论号码制车流推算的方法，并根据车流推算结果制订行程计划，动态监视和管理货物严格按行程计划执行。

二、车流推算的基本概念

1. 号码制车流推算

车流推算是对车辆未来走行位置的预测。只有研究和掌握车流动态及其变化规律，准确推算车流的分布，才能有预见性地制定准确的车流调整措施，保证运到期限，使路网运输均衡进行。车流推算可以分为号码制与非号码制车流推算。

非号码制车流推算是铁路运输部门一直在使用的推算方式。它适应手工作业方式，由车站上报本站当前的车流，铁路局、铁路总公司级调度员逐级汇总后，形成某一时刻的车流，然后，再根据确报统计列车车流，从某一时刻开始推算车流，加到减开，从而预测全路车流状况。号码制车流推算是面向全路所有车辆(当前是80多万辆)，根据集成平台中每一个车辆的当前位置，预测该车辆未来的走行位置与工作状态，然后通过汇总每一位置未来时段车流分布，预测全路车流状况。

每辆车装什么货物、挂哪个列车有一定的随机性，所以，问题是如何预测本车号车辆下一时刻在什么地点？从铁路调度和管理部门来说，关心限制口、限制区段、限制车站的车流；从客户来说，关心的是货物的位置和状态；从车辆部门来说，关心的是车辆的状态。图4-8描述了车辆的状态变化。

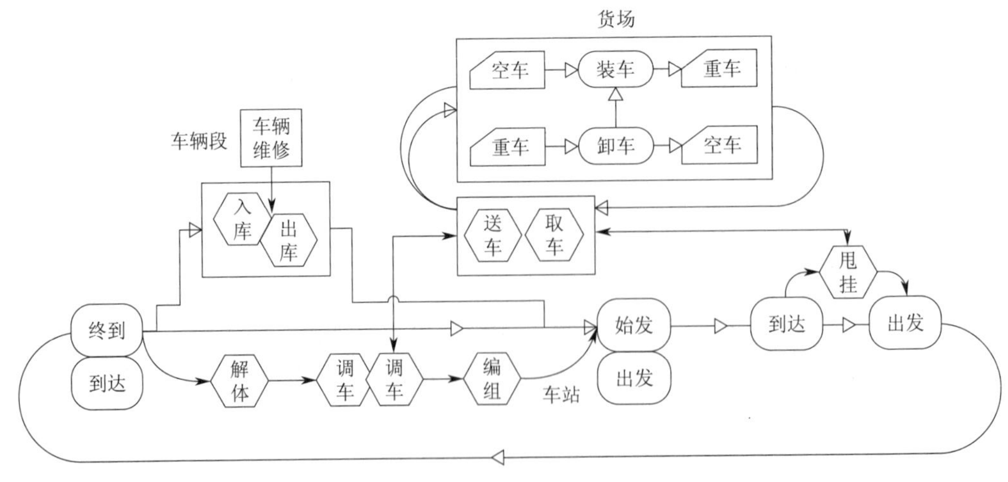

图4-8 车流状态变化示意图

从图上可以看到铁路货车车辆作业流程包括：送车、卸车、装车、取车，编组（挂车）、出发、途中、到达、解体（甩车），扣修、修竣，新车加入、车辆报废。上一章讨论了运输信息集成平台，平台接收车站报告，实现货物和货车的追踪，其中集成平台已经实现的报告包括装车报告（含送车、开始装车、装车完成、取车报告）、卸车报告（含送车、开始卸车、卸车完成、取车报告）、编组报告、出发报告、途中（TDCS）报告、到达报告、解体报告、扣修报告、修竣报告、新车加入报告、报废退出报告等。所以，号码制车流推算就是要根据当前状态预测未来状态和变化时间；从装车开始，就可以预测出发时间；根据走行径路，预测到达沿途各站、到达目的车站的时间。

通常已知始发站和目的车站，号码制推算车流建议有三种方法：一是平均旅速法；二是车站平均作业时间法；三是模拟推算法。第一种平均旅速法如图 4-9 所示。

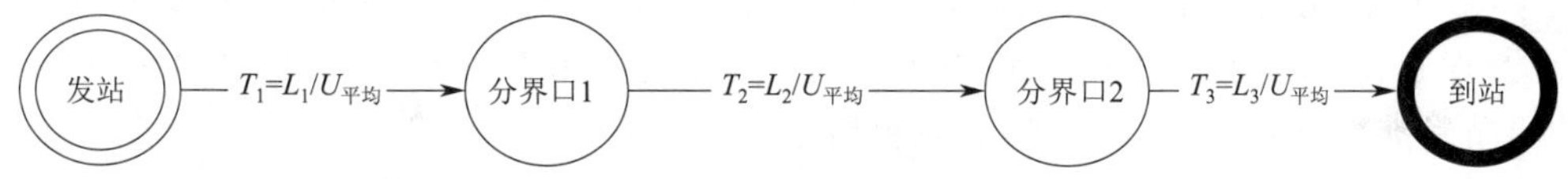

图 4-9 车流推算方案 1

对每一个重车车辆的计算方法是：根据车辆所装货物的发站和到站，调用计算径路程序，返回与分界口 1、分界口 2 及终到站的距离，用距离除以平均旅速得到到达分界口 1、分界口 2 和终到站的时间。

第二种车站平均作业时间法如图 4-10 所示。

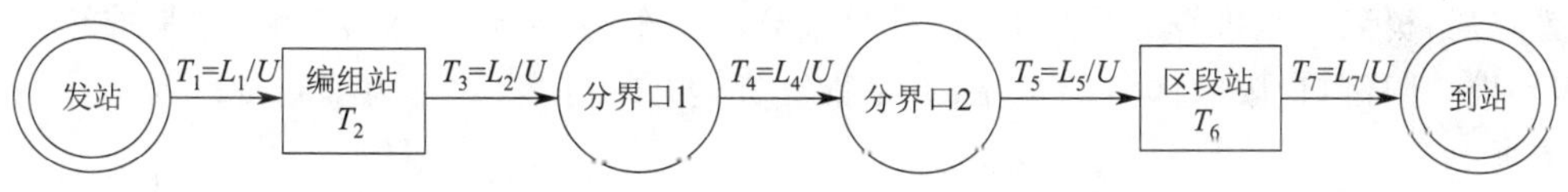

图 4-10 车流推算方案 2

对每一个重车车辆的计算方法是：根据车辆所装货物的发站和到站，调用计算径路程序，返回与分界口 1、分界口 2 及编组站、区段站、终到站的距离，用区段的距离除以各区段平均旅速得到通过各区段的时间，车站的作业时间分成有调无调，使用平均作业时间，例如到达终点站时间 $=T_1+T_2+T_3+T_4+T_5+T_6+T_7$；其中 T_1、T_3、T_4、T_5、T_7 为区段的距离除以各区段平均旅速；T_2、T_6 用车站平均作业时间（可以从车站站细中查到）。

第三种模拟推算法如图 4-11 所示。

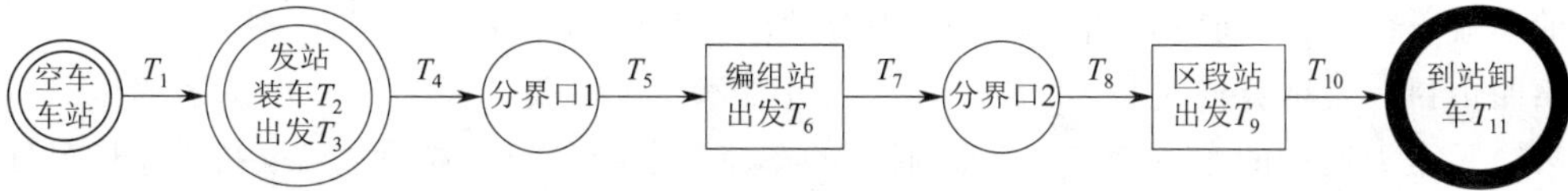

图 4-11 车流推算方案 3

本例中，运输总时间 $T=T_1+T_2+T_3+T_4+T_5+T_6+T_7+T_8+T_9+T_{10}+T_{11}$ 其中：T_1 是送空车时间；T_2、T_3 包括空车取送和装车的时间；T_4、T_5、T_7、T_8、T_{10} 是各区段运行的时间，可以从运行图中得到，也可以通过距离除以平均速度得到；T_6 和 T_9 根据模拟车站的作业过程推算作业时间；T_{11} 是到站和卸车作业时间。

相对而言，方案 1 算法简单，实现容易，但是精度不高，且未考虑空车；方案 2 算法相对简单，实现容易，推算精度稍高于算法 1，也未考虑空车；方法 3 算法复杂，实现难度大，但可以与日班计划及运到期限的计算相结合，符合发展方向，本文主要讨论方法 3。

2. 车流推算的目标和数据组织

车流推算的目标是要对全路 80 万辆货车推算，80 万辆车中有各种情况。按车种说有敞车、棚车、罐车等，有特种车、集装箱车等；按归属分成国铁车和企业自备车；按运输类型分为班列、直达、直通、区段、摘挂、小运转和快运等列车。各种类型车辆运行速度、作业时间都不一致，如果精确推算车流，需要分开考虑各种情况。

从推算过程分析，前面所讨论的主要是在途车的推算，完整的推算还包括在站车车流的推算、空车车流的推算、维修车辆的推算等。

下面描述车流推算的目标，包括铁路总公司的目标和铁路局的目标：

铁路总公司目标：一是自动推算分界口货车车流，包括重车流和空车流，根据推算结果编制铁路总公司日班轮廓计划；二是推算铁路局装卸车计划；三是推算限制口、限制区段的车流；四是推算铁路局货车保有量；五是为订单制订行程计划。

铁路局目标：一是推算分界口车流；二是推算每个车站(到卸、作业)车流；三是推算空车车流；四是推算限制口、限制区段的车流；五是推算货运开行方案；六是为编制货运列车日班计划提供依据。

下面分析为了达到前述目标，应该需要什么数据，以何种方式保存这些数据。

第一个目标是推算通过各分界口的车流，特别是第二天通过分界口的车流，包括重车流和空车流，重车按方向、空车按车种，分别汇总全天通过和各时间段通过分界口的车流。需要信息包括分界口、通过分界口时间、车种、发到站等信息。

第二个目标是推算通过限制区段的车流，特别是第二天通过限制区段的车流，分别汇总全天通过的车流和各时间段通过的车流。需要信息包括区段信息、通过区段时间、车种、发到站等信息。

第三个目标是推算到站车流，包括重车流和空车流，重车流是到卸的车流，空车流是装车需要的车流，统计各时间段到达的车流。需要的信息为到达车站的时间、车种。

第四个目标是推算通过技术站的车流，通过技术站车流要判断是直通还是编解作业，分别汇总第二天全天通过的车流和各时间段通过的车流。需要信息包括通过车站的时间、车种、发到站等信息。

第五个目标是车流的分布，也就是铁路局的货车保有量。铁路局的保有量车数应等于装

车数乘以周转时间，如差距大应该报警。在车流信息中应包含铁路局信息。

第六个目标是根据车流，推算货运列车的开行方案，根据运货五的装车需求和重空车流的保有量，按照编组计划的编制原理推算直达、直通、区段、摘挂、小运转列车的开行方案。

所以，车流推算的数据主要是车辆基本信息、位置数据、时间数据，可以用三个维度描述数据结构，如图 4-12 所示。

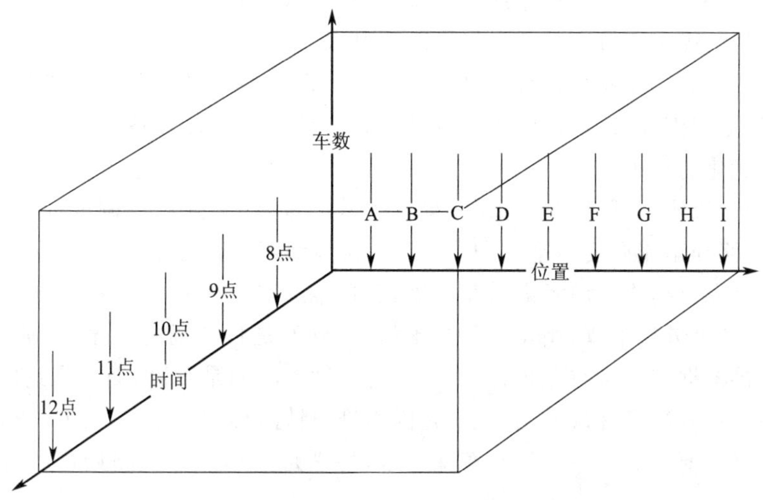

图 4-12　车流推算三维数据图

数据适应数据仓库存储，车辆基本信息应包括车号、车种等信息，位置应包括铁路局、线路、区段、车站、分界口、方向等信息，时间应包括旬、日、阶段、小时等信息。应支持按时间、按地点进行切片、钻取等分析，因为按时间和限制区段切片就是限制区段车流，按时间和车站切片就是到达车流，按时间和铁路局切片就是保有量。

下面从空车车流推算、重车车流推算、站内车流推算、货运列车开行方案等方面讨论车流推算的工作。

三、空车车流推算

从实践看，应将空车车流推算分成两步推算，而不是一步到位。第一步是铁路局间的空车调整，局间推算是为了保持各铁路局空车保有量，是为了铁路局间的车流平衡；第二步是铁路局内部的空车调整，铁路局内推算是为运货五请求分配空车。另外，对自备车来说，一般是重去空回，所以，自备车的空车方向是明确的。

1. 铁路局间的空车车流推算

铁路局间的推算是计算各铁路局各车种的装卸差，根据装卸差计算铁路局间应该交换的车流。装卸差计算的初始数据来源可用运货五的装车数与推算本局到卸车数，两数相减得到装卸差;再根据当天统计的实际装车数和卸车数之差做装卸差数的调整;如果装卸差是正数,装大于卸,意味着需要空车;如果是负数,则卸大于装,意味着需要排空车。需要针对每种车种计算装卸差和推算空车流,特别是敞、棚、罐、平板等车种,但有些特种车种,需要单独考虑,例如商用小汽车从汽车制造厂送到全国各地的4S店,再空车返回汽车制造厂附近的车站。

有的铁路局需要空车,有些铁路局有多余的空车,如何将多余的空车送到需要的铁路局,这是数学优化问题,优化的目标是空车走行距离最短,且不允许对开空车。可以使用数学规划的方法,但常用的是表上作业法,求出来的是满意解;返回的结果是各车种向其他铁路局的排空车数。如果将范围扩大,以技术站为区域计算装卸差,然后,计算各技术作业站区域的排空车数,会取得更优化的结果。

铁路总公司车流调度可以调整各铁路局各车种的排空数,并作为调度计划和命令下达到铁路局执行。铁路局车流调度将空车和重车一起考虑组织开行方案,并通过分界口进行排空。就是说,在计算分界口车流不但考虑重车车流,而且考虑空车车流。考虑方法是从技术站选择适当空车按排空命令进行推算,始发站是技术站,终到站是目的局的技术站;如果实际开行的不是这些空车,再根据实际对空车进行调换,因为调度关心的是车流,而不是具体的车辆。

实际上,装卸差方法是有误差的,主要是因为排空铁路局的空车要送到需求铁路局需要时间,因为每个铁路局要考虑有一定的空车保有量,特别是空车需求铁路局,应考虑提前预留一定量的空车。

2. 铁路局内的空车车流推算

铁路局内的空车车流推算方法,可以使用装卸差加数学优化方法,但是,在这里推荐直接模拟计算方法。本方法首先为各铁路局建立各车种的空车队列,将推算到卸的空车、排到本局的空车和现有的空车一起按车种放入空车队列,包括扣修的空车,根据推算的卸车时间,记录空车的可用时间。

为运货五中的装车需求分配空车。对每一装车需求,在空车队列中按就近或时间最短原则分配空车,争取在同一径路上、相距最近、且与局内运行图开行计划相配合。优先选同一车站的空车,其次选同一区段,或者就近的区段站或编组站,其中可以考虑车种代用(例如用敞车+篷布代用棚车),也可以按批使用数学方法进行空车分配。分配时,如果队列中有满足条件的空车则分配,若无则等待。如果分配,则将装车需求赋给空车,并考虑将空车挂上最近开行的列车。如果实际开行的不是这些空车,再根据实际对空车进行调换,因为调度关心的是车流,而不是具体车辆。

通过查询空车的走行公里,可计算出需要扣修的空车,按照走行公里可以计算扣修等级和维修时间,加上取送车时间和维修时间就是扣修空车可以使用的时间。

3. 自备车空车车流推算

对自备空车,一般安排原路返回(除非有同方向货物),所以,考虑挂在返回方向的列车上。

四、重车车流推算

前面讲到空车的车流推算，实际上是为空车分配了始发站和终到站，使空车变成车流，可以与重车一起进行推算。

开始推算时，需要先初始化，就是从运输信息集成平台上读入全部80万辆车的当前位置和状态，对80万辆车依次处理，对所有空车送入空车队列，先处理铁路局之间排空车流，然后，使用方案1推算所有的重车；从当前状态一直推算到到卸；推算24 h之内每隔一个小时记录位置和状态，超过24 h后，每隔8小时记录位置和状态；最后，再为运货五分配空车，并推算空车送到的时间。

然后，接收和处理集成平台的报文，根据报文调整前面的推算结果，如果前面推算的是另一个车号，则找到原推算的车号，并互换位置；同时，对所有重车，查询货物的行程计划，如果晚点，则根据晚点时间进行不同的报警提示。

(1)对装车报文，推算本装车车辆的出发时间，根据列车运行图推算各个时间点的位置，一直推算到解体站，如果没有解体站，则一直推算到终点。

(2)对出发报文，根据运行图推算本列每一车辆各个时间点的位置，一直推算到解体站，如果没有解体站，则一直推算到终点。

(3)对解体报文，推算各个车辆的出发时间。如果有满足出发条件的出发列车，按编组报文进行推算。

(4)对编组报文，推算编组列车的出发时间，然后，按出发报文进行推算。

(5)对到达报文，如果是终到，则先推算卸车(装车)时间，再推算出发时间。

(6)对卸车报文，检查报文是否加入空车队列，如未加入则放入空车队列，推算空车的可用时间，定时对空车进行处理。

(7)对扣修报文，检查报文是否加入空车队列，如未加入则放入空车队列，推算空车的修竣时间，定时对空车进行处理。

(8)对修竣报文，检查报文是否加入空车队列，如未加入则放入空车队列，定时对空车进行处理。

(9)对新车加入报文，按空车进行处理。

(10)对其他报文，按照需要，增加对各种报文的处理程序，例如对保留车报告，延长列车一个保留时间等。

循环往复，对集成平台的报文进行推算，推算结果保存到数据库和数据仓库中。

其中，需要对特殊报文进行处理，例如：

(1)对重载列车进行单独处理，例如大秦、侯月等线路重载列车，需要形成大编组。

(2)对直达列车、特别是五定班列需要单独处理，五定班列是定点、定线、定车次、定时、定价，规律强，应按其运行规律进行推算。

(3)对零散快运班列进行单独处理,班列定点、定线、定编组(棚车),循环运行,有很强的规律性。

(4)对快运和普通货物分别推算,对于快运列车应考虑减少在站的停留时间,或者不满轴开车,对于普通货物,必须满轴开车。所谓不满轴开车,指的是根据推算延时等待的费用超过占用运行线的费用,可以不满轴开车。

(5)对自备车,主要考虑空车原路返回。

(6)对一些特种车单独考虑,例如运输商品小汽车专用列车,主要在汽车制造厂和各个城市的4S店之间运行。

(7)对一些特殊货物或者特殊线路单独考虑。

五、站内车流推算

车流推算的难点:一是空车的推算;二是货流如何推算成为车流;三是列车什么时候可以满轴,也就是如何推算列车的集结时间。

分析车辆在车站的作业,可分为到达、出发、装车、卸车、取送、解体、编组、中转等作业,如图 4-13 所示。

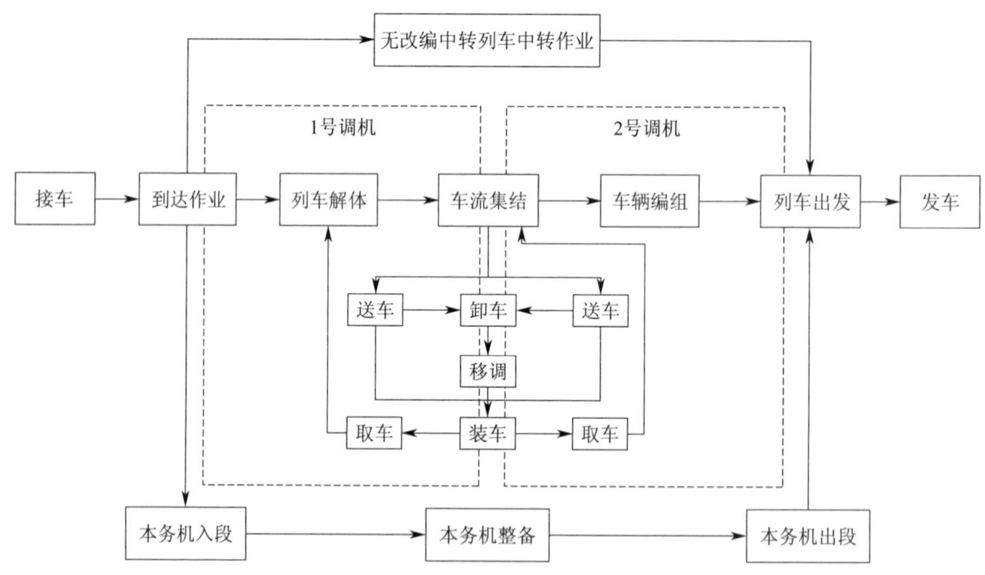

图 4-13　站内车辆作业流程

其运行过程可描述为:

(1)装车过程:列车空车到达,装车后,重车出发。有三种情况,一是在货运站,需要考虑空车到达时间、装车时间、取车时间、集结时间;二是专用线,一般考虑作为货运站或者技术站的远程装车点;三是在中小站,一般根据运行图只考虑每天固定趟数的摘挂列车。

(2)卸车过程:列车重车到达,卸车后,空车出发。同样有三种情况,一是在货运站,需要考虑送车时间、卸车时间、取车时间、集时结间;二是专用线,一般考虑作为货运站或者技术站的远程装车点;三是在中小站,一般只考虑每天固定趟数的摘挂列车。

(3)再装车过程:列车重车到达,卸车后,再装车,重车出发。与(2)不同之处在于本站卸后,送到本站的另外股道装车。

(4)中转过程:又分成空车中转和重车中转。其中,空车中转:列车空车到达,编组后,空车出发,主要是将空车经技术站送到装车站,需要推算集结时间;重车中转:列车重车到达,编组后,重车出发,主要考虑重车的集结时间。

(5)倒装过程:货车在运行途中发生故障或者货物超载,需要安排另外的空车换装货物,空车到达、倒装、重车出发,故障的货车送车辆段维修。

上述集结问题可以归结为求满轴问题、货流变车流和枢纽车流问题。本小节主要考虑前两个问题,下一小节讨论第三个问题。

1. 推算货车的集结时间

这里的集结时间是指车辆可以出发时间。表 4-7 描述了车辆已经到达后,各种作业过程集结时间的计算方式。

表 4-7　车站作业过程集结时间

作业过程	集结时间计算
装车时间	到达时间＋送车时间＋装车时间＋取车时间＋集结时间＋出发时间
卸车时间	到达时间＋送车时间＋卸车时间＋取车时间＋集结时间＋出发时间
再装车时间	到达时间＋送车时间＋卸车时间＋送车时间＋装车时间＋取车时间＋集结时间＋出发时间
无调中转时间	到达时间＋技术作业时间＋出发时间
有调中转时间	到达时间＋技术作业时间＋解体时间＋集结时间＋编组时间＋技术作业时间＋出发时间
倒装时间	送车时间＋倒装时间＋取车时间＋集结时间＋出发时间

在每个车站的站细手册里都有到达、出发、装车、卸车、送车、取车、解体、编组、技术作业的作业时间标准,所有车站站细都可以在办公网查到,将车站的作业时间标准从站细中抽出来,就可以建立每个车站的作业时间标准字典。从车站作业时间标准字典取车站作业过程时间相加就可以得到总的作业时间。

但是,总的作业时间并不是集结时间,集结时间需要根据车流情况决定,准确地说是由达到满轴后最后一辆车的作业时间决定的。铁路车站分为中间站、区段站和编组站。中间站一般只有两个方向,车流较少且单一,一般根据车流安排摘挂或者小运转列车;而区段站和编组站由于集结了众多中间站的车流,一般有较多的方向车流,多采用推流表推算车流的集结时间,如图 4-14 所示。

推流表左面显示到达列车车次和到达时间,右面显示出发列车的车次和出发时间,上面显

推流表

菜单项

时间/到达列车	方向1/股道	方向2/股道	方向3/股道	方向4/股道	方向5/股道	方向6/股道	方向7/股道	出发列车/时间
8:00/站存车	30	25	28	44	38	12	9	
8:20/11114	41	29	32	52	71	12	9	11113/9:20
	41	29	32	2	71	12	9	11115/9:30
9:40/11116	62	44	32	2	21	19	16	
9:50/21112	62	53	32	2	21	31	38	
	62	53	32	2	21	31	38	21115/9:55
10:00/21114	12	53	46	34	21	34	41	21117/10:00
10:10/21116	15	5	51	38	21	38	44	
	15	5	51	38	21	38	44	31115/10:50
11:10/31112	18	22	1	39	28	38	62	
11:20/31118	33	22	4	43	33	38	66	
	33	22	4	43	33	38	66	41115/11:50
12:10/41112	36	28	9	49	39	40	16	
12:20/41114	39	29	18	55	45	43	27	
	39	29	18	55	45	43	27	11115/12:30
13:10/51112	44	33	22	5	53	51	41	

图 4-14　推流表示意图

示车站的所有车流方向。图中 8 点，站存车方向 1、2、3、4、5、6、7 分别为 30、25、28、44、38、12、9 辆车。8 点 20 分到达了 11114 次列车，其 1、2、3、4、5、6、7 方向分别为 11、4、4、8、33、0、0 辆车；解体后，各方向站存车变成 41、29、32、52、71、12、9 辆车；方向 4 和方向 5 车流分别为 52 和 71 辆车，按照编组计划规定（编组计划规定满轴开车，假设满轴为 50 车），9 点 20 分开行 11113 次列车，方向 4 共 50 辆，方向 4 站存车剩 2 辆；9 点 30 分开行 11115 次列车，方向 5 共 50 辆，方向 5 站存车剩 21 辆，这样就推算出方向 4 和方向 5 车流的集结时间。依次按时间顺序可以推算各方向的集结时间。

站内车流推算也有数学优化的问题，车站目标就是按日班计划的要求组织车站的作业，所以，按点开车是车站最重要工作。例如 12 点开 A 方向的列车，如果编组场 A 方向车流不够，则应该组织从货场取 A 方向车流。如果货场车流不够，检查到达列车是否有 A 方向车流。如果有则先解体有 A 方向车流的列车，保证 A 方向列车按时开车。如果 A 方向到达车流中含有快运货物，且 A 方向车流已经够满轴开车，也应该先开行快运货物。

目前，技术站站调和铁路局计划调均编制车站日班计划和阶段计划，编制过程主要是根据到达列车通过推流表推算出发列车，出发列车什么时候开行由铁路局的计划调度和列调岗位根据列车运行图和线路情况决定（要综合考虑客车、施工、重点车等）。

2. 推算货流变成车流

一般重车或者空车到达车站后，应该在 6 h 内完成装卸车的工作，但是，由于装卸资源的制约，到达的车辆需要在车站等待前一批货物作业完成后，再安排下一批的取送作业。

通过装卸车将货流变车流或者将车流变货流，提前编制装卸车计划来预测货流和车流变化的时间，见表 4-8（也可参考图 3-34）。

表 4-8　装卸车计划表

资源	第 1 批(8:00～12:00)	第 2 批(12:00～16:00)	第 3 批(16:00～20:00)	
资源 1	装 1101234,卸 1123456	装 1101232,卸 1123431	装 1101222,卸 1123246	
资源 2	装 1101245,卸 1123466	装 1101221,卸 1123420	装 1101333,卸 1123369	
资源 3	装 1101256,卸 1123477	装 1101210,卸 1123419	装 1101444,卸 1123482	
资源 4	装 1101267,卸 1123488	装 1101209,卸 1123408	装 1101555,卸 1123505	
资源 5	装 1101278,卸 1123499	装 1101298,卸 1123497	装 1101666,卸 1123628	
资源 6	装 1101289,卸 1123400	装 1101287,卸 1123486	装 1101777,卸 1123741	
资源 7	装 1101290,卸 1123411	装 1101276,卸 1123475	装 1101888,卸 1123864	
资源 8	装 1101201,卸 1123412	装 1101265,卸 1123464	装 1101999,卸 1123987	

表中横轴表示批次(时间),纵轴表示资源。批次是因为所有资源的作业全部完成,机车才进行下一批的取送作业,以节省机车资源。资源主要是股道(专用线)资源(也包括装卸队、装卸机械),根据股道的长度,一次可以安排多个车辆同时作业(本表是 2 个车辆)。装卸计划可以人工编制,也可以自动编制,人工调整。自动编制时,为了方便客户,需要定义收发货人与资源关联字典。

对快运货物应该安排较高的优先级,先装、先卸、先编组,以提高货物的运到期限。从装卸车计划表中可以推算出装卸作业完成的时间,从而可以推算货流变车流的时间。

3. 上线运行等待时间

列车的车辆集结完毕后,还需要等待安排列车的运行线,一般在编制运行图时候,先安排客运列车,然后,对剩余空间均安排货运的运行线,但是,由于客运列车的晚点,可能会影响货运列车的开行。但不管怎样,应该为集结列车找到最早开行的列车线,如果没有运行线,则列车应该延后集结。集结完成时间与列车最早开行时间之差是上线运行的等待时间。

将装卸计划的思想用到装卸作业的车流推算,这样通过“标准作业时间”、“装卸作业时间”、“车流集结的时间”、“上运行线时间”,最终完成站内的车流推算。

六、货运列车开行方案

由于编组计划使用每日平均运量,与具体日期每个车站的运量有所差别,若要提高货运列车开行方案的准确性,可以利用计算机编制编组计划的思想。利用运货五等运输信息集成平台数据,先计算车站之间运量,再计算区段或支点间的运量,然后计算编组站之间的运量,最后再计算区域内的运量。根据运量确定列车开行方案,包括始发站直达列车、技术直达列车等开行方案。

1. 开行方案数据源讨论

运货五数据是铁路局批准的请求空车数据,也就是明天装车的数据。旬计划数据主要包括大宗物资的运输方案。运单中包括了实货确认的运输数据,集成平台上还包括正在装车的数据、零散货物的需求单等。

对数据进行整理,以运货五数据为主,修正集装箱和零散快运数据,去掉停限装数据,补充运货五中没有但实货确认的数据等。不断完善数据,确保数据准确、正确,形成推算开行方案的数据集。

根据第3小节讨论的空车推算方法,推算空车,为空车计算发站和到站,将计算的结果并入推算开行方案的数据集。

2. 确定始发直达列车

在开行方案的数据集中,一是查询发到站间货运量(发送车数或吨数)满足开行始发地直达列车条件的数据,列表显示发站、到站、货运量、货物品名、发货人、发局、到局等信息,特别要考虑重载、五定班列等情况。二是选择发到站间具有较大货运量的数据,列表显示发站、到站、货运量、货物品名、发货人、发局、到局等信息,特别考虑通过设立优惠条件能够争取的货运量。三是与旬计划数据进行对比,选择满足开行条件的数据开行始发地直达列车,将选择数据打上标志。

检查基本运行图是否安排相应开行计划线,如果未安排,则在日班计划运行图上补充计划线,否则,按运行图组织开车。

3. 确定基地等直达列车

在开行方案的数据集中,除去已打标志的数据,将中间站的数据均归并到径路的支点上(使用径路程序算每个站应该归并的支点)。一是查询发到基地间货运量(发送车数或吨数)满足开行基地(阶梯)直达列车条件的数据,列表显示发基地、到基地、货运量、货物品名、发货人、发局、到局等信息,特别要班列等情况。二是选择发到基地间具有较大货运量的数据,列表显示发基地、到基地、货运量、货物品名、发货人、发局、到局等信息,特别考虑通过设立优惠条件能够争取的货运量。三是与旬计划数据进行对比,选择满足开行条件的数据开行基地(阶梯)直达列车,将选择数据打上标志。

检查基本运行图是否安排相应开行计划线,如果未安排,则可在日班计划运行图上补充计划线,否则,按基本运行图组织开车。

4. 确定日历装车直达列车

在开行方案的数据集中,除去已打标志的数据,查询发到站之间连续多天有稳定货源,且非时效性的货物,对比旬计划,确定是否可以组织开行日历装车直达列车。如果能够确认,则为选择数据打标志,并在运行图上增加或确定计划线。

5. 确定技术站直达和直通列车

在开行方案的数据集中,除去已打标志的数据,将跨两个编组站的数据均归并到径路的编组站上(使用径路程序算应该归并的编组站的数据)。一是查询发到编组站间货运量(发送车数或吨数)满足开行技术直达列车条件的数据,列表显示发编组站、到编组站、货运量、货物品

名、发货人、发局、到局等信息。二是按当前编组计划分析编组站间的货运量数据，如果某方向车流太小，可以组织适当归并，例如新丰镇编组站到丰台西编组站车流太小，归并到郑州北编组站；或者某方向车流大，可以临时增加方向，例如新丰镇编组站到济南西编组站车流大，增加新丰镇到济南西的方向。三是查询所有径路上是否有运量超过运输能力，及时报警，辅助调整运输径路。

6. 确定区域列车

现在就剩下了跨一个编组站的发送车流，归并到编组站的发送车流，归并到支点的发送车流，以及不经过编组站运行的发送车流。另外，还需要考虑到达车流，包括从编组站的车站或者从支点站到车站的车流，这些车流主要由铁路局负责。

一是查询发到车站（支点站）间货运量（发送车数或吨数）满足开行直通列车条件的数据，列表显示发车站、到车站、货运量、货物品名、发货人、发局、到局等信息。二是按当前编组计划分析车站间的货运量数据，如果某方向车流太小，可以组织适当归并；或者某方向车流大，可以临时增加方向；总之，争取开行最少的列车，满足客户对运输时限的要求，这也是数学优化问题，感兴趣读者可专门进行研究。三是查询所有径路上是否有运量超过运输能力，及时报警，辅助调整运输径路。

7. 根据开行方案推算车流

如果确定了所有始发列车，并把这些列车布置到运行图上，就可以实现车流的继续推算。第三小节已经为所有运货五请车分配了空车，第四小节推算了重车车流，第五小节推算在站装车和列车的集结工作，第六小节定义了集结列车的开行方案和开行时间。这构成了从空车分配、装车、集结、运行、到卸完整的推算闭环。

七、货物行程计划和运到期限

铁路实行货运改革后，要求货物随到随装，但是，由于限制区段或者能力紧张车站的原因，现有的所有货物统一运到期限的方法已经不能适应铁路货运改革的需求，实践中，应该充分利用铁路资源和多年培育的铁路能力，根据客户的需求，为客户制订满足需求和符合铁路实际的行程计划，经客户同意后，铁路严格按行程计划组织铁路运输，这需要信息系统给予最大的保证。

1. 行程计划的编制

行程计划的编制可以采用两种方法，一是统计的方法；二是车流推算的方法。在没有足够车流的情况下可以使用统计的方法，统计方法的实质是：预先统计不同运输方式下，两站之间的运到期限，求平均运到期限，再根据运输里程预留适当的余量，作为运到期限，根据运到期限、运输方式和历史经验，制订运输的行程计划。

车流推算方法的实质：按当前的车流推算货物运输行程和运到期限，并根据里程留有适当的余量。

2. 行程计划的保证

根据货物实际走行的报告，动态监视每个货物是否按货物的行程计划运行，行程计划可以保证信息系统尽早发现运到期限的问题，及时预警，并辅助制订货物运输的调整措施。

可以充分运用高铁、客车、五定班列、直达运输、门到门等多种运输方式，根据客户要求，灵活选择运输方式和运输价格，保证货物能按行程计划和运到期限运行。

八、车流推算的技术实现

1. 车流推算的功能实现

整个推算过程分为初始化、空车推算、重车推算、站内推算、开行方案、行程计划、数据展示分析和系统管理等部分，如图 4-15 所示。

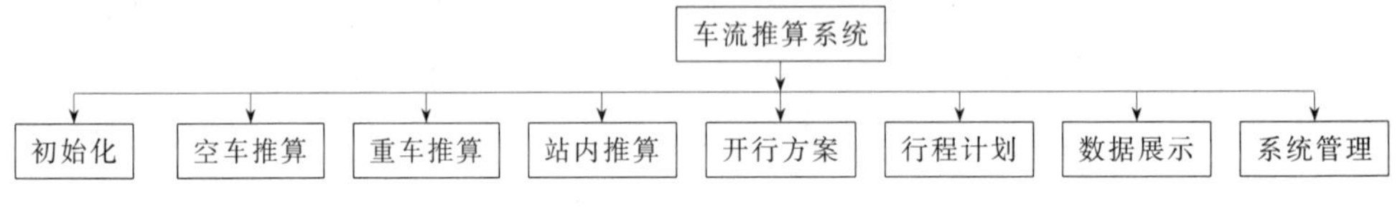

图 4-15　车流推算系统软件结构

初始化功能主要从集成平台上读入全部 80 万车辆当前的位置和状态，然后，逐辆车推算；对重车，一直推算到达终点，24 h 内每小时保留一条推算记录，超过 24 h，每 8 h 保存一条记录；对空车，放入空车队列，等待空车推算程序进行推算。其输入是集成平台的内存数据库（从集成平台读入 80 万辆车的位置和状态），其推算结果（走行轨迹和状态）输出到数据仓库供展示，中间结果（空车队列）位于内存数据库。

空车推算功能包括两个部分。第一部分是根据铁路局的装卸差计算分界口排空车，然后，为选中的空车赋终到站。其输入来自集成平台的运货五、推算的到卸数据以及集成平台实际的装卸车数据，输出是内存数据库。第二部分是为运货五分配空车，然后，为每个空车赋终到站；其输入是运货五，输出是内存数据库。

重车推算是根据实际报文（如装车、出发、到达、卸车等报文）推算车辆未来的位置和状态，如果发现早先推的车号与现车号不符，则与早先推算车位置和状态互换。其输入来自 MQ 队列，输出是数据仓库。

站内车流推算模块推算车辆在站内状态的变化，特别是根据装卸车计划将车流和货流互换。其输入是数据仓库中，输出也是数据仓库。

开行方案模块包括两部分。一部分是始发车的推算，从运货五中计算应始发开行的列车，并推算列车位置和状态的变化。其输入主要是运货五以及推算数据，输出是数据仓库。另一部分是集结车的车流表推算，其输入和输出均为数据仓库。

行程计划模块计算订单的行程计划，或者将行程计划与报文进行比较。输入和输出数据均来自内存数据库。

数据展示分析负责展示数据仓库中的数据，展示内容包括推算各分界口的车流信息（包括重车和空车）、各限制区段的车流信息、各编组站到达车流信息、各车站到卸的信息、各时间段重车和空车车辆的分布信息、始发列车信息等。如发现推算车流数据超过线路或车站的作业能力，则提前报警。其输入是数据仓库，输出是用户界面。

系统管理模块包括用户管理、任务管理、基础数据维护等功能，还包括对推算误差的分析和比较。

2. 车流推算的系统结构

使用数据仓库展示车流推算的结果是因为展示车流是典型的数据仓库问题，而且，数据量大，80 万辆车，每个车辆推算 100 个点，则 8000 万条数据，而且数据实时变化，使用数据库的 SQL 语句，响应时间超长。而使用数据仓库，在数据变化过程中，已经事先计算好各种分析结果，可以实时完成各种车流分析功能，如查询某分界口车流、某限制区段车流等。

车流推算的另一个难点是数据量大，对全路 80 万辆货车，不断预测车辆位置和状态的变化，平均每秒钟处理上千个报文，所以，设计了高性能的处理结构。如图 4-16 所示。

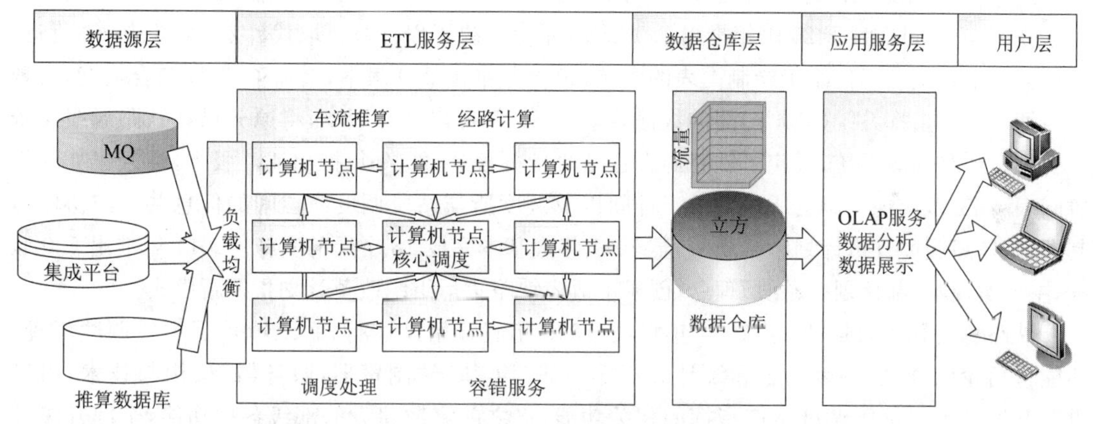

图 4-16　车流推算系统结构

图中，左面是数据源，包括集成平台、车流推算等数据库数据和通过 MQ 上报的报文数据。数据通过 ETL 导入数据仓库，由于 ETL 每天处理上亿条数据，平均每秒钟处理几千条数据，所以，系统的一个关键采用数据仓库，另一个关键是 ETL 采用了多节点并发处理结构，每采集一个数据，由调度程序启动一个 Hadoop 进程，进程调用径路计算程序计算，径路程序返回经过的区段（车站）和里程信息，分别计算通过各个区段的时间，并将各个时间点存入数据仓库。数据仓库采用 MPP、Infiniband 等技术，支持大并发量的数据处理。在数据仓库中，建立了多维立方体的模型，主要是时间维、地点维和车流量维，通过对时间、地点的切片，可分析某一时间段、某一地点的车流量，例如某一时间段通过限制区段的车流量、某一时间段通过编组站的车流量、某一时间段到达卸车站的车流量等，与运行图中线路能力进行比较，对异常情况及时报警。

用户通过应用服务器访问数据仓库中的数据，应用服务器支持 OLAP 的数据仓库分析，提供基于地理信息系统和表格的分析结果的图形显示功能。铁路总公司和各铁路局都可以借助车流推算程序，完成货运日班计划编制工作，不断提高日班计划编制质量。

第六节　列车日班工作计划

一、运输调度管理信息系统综述

运输调度管理信息系统（TDMS）由 TMIS 工程中的调度综合管理信息系统发展而来，系统范围涵盖了除列车（供电）调度外的计划调、客调、货调、机调、施工调等主要调度工种业务，在铁路总公司、铁路局两级部署，支撑总公司、局、站段三级调度岗位编制日班计划以及运输日常组织和生产管理指挥。TDMS 自 1994 年随 TMIS 工程立项启动，经历了积极探索（1995 年至 1999 年）、从无到有（2000 年至 2008 年）和全面使用（2009 年至今）三个发展阶段。

铁路局级 TDMS 于 2001 年推出 1.0 版本，重点解决了以计算机取代计划、列车、机车、货运、客运五个主要调度岗位手工绘制图表的问题；2003 年推出 2.0 版本，增加了 T/D 结合功能，实现了与列车调度指挥系统（TDCS）间的数据共享；2005 年推出 3.0 版本，将原分局和铁路局级系统整合为新铁路局级系统，适应了铁路局直管站段指挥模式；2009 年推出 4.0 版本，通过建立计划协同编制平台，实现了调度所内主要工种间以及调度所与站段调度岗位间的信息共享与协同编制计划，提高调度日班计划编制质量，至 2011 年底基本完成 18 个局的实施。2014 年推出 5.0 版本，主要实现“一部计划一条线”理念，创建了适应铁路货运组织改革计划指挥新模式。

铁路总公司级 TDMS 于 1994 年立项，1998 年底开始试运行，系统覆盖了主要调度工种，功能包括轮廓计划、调度命令和统计分析等；2003 年基于“浏览器/服务器”架构与技术，组织重新开发了支撑部级调度生产指挥的相关功能，将之前零散建设的部级各项功能，全部升级并统一到“调度生产与辅助决策平台系统”，于 2004 年 1 月正式投产后，一直稳定运行。2009 年又研发投产了部对局调度命令系统，实现了原铁道部调度命令“拟/会/签/发”等流程电子化及部局间命令下达与签收的闭环管理。经过多年积累和持续优化，铁路总公司调度计划编制、计划与命令下达及主要调度岗位生产报表已全部纳入系统支撑范围。

调度管理信息系统的发展方向：一是智能化编制日班计划；二是协同编制日班计划，各调度工种之间真正实现一部计划一条线；三统计分析和考核工作自动化。

二、TDMS 总体结构

1. 三级管理体系

铁路运输调度工作实行铁路总公司、铁路局、站段三级调度分级管理，铁路总公司集中统

一指挥的原则。三级管理流程如图 4-17 所示。

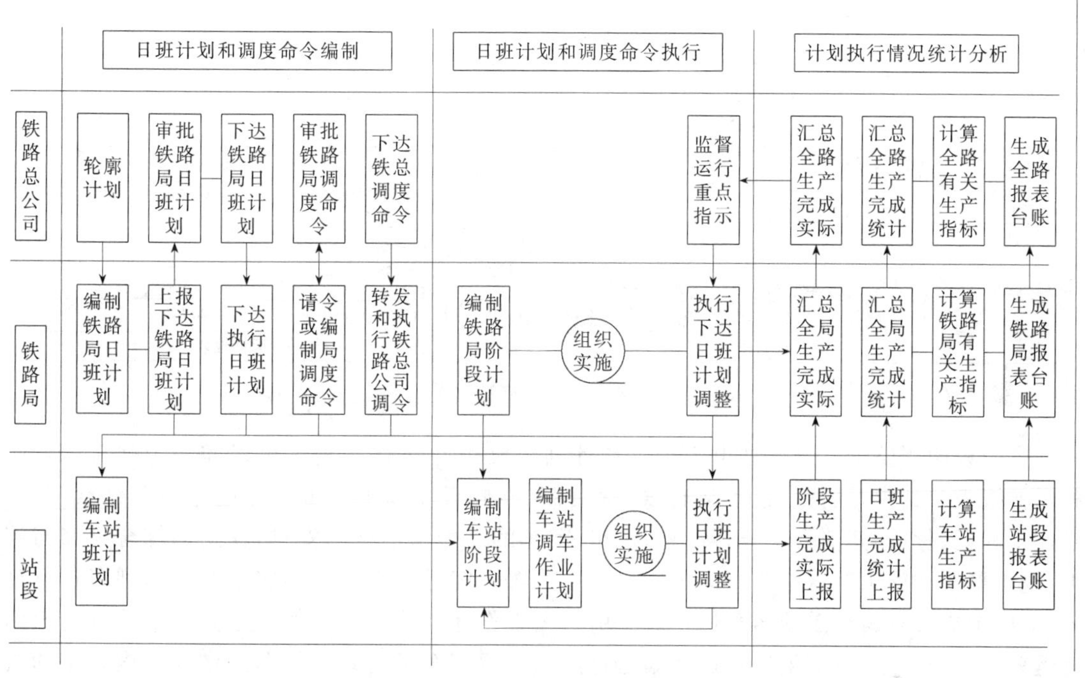

图 4-17　调度系统三级管理流程

图中，从纵向分成三层，分别是铁路总公司、铁路局和站段，从横向分别为日班计划编制、日班计划执行和计划执行情况统计分析三部分。其中日班计划编制包括铁路总公司向铁路局下达货运的轮廓计划，铁路局根据轮廓计划编制货运日班计划，并上报铁路总公司调度部；铁路总公司审批铁路局上报的日班计划，并下达到铁路局执行，铁路局下达到站段执行。对跨局列车开行计划的变更，如加开跨局临客，铁路局铁路向总公司申请调度命令，铁路总公司批准后，将命令下达到相关铁路局，铁路局再下达相关站段或处室执行；对局内列车开行计划的变更，铁路局直接向站段下达调度命令；铁路总公司也可以直接向铁路局下达调度命令，如保留列车、停限装命令等，铁路局转发到相关站段执行。

日班计划执行包括按日班计划组织列车开行、组织装卸车作业等；还包括监视列车的运行情况，及时处理列车运行过程出现的各种问题（如晚点）等。计划执行情况统计分析包括阶段报告（装卸车、车流）、日班的分析报告和各种统计分析报表，从站段逐级汇总到铁路总公司。

2. 日班计划内容

下面讨论日班计划的内容。调度日班计划包括列车工作计划、客运工作计划、货运工作计划、机车车辆工作计划、施工日计划 5 个部分，如图 4-18 所示。

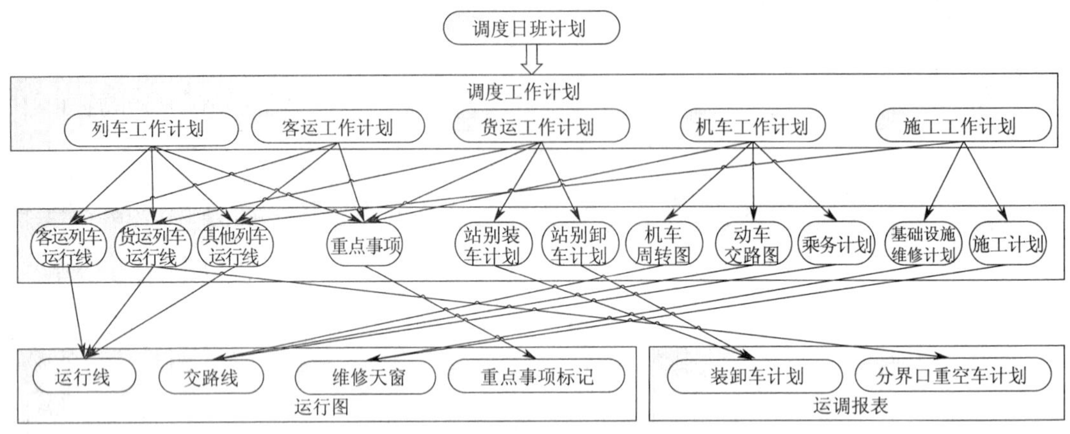

图 4-18　调度日班计划关系

图中说明了整个日班计划由 5 个工作计划组成，5 个工作计划又可以描述为列车运行图和运输报表。其中，运行图包括运行线、交路图、维修天窗和重点事项标记等图形元素，分别描述了客运、货运、其他列车开行计划，机车、动车的运用与司机的安排，铁路的综合维修与施工，重点事项和施工对铁路线路通过能力的影响等。客运工作计划内容中的客运列车运行计划，对应生成计划运行图的客车运行线。由货运工作计划与列车工作计划共同推算制定出的货运列车日班计划，对应生成日班计划运行图的货运列车运行线。机车工作计划内容中的机车、动车运用计划与司机乘务计划，对应生成计划运行图的交路线；施工日班计划内容中的综合维修与施工计划，对应生成计划运行图的综合维修天窗与施工标记；同时，施工日计划根据需要生成轨道检测车开行计划，以及维修、救援列车开行计划等特殊计划，对应生成日班计划运行图中的其他运行线。另外，货运工作计划可以用运货四、运货五、运调 8(运调 20)等图表分别描述卸车计划、装车计划、分界口重空车流计划等。

调度日班计划是铁路运输工作的基础计划，是铁路各业务部门日常遵循的计划，重要且复杂。与编制列车运行图一样，需要铁路总公司、铁路局、站段上下协作，需要计划、机车、车辆、货运、客运、特运、施工、供电等多个调度工种的互相配合，共同编制和执行日班计划。如图 4-19 所示。

3. 日班计划编制过程

日班计划编制过程需要利用列车基本运行图数据，若要提高日班计划编制的智能化程度，需要充分利用编组计划、车流推算结果和铁路运输信息集成平台数据。如图 4-20 所示。

调度管理信息系统以列车基本运行图为基础，根据客运调度命令，增加客运运行线信息；根据施工计划，增加施工天窗标记；根据装卸车变化和车流推算信息，调整货物列车运行线，并反馈回车流推算系统。在此基础上，由计划调度员编制列车工作计划，并进行计划间的匹配检查、冲突检测，形成综合的日班计划；交生产副主任审核，并在运行图上标记重点指示。其间，

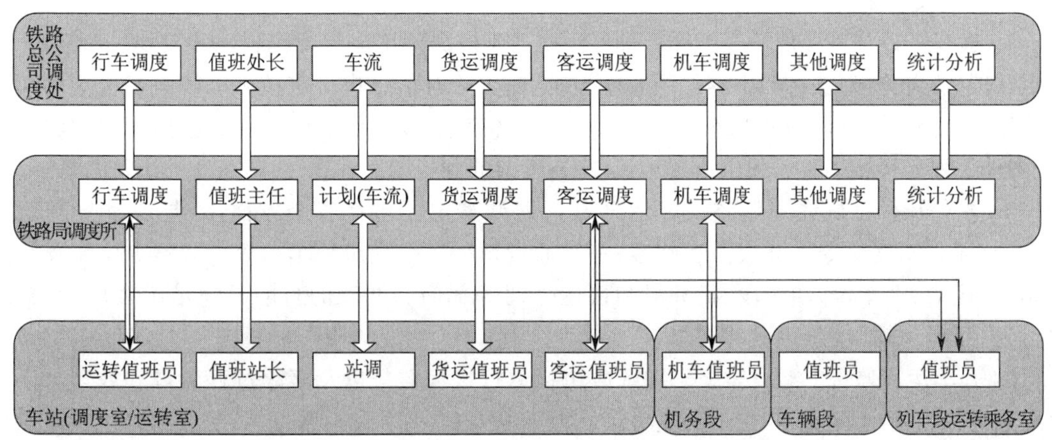

图 4-19　铁路三级调度体系

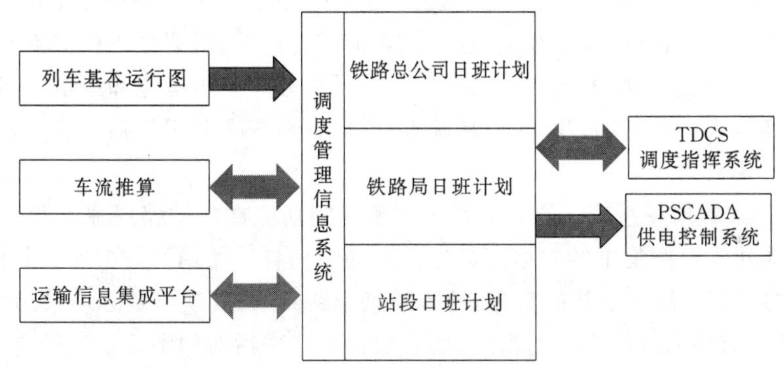

图 4-20　日班计划编制过程

机调根据列车运行线编制机车周转图；动车调度根据列车运行线编制动车交路图；其他调度编制相应工种的日班计划，形成综合的日班计划，并下达给列车调度的 TDCS(CTC)和供电调度的 PSCADA 系统，作为指挥列车运行的依据。

调度又可以分成传统调度和高铁调度。传统调度分为客运调度、货运调度、计划调度、车流调度、列车调度、机车调度、车辆调度、电务调度、施工调度、供电调度、军特调度、集装箱调度、快运调度、篷布调度等；高铁调度分为运输计划、列车调度、动车调度、供电调度、旅客服务调度、综合维修调度、安全监控调度等，下面讨论各调度工种信息系统的主要功能。

三、客运调度信息系统功能

客运调度的工作围绕着客运列车开行，主要包括 4 项工作：一是客车开行日班计划；二是根据客流进行客车开行日班计划调整；三是客车运行监督；四是客运统计分析。

（一）主要功能

1. 客车开行日班计划。客车开行日班计划主要根据列车运行图编制，客调功能主要读入基本运行图（或者分号运行图）中客运列车运行线信息，并对信息进行审核。审核内容包括列车开行规律、开行对数（车底数）、列车时刻表、运行交路信息、停站作业信息等。包括普速、高速、图定、图外等列车运行图。预先生成若干天（应与客票的预售期相一致）的调度日班计划供调整。

2. 客车开行日班计划调整。客运日班计划调整主要包括三个方面，一是通过分号运行图；二是通过调度命令加开或停运临客；三是通过调度命令加甩挂车厢等。调整工作涉及客运车站、客运段、客车段、动车段、机务段和快运公司等部门。调整的目的是满足旅客出行、新老兵运输、行包运输、应急运输的需求。

3. 客车运行监督。运行监督子系统应包括运行过程监督以及事故过程监督和处理。运行过程监督包括列车运行安全、正晚点、各车站上下车人数、列车剩余席位等；晚点监督包括晚点列车影响分析、晚点原因通报、车上乘客的换乘处理等；事故处理过程包括事故通报、应急处理等。

4. 客车运行统计。按照 18 点统计的要求，对客流、售票、服务、效率、效益、安全进行统计分析。客流分析对各站客流、线路客流、点到点客流进行分析；售票分析包括不同产品、不同人群进行分析；服务分析包括服务满意度、正晚点分析等；效率分析运能和运量之间的关系；效益分析包括成本和收入关系、投入和产出、趟车效益分析等；安全分析包括事故分析等。

（二）功能的实现

1. 集中和分散数据库系统。原有的客车日班计划功能在各铁路局建立数据库，而新的客车日班计划功能建立全路集中的数据库，然后，再同步到各铁路局的数据库。其优点是便于实现 TDMS5.0 的一部计划一条线的目标，便于信息全路共享；其缺点是必须采用统一的运维模式，从而改变了原有各局分散维护的模式，而且数据库集中后对网络要求比较高。

2. 建立和运行图系统的接口

建立与列车运行图系统的接口，通过接口可以与列车运行图系统交换数据，包括基本图数据、分号图数据、车底交路数据、列车编组数据、运行图基础数据等。

3. 从运行图系统中导入基本图、分号图等数据形成日班计划

按日班计划的日期提前导入基本图/时刻表数据（若是新旧交替数据，则形成新旧交替两套方案）；导入车底交路数据，形成交路单元、交路图；交路图形成后，加载列车编组和开行规律；加载调度命令，形成客运日班工作计划。

显示客运日班工作计划运行图界面，选择列车交路显示列车的车底交路图。选择时刻表显示列车的时刻表以及停站的作业（如上水），选择编组显示列车的编组，选择开行规律显示列车近期开行的日期。

4. 按公文流转方式对数据进行核对

因为日班计划是铁路运输生产最核心的计划，涉及铁路部门众多，且关乎旅客、货主和铁路的利益，容不得半点差错。所以，必须分工负责，对所有数据进行认真核对。对不同部门提

供不同维护界面，包括列车时刻表、车底交路、列车编组、列车的运行径路、营业站作业、开行规律等进行检查，包括动车到基地的交路、客车到客技站的交路。流转方式是先由担当局负责核对，然后沿途各局负责核对本局管内停靠站信息、交路信息，核对无误后，进行签字确认。

5．使用调度命令对客运日班计划进行调整

客运日班计划调整包括临客开行、编组调整、行包车辆、新老兵运输、车辆调整等。通常使用调度命令进行日班计划调整，调度命令包括临客开行、临客停运、折返、迂回、变更经路、客车加甩挂、行李车加甩挂、区段调整、空调调整、增减停站、修改停时、定员减少、定员增加、硬卧转硬座、软卧转软座、新老兵运输、专运、留轴、列备、解备、运非转换等调度命令，铁路局负责局内列车调度命令审批，铁路总公司负责跨局调度命令审批。

调度命令的软件开发技术一般采用模板＋工作流的技术。不同的调度命令格式和流程不完全一样，需要为每个调度命令制订专门的模板和工作流程序，其工作流程包括草拟、申请、审批、会签、签发、发布、下达、抄送、回执等流程，如图 4-21 所示。

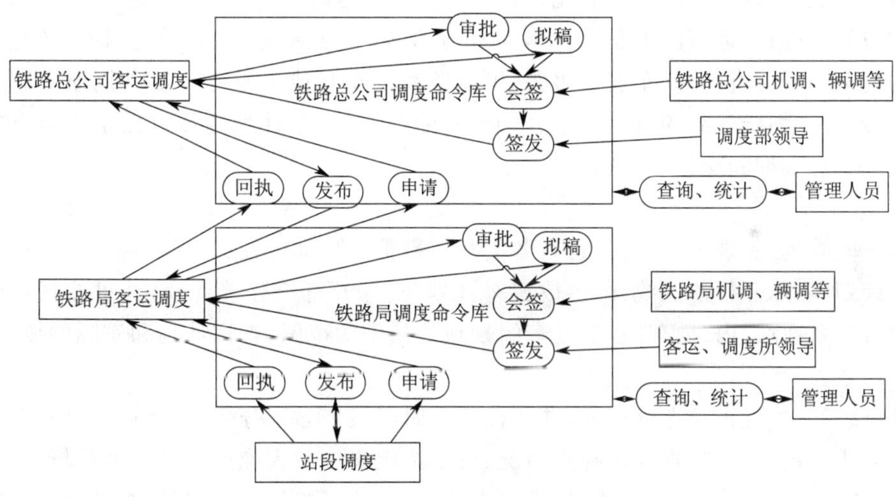

图 4-21　调度命令系统软件结构

调度命令程序的关键是必须保证流程完整性，即每个调度命令必须收到回执，如果一定时间内未收到回执须要报警，否则会留有事故隐患。另外，调度命令编号生成必须唯一，否则，也会产生安全隐患。

待发布的调度命令自动生成调整计划命令文本，并提交到日班计划平台。遇客车加开或停运时，根据调度命令在日班计划平台上自动生成运行线和命令文本，实现开行/停运/备用管理，并对运行线实现互控和审核。

6．客运日班计划下达

客专计划按 0:00～24:00，普速线计划按 18:00～18:00，以运行线及文本方式上传次日客车开行计划至相关计划台，计划台负责协同客运、货运、施工、机车等计划，形成综合的日班计划，并报调度部、调度所领导批准后，下达到列调、机调等调度台；并以文本形式下达至相关站段和客运、机务、车辆等部门，并接收相关的回执信息。

7. 客调的接口管理

一是查询客技站的客车车辆编组信息，查询动车基地的动车组编组信息，根据客车车辆在途、在站、在段的实时情况，动态调整客车车辆甩挂计划，按实际更新客车编组。二是将客调命令下达到客票系统直接进行票额调整，且从客票系统获取列车售票情况。三是从军事运输系统中获取新老兵运输信息。四是从客运段系统中获取三乘（乘务员、乘警、机械师）信息，向客运段通报列车运行情况、晚点原因。五是从客运站获取实际客流情况等。

8. 运行监控功能

在铁路路网图上动态追踪所有客运列车，特别要显示所有晚点列车，正点的列车显示成绿色点，晚点 1 h 内显示黄色，晚点 2 h 内显示蓝色，晚点超过 4 h 显示红色。同样，也可以显示超员列车，根据颜色可以知道超员百分比。还可以在客车运行图上，查询每趟列车的剩余席位或者趟车效益等指标；在运行图上获取列车编组、获取列车长、乘务员、乘警、机械师等信息；当路网图上的列车闪烁时，说明列车安全报警，可以联系列车长或者乘务人员共同研究解决方案。通过调度命令、计划线加载的重点信息、限制条件等形成日班计划的重点揭示内容，能够实现信息提示、阅览、查询和交接班功能。

9. 统计分析

工作报表管理：实现客车始发、运行各类相关数据的自动统计、分析功能。

客车计划/实际开行情况统计：生成客车计划/实际开行情况统计表，并可按任意时间段、车站、分界口、直通/管内、动车组/非动车组别或所指定的范围，查询计划和实际的接入、交出、始发终到列数。

正晚点统计：生成正晚点统计表，并可按任意时间段、车站、分界口、直通/管内、动车组/非动车组别或所指定的范围，查询正晚点情况，可由指定岗位录入晚点列车原因分析。

旅速/技术速度统计：形成旅速/技术速度统计表，并可按任意时间段、车站、分界口、直通/管内、动车组/非动车组、区间别或所指定的范围，查询旅速、技术速度。

客流统计：形成客流统计表，并可按任意时间段、车站、分界口、直通/管内、动车组/非动车组、区间别或所指定的范围，查询客流。

四、施工调度信息系统功能

施工调度主要围绕铁路基础设施的施工作业安全，这些基础设施包括工务的线路、桥梁、隧道、站房，电务的信号、控制、通信设备，供电的电网和供变电设备，信息的管理信息系统等。施工调度的主要功能包括施工维修计划管理、调度命令管理、施工过程监控和施工统计分析等。

(一)施工调度功能

1. 施工维修计划。施工计划分为年度轮廓施工计划、月度施工计划和施工日计划。年度轮廓和月度施工维修计划由铁路局运输处组织编制,铁路局调度所负责编制施工日计划,繁忙干线施工计划由运输局调度部组织审核。

施工日计划由铁路局调度所施工调度室根据月度施工计划(含临时施工批复文电)及主管业务处提报的施工计划申请编制次日 0:00～24:00 时的施工计划。施工日计划的申报及审核的流程包括:车间(工区)提报→段审核→相关业务段会审→主管业务处室的审核→调度所的审核。施工管理功能为施工调度揭示了施工对列车运行的影响,特别是对客车的影响。通过审核的施工计划在日班计划运行图上自动绘制维修、施工符号和文字,并调整冲突的开行计划。同时,为路用施工车辆铺画运行线。

2. 调度命令管理。系统根据审核通过的施工日计划生成运行揭示调度命令和施工调度命令,并传输到相关部门会签,传输到司乘人员和相关部门执行调度命令。

3. 施工过程监控。在路网示意图上动态展示施工计划与施工实际,可以查询施工动态,并对施工引起的列车慢行进行动态管理。

4. 维修、施工计划及兑现的统计分析。按上报铁路总公司和铁路局定制要求,自动统计分析铁路局施工计划和施工、维修天窗的兑现、利用情况和慢行影响情况,对施工的安全、天窗利用情况进行统计分析。

(二)施工调度信息系统功能实现

1. 月计划管理功能

月计划模块一般做成 B/S 模式。其功能包括:各施工单位使用的月施工计划提报(从相关系统导入、EXCEL 表导入、按电报号手工录入等)、流程定制、会审、会签、审批、月施工计划落成、下达、公示、月计划转日计划等。施工计划经过收集、汇总、审批、落成正式月度计划,再生成施工日计划,并公示给各单位。

2. 日计划管理功能

日计划模块也做成 B/S 模式。其功能包括:日施工计划提报(从月计划导入、EXCEL 表导入、按电报号手工录入等)、流程定制、审批、日施工计划编制、接收单位生成、日计划落成、日计划下达等。在日计划编制过程中:一是根据基本运行图安排预留的施工天窗;二是可由月计划生成日计划项目;三是可以用月计划项目自动与施工主管单位提报的施工日计划比对,比对内容包括起止时间、施工地点、起止里程、影响范围等,自动标识超范围施工;四是可通过编制施工预案,根据客车日班计划和货车基本图,直观展示大型施工作业对客车与货车运行线的影响,并反馈给日班计划平台调整客车运行线;五是在施工日计划管理的基础上,增加维修周计划和维修等级项目管理,重点项目按规定周期报日计划。

3. 路用车计划管理

施工单位须进行路用列车的开行计划的申请,提供计划审核、批准、查询等功能;提供轨检车线路检测时间安排，如果检测过程中，发现重大隐患，及时安排临时计划，提供临时计划的申请、审批和取消计划的功能；提供临时重点文电的管理功能。

4. 日计划运行图功能

一是施工日计划下达后，在日班计划运行图上自动绘制相应维修、施工计划和相应的符号、文字和限速标记，已经发布揭示命令的施工计划，其封锁线条无法拖动。

二是对施工中的冲突进行自动检查，包括分析各个施工计划作业地点，自动提示可能有冲突、或者有隐患的施工计划，例如提示与客运列车运行线的冲突。通过施工作业时间与施工天窗比较，提示天窗外的施工作业。

三是编制施工路用车管理日计划，可通过“集成平台”查询施工路料车辆分布，可编制路用列车日计划；施工作业的路用车开行计划以线条形式提交到日班计划平台。

5. 施工和揭示调度命令

审核通过的施工日计划自动生成运行揭示调度命令和辅助拟写施工调度命令。一是定制调度命令模板和工作流程。二是将施工日计划自动导入，同时导入调度命令的接收单位，提供施工调度命令的编制、审核、修改和保存等功能。三是提供运行揭示命令的创建功能，由施工日计划自动转换成运行揭示命令，同时提供运行揭示命令的模板校验和运行揭示命令的逐级审核功能。四是调度命令传输功能，包括局管内的传输和跨局传输，根据登录用户的角色、身份和权限自动将施工日计划和运行揭示命令下达到目标单位，并接受用户的签收记录；对于跨局传输，先传输到跨局的施工调度台，再转发到目标单位。五是机务段、车务段、各业务处室、各设备管理单位根据权限、角色实时接收铁路局施工台下达或转发的施工调度命令和运行揭示命令，语音提示值班人员对施工调度命令、运行揭示命令进行接收和签认，根据用户需求进行调度命令的打印输出。六是提供施工调度命令和运行揭示命令的传输状态列表和签收状态列表。实时地监控数据的签收情况。七是将施工调度命令通过 T/D 结合的方式下达给行调台。八是机务段、车务段、各设备管理单位签收施工计划、运行揭示命令之后可以自定义转发目标，向所辖的工区或车站及时转发施工日计划信息，工区可以签收转发过来的施工日计划、运行揭示命令。

6. 施工调度系统外部接口

接口包括与列车运行图的接口，首先应读入基本运行图，施工计划尽量利用预留的施工天窗。其次是与施工月计划的接口，根据施工月计划编制施工日计划。与检测系统(包括工务、电务、供电的检测系统)的接口，主要处理临时性的施工计划，包括重点文电交换等。与工务、电务、供电设备维护信息系统的接口，主要获取路用车信息，包括大型养路机械的作业计划信息。将施工调度命令下发到 TDCS 系统、LKJ 系统、相关的施工作业系统。与施工管理系统的接口，可以通过运统 41 和视频监控系统，了解施工作业和现场作业恢复情况。

7. 施工安全监控

在路网图上进行施工计划与施工实际的动态展示，通过无线手持设备进行运统 41 的

登销记，铁路总公司和铁路局可以实时查询施工状态。可在运行图上实现慢行的动态管理，施工日计划下达后，自动收集相关的长期限速计划，并综合统计后续日期的相关限速信息。

8. 统计分析

采集实际施工完成情况，遇有施工未兑现、未要点时值班调度员应标注未兑现、未要点原因，最后形成施工兑现率及天窗利用率报表。在铁路示意图上统计查询施工分布情况，铁路总公司和铁路局分析施工分布的合理性。对施工日计划、运行揭示命令签收情况进行查询汇总。按照一定组合条件汇总查询施工申请、实际完成情况，并可以对查询结果进行排序、保存、编辑、打印等操作。

五、货运调度信息系统功能

货运调度主要围绕着货物装卸车，主要包括五项功能，一是铁路总公司货调编制和下达货运轮廓计划；二是装车请求的审批和配空车；三是编制装卸车计划；四是装卸车过程和重点任务监控；五是货运的统计分析。

(一)货运调度主要功能

1. 铁路总公司货调根据月度(旬)货运工作计划规定货运指标、铁路局运用车保有量、需要完成的运输任务，编制铁路局的货运轮廓计划，包括铁路局装卸车数、分界口交出重车数、限制口车数等。

2. 铁路局货调根据铁路总公司的轮廓计划、重点指示和停限装命令等，审批用户的装车(空车)申请，形成运货五承认车。

3. 根据运货五和车流推算的到卸数据，编制货运装卸车日计划，报铁路局和铁路总公司批准。

4. 在日班计划执行中，铁路局货调不断收集各车站货运计划完成情况，包括实际装车数、卸车数、待装车数、待卸车数。

5. 完成货运各种日计划的统计指标。

(二)货运调度信息系统功能实现

1. 铁路总公司编制货运轮廓计划功能

货运的轮廓计划包括到局别使用车数、通过限制口的装车数和重点要求等。轮廓计划的主要目的是通过对装车方向的控制保证均衡运输，各局货车保有量符合要求，且可以完成装卸运输任务。目前的方法是借助FMOS数据、货运计划数据、使用车去向计划、前一日十八点使用车去向报告(货报一)、局别移交重车报告(运报三)、全路保留列车、列备车辆分布情况及早六点实际完成情况，推算铁路局货车各种运用车保有量(工作车保有量、空车保有量、移交车保有量、总运用车保有量)、卸车轮廓计划、排空及装车轮廓计划。推算方法详见《铁路行车组织》教材。

2. 铁路局货调审批装车计划功能

审批装车计划过程包括运货五数据采集、数据展示、建立自动审批模型、自动审批管理、审批的运货五承认车显示等步骤。

一是建立与货运电子商务系统的接口,通过货运电子商务平台动态采集请求空车(运货五)原始数据。

二是提供运货五表格、统计概览、电子地图等多种方式展示运货五数据。在运货五表格中可以排序、过滤、分组、定制显示请车数据;选择“全批”、“全消”、“均匀批”、“锁定”、“解锁”、“标记”等方式手工批准运货五请车,动态显示了“请车数”、“批车数”、“运输收入”、“发站”四列的合计值。在电子地图和组合过滤统计面板上显示审批的运货五承认车,动态显示每个铁路局、车务段或车站请求/批准车数。

三是建立自动审批模型。其结构如图 4-22 所示。

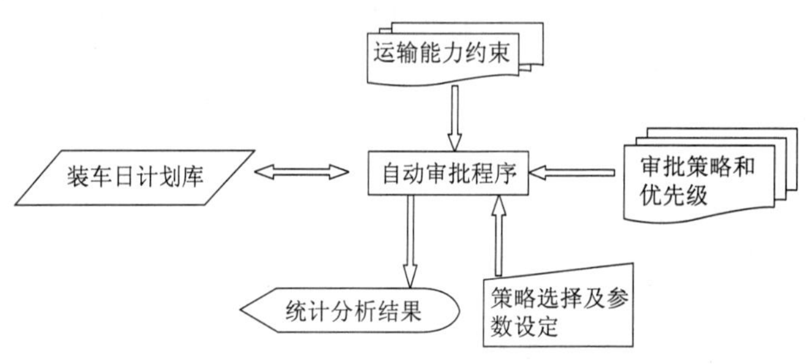

图 4-22　货调自动审批模型

运输能力约束表示对装车起限制作用的约束条件,通常包括轮廓计划、调度停限装命令、车站装卸能力、困难区段及限制口通过能力等,其中轮廓计划和停限装命令由铁路总公司货调下达,车站装卸能力、困难区段及限制口通过能力作为调度的基础数据维护。

审批的优先级顺序按重点计划、指令计划等。例如:以旬计划方案车、抢险救灾物资、施工用料、铁路总公司令重点物资的装车、战略装车点的直达装车、五定班列的装车、旬日历直达列车方案的装车、大客户运输为优先策略;其他以“综合评分”确定优先策略,包括按收入、均衡、请求次数等赋基础积分。

四是自动审批管理过程为:初始化→预处理→按大纲批→按积分批→统计分析。“初始化”过程读取审批所需要的“运货五”、“审批规则”、“能力和约束”等相关数据,并且编译所有用户自定义的审批规则逻辑表达式。“预处理”过程预先处理“运货五”数据,包括识别并标记重点计划、指令计划,在能力约束与请求记录之间建立双向关联,建立每笔计划的基础积分等。“按大纲批”对旬计划规定的日历装车方案(方案车)进行逐笔审批,预先为方案车的每条大纲定义了审批策略(必保、整笔、均衡及优先级公式)。“按积分批”执行以综合评分为基础动态积分审批算法。最后,执行“统计分析”过程,将自动审批的运货五承认车显示给用户,并配合显

示相应的运输指标。注意，货调最重要的任务是通过不断调整装卸车方向数保持铁路局的车流平衡，也就是保持正确的工作车、空车、移交车、运用车保有量(例如：铁路局运用车保有量＝(使用车数＋接入重车数)×周转时间)，实现均衡运输目的。

3. 编制卸车计划功能

通过车流推算平台，实现每个车站的卸车近期精确预报及远期到达总量预报。一是12 h(24 h)精确预报，通过查询12 h(24 h)内重车到达计划，精确掌握本班(日)卸车到达情况。二是提供本站到达重车实时查询。分在外站和在途查询本站到卸信息。三是查询到本站卸空车和运货五的匹配信息。四是远期到达总量预报。对于24 h以后的到达车数，按日预报到达总数。五是根据站存待卸车和到卸预报，按阶段推算铁路局卸空车数。

4. 编制装车计划功能

货调根据运货五承认车，按阶段分车种别、品类别、装车地点、发货人别推算装车数，根据装车数提报空车需求计划。计划调使用车流推算平台推算数据，根据在站空车、到达空车和卸空车，结合空车需求计划生成配空计划，包括空车来源、车种、预计配空时间、列车车次、装车比等信息，将配空计划下达给货运站，车站拟定装卸计划，并将具体装卸计划上报给铁路局货调。

5. 货运日计划的发布

铁路局将编制完成的货运日计划报铁路总公司货调审批，包括装车日计划、卸车日计划，经铁路总公司调度处长批准后，发布铁路局调度执行。除此之外，还根据运输需要发布调度命令(主要停限装命令)和重点指示。

6. 重点运输任务监控功能

货调需要对重点运输任务进行重点监控。一是五定班列。需要从电商平台获取“五定”班列数据，为“五定”班列配空车，通过车流推算平台和运输信息集成平台对“五定”班列进行跟踪掌握，根据去向、品类、装车站、到站等信息，对“五定”班列进行分类汇总、统计分析。二是重点港口、重点厂矿企业。对主要港口、重点厂矿企业装卸站的装卸能力、物资储备存量、作业情况实时查询，追踪和推算重点企业货流，并能够实现对超能力或者能力落空情况进行预警。三是集装箱。根据集装箱追踪平台掌握集装箱动态分布情况，为集装箱空车需求组织配空，根据集装箱列车去向、品类、装车站、到站等信息，进行集装箱分类汇总、统计分析。四是企业自备车。通过集成平台了解自备车动态分布，根据去向、品类、装车站、到站等信息，进行企业自备车运行情况的分类汇总、统计分析。

7. 装卸过程监控功能

按阶段掌握站段货运工作组织情况。按四个阶段(入线、开始装卸车、完成装卸车、出线)汇总车站系统上报的装卸车情况，并根据日班计划执行情况推算全日完成情况。统计各车站的停时，分析停时过长的原因。

8. 统计分析功能

由于货调是车流调整主要环节，其分析功能众多，例如：各铁路局请求车、轮廓计划、日计划分析;全路装卸车情况分析;使用车计划兑现率分析;装卸车计划兑现率分析;卸车情况分析;重点物资装车计划兑现情况分析;主要港口装卸车计划兑现情况分析;各局年运量进度分析;重点线运量进度分析;使用车去向情况分析;各局分品类装车计划兑现情况分析;各局、各省电厂存煤、耗煤情况分析;重点钢厂装卸车情况分析;口岸站接入交出情况分析等功能。

六、计划调度信息系统功能

前面已经讨论了客运日班计划、施工日班计划和货运日班计划,计划调度的功能是将客运、施工和货运日班计划集成起来,形成综合日班计划。集成的过程既要保证行车安全,又要保证发挥最大的效益。其主要功能包括日班计划编制、日班计划调整和优化、日班计划统计分析等。

(一)计划调度主要功能

1. 铁路总公司编制分界口轮廓计划

铁路总公司车流调度编制和下达到各铁路局的轮廓计划,包括分界站交接列车数、重车数、车种别排空车数、到局别使用车数、通过限制口的装车数和重点要求等。审批和下达各铁路局列车日班工作计划。

2. 铁路局编制列车日班工作计划

铁路局计划调度收集铁路总公司分界口轮廓计划、基本运行图、铁路总公司重点指示、客车工作计划、施工作业计划、货运工作计划、分界口交接车和排空计划,编制铁路局的列车日班工作计划。客车和施工计划直接铺画,货运工作计划需根据编组计划、列车运行图和车流推算结果进行编制,编制列车工作计划要实现一部计划一条线。计划经铁路总公司审查后,下发全路执行。

3. 与其他调度工种联动

需要与机调、动车调、车辆调、车站站调等联动共同编制列车日班工作计划。

4. 列车日班工作计划的调整

根据TD结合系统实际反馈的列车运行实际进行列车日班工作计划的调整,调整后下发列调和站段执行。

5. 统计分析

根据列车日班工作计划推算各种生产指标的完成情况。

(二)计划调度信息系统主要功能的实现

1. 铁路总公司编制分界口轮廓计划

铁路总公司车流调度编制全路的列车轮廓计划,包括各分界站交接列车数、重车数、车种别排空车数、到局别使用车数、通过限制口的装车数和重点要求等。目前,列车轮廓计划编制的依据是技术计划、前一日十八点局间分界口列车交接实际完成情况(运报一)、局间分界口别

移交车、路局别运用车保有量、十八点全路保留列车分布情况、早六点实际完成情况，根据经验进行人工车流推算，再结合各铁路局上报的列车工作轮廓计划。由车流台编制，主管生产的副处长审批，于上午11时前下达次日分界口列车工作轮廓计划。应使用车流推算数据推算各分界口车流和铁路局适用车保有量，根据推算车流和保有量推算和编制列车轮廓计划，包括分界站交接列车数、重车数、车种别排空车数、到局别使用车数。

2. 铁路局接收铁路总公司下达的信息

铁路局接收铁路总公司下发的轮廓计划、调度命令、重点指示、基本运行图、编组计划、技术计划等信息，作为编制铁路局列车日班工作计划的依据。

3. 铁路局接收相关调度工种(客调、施工调、货调)的信息

由值班主任工作台程序自动接收客调岗位发布的客运日班工作计划，将经过审核的客运日班工作计划下到日班计划平台发布；自动接收施工调岗位发布的施工日班工作计划，将经过审核的施工日班工作计划下到日班计划平台上发布；自动接收客调岗位发布的客运日班调整计划，并将经过审核的客运调整计划下到日班计划平台发布。在接入列车日班工作计划过程中，自动对运行线冲突进行检测，调整运行线，避免客运计划线与施工线冲突。

4. 铁路局接收邻局和集成平台的信息

编制列车日班工作计划，对铁路局来说，除了接收铁路总公司轮廓计划、接收相关调度工种数据外，还需要与邻局之间交换分界口列车交出计划，从集成平台上获取本局车站上报出发车流，掌握车站的站存实际车流。

分界口交换货运车流数据有三种方法，一是从货车开行的计划线中产生；二是从行调的实际线中产生；三是用车流推算的方法，产生的数据写到铁路总公司调度系统的分界口数据交换表中(运调20表)。从计划线中产生过程是：计划调度每铺画一条计划线，如计划线通过分界口，则在分界口数据交换表中写入计划线的车流以及通过分界口的时间；铺画所有的计划线，包括自装交出和接入交出的计划线，形成完整的分界口交出数据。从行调线中产生分界口交换数据，相对于计划线，行调线时间较晚，但数据相对较准，可用于计划和实际分界口数据的对比分析。车流推算方法可以通过推算各个时间段自装交出和接入交出的车流，形成各个时间段的管内分界口表、移交重车推定表、空车推定表、管内车推定表以及汇总功能的调度工作总结表。

铁路局的货运车流来源：一是从分界口接入的货运车流；二是车站产生的货运车流。前面已经讨论了在编组计划和列车运行图中，如何定义列车开行方案。由于编组计划使用的是预测的年平均车流，每天的实际车流与预测车流有偏差，所以，每天应该使用编组计划的方法，根据运货五装车计划及运输信息集成平台上车站的实际货流和车流推算实际始发列车开行方案，根据集成平台上编组站(区段站)的车流推算编组站(区段站)车流开行方案。除了始发车之外，另一个需要与车站交换是甩挂车数据，其反映了货运列车的停站信息，通过确报(或者车流推算的到卸信息)获取甩车信息，通过集成平台站存车获取挂车信息，事先与车站交换甩挂

作业计划。

铁路局计划调度推算站别各车种待排空车数，确定有效排空车数，汇总生成排空计划，人工确认有效排空车数，自动汇总分站别、车种别的排空计划。对排空计划首先应满足铁路总公司下达的分界口排空计划，然后，再匹配货调的空车需求计划（运货五装车计划），匹配的过程是按车种为空车分配方向，最后，按方向编入列车。

5. 人工铺画货运列车计划

列车的来源是从分界口接入列车和车站产生的列车，接下来就可以铺画这些列车的运行线。人工铺画是人工输入车次和发车时间，增加一条运行线；如果列车开行时刻发生了变化，需要移动运行线到合适的时刻；对于停运或者错误的列车计划，调度员可能要删除对应的运行线；列车计划发生变化时，调度员还可能对列车的起止车站进行调整。计划线铺画完成后，需要对已经到达的列车和预计到达的列车入流，包括单条入流和按方向成批入流；所谓入流就是形成列车的编组。对于有甩挂作业的车站，应该根据甩挂作业考虑列车在车站的停留时间。另外，因为列车运行图中为每条运行线定义了车次，所以，应考虑车次的接续方式，根据实际情况选择合适的接续方式。为了实现一部计划一条线，应保持有一个唯一的车次号。

计划调中保存了铁路局的全局站存车，包括站存空车的管理，分配排空车，为运货五请车分配空车，为空车分配方向，推算车站的出发车。所以，铺画运行线的过程也是推流的过程，同时，需要对线路的能力进行分析，如果在铺画运行线过程中发现堵塞（如增加了施工计划），可以及时申请保留列车，待堵塞缓解后，在计划平台上解除保留。

前面已经讨论了读入客运工作计划和施工工作计划，在日班计划中标注施工封锁、天窗、文字注释、记事等信息。特别是反复检查所有作业是否有冲突，反复优化列车运行方案和检查冲突。检查完成后，可以落成列车工作计划，生成日班计划标准文件。上报铁路局和铁路总公司主管领导批准后，下发站段和相关部门执行，下达的内容为列车日班工作计划、列车编组、调度命令和重点事项等。

6. 货车日班工作计划与车流推算

在上一节中讨论了车流推算，编制货运日班工作计划过程，可以运用车流推算的结果，实现编制过程的自动化；而车流推算过程也可以应用铺画的运行线修正推算的结果。

当保存运行线时，将运行线的变化信息提交到车流推算系统，当增加运行线时，可以看成是新的列车出发；当调整运行线时，车流也做相应调整；当删除运行线时，推算的车流需要回退。

车流推算为货运列车日班工作计划自动推算出发车流、到卸车流、甩挂车流、空车排空和配空车流等，货运列车日班计划程序应该充分利用车流推算结果，只有这样才可以提高列车日班工作计划编制的自动化和智能化水平。

7. 列车日班工作计划调整和程序优化

一是列车运行图与车站技术作业图表可双向互动。在列车运行图及车站技术作业图表

中，均可进行列车开行计划编制的增、删、改操作，两表经互相确认后更新数据；在列车运行图及车站技术作业图表中均可进行车流接续操作；列车计划运行时分变动后，自动更新机车周转图中对应的列车运行线。

二是满足一条线的需求。铺画的计划线应该是从始发到终到的完整计划线（起码在铁路局内部），计划线保存后在经由的计划台运行图表中自动展示；跨分界口计划线自动实现邻局交换；分界站移交列车应包含列车解体站且自动上图；运行时分和编组内容的改变所有计划台均能自动更新；列车计划线在非创建计划台内不能删除或设置计划停运；创建计划台设置计划线停运、临时停运、运行终止后，计划线在前方计划台的图表中自动消失，前方台只收到相应的提示信息。

三是自动更新实际线。日班计划线与 TDCS 列车实际线或阶段调整运行时分自动保持同步，同时修正后续运行时分，并刷新所有经由的图表。

四是自动更新编组。根据集成平台的出发报告和甩挂计划自动更新编组。

五是日班计划自动调整。自当前时间 3 h 后起可根据车流情况调整，可自动调整，也可以人工调整。调整时要保持客运、行包列车运行线框架、计划线始发时间不变；需要考虑施工、车站到发线、区间单复线别和闭塞方式、起停车附加时分等限制因素。

六是车站技术作业表新增列车或列车运行时分变动后，自动间隔排列到、发列车线，避免线条重叠。

七是即时查询机车动态。输入机车编号，按对应机型查询机车配属、支配段及机车动态，运用机车显示位置（担当列车车次、折返站、折返站到达时间）信息，非运用机车显示动态（动态描述、入库地点、转入时间）信息。

八是实现临时停运（保留）列车的管理。计划台列车运行图具备临时停运列车管理功能，在计划运行线上选择停运站，确认后生成临时停运命令（含编组），恢复运行时在停运列表中选择，自动生成命令及运行线及编组，并按方向自动生成报表，对不适宜保留的列车应产生警示信息。

九是向列调台下达货运列车调整计划（始发、运行），时间段可自定义，可接收列调台的签收。

十是根据机车交路和不同的机车周转图按始发、机车换挂、乘务员换班站实现机车调整及日班计划下达，并接收机调台的签收。

十一是配空计划管理。根据在站车、在途车、日班计划装车需求，按阶段推算配空要求，提交班计划时应同时生成配空计划。

十二是限制口车流卡控功能。根据设定的限制口和列车确报，按照车流径路，对含限制口的列车自动提示、统计。

十三是根据设定的重点车流条件，对相关车流进行追踪提示。

十四是特种车辆提示功能。根据列车确报，及时提示计划调度员本列中含有特种车辆。

特种车辆包括:零星客车(含动车组)、特货、军用、特警、限速的机车车辆、“D”型车、施工机械等,对在途、在站剧毒品、超重超限车辆提示预警。

十五是计划调度与车站站调车流数据实时透明。实现两级调度作业过程、车流数据共享,车流推算、计划编制实时同步更新。

十六是签收军、特、超限通知单;接收特运日班计划、路用列车计划、单机计划,自动形成重点揭示和线条,自动形成过表报告。

十七是机车、机班预警。根据管内机车、机班分布情况及本局机车、机班在外局分布情况,结合日班计划编制情况(含技术站到、开计划和分界口交接计划),自动生成机车、机班预警。

十八是技术站能力预警。根据技术站作业能力、作业情况,结合全路预计到达技术站的车流情况,自动对技术站能力实施预警。

8. 统计分析

实现分界口接入、交出车流的汇总分类统计功能。按台别或车站分方向自动统计分析日(班)计划兑现率。编组、区段站分方向自动统计计划及实际到开列数、辆数。分界站自动统计计划及实际交接列数、辆数。按日、班分折返站统计机车折返次数和时间。在日班计划编制过程中,通过系统生成日班计划质量评价报告。

七、机车调度信息系统功能

机车调度的主要任务是围绕列车工作计划,合理地安排机车工作计划和乘务员的工作计划,协调机车的检修、整备等作业,安排机车救援任务等。主要工作包括机车计划周转图、机车实际周转图、机车运用计划调整和技术指标分析等。

(一)机车调度信息系统主要功能

1. 铁路总公司机务三级调度体系。铁路总公司机车调度主要负责机车调度命令的下达,跨局机车业务协调,掌握各局机车运用状况,执行生产指标统计分析。铁路局机车调度主要完成机车运用计划的编制、机车周转图绘制、计算生产指标、接受铁路总公司的调度命令、向机务段下达调度命令等。机务段调度接收和执行铁路局日班计划、调度命令,编制乘务员派班计划、安排机车在段内的整备和维修。

2. 机车日班工作计划(机车周转图)。机车调度首先要了解车流去向、编组辆数、吨数、核实日计划列车对数,机车检修计划,机车和车辆回送计划,以及各局回送机车电报等。机车调度员按照列车工作计划,铺画机车线条,将过表机车安放在列车线条上,折返的机车原则上按顺序套勾交路,大、中、小辅修机车按计划从运行序列中扣下来,替换待用、备用或者修竣的机车。然后,计算机车效率指标,掌握上下行机车的平衡,禁止对开单机,检查机车紧交路的措施。日班计划编制完成后,机车调度员以调度命令的形式,下达给机务段,由机务段组织执行。

3. 机车实际周转图。机车实际周转图是根据行车调度员提供的列车实际运行(TDCS)信

息，以及机车在机务段/折返段的整备，检修、备用、交付的状况铺画的机车实际运行图，它记录着机车运用的全过程，机车实际图还记录着区间发生的事件，如：区间慢行，区间封锁，列车/机车故障，乘务员换班等信息。

4. 机车运用调整。根据实际周转图的机车位置和列车工作计划的调整，在机车日班工作计划的框架下动态地调整机车交路，及时修正机车日班计划。特别当列车计划出现较大变化，或者机车运行状况出现较大变化时，应能及时修正机车日班计划。

5. 救援列车。当列车发生事故，或需要使用救援列车时，通过发布调度命令使用救援列车，铁路局机车调度发布使用本铁路局救援列车的调度命令，跨铁路局使用时须向铁路总公司申请，由铁路总公司发布调度命令。救援列车遵循就近使用的原则，当救援列车不够时，就近调用。

6. 机车运用分析。机车运用分析分为日常、定期和专题分析。日常分析内容应包括：安全正点情况，日计划周转图兑现情况，机车供应情况，机车小、辅修及临修情况，分界口列车交接及机车运用情况，机车乘务员超劳情况等。定期分析内容应包括：安全生产情况，机车质量及机车供应情况，主要区段及分界口列车开行及机车供应情况，运输任务及机车运用指标完成情况，超、欠轴情况，列车等线情况，乘务员超劳、出勤率情况等。专题分析为针对运输生产中出现的特殊情况所进行的分析。

(二)机车调度信息系统功能实现

1. 机车调度数据的采集

机车的基础数据包括机务段、折返段、公寓、换乘点、机车交路、乘务交路、区段、机车维修规程、作业标准等数据。铁路总公司维护的数据包括铁路总公司机车调度命令、重点指示要求。与其他调度工种交换数据包括列车工作计划、TDCS 阶段计划和运行实际、ATIS 信息、调度命令、邻局调度命令等。与机务段交换数据包括机车运用状态信息、机车检修计划、机务段乘务员派班信息等。

在编制机车日班计划时，需要全部机车的过表信息。由于铁路运输信息集成平台实现了对所有机车和乘务员的动态追踪，并记录了机车和乘务员的运行轨迹，可以通过集成平台和机车周转图推算机车过表信息、乘务员超劳信息和机车维修时间。

在编制基本图时，也编制了机车周转图，其目的是计算需要的机车台数，可以作为编制机车工作计划的参考。

2. 机车日班工作计划编制步骤

第一步是推算过表机车，也就是推算下一日班开始时所有机车的位置和状态信息。推算过程为：根据集成平台，确认当前机车实际分布位置，读取行调阶段计划，结合行调阶段计划和本班机车周转图推算机车过表时刻的位置和状态。

第二步是勾画机车交路图。勾画所依据的基本数据包括：机车运用数据、机车技术作业标准、固定机车交路及班制、检修机车预交时间、机车定检计划及扣修计划、乘务员连续夜班次数、铁路总公司调度命令、局调度命令、各级领导指示等。具体推算过程为：以线路和列车车次的优先级别为顺序,求出每个列车的换挂车站,将前后两个换挂站相同的列车分在一组,必要时可人工调整分组。将通过换挂站的列车车次按时间排序,根据机车过表位置和状态,逐列勾画机车交路;将勾画的机车交路下发机务段;机调与机务段协商解决存在的问题,进一步优化机车交路。

第三步是计算机车计划草案指标,包括机车运用台数、本务机车走行公里、机车日车公里、机车旅行速度等分析指标。

第四步是调整优化机车计划。对生成的机车计划草案进行校核、检验及修正,与月计划指标进行对比分析。计划调度员或生产副主任提出机车工作计划草案调整意见和建议,主要内容包括车次安排、机车供应台数、机车交路等,对于不具备执行条件的机车安排,需计划调度员协同提供相应的解决方案。

第五步根据意见和建议进行调整优化,主要依据是月度计划、机车轨迹数据、交路实际计算指标等信息。调整优化的具体过程为:校核机车交路,参照月度计划,比对机务指标,在机车周转图上调整交路,不断优化机车工作指标。

第六步是落成机车工作计划。若机车工作计划确定且不再变更,形成机车工作计划。处理流程为:审核机车工作计划,落成机车工作计划,形成机车周转运行图。

第七步下达机车工作计划。下达的具体过程为:收到批准计划的局令号码,将带有局令号码的机车工作计划下达机务段,确认机务段接收回执。

3. 机车日班工作计划自动编制示例

整个机车日班计划编制过程可以看成机车位置和状态的推算过程。一个简单的推算模型描述如图 4-23 所示。

<table>
<tr><th rowspan="2">线路</th><th rowspan="2">车站</th><th rowspan="2">交路</th><th rowspan="2">到站</th><th rowspan="2">方向</th><th colspan="16">时间</th></tr>
<tr><th>8</th><th>9</th><th>10</th><th>11</th><th>12</th><th>13</th><th>14</th><th>15</th><th>16</th><th>17</th><th>18</th><th>19</th><th>20</th><th>21</th><th>22</th><th>23</th></tr>
<tr><td rowspan="6">××一线</td><td>A</td><td>jA</td><td>B</td><td>上</td><td colspan="16">14232(L1) L246(L2) 14844(L3) 16432(L1) 18642(L2) L242(L3)</td></tr>
<tr><td>B</td><td>jA</td><td>A</td><td>下</td><td colspan="16">14231(L3) L245(L1) 14845(L2) 16433(L3) 18643(L1) L243(L2)</td></tr>
<tr><td>B</td><td>jB</td><td>C</td><td>上</td><td colspan="16">16322(L4) 18654(L5) 14232(L6) L246(L4) 14844(L5) 16432(L6)</td></tr>
<tr><td>C</td><td>jB</td><td>B</td><td>下</td><td colspan="16">14845(L6) 16433(L4) 18643(L5) L243(L6) 86113(L4) 71233(L5)</td></tr>
<tr><td>C</td><td>jD</td><td>D</td><td>上</td><td colspan="16">13222(L7) 15648(L8) 16322(L9) 18654(L7) 14232(L8) L246(L9)</td></tr>
<tr><td>D</td><td>jD</td><td>C</td><td>下</td><td colspan="16">18643(L9) L243(L7) 86113(L8) 71233(L9) 93257(L7) L549(L8)</td></tr>
<tr><td rowspan="4">××二线</td><td>B</td><td>jB</td><td>E</td><td>上</td><td colspan="16">34232(K1) L346(K2) 34844(K3) 36432(K1) 38642(K2) L342(K3)</td></tr>
<tr><td>E</td><td>jB</td><td>B</td><td>下</td><td colspan="16">34231(K3) L345(K1) 34845(K2) 36433(K3) 38643(K1) L343(K2)</td></tr>
<tr><td>E</td><td>jF</td><td>F</td><td>上</td><td colspan="16">36322(K4) 38654(K5) 34232(K6) L346(K4) 34844(K5) 36432(K6)</td></tr>
<tr><td>F</td><td>jF</td><td>E</td><td>下</td><td colspan="16">34845(K6) 36433(K4) 38643(K5) L343(K6) 36113(K4) 31233(K5)</td></tr>
<tr><td>线</td><td>G</td><td>jG</td><td>H</td><td>上</td><td></td><td></td><td></td><td></td><td></td><td></td><td></td><td></td><td></td><td></td><td></td><td></td><td></td><td></td><td></td><td></td></tr>
</table>

图 4-23　机车接续关系推算模型

本图主要显示了机车在车站间的接续关系。图中列出某机车调度台管辖的区段以及换挂机车的车站，每个车站又分成多个方向，每个方向分为上行和下行。机车交路分为循环、半循环、肩回式等，交路的选择根据列车的运行方式、周转时间和机务段布置，本例使用肩回式。其中，又分成本段和折返段，经过本段需要进行维修和整备作业，经过折返段需要进行整备作业，维修作业时间由运行里程决定，整备作业时间规定为 40 min。

从上图中可以看出每个车站到发列车，以及车站的接续关系。如 A 站到 B 站的上行机车，到 B 站整备后，接续 B 到 A 站的列车，到 A 站整备后，再接续 A 到 B 站的列车，循环往复，如图中 L1、L2、L3。对于 14232 次列车是从 A 站到 D 站的上行列车，A 到 B 站由机车 L1 牵引，接续 B 到 C 由机车 L6 继续牵引，接续 C 到 D 由机车 L8 继续牵引。根据上图推算每个站每个方向机车和列车的接续关系，根据机车周转图推机车运行时间，直到机车维修，这时需换另一台待用或备用机车。机车周转图需保证上下行列车数成对，否则，需要向另一个方向调度单机或者附挂机车。

下面总结机车工作计划自动编制过程：

第一接收计划台下达的列车日班工作计划和调整计划，并根据客车、货车、路用列车所在线路进行排序，确定各次列车的换挂机车的车站。

第二推算过表机车的位置和状态，根据本班机车周转图、TDCS 运行线和集成平台的追踪数据，推算过表机车位置。

第三先求出每列车始发或者换挂机车在车站到达和出发时间，再找出机车和列车之间的接续关系；根据列车在机车交路运行时间，推算机车完成接续任务需要的台数。

第四根据过表机车和交路的推算，具体将机车分配给列车，自动生成机车周转图的计划运行线，如遇到检修计划，则需要换备用或者修竣机车。同时，还需要考虑双机车牵引或者上下行不对称的情况，需要就近调机车解决。

第五先逐个换挂站按方向编制，再逐条线路编制，先绘制客运、路用列车计划，再绘制实现货运列车计划。然后，对区段内车次核对、运行时间核对、列车对数核对，能够预排、调整、循环调整机车交路；对未勾交路机车、无机列车、反交路列车、重复进行检查和提示。

第六机车运用指标统计，包括机车运用台数、本务机车走行公里、机车日车公里、机车旅行速度等。不断通过优化机车周转图，优化统计指标。

4. 机车实际周转图处理功能

绘制机车实际周转图需要采集机车在站段、在途的信息。由于在集成平台上包含机车出入车站和出入机务段的信息，集成平台也将 ATIS、TDCS 运行线或机车报告信息与机车信息绑定。所以，可以通过集成平台获取机车在站、在段、在途的数据，绘制实际的机车周转图；可以直接读取 TDCS 信息自动保持行车台数据与机车实际图同步；可以读取机车在机务段/折返段的整备、检修、备用、交付的状况，补充在段信息；还可以获取本局机车和乘务员在外局的运行信息，查询机车全周转时间(接入运行＋停留＋移交运行)，机班运用的全过程。

5. 机车计划动态调整

货物列车阶段调整计划的信息交互。在日班计划的执行过程中，计划台（列调台）能够将阶段调整计划下达至机调台，由机调根据列车阶段计划的变化调整机车交路后，再反馈至计划台，计划台再根据机车供应情况调整计划，实现列车阶段计划的闭环控制。

临客命令信息交互管理。当客调发布临客开行（/停运）命令，机调会签命令同时，由机调配置（/取消）机车交路、乘务交路，自动铺划机车周转图。机调配置的换乘、换挂站作为日班计划的作业计划，在行调台上实现防止列车错误办理的预警。

通过追踪机车走行公里掌握机车运用状态的转变，实现机车周转图、机调命令和机车运用、检修状况的联动，实现局、段间请令、发令工作，并自动统计机车运用指标。

机务段共享铁路局机车周转图数据编制段机车周转图、换挂机车计划和乘务计划；铁路局采集机车在机务段/折返段的整备、检修、备用、交付状况。

各铁路局间由分界口机车调度台主动读取的方式实现信息交换。对于移交机车，除单机外，机车运行线应与列车计划线一致；当移交机车及所在列车移交时间变动后，将分界站、机车及列车数据同步提交至邻局及铁路总公司机调台；当接入机车到达折返站时间变动后，将分界站、机车、折返站、到达时间、列车数据同步提交至邻局及铁路总公司机调。

自动生成机车动态分布报告。运用机车按位置（担当列车车次、折返站、折返站到达时间），非运用机车按动态（入库地点、转入、转出时间），能按段分机车种别查询临修机车台日。

6. 乘务员超劳预警管理

通过机车运用管理系统采集机班出乘时间后，结合机班的类型，乘务员出勤信息能与列车计划线关联，掌握出勤时间、单班或标准班及下一换班地点，在机车周转图（列车运行图）上对接近超劳的在途机班进行预警。可按日（班）提供乘务员等车时间列表；可按等级即时更新预计超劳信息（车次、运行区段、当前位置、预计操劳时间）。

7. 机车救援管理

当发生列车事故时，需要使用救援列车，救援列车的使用必须发布调度命令，本铁路局内使用救援机车由铁路局调度发布调度命令，跨铁路局使用由铁路总公司发布调度命令。使用救援机车原则上就近使用或调用。当施工或其他需要使用吊车时，亦可使用救援列车。

8. 机车调度命令管理

日常生产指挥中，凡是上级调度要求下级调度执行的指示，都需要调度命令表述。命令有命令号、发令人、收令人、时间等信息。机车调度命令包括：机车及救援轨道起重机调动、回送、助勤、出租、报废及过区段和变更机车工作种别，总公司、局、段备用机车的加入和解除，动用救援机车或救援轨道起重机做非救援工作，布置日计划机车周转图，发布事故通报，根据领导指示，布置其他有关机车运用等工作。机车调度命令发布流程包括申请→会签→批准→发送→转发→接收→回执→执行反馈等。

9. 机车调度系统外部接口管理

机车调度需要接收运行图机车基本图；每天接收日班计划，并随着日班计划动态调整而调整；读 TDCS、ATIS 和集成平台的列车、机车、及乘务员的实际信息，特别要实现跨局机车和乘务员信息交换，获取公寓、换乘点、折返点信息；从机务运安系统获取乘务计划信息；从 CMD 系统获取机车实际运行信息；从机车检修系统中获取机车检修和修竣信息等。

10. 统计分析

机车统计分析指标主要包括：机车运用台数、本务机车走行公里、机车日车公里、机车旅行速度、实际列车对数、实际机车使用系数、平均折返时间、全周转时间等。具体计算过程为：读取机车工作计划和运行实绩，依据计算方法，计算相应指标。

八、动车调度信息系统功能

动车调度的主要任务是围绕高速列车的日班工作计划，合理地安排动车日班工作计划，协调动车的检修、整备等作业，安排动车救援任务等。主要工作包括动车车辆分配计划、动车运用调整、调度命令和技术指标分析等。

（一）动车调度主要功能

1. 动车管理由三级协作完成

铁路总公司动车调度负责动车组按线路的配属、转属，负责制订动车组运用和维修的政策和策略；在计划方面，铁路总公司组织编制动车组列车的基本图和基本交路图，负责批准动车组列车的增开和停运命令，负责日常跨局动车运行协调、故障的应急处理等。铁路局动车调度负责检修计划的审核，编制次日动车组车辆分配计划；负责动车组运行过程的盯控，及时处理运行中的故障；负责会签调度命令，处理增开、停运、回送、更换编组等。动车段或基地负责编制检修计划，负责各种计划和调度命令的具体实施。

2. 动车组计划主要包括动车组列车开行计划和交路计划、动车车辆分配计划、乘务计划与动车组维修计划等，动车组列车开行日班计划和交路计划是由客运调度负责编制；动车组的乘务计划由客运段和乘务基地负责编制；动车组维修计划由动车基地负责；动车调度主要负责动车车辆分配计划。

3. 铁路局动车调度根据列车开行方案和交路计划编制次日动车车辆分配计划，为交路和列车编组分配具体的动车组，并组织管辖范围内有关单位落实计划，盯控动车组合理出入库，按时发车。

4. 铁路局动车调度监控管辖范围内动车组运行状态，动车组发生运行故障时，组织指挥随车机械师及其他有关人员进行应急处理。督促管辖范围内有关单位对动车组运行故障进行入库修复、原因分析，及时收取分析报告。受理动车段提报的动车组变更车底、回送、动车组试运行申请。

5. 动车调度参与动车组列车开行计划和车底交路调整工作，组织热备动车组启用工作。

动车组出、入库晚点时,组织车底运用、检修的调整工作。

6. 动车调度掌握管辖范围内各动车运用所运用检修能力及每日运用检修基本情况,检查督促管辖范围内有关单位制定运用检修计划,保证动车组科学合理地检修和整备。参与编制并落实动车组三、四、五级修程的检修计划,掌握动车组检修进度,协调组织回送工作。

(二)动车调度信息系统功能的实现

1. 动车组数据管理和维护

首先是动车的基础资料维护,包括动车段和动车基地信息,动车组的台账,包括配属、转属、借用,动车组运行、维护、维修的技术参数,动车运行和维修记录等。为编制计划,需要动车组列车的基本图、交路图、动车组列车的日班计划信息。为了追踪列车运行,需要 TDCS 实际运行信息、列车编组等。

2. 动车组工作计划功能

动车调度的主要工作是为开行的动车组列车交路编制动车车辆的分配计划。动车车辆分配计划可以由系统自动生成,人工调整;如果遇特殊情况,可根据调度命令手工修改车组号。自动分配车底的依据是:当日交路计划、列车编组、前一日车辆分配计划、更换车底调度命令、动车车辆现在车及其状态、动车编组与动车组检修计划。系统综合以上数据源,为每个交路分配动车组号,初始时,根据客运编组要求,从待用(未分配)的动车组中选择适当的动车编组;其后,根据更换车底调度命令或者检修计划,更换待用或备用的动车组,并将检修后的动车组进入待用状态。

人工调整时,界面的左上部显示交路,选中一个交路,其右上部显示本交路所分配的动车组;界面左下部显示调度命令,选中调度命令后按命令更换车底;右下部显示可以更换的动车组(动车组现车)。调整的过程是用可更换的动车替换进入维修的动车车辆,保存后,形成动车组的车辆分配计划。

为了应对异常情况,在编制车辆分配计划时,还考虑预留备用的动车组,铁路总公司动车调度可查询全路动车组的备用及分布情况。对每辆在用动车还需要考虑其修程,动车组车辆分配计划的优化主要考虑非运营的行程最短,非运营的行程主要是:从客运站到动车基地和回送检修的行程。动车车辆检修计划主要针对动车高级修程的轮廓计划,分为检修年计划和月计划。动车基地提报检修年计划和月计划的申请,铁路总公司车辆部门审核并下达计划。检修月计划可以由检修年计划及动车走行实绩、动车技术参数自动推算,并辅以人工修改的手段。动车基地(动车所)综合动车的运行里程、状态等信息和故障信息,编制动车检修计划请求,上报到铁路局车辆处,车辆处核实后生成动车车辆检修计划。

3. 动车计划调整与应急监控

运行监控。通过 CTC(分散自律调度集中系统)监视列车运行信息,通过 LAIS(列车运行监控系统)监视动车运行状态,通过动车管理信息系统监控动车检修基地的车辆状态。通过 TD 结合接口,获取 CTC 信息,显示动车组列车的阶段计划、实际运行信息以及晚点信息;通过 LAIS,可对动车组出所、始发、在途及到达状态进行实时监控并对超过阈值的晚点进行报警,对区间停

车、非停车站停车和停车超时等异常停车情况进行报警，以及对动车组运行中发生的设备故障进行报警；通过动车管理信息系统，可查询当日到达维修里程的动车组，辅助更新车辆分配计划；查询当日所有正在进行检修动车组的相关信息，并对检修超时的动车信息进行预警。

调整动车计划。动车调度主要根据客调调度命令、动车检修计划、动车运行异常信息调整动车车辆分配计划，并对其他计划的调整提出建议。首先使用待用或备用动车组补充动车分配计划，然后，考虑加快检修的进度或者借用，调整的动车计划下达到相应的执行部门。

应急处理。当运行监控模块检测到异常信息，如列车晚点、动车组故障、极端天气等，系统自动显示报警信息和提示信息，动车调度立即启动维持列车正常运行的应急方案。

4. 动车调度命令

调度命令模块分为铁路总公司级、铁路局级、站段级（包括动车基地、动车所、车站等）三级。各级部门具有不同的操作权限和查询权限。铁路总公司级系统具有接收局级请求、审核调令、会签调令、发送调令和查询调令等功能；铁路局级系统具有接收站段请求、向铁路总公司请令、审核调令、会签调令、发送调令和查询调令等功能；站段级系统具有向铁路局请令、接收铁路局调令、返回回执和查询调令等功能。

5. 统计分析

统计分析信息包括动车组列车正晚点统计、车组配属统计、动车状态统计、开行统计、动车组担当统计、列车乘务担当、动车编组信息、动车组实时状态、动车组分车型状态统计、动车组备用分布、动车组动态日报、动车组检修实绩、动车组检修月计划统计、动车组检修预警统计等。

九、车辆调度信息系统功能

铁路车辆调度主要负责动车组、铁路客车、铁路货车的新造、检修、运用中的计划编制、生产指挥、出入厂段组织等工作，负责指挥完成与铁路车辆有关的铁路运输生产任务，主要功能包括计划编制、生产指挥、统计分析等。

（一）车辆调度功能

1. 车辆调度体系

目前，我国铁路车辆调度管理体系由铁路总公司车辆调度、铁路局车辆调度、车辆段车辆调度三级构成。此外，车辆工厂车辆调度与铁路各级车辆调度有着密切的工作关系，是车辆调度管理体系中一个重要的组成部分。车辆调度涉及客车和货车调度，客车调度工作主要包括客车按客车段的配属、转属、借用、租用，客车车辆的运用和检修；货车调度工作主要包括货车车辆的检修。

2. 铁路总公司车辆调度侧重指挥协调、车辆管理和统计分析

指挥协调包括发布调度命令指挥全路车辆工作、客流高峰时客车车辆组织、客车配属、转属、借用、租用的协调、发布跨局回送调度命令均衡回送检修车、协调处理车辆在检修、运用中发生的问题。车辆管理包括下达各铁路局和车辆工厂检修车定量考核指标，并对指标进行考

核,办理国有货车报废审批手续,发放货车新车号。统计分析包括对全路车辆检修、运用等信息进行统计和分析。

3. 铁路局车辆调度侧重于执行协调、车辆管理和信息沟通

协调处理铁路局客车配属、转属、借用、租用,协调处理车辆在检修和运用中发生的问题,掌握管内沿线故障车动态。车辆管理包括发布局车辆调度工作命令指挥全局车辆工作,编制和下达局管内车辆段月度扣送厂修货车计划,发布局检修车回送调度命令,下达局管内检修单位的月度、年度检修计划,掌握和分析检修车的动态,均衡组织厂、段检修车的扣送,报废货车报批工作,申请和发放新车号。信息沟通包括沟通车辆运用、检修信息,提出并上报因车辆原因而造成的旅客列车晚点分析日报,了解局管内车辆配属、报废动态。组织全局的统计分析。

4. 车辆段车辆调度侧重于执行、生产组织和信息收集与反馈

执行包括检修计划和调度工作命令的执行。生产组织包括根据铁路局指标编制段年度、月度检修计划,掌握列检扣车与计划偏差,及时处理车辆故障,与车辆工厂办理车辆交接手续。信息收集与反馈包括收集车辆运用和检修中发生的问题,对因车辆原因造成的列车晚点、甩车、伤害和路风等情况迅速组织有关人员调查和处理,完成各种报表的统计和上报。

5. 车辆厂车辆调度侧重于生产组织、信息收集与反馈

生产组织包括执行铁路总公司下达的有关铁路电报、调度命令和要求,编制工厂年度、月度检修计划,负责出入厂车辆的鉴定及交接手续,办理报废车审批手续,负责车辆标签管理。信息收集与反馈包括收集和反馈工厂检修情况和出入厂情况,完成各种报表的统计分析。

(二)车辆调度信息系统功能实现

1. 车辆段调度功能

铁路车辆调度分为运用调度和检修调度。对客车车辆段,客车运用调度主要功能包括客车编组管理、客车调度命令、客车动态管理和客车统计报表等。客车检修调度主要功能包括生产计划制订、生产进度管理、生产命令发布、统计汇总和上报等。对于货车车辆段,货车运用调度负责调度命令处理、货车事件管理、车辆调度日报、货车标签和5T等设备管理。货车检修调度主要功能包括车辆月、年度检修计划管理、检修任务管理、统计汇总上报、货车车号管理等功能。对于运用调度,主要配合客运和货运调度完成旅客和货物运输任务;对于检修调度,主要起到检修车间与铁路局、铁路总公司车辆调度的数据桥梁,接收并传达铁路总公司和铁路局下达的检修计划和调度命令,并将检修车间的实际完成情况以报表的形式逐级向上汇报。

2. 客车运用管理

先建立客车基本和履历数据库,记录车辆全生命周期,包括车辆每次运用和检修记录。对于客车还要记录客车的配属、转属、借用、归还等过程,对在段客车实行图形化的现在车和显示板管理。根据客运日班计划,落实具体的客车编组,编制和执行过程包括:一是先编等级高的客运列车;二是根据日班计划中编组要求(软卧、硬座、行李车等)选择车辆;三是先选择外局借用的同类车辆,再选择停留时间最长的同类车辆,然后选择同类备用车辆,最后考虑修竣和借

用车辆；四是先自动编制，后人工调整，调整界面类似动车车辆分配计划界面；五是下达和执行计划；六是通过调度命令调整计划；七是执行过程中生成和监控客车编组；八是通过采集客车编组数据完成客车运用的统计。

3. 检修计划功能

铁路总公司客货车检修主管部门依据各型客货车保有数、检修周期、前一年度检修数，车辆计划走行公里，按照厂修、段修、辅修三级修程测算全路全年检修计划，依据各检修单位的检修能力、检修资质、检修质量，综合考虑地理位置、区段运输组织方式、区域性客货车技术状态等因素，将检修计划分配到铁路局、客货车检修工厂，铁路局再分配到车辆段。车辆段、车辆工厂的调度部门再制定本单位的检修月计划和检修日计划。对于段修和辅修，由车辆段调度根据检修计划，按车型制定扣车日计划，指导列检所扣车；对于厂修，铁路总公司根据各铁路局月度运用车保有量、计划走行公里、车型结构及管内厂修工厂月度检修计划、报废车情况，下达各铁路局月度扣送厂修货车的扣车计划，各铁路局车辆调度根据下达的月计划，编制所属车辆段月、旬扣送厂修车辆计划，车辆段调度据此制定扣车日计划，并指导列检所扣车。

铁路局车辆调度根据在站、在途故障车、待修车动态分布情况，生成挂运和回送计划，并生成相应的回送调度命令。根据各车辆段的检修情况，自动生成检修车统计报告并与现在车系统挂接，动态更新数据库中车辆使用状态。

4. 检修计划执行和网络扣车功能

铁路总公司建成了 HMIS(货车车辆管理信息系统)和 KMIS(客车车辆管理信息系统)系统，实现对货车和客车的履历以及检修过程进行管理。在铁路总公司安装 5T(红外线轴温探测系统、货车滚动轴承早期故障轨边声学诊断系统、货车运行故障动态图像检测系统、货车运行状态地面安全监测系统、客车运行安全监控系统)联网系统，检测车辆走行部的故障信息，发现隐患及时报警。

在铁路总公司建立货车和客车的动态追踪系统及车流推算系统，结合 HMIS 和 KMIS 系统，可以预先推算出到达维修期的货车和客车的地点、时间和修程，推算出应该回送厂修的车辆。

将上述系统相结合，建立网络扣车系统。根据车辆厂、段的检修定量，将定检到期或过期的货车、5T 报警的货车信息，一起形成优化的网络扣车计划，优化的意思是回送里程最少，且车辆厂段之间均匀扣车。扣车计划内容主要包括扣车的车站、车次、车号、当前位置、状态、修程等信息。根据扣车车号信息，将扣修货车技术履历信息发送到相关车辆段(厂)。对厂修车辆，可以自动生成回送的调度命令，并对回送车辆进行实时监视。

5. 调度命令功能

在车辆调度系统中，调度命令是很重要的一种文件形式，其内容包括调度工作命令和检修车回送命令，主要用于有关车辆检修和运用工作，如检修车回送、工作安排、客车调配方案下达、工作要求、情况通报等。命令具有请示、批复、请求、命令、通知、电报等形式。命令过程包括命令申请→会签→签发→下达→签收等。

6. 车辆的数据交换平台

调度的核心任务之一是铁路总公司、铁路局和车辆段三级之间的信息沟通。为此，整合现有车辆信息系统资源，构建铁路总公司、铁路局、车辆段三级的数据交换平台；实现全国铁路货车车辆履历、状态、历史轨迹、到过期和故障货车预警中央数据库。实现计划和命令及时下达，现场计划和命令的完成情况、统计数据、生产指标及时上报，以及短信、微信和视频会议的沟通。

7. 故障处理功能

以应急故障或事件处置为核心，输入车号或车次，建立应急指挥任务，根据车号自动关联该车号的开行、乘务、重联车、车组履历、相关人员联系方式等信息，并关联该车型的故障处理手册和知识库。对因车辆原因造成的列车晚点、途中甩车、人身伤害和路风等情况，迅速组织有关人员获取详细信息，并逐级反馈上报。

8. 统计分析功能

为规范各级车辆调度的管理，车辆部门建立的台账包括交接班记录簿、指标统计分析簿、调度命令簿、检修回送命令簿、列车晚点分析簿、报废车和破损车分析簿、沿线故障车记录簿、输入信息数据纠错记录簿、计算机运行操作日志、客货车出入厂记录簿、工伤事故记录簿。

建立报表包括车辆调度日报(货车)、车辆调度日报(客车)、客货车出入厂报告(货车)、客货车出入厂报告(客车)、调度作业动态表(车辆段)、列检工作日报(车辆段)、扣、出车及残车日报(车辆段)、任务及指标完成情况动态表(车辆段)等。

十、特运调度信息系统功能

特种运输调度主要负责军运、特殊货物运输、石油运输、超限超重货物运输的日常组织及罐车运用、剧毒品追踪管理等工作。

(一)特运调度主要功能

1. 编制、审查军事运输计划和重点物资运输方案，统筹安排军事运输机车、车辆、器材的准备和调拨。负责编制军运扣车、装运、整列军运和重点物资运输方案的实施计划，检查、掌握军事运输工作进度，落实配空、装车计划。

2. 油罐车保有量的调控；特种车运输组织工作，掌握特种车辆的编挂、回送要求和流向，及时检查、监督现场编组、甩挂情况；掌握管内加帮平车固定循环车底动态；按铁路总公司令要求调整机保车使用；负责D型车辆的管理。

3. 超限、超重货物运输管理，制定各分界口超限货物交接计划、超限货物运输方案，对超限货物运输实行全程追踪管理，建立健全相关台账。负责超限货物通知单的填写(包括发站、到站、品名、限制条件等)和下达。

4. 掌握局管内线路限界资料的变化情况，优化超限货物的运输组织方案。

5. 铁路总公司指定的整列二级军运列车及特殊重点列车的盯岗或添乘工作。

6. 有关文件、电报、命令的传达、整理与保管，建立健全基础资料的台账，完成运输分析和

统计报表。

（二）军事运输调度信息系统功能实现

铁路军事实现了从计划到装卸、运行、事故处理、统计分析等全过程信息化管理。

1. 提前安排运输装载计划。分为大宗物资旬计划安排、部队调动运输计划安排、方案运输计划安排、留轴或附挂客车计划安排、超限运输计划安排等类型。具体由装载计划、运行计划、卸载计划、列车计划、铁路车辆计划、空车底套用返空计划、备品和装载用具计划、机车计划、计划审批、报送和计划数据交换等。

2. 装载日计划和实际管理。由铁路日装载计划与实际信息收集、日装载计划和配车计划安排、无计划装载安排、装载实际填写和计划销号、发送单位和车站核对、统计日装载、装载计划和实际对比、取消装载等组成。

3. 卸载/运行计划和实际管理。由运行通报、编挂去向处理、运行日班计划安排、铁路运行实际信息收集、运行/卸载实际填写、运行分批处理、运行计划变更、取消、运行统计、运行计划与实际信息对比等组成。

4. 运输统计分析。由运统一、二、三、六、七等统计报表的统计、上报等组成。

5. 军运事故管理。由军运事故情况收集、军运事故调查和处理、军运事故报告表填写、军运事故及处理情况上报等组成。

6. 铁路运输日常动态管理。对军运货物进行动态追踪，并收集铁路动态信息，包括车站现车、停限装、施工、重大事故、重大自然灾害、中断行车等情况。

7. 值班管理。调度值班日志和记事管理由值班工作总结、统计和分析、值班日志填写、记事本填写等组成。

8. 建立统一的军铁数据交换平台。一是军运部门获取铁路运输的基础信息，包括线路、车站、里程等信息；二是旬计划安排、新老兵运输计划、日计划、超限货物方案等；三是通报编挂方向等；四是军运获取铁路运输实际，包括装卸实际、军运货物运行追踪和事故通报等；五是运输费用清单信息。

（三）超重超限运输调度信息系统功能实现

1. 限界资料管理。各铁路局特运调度可以随时查询管内的限界资料，铁路总公司特运调度可以查询全路的限界资料。每次施工作业后，限界资料可及时更新。

2. 车站通过货运信息系统向调度所请示超限超重货物的运输方案，特运调度负责运输方案的审批，对跨多局的运输方案需要经过铁路总公司特运调度审批，请计划调、列调会签，请生产副主任批准。

3. 方案批准后，由特运调度发布“超限货物挂运通知单”，列出超限货物挂运限制条件，写明接入分界口和经由、交出分界口。系统将通知单发给计划调、列调、车站，并发送给相关铁路局。

4. 计划调按照通知单，将超限货物的列入班计划，并在日班计划图的列车运行线上注明超限货物。如果途中发生保留，则需注明保留原因，当恢复保留，须通知特运调度。

5. 当超限货物车辆挂出时，列调要依据班计划和“超限货物通知单”的内容，对超限令号、车数、车号、发到站、主要高宽尺寸等和车站值班员逐项核对无误后，向车站值班员和机车乘务员下达挂运和运行条件的调度命令。而且，调度命令应发送给相关的所有列调台。

6. 特运调度可以查询和监视超限货物的运输情况。

(四)剧毒品运输调度信息系统功能实现

1. 车站向特调请求剧毒品装车，特调审核登记后，发“剧毒品装车通知单”到货调，货调按通知批准日计划，通知车站装车。

2. 货调通知计划调和列调及时安排空车，特调严格掌握在剧毒品办理站装车。

3. 装有剧毒品的车辆，在编入列车前，特调必须提前将车种、车号、发站、到站、货物品名、挂运日期、车次、押运人等信息收取齐全，与计划调核实无误后，发布准予挂运的调度命令。调度命令经相关调度主任会签后，由值班主任批准，跨局的毒品车，须经铁路总公司备案，批准的调度命令下达到相关铁路局和车站。

4. 在日班计划图表的运行线上标明“毒”字，在注释栏中标明毒品车的到站，列调要优先安排挂运和中转，在开车前，列调要按通知单与车站核对无误后，方准开车。

5. 特调通过剧毒品追踪系统监视剧毒品运输，跨局的剧毒品由铁路总公司特运调度负责监视。

6. 当车站发现剧毒品车辆出现异常，应及时报告铁路局和铁路总公司特运调度。

(五)其他特种货物运输调度信息系统功能实现

1. 对鲜活易腐品运输，各级调度要重点掌握，优先运输，纳入快运运输。

2. 对危险品运输，重点注意安全。

3. 通过集成平台和调度命令，对特种车进行管理，包括月计划、空车回送和调配，空车列备、解备，特种货物的停限装，特种车、特别是机保车状态和位置的追踪，特种车运用的统计分析等。

(六)铁路总公司特运调度信息系统功能

通过调度管理信息系统辅助完成以下工作：

1. 计划查询。各局长大货物车(D型车)装车计划和军运计划的查询，机保车计划的批复。

2. 调度命令。根据铁路局请求和领导指示，发布D型车装车、调整和解备命令；发布罐车和机械保温车的停限装命令、石油装车命令、车辆调整命令和罐车、保温车的解备命令。命令功能包括编写、审核、发布和签收等。

3. 通过运输信息集成平台，掌握全路毒品车分布；掌握全路D型车、毒品车装车实际，实时掌握警卫方案、重点军列、超限专列运行实际情况，固定油罐车及机械保温车的运行情况；掌握各铁路局原油及成品油主要装车站的装车情况；掌握各铁路局原油及成品油主要卸车站的卸车情况；掌握各铁路局罐车及机械保温车运用车情况。

4. 统计分析。定期做出军运装车、D型车装车、战备物资装车、毒品车装车日报、月报、年报。

十一、客服调度信息系统功能

（一）客服调度主要功能

旅客服务调度主要集中管理与旅客服务有关的各类信息，及时将相关信息传递到车站和列车上。为旅客提供综合服务，处理发生在列车上的突发事件，组织制定与实施滞留受阻旅客的疏运与安置方案，确定晚点列车对旅客的影响和组织实施补偿方案等。同时，在需要时可以利用客运视频监控系统，对关键点的客流情况进行监视。

（二）客服调度信息系统功能的实现

1. 旅客服务调度功能具备实时接收列车运行计划和列车运行调整计划的功能，实时获取列车运行的早晚点信息，向管辖车站及时准确地通告列车到发信息。

2. 指挥和监控在站台、进出站口、售票厅、候车室以及互联网、查询终端等旅客可接触到的地方以自动广播和屏幕显示的形式向旅客和客运人员提供服务信息，指挥和监控各种应急情况下人员的疏散。

3. 具备集中管理旅客服务相关各类信息，掌握沿线车站各种换乘信息，收集事故、天气、灾害、列车限速、设备故障报警等与旅客乘车有关信息，并将相关情况通知列车长和沿途各站。具备对大型车站和关键场所进行视频监控功能。

4. 收集客票预售、发售和补票信息，以及实际乘车客流情况。实时监督管辖范围内客运专线列车编组、上座率、各站上下车或中转旅客人数、动车组周转、列车接续以及列车乘务组等信息功能。

5. 为晚点列车旅客提供疏运、转运、换乘和安置的方案。发生突发事件时，应能提出紧急处理预案、旅客疏运方案以及列车运行调整方案建议。

6. 具备旅客服务相关数据统计和信息汇总功能。

十二、快运调度信息系统功能

快运调度台主要负责制定快运列车的开行计划，盯控快运货物在车站的停时和运输时间，编制快运货物运输报表，不断提高快运货物的运输旅速，缩短快运货物的运到期限。

1. 制定快运货物的开行计划，尽量安排远程技术直达和技术直达。根据车流推算结果，提前安排快运货物的接续关系，设计最快到达目的地的开行方案和计划。

2. 盯控快运在各站的停时，对超时快运货物进行报警提示，包括装车时间、卸车时间、中转时间。

3. 统计快运列车开行情况，快运列车的运到期限、平均旅速、保有量等指标。

十三、集装箱调度信息系统功能

集装箱调度的主要职责：审批和下达集装箱月度装箱计划，按计划组织装箱和掌握去向，调整集装箱保有量和组织回送空箱；贯彻上级指示，发布调度命令；按时收取和向上级报告有关表报，检查分析集装箱运输情况，优化集装箱运输方案，处理集装箱运输中日常发生的问题。

1. 铁路总公司和铁路局调度通过集装箱追踪系统掌握各铁路局和各办理站的集装箱保有量。建立集装箱箱流推算系统，根据网上请箱和装箱的 OD 流预测未来各办理站集装箱保有量的变化。

2. 获取各铁路局、各集装箱办理站对集装箱的需求。一是通过电商平台网上请箱功能获取客户对集装箱的需求；二是通过集装箱预订系统获取客户对集装箱的需求；三是通过预测的方法计算各办理站对集装箱的需求；四是通过各办理站报送的"集装箱月度装箱计划"获取各办理站对集装箱的需求。另外，还应该考虑集装箱修理的需求。

3. 根据空箱的保有量和需求的差值，设计集装箱空箱的调配方案，建立办理站间空箱调配的优化模型，空箱的调配应综合考虑回送空箱所产生费用、空箱在站占用费用、租箱费用，还应该考虑客户满意度、减少周转时间和运输的最短距离、最短时间等。

4. 通过调度命令处理空箱回送、空箱扣修、空箱列备和解备、停限装、新箱投入、旧箱报废作业等。

5. 开展集装箱的统计分析。包括保有量的统计分析，回送、到达、在站空箱统计，集装箱装车统计，分界口进出箱统计，各种费用(回空、装载加固、在站空箱、租箱)清算统计等。报表包括货集报 1、货集报 2、集装箱运用报告和集装箱运输情况月报，指标包括集装箱发送箱数及发送吨数、集装箱在站平均停留时间、集装箱门到门运输比重等。

6. 日常管理。包括对大点箱的监视；对各集装箱办理站集装箱箱号的监控和追踪管理，特别是各站门到门的集装箱进出站的管理；通过港口和船公司的海铁联运平台，保存铁路与船公司交换集装箱及归还信息；通过国际联运平台，保存中国铁路与国外铁路交换集装箱及归还信息；通过集装箱追踪平台，实现自备箱管理等。

十四、篷布调度信息系统功能

篷布调度的核心是掌握篷布的分布和分界口出入情况，掌握篷布的需求，按实际需求制订和落实篷布的调拨计划，下达回送命令。所以，篷布调度的功能包括：一是掌握篷布的分布和状况；二是掌握篷布的需求；三是发布调度命令。

1. 篷布追踪查询

建立基于号码制的篷布动态追踪系统，从篷布的新造和验收开始，追踪篷布在站、在途的运用过程，追踪篷布的历次维修过程，实现篷布从"生"到"死"的整个生命周期进行全程追踪管理，包括处理各种篷布的异常状态。基于篷布追踪系统，可查询当前各站篷布的保有量和分布，预测未来的篷布分布状况和保有量，分析篷布的流向和回送规律。

2. 篷布需求分析

篷布的需求包括使用需求和修理需求，使用需求来自车站的篷布使用计划和每个车站每

个时期篷布的需求量统计规律，根据篷布的流向，制订篷布回送计划。

篷布的修理需求，根据车站的“货车篷布交接单”，送篷布修理所，修理所修理、检验合格后，重新投入使用。

篷布的报废需求，篷布使用年限暂定为三年。篷布由于破损提前报废需要铁路总公司调度命令。发现篷布的丢失或损坏，在赔偿后，铁路局篷布调度拍发电报抄报铁路总公司篷布调度，及时核减铁路局篷布保有量。

3. 篷布调配

铁路局篷布调度每月末向铁路总公司提报下月铁路篷布使用计划，铁路总公司根据年、月度货物运输计划进行综合平衡，每月末下达次月铁路篷布保有量、周转时间、使用率等指标。

铁路局篷布调度重点掌握篷布到发量大的港口和车站的篷布运用情况。铁路总公司篷布调度根据重点运输需要，按照上月篷布使用流向和各局篷布保有量，制定局间铁路篷布调整方案。铁路局按车站的需求和保有量，制定车站间调整计划。

4. 篷布调度命令

篷布调度命令包括旬回送计划、临时回送命令、变更篷布到站命令、篷布出厂保管命令、新篷布投入命令、篷布丢失命令、篷布报废命令、篷布移地保管命令、局间调整数命令、篷布计划指标等。调度命令处理包括：命令申请→命令审批→命令处理→命令下达→命令签收→执行反馈等步骤。

5. 篷布统计分析

每日十八点前，车站向铁路局篷布调度报送“货车篷布报告”；铁路局篷布调度每日十八点向铁路总公司报送“货车篷布报告”、“分界站货车篷布出入报告”。铁路总公司和铁路局需要对铁路局篷布保有量、分界口交接进行统计分析，铁路总公司需要对铁路局篷布的周转时间和使用率进行考核。

十五、物流调度信息系统功能

物流调度主要负责物流运输总包的时限盯控、物流订单的调度及时限盯控、运输班列的时限盯控等。物流调度包括铁路总公司调度、铁路局调度和站段调度。铁路总公司负责跨局的物流运输组织，铁路局负责局内物流运输组织，站段负责具体每一物流订单的组织，包括门到门接取送达作业、仓储、包装、加工等作业的组织。

(一)物流总包管理功能

1. 对物流总包企业进行管理，包括企业名称、合同、运量、收入等。将一个合同看成是项目，对项目管理进行分解，包括进度管理、质量管理、成本管理、沟通管理等。

2. 总包业务量的监控，包括收集货票、货运记录、满意度调查等信息，通过货票分析物流总包的进度(运量)和收入等信息；通过货运记录、满意度调查等信息分析总包的质量情况。

3. 物流总包的统计分析，包括项目进度日统计表、合同项目进度统计表、项目完成情况汇总分析、运到时限兑现情况分析表、货物时段时间分析汇总表等。

(二)物流订单调配功能

1. 基础信息管理。包括物流公司管理、接取送达人员管理、配送车辆管理、物流资源管理、货运(物流)中心管理、电子地图围栏管理等。

2. 订单的分配。从电商平台获取物流订单信息,分解订单,将物流部分自动分配到物流中心。有物流中心调度再将订单分配给具体部门(仓储部分、配送部门)或者直接分配给接取送达人员。

3. 动态监视物流进度情况,协调物流过程中的各种问题,将分解的任务进行协调和组合,实现任务接口信息共享。

4. 统计分析。包括门到门工作量完成情况分析;门到门工作主要车站情况分析;门到门工作主要完成品类情况分析;门到门工作量(仓储、上门装卸、装载加固、加工)完成情况、快运配送指标分析、日况统计分析表等。

(三)行包专列、五定班列的运输情况

1. 货运班列的盯控。对于快速班列进行追踪,监控班列终到站、卸车站、卸车点的作业时间与图定时间的差距。对已经晚点尚未出发的班列信息进行预警。

2. 货运班列晚点分析。对货物班列"最后一公里"时限晚点情况统计表、货物班列"最后一公里"晚点情况排行考核。

3. 班列的统计分析。各种班列开行、装车和卸车兑现情况汇总表、开行质量考核表、快运分品类、分收发货人统计表、货物班列运量收入分析、班列统计分析表等。

第七节　列车调度指挥系统

一、铁路列车调度指挥系统综述

目前的铁路列车调度指挥系统包含两种制式,即列车调度指挥系统(TDCS)与分散自律调度集中系统(CTC)。TDCS 主要实现了列车调度员通过计算机网络对列车的行车进行指挥,包括列车运行自动采点、自动绘制实际运行图、阶段计划编制和自动调整、阶段计划和调度命令向车站/机车下达、自动生成车站行车日志、无线车次号校核等行车调度工作全过程,其车站股道进路排放由列车调度员指挥、车站值班员具体控制。CTC 以 TDCS 平台为基础,除实现 TDCS 全部功能之外,列车调度员在调度台上便可直接控制车站的进路排放,可做到车站无人值守,实现高度的自动化和智能化。

TDCS 系统的前身——DMIS(调度管理信息系统)于 1996 年开始立项,1998 年 TMIS 的列车调度系统开始试点,1999 年在广铁集团公司全面使用,与 DMIS 不同的是,TMIS 列车调度系统由车站值班员报点,而 DMIS 是通过轨道电路自动采点。DMIS 于 2002 年 8 月开始在

西宁铁路局分局投入使用，2004 年 DMIS 系统改名为 TDCS 系统，2005 年在铁路局直管站段（取消铁路分局）的改革过程中，TDCS 和 TMIS 调度系统都发挥了重大作用，到 2007 年底，全路主要 70 条铁路干线全部实施了 TDCS 调度系统，基本完成了我国铁路列车调度指挥现代化改造。随着高速铁路的开始建设，高速铁路全部采用了高起点的 CTC 系统，同时，从京津高铁开始，铁路逐步引进、吸收，自行研制 CTCS 系统。

CTCS 是中国列车运行控制系统的简称。随着高速铁路的发展，传统的信号灯方式已经不适合高速列车的需要，由此欧洲铁路首先提出了 ETCS 标准，就是用列车主体信号取代传统的铁路信号方式，使用移动闭塞取代铁路传统的自动闭塞方式，以保证高速铁路行车安全。从青藏铁路首先引进了美国 GE 公司的 ITSM 系统开始，到京津高铁引进德国西门子公司的 ETCS 技术，再到武广、郑西高铁开始全部使用中国自行研发的 CTCS 标准及技术。

另一个重要的控制系统是 PSCADA 系统，PSCADA 系统是以计算机为基础的电力生产过程控制与调度自动化系统。它可以对现场运行的供变电设备进行监视和控制，保证电力机车和动车组安全稳定运行，也是供电调度使用的主要信息系统。下面对上述几个系统进行讨论，为了说明原理，先从铁路信号自动闭塞系统开始。

二、铁路自动闭塞和联锁系统

（一）铁路自动闭塞

自动闭塞是利用通过信号机把两站间线路划分为若干个装设轨道电路的闭塞分区（分区内轨道电路连通，分区间轨道电路隔离），以闭塞分区作为列车追踪运行空间间隔，根据列车运行及有关闭塞分区状态，自动变换信号显示和发送列车移动授权信息，列车凭地面信号或车载信号行车的闭塞方法。

我国铁路广泛采用了三显示的自动闭塞，用红、黄、绿三种灯光来指示列车运行的不同条件。图 4-24 为复线三显示的原理图。

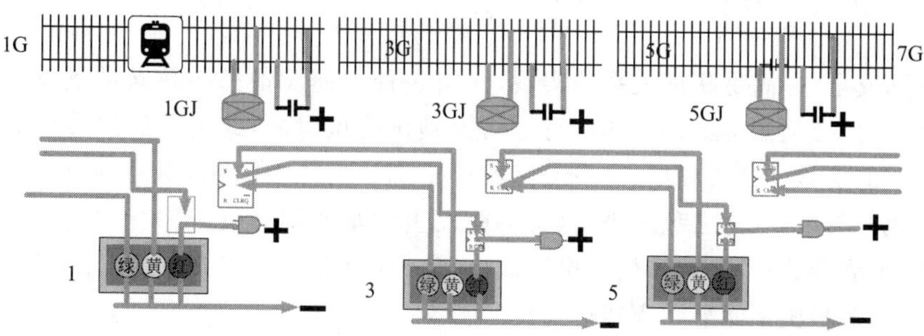

图 4-24　自动闭塞三显示原理

由图可见，每一闭塞分区构成一个独立的轨道电路。当分区内无列车占用时，轨道继电器有电吸起，接通绿灯电路，信号机显示平安通行。当列车在闭塞分区 1G 内运行时，由于轨道继电器 1GJ 被列车的轮对分路，电流流经列车车轴，并不会流经继电器，继电器因失去电流而失磁，它的前接点断开，继电器接通后接点，使 1 号信号机显示红灯，表示该闭塞分区有车占用。3G 内无车，使轨道继电器 3GJ 有电吸起，又因 1G 接点落下，使 3GJ 前接点闭合而接通 3 号信号机的黄灯电路，使 3 号信号机亮黄灯，表示它所防护的闭塞分区空闲，要求后行列车注意运行，前方只有一个闭塞分区空闲。5 号通过信号机由于轨道继电器 5GJ、3GJ 都在吸起状态，通过 5GJ 和 3GJ 的前接点闭合绿灯电路而亮绿灯，准许后行列车按规定速度运行，前方至少有两个闭塞分区空闲，其余的以次类推。

当线路上的钢轨折断时，由于轨道电路断电，继电器失磁释放衔铁，使信号机显示红灯，所以故障导向了安全。

自动闭塞系统的轨道电路部分主要由室内设备、室外设备、系统防雷三部分组成。室内设备主要由发送器、接收器、网络等组成。室外设备主要由轨道电路、信号、采集和控制设备组成。接收器用来接收本区段和相邻区段发来的轨道电路信息，经过计算机数字信号处理技术分析处理后，产生的控制信号通过发送器控制本轨道电路继电器的吸起或落下，从而实现信号机的控制。同时，控制信息送给调度监督系统通过红光带或白光带监视区间列车运行情况。

(二)计算机联锁系统

自动闭塞完成了列车在区间的控制，而列车进、出车站和站内的调车作业是由联锁系统来控制的。通常，一个车站具有多条股道，同时有多列列车进站或出站，车站里同时存在多台调车机车作业；进、出站和调车作业均面临进路的选择，如何选择进路，并保证这些作业不冲突且高效工作是联锁要解决的问题。

实际上，进路是由道岔控制的，开放进路的走行是依靠信号机防护的。因此，有关信号机和道岔之间，以及信号机和信号机之间应建立起一种互相制约的、保证行车和调车作业安全的关系称为联锁。为完成这种联锁关系而安装的技术设备称为计算机联锁系统。

为了保证安全，并满足联锁关系的实现，任何一种联锁设备都必须满足下述要求：一是当开放某一进路时，必须先将进路上的所有道岔扳到正确位置后，此进路的信号机才能开放；二是当某一进路的信号机开放以后，这一进路上的全部道岔应被锁闭，不能再扳动；三是当某一进路的信号机开放以后，与之敌对进路(有可能发生列车或调车机车冲突的进路)的信号机应全部被关闭，不能开放；四是主体信号机开放前，预告(司机)信号机不能开放；在正线出站信号机开放前，进站信号机不能显示正线通过信号。

计算机联锁系统可划分为控制管理、联锁控制、执行表示和现场设备四个层次，其结构如图 4-25 所示。

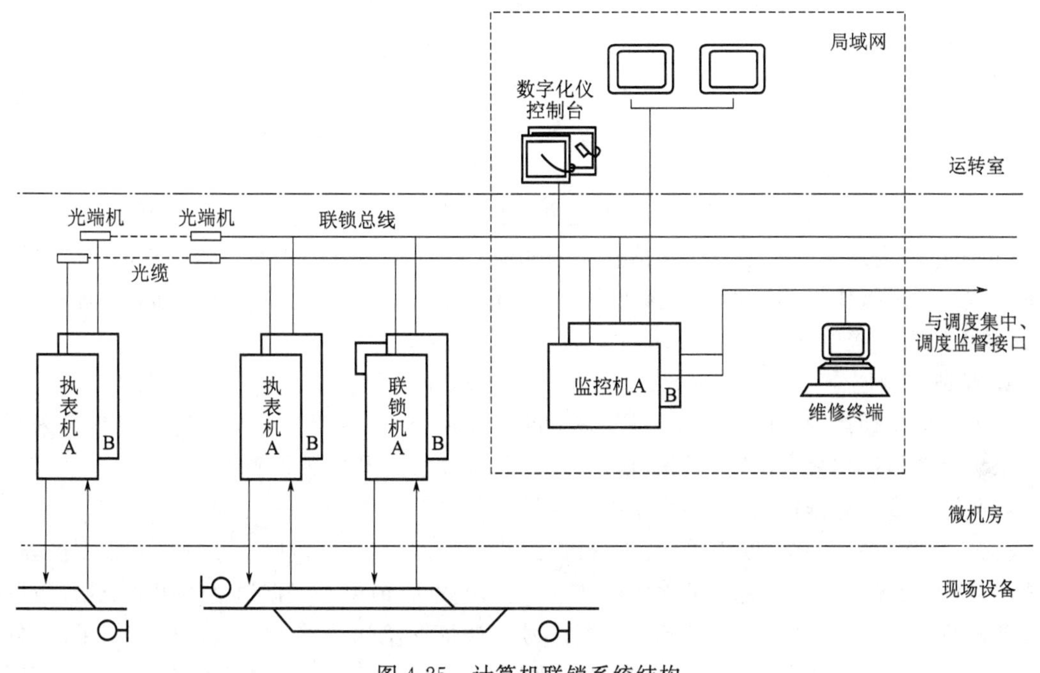

图 4-25　计算机联锁系统结构

1. 现场设备部分

现场设备部分主要包括三部分：轨道电路、信号机和道岔。轨道电路是以铁路线路的两根钢轨作为导体，两端加以电气绝缘，并连接受电设备构成的电路区段；其主要任务是用来检查轨道区段内有无车辆占用，有无车辆通过，区段的工作状态检查，协作相关联锁单元完成信号的联锁控制等。

信号机可以显示红色、绿色、黄色、黄绿、双黄、双绿、白色等，其指示了线路是否允许通行，通行应该注意的事项等。在联锁系统中，信号的功能可分为信号驱动采集、联锁控制和故障检测与诊断等。

每组道岔处都要设置一台电力转辙机，用来转换道岔、锁闭道岔和反映道岔的位置和状态。道岔用以控制列车行进的线路或者股道。在联锁系统中，其功能为道岔信息采集及驱动控制、联锁运算、道岔故障诊断等。

2. 执行表示层

执行表示层设备主要由继电接口柜组成，通过接口电路动态采集轨道电路的占用情况以及道岔和信号灯的状态信息，并通过安全型继电器对转辙机和信号灯进行控制。

3. 控制管理层（或人机交互层）

控制管理层主要由值班员监控（上位）机、维修机等组成，主要完成人机对话、操作记录、系统维护、故障报警及与调度集中（监督）等系统联网功能。

值班员监控机(如图 3-20)图形化展示值班员管辖范围(站场)所有设备(线路、股道、信号机、道岔和轨道电路区段,还包括列车、机车、车辆等)的位置和状态,使值班员能随时监督现场设备的运行情况。值班员可以在控制台上为列车或机车排放进路,在屏幕上对操作动作给出相应的表示,同时以文字或语音的方式对错误的操作给出提示,并将操作记录进行保存。

维修机通过网络与监控机相连,采用先进先出的方式自动储存站场信息、值班员操作信息、联锁系统的提示信息和故障诊断信息的全部记录。提供信息的分类检索和查询打印,并可以图像方式再现操作过程情景。维修机还可以为微机监测子系统提供人机界面,为远程维修中心、调度监督等提供接口。

4. 联锁控制层

联锁机是联锁控制层的核心,针对值班员的操作命令,先调用接口层进行现场信息采集,并将采集信息与操作命令进行联锁运算,对现场信号设备发出控制命令的功能。

当联锁机接到安排进路命令后,联锁运算的过程如下:

首先,进路中所有基本联锁单元都进行进路建立条件检查,区段基本联锁单元根据区段占用情况、锁闭情况给出进路建立条件检查结果;道岔基本联锁单元根据道岔锁闭情况给出进路建立条件检查结果;信号基本联锁单元根据信号开放情况给出进路建立条件检查结果。再把这些检查结果以通信的方式传给信号基本联锁单元,综合判断进路建立条件是否满足,当且仅当,所有基本联锁单元都给出肯定答复后方可建立进路,否则提示进路不能建立。

其次,防护进路的信号基本联锁单元把检查结果反馈给所有基本联锁单元,满足防护条件;道岔基本联锁单元生成相应的道岔控制命令,驱动道岔转至正确的位置;若不满足建立条件,各个基本联锁单元将取消进路。然后,待道岔处于正确位置,且进路建立条件都满足,各个基本联锁单元开始执行相应的锁闭操作。

最后,信号基本联锁单元根据自身维护进路表中给出正常的信号显示,保持信号,并建立对应的运行表区。在执行信号开放程序中,根据运行表区内容,连续不断地检查各项联锁条件,每检查一遍,条件满足时输入一个脉冲,信号开放期间,由这些连续的脉冲信息,经过处理后,使信号电路动作。司机根据信号指示驾驶列车通过,当列车进入信号机后方,信号机关闭后,随着列车的运行,进路可顺序逐段解锁。

在系统的数据库和内存中,记录了管辖的所有设备的关联关系、位置和状态,系统采取多种可靠性技术。其软件包括操作输入、状态输入、联锁处理、控制命令处理、表示输出、诊断与系统关联等模块。操作输入模块将操作人员的操作信息输入到计算机中。状态输入模块将室外监控对象的状态信息记录到计算机中。控制命令处理、状态输入、联锁处理三个模块构成了联锁程序,它们不仅应具有高度的可靠性,而且应具有高度的安全性和通用性,以适应各种结构和不同规模的车站。表示(信息)输出模块将各种表示信息转送给控制台或显示器。诊断模块是对系统内部进行自诊断。

三、TDCS 系统功能

铁路列车调度指挥系统(Train Dispatching Command System,简称 TDCS)是铁路运输调度对列车运行实行透明指挥、实时调整、集中控制的信息系统,由铁路总公司、铁路局及车站三级联网组成。铁路总公司调度指挥中心主要负责运行监控;铁路局负责具体调度指挥;车站主要负责站内作业的管理。

(一)铁路局调度指挥功能

由于铁路局的调度指挥功能是 TDCS 的核心,所以,先讨论铁路局的调度指挥功能。铁路局设若干列车调度台,每个调度台管理一段线路及车站,车站包括客运站、货运站、编组站、区段站、分界口车站等。前面已经说了,TDCS 管理的是列车实际运行,从列车产生直到列车解体。

为了协助列车调度员对列车的管理,TDCS 主要提供了两个主要界面,一个是列车运行图界面(如图 4-5);另一个是调度监督界面(如图 3-20)。列车运行图界面左面描述的是管辖的线路以及线路上的所有车站;运行图的上面显示了时间,一般以 2 min 为间隔;运行图的中间是列车的运行线,每条运行线上显示本列车的车次,经过每个区段的时间和在车站的停留时间;运行图左边暗,右边亮,左右分割位置是当前的时间;左边是实际运行线,右边是计划运行线。列车调度员的主要工作就是根据列车的实际运行线,铺画列车计划运行线,也就是阶段计划,然后,根据阶段计划指挥列车运行。阶段计划线的来源是日班计划和相邻调度台交换的列车信息,包括列车车次、列车标识、始发站、始发时间、终到站、终到时间、沿途各站的停站时间、列车编组、分界站信息等。阶段计划线描述列车下一时刻应在位置或者在站的停时,列车调度员要保证运行线不冲突,且按日班计划正点运行。实际工作中,经常因为各种原因,导致某一列车晚点,调度员很重要的工作就是调整计划线,使晚点列车对其他列车运行的影响最小。

调度监督界面显示闭塞分区的信息和联锁信息,也就是通过采集闭塞分区的移动信息,显示列车在区间上的移动;通过采集车站的轨道电路,显示车站上停留和运行的列车信息。相关规范要求:铁路局 TDCS 子系统应具备显示管辖范围内车站信号设备状态、列车运行状态、线路布局、临时限速命令执行状态等功能,并提供 60 天监视信息的历史回放(其中,信号设备状态应包括:进站、出站、区间通过、调车等信号机显示,道岔位置及状态,轨道电路的空闲、锁闭、占用,接近、离去区段的空闲及占用;列车运行状态应包括:列车运行位置、列车车次、列车牵引类型、列车运行方向、列车运行早晚点、列车停稳状态、牵引的机车类型和机车号、司机姓名和工号;线路布局应包括:车站中心里程、进站信号机里程、车站高低站台、分相里程标、RBC 切换点;其他监视信息应包括:电力区段接触网供电状态、区间封锁、股道封锁、轨道区段、使用限制、分路不良区段)。所以,列车调度员通过调监界面直观掌握列车的实际信息,将列车的实际信息采集到列车运行图中就形成了列车实际线。

列车调度员主要指挥列车司机和车站值班员,线路上开始施工作业要取得列车调度员同意;列车调度员通过无线设备通知司机注意施工限行,指挥车站值班员按阶段计划接发列车。列车调度员可以通过 TDCS 接收调度命令,并传达给司机和车站值班员。

(二)铁路局 TDCS 功能的实现

TDCS 的主要功能包括接收列车日班计划和邻台列车到达计划,根据接收的计划,编制和调整本台阶段计划;接收轨道电路信息,铺画列车实际运行线;查询调度监督信息;接收和下达调度命令;中间站甩挂车管理;正晚点统计;交接车统计;图表打印等功能。

1. 铺画运行图底图。可以定义节点(车站)、区间、区间运行时间、列车追踪间隔及行车模型等参数,生成运行图的底图。

2. 接收列车日班计划。TDCS 通过 TD 结合接口从列车调度管理信息系统(TDMS)中获取列车日班计划,然后,根据列车实际运行信息、邻台 TDCS 交换信息、车站列车出发信息,将列车日班计划转变为阶段计划。

3. 阶段计划编制。支持人工铺画阶段计划,包括铺画单条线、铺画成批线、临台交换计划线、修改计划线、删除和恢复计划线、标记区间封锁、站内封锁、站内慢行、电网检修、区间慢行、区间停车、甩挂补机等功能。

4. 阶段计划调整。支持自动调整、人工干预调整、停站时分等参数调整、阶段计划下达等功能。

5. 接收和铺画列车实际线。从联锁、闭塞区段或者轨道电路自动收取列车实际运行信息;对未安装轨道电路的区段,需要人工报点获取实际线信息。可以通过无线通信系统从机车下载车次号校核信息,也可以人工进行车次号校核。将接收到列车实际线铺画到列车运行图上,对人工报点的情况需要特殊处理,如站外停车等。

6. 调度监督信息显示。维护调监的场景图,包括站场、线路、股道、信号、道岔等。实时采集联锁、闭塞区段或者轨道电路等信息,显示在调监图上,显示全景站场情况和列车实际运行信息。可放大缩小,选择查询局部车站和线路的场景,或者选择只显示道岔、信号、股道等场景。

7. 调度命令接收和下达。可以接收、编写、修改、删除、下达调度命令到车站和司机,可以发送或者接收回执信息。

8. 甩挂车管理。对一些需要本务机作业的中间站,需要列车调度员根据列车编组和现在车编写甩挂车计划,并下达给司机和车站执行作业。

9. 正晚点和交接车统计。比较实际图到站时间与日班计划到站时间,对各次列车的正晚点进行统计,对分界口交接车进行统计。

10. 图表打印等功能。打印实际运行图和各种统计报告。

(三)铁路总公司 TDCS 系统功能

铁路总公司调度指挥中心接收全国铁路的 TDCS 实时信息与运输数据和资料,监视各铁路局、主要干线、铁路局分界口、大型客站、编组站、枢纽、区间的列车运行状态、晚点列车、运行

统计数据、重点列车、超限列车、军特运列车、救援列车等信息。具备显示各铁路局车站和线路信号设备状态、列车运行状态、线路布局、临时限速命令执行状态等监视信息功能，显示施工信息和事故信息，显示调度命令和施工揭示命令等。

建立全国铁路调度指挥系统数据库，将铁路局TDCS的数据通过MQ平台和铁路总公司到铁路局的广域网，统一传输到铁路总公司的数据库，铁路总公司将所有信息按地理位置和业务进行关联，并提供列车运行图、GIS地图、信号图、文字图表、视频等多种方式显示调度部门所关心的列车和站场信息。

(四)车站系统功能

TDCS的车站系统功能包括自动接收阶段计划、自动报点和车次号校核、列车进出站、中间站调车作业控制、自动生成值班日志(运统二和运统三)、自动接收调度命令、自动接收甩挂计划、现在车信息上报、机车号上报、自动接收临站到发时间、历史信息查询、站间通信等功能。

(五)TDCS的接口功能

1. TD结合接口。从TDMS获取基本图、列车日班计划(调整计划)、列车编组(确报)、甩挂计划、调度命令等信息。TDCS发给TDMS的主要信息是列车实际运行图信息、阶段计划、调度命令等数据，交换方式是通过TD结合交换平台和MQ软件进行信息交换。

2. TDCS与调监系统接口。通过车站综合处理机或者电务维修机，采用带光电隔离的RS422串口与调监系统连接获取调监信息。

3. TDCS与区间闭塞设备接口。采用专用开关量采集设备，从室内信号组合架采集区间轨道电路、区间信号机显示状态等信息。

4. TDCS与车站联锁系统接口。对于计算机联锁，TDCS车站综合处理机采用带光电隔离的RS-422串口与计算机联锁连接；对于继电联锁，则应采用专用开关量采集设备从控制台分线盘或室内信号组合架采集信息。采集信息内容为信号机显示状态、道岔位置和状态、区段状态、各种表示灯状态等信息。

5. TDCS与铁路总公司TDCS接口。通过各自的接口服务器与铁路总公司TDCS进行信息交换，内容为本局管内站场表示、车次号(列车属性、小编组等)、运行计划、调度命令、站存车等信息。

6. TDCS临局交换。通过分界口接口服务器进行信息交换，交换内容为：局界口相关区域内属本局范围车站的站场表示、列车分界口到达计划、车次号信息、报点、调度命令等信息。

7. TDCS与无线车次号接口。通过车站综合处理机，采用带光电隔离的RS-422串口与450MHz无线通信系统连接。交换内容为无线车次号、调度命令的发送及签收。

四、CTC系统功能

CTC(Central Trafic Control)是分散自律调度集中系统的简称，是TDCS的升级换代产品。利用调度集中系统，列车调度员可以在调度所的控制台上，直接操纵管辖区段内各车站上的信号机和道岔，可以自动地控制列车运行和某些固定的调车作业。实施调度集中的必要条

件是车站具备计算机联锁、区间具备自动闭塞。它使调度员在调度所里就能机动灵活地调整车站的列车运行作业,缩短车站办理列车到达、出发及通过作业时间,提高了区段的通过能力。

CTC 系统结构如图 4-26 所示。

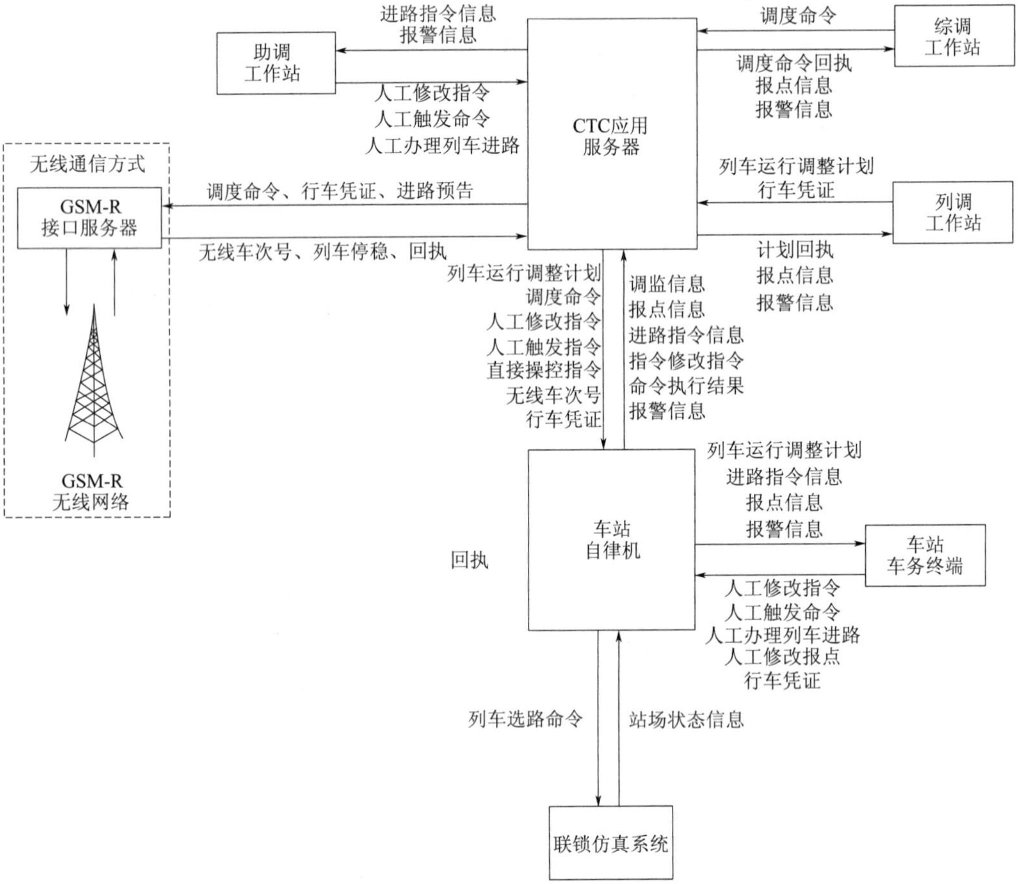

图 4-26　CTC 系统结构

与 TDCS 相同的是,都需要从 TDMS 系统获取日班计划,并根据日班计划和实际运行线编制列车运行的阶段计划。与 TDCS 不同之处是 TDCS 是依靠人控制道岔,而 CTC 可以自动地控制道岔和信号。

CTC 系统可分为计划、指令和命令三个处理层次。CTC 中心负责生成阶段的列车运行调整计划,包括列车计划和调车计划;然后,将计划及相关的调度命令按时间顺序传送到车站 CTC 自律分机,并接收车站自律分机的反馈结果,根据反馈信息自动调整列车计划。

车站自律分机接收来自 CTC 中心的列车运行调整计划和调度命令,将复杂的计划和命令分解为简单的控制指令(例如钩计划中每钩看成一条指令,也就是一条指令只排一次进路),执行指令先搜索列车的进路和选择进路。如果搜索成功(无冲突),则向联锁下控制命令,并通过信号指挥列车运行。

进路搜索的功能是从站场静态数据库中搜索符合条件的静态进路数据,组成进路表并保存到进路总表中。搜索过程中,定义一个进路结构数组(0 为进路空闲、1 为占用),每搜索出一条符合条件的进路,保存到进路表数组里。进路的特性有:进路性质,包括调车进路和列车进路;进路方向,包括接车方向和发车方向;进路范围,指始终端操作按钮等。自律分机从进路表中选择最优的进路,进行进路排列,并生成进路控制命令,发送给车站联锁系统。联锁系统需要实时将进路执行情况反馈给自律分机,自律分机可以根据收到的反馈信息,对相关进路进行调整,并将执行结果反馈到 CTC 中心。

分散自律的意思是各个车站接收 CTC 中心的计划和命令,既可以集中控制,也可以分散控制,各个车站按计划独立完成列车接发和调车的控制。例如,调车自律控制允许 CTC 中心通过列车调度助理终端办理无人车站的调车作业;对于有人车站,允许车站通过车站车务终端办理本站调车作业。办理调车作业通常有两种方式:一是车站手动办理调车进路,由 CTC 中心协调车站自律机将控制权交给车站车务终端;另一种是自动办理,需通过列车调度助理终端输入(或从现车系统接收)调车作业计划,在传送到自律计算机后,由自律计算机控制自动办理,车站人员可以通过修改指令集干预自律机办理指令,由联锁系统确保操作安全。

车站自律分机需要实时接收车站现场设备状态表示信息,根据站场图来实时监控列车的位置、信号机、道岔等设备的状态,以实现列车车次号跟踪,需要收集列车行车实际数据,并传送到 CTC 中心系统。分散自律调度集中系统还要求每个车站自律分机必须至少要保持和其相邻的两个车站之间信息透明,使车站值班员了解到邻站的信号设备状态、进路排列情况及列车运行位置等信息,使值班员知道即将进入本区段的列车运行位置,也可准确掌握待发列车前方站的股道占用情况。

五、CTCS 系统功能

随着列车速度地不断提高,三显示的闭塞方式已经难以适应列车速度提高的需要,由此提出了四显示的自动闭塞方式,在三显示自动闭塞红、黄、绿三种灯光的基础上再增加一种黄绿显示,红灯停止、黄灯减速、黄绿灯注意、绿灯运行。但是,四显示方式也难以适应高速列车的发展需要,因此,欧洲提出了机车主体信号和移动闭塞信号控制方式,并且提出了 ETCS 标准。

CTCS 是 Chinese Train Control System 的英文缩写,意为中国列车运行控制系统。铁路总公司制定了中国列车运行控制系统的技术框架,以分级的形式(CTCS-0～CTCS-4 级)满足我国不同线路运输的需求和发展的需要。其中:CTCS-0 级和 CTCS-1 级,面向 160 km/h 以下的普速铁路。CTCS-2 级,车站增设列控中心,车地通信方式采用点式应答器和无绝缘移频轨道电路,并通过轨道电路实现列车的占用检查,地面可不设信号机,司机凭车载信号行车,采用目标距离速度控制模式,面向提速干线和高速新线,追踪间隔缩短至 5 min。CTCS-3 级,集中设置无线闭塞中心(RBC),基于 GSM-R 无线通信平台传输列控信息,利用应答器定位和轨道电路检查列车占用,地面可不设信号机,司机凭车载信号行车,采用目标距离速度控制模式,面向提速干线、高速新线或特殊线路,追踪间隔缩短至 3 min。CTCS-4 级,基于 GSM-R 无线通信平台传输列控信息,地面不设信号机和轨道电路,采用目标距离速度控制模式,由 RBC 和车载验证系统共同完成列车定位和列车完整性检查,实现虚拟或移动闭塞,面向高速新线或特殊线路,是我国高速铁路列控系统的未来发展方向。

CTCS-3 级列控系统由车载设备和地面设备组成,通过 GSM-R 无线通信平台实现车—地双向、大容量、实时的安全数据通信,其中,车载设备包括:车载安全计算机(VC),人机界面(DMI)、司法记录器(JRU)、列车接口单元(TIU)、测速测距单元、速度传感器、无线信息传输模块(RTM)、应答器信息接收模块(BTM)、轨道电路信息接收模块(STM)、无线电台、应答器天线和轨道电路天线;地面设备包括:无线闭塞中心(RBC)、列控中心(TCC)、临时限速服务器 TSRS、地面电子单元(LEU)、无绝缘移频轨道电路、无源/有源应答器、GSM-R 通信接口设备。

CTCS-3 级列控系统通过信号安全数据网、CAN 通信和串口通信等多种方式,与车站计算机联锁(CBI)、调度集中(CTC)和集中监测等系统集成,实现安全数据的实时交互。

CTCS-3 级列控系统的地面核心控车设备为无线闭塞中心(RBC),通过 GSM-R 无线通信平台实现车—地信息的双向、大容量、实时传输,利用轨道电路检查列车的占用/出清,应答器修正列车位置,同时轨道电路和应答器向列车传送行车许可和线路数据以满足后备系统的需求。当 RBC 收到来自列车的行车许可请求消息和位置报告时,根据计算机联锁提供的可用列车进路或闭塞分区,生成移动授权(MA),将线路数据、信号点轨道区段数据、进路数据、临时限速、自动过分相等信息通过 GSM-R 无线通信平台发送给车载设备。车载设备根据接收到的地面列控数据,结合制动性能等列车数据,计算生成目标距离速度控制模式曲线,实时与列车运行速度进行比较,超速后及时实施制动控制以保障行车安全,并向司机提供安全驾驶列车的必要信息。当 CTCS-3 级列控系统发生故障时,可以自动降级至其后备系统,由 CTCS-2 级列控系统继续控制高速列车的安全运行,当车载设备从应答器接收到呼叫 RBC 的命令后,若具备 CTCS-3 级控制列车条件,应自动转换到 CTCS-3 级控车。

六、供电调度指挥系统功能

铁路供电部门的主要任务是保证电气化铁路的正常牵引供电和信号生产用电。供电调度分为三个层次:铁路总公司供电调度、铁路局供电调度、供电段调度。其主要任务是:组织牵引供电、电力系统的运行、检修和故障抢修,与行车各有关调度部门密切配合、应急处理突发事件,迅速恢复供电和行车。供电信息系统的任务是与各供电调度台、行车调度台以及三级供电调度指挥中心之间的实时数据交换,实现供电调度日常业务管理自动化以及各级牵引供电设备运行状态的动态监控。

(一)供电调度指挥系统功能

铁路供电调度系统主要由 PSCADA 系统、安全监控系统、供电维护管理系统等子系统组成。

1. PSCADA 系统

PSCADA(Power Supervisory Control And Data Acquisition,电力供电数据采集与监视控制)系统集自动化控制、通信网络、数据处理等技术为基础,实现对牵引和电力供电环节中各牵引变电所、分区所、开闭所、AT 所、配电所、箱式变电所、开关站等所有的供电设备的运行状态进行实时监视和有效控制。其主要功能包括电压、电流等遥测数据的采集,断路器、隔离开关、负荷开关等的控制,变压器、线路保护装置功能的投退,整定值设定以及故障的判断、预警、报警或隔离等。

2. 安全监控系统

安全监控系统的主要功能是通过视频图像对牵引变电所、开闭所、分区所、自耦变压器所、电力变(配)电所等的设备及其运行环境进行实时监视、报警、回放、搜索、剪切、存储,对被控站的照明灯进行远程控制,防盗报警及门禁管理,火灾报警监视,环境参数监测等。可与 PSCADA 等设备联动报警。

3. 供电维护管理

系统向维护机构或人员提供一个计算机维护管理系统,帮助其完成牵引供电和电力系统的维护工作。系统具备维修管理功能,抢修辅助管理功能,为状态检修提供决策支持的功能,提供数据管理及故障智能诊断、分析功能;系统具备设备管理功能,应适应铁路资产管理的标准步骤,提供用于资产、设备、材料清单、成本和报告管理功能;系统提供基于 PSCADA 等数据的统计分析功能。

(二)PSCADA 系统功能实现

铁路的 PSCADA 系统由铁路总公司供电调度中心子系统、铁路局供电调度子系统、现场设备三部分组成,其结构如图 4-27 所示。

整个系统实现的是四遥功能,即遥控、遥调、遥信和遥测。其中遥控、遥调的对象为:牵引变电所、开闭所、分区所、自耦变压器所内 27.5 kV 及以上电压等级的断路器、负荷开关,及用于改变运行方式的电动隔离开关;铁路电力变配电所、车站开关站、重要低压供电回路的断路器、负荷开关及用于改变运行方式的电动隔离开关;接触网线路的负荷开关和电动隔离开关;有载调压变压器抽头位置的调节开关;必要的启动和复归开关;自动装置、成组控制装置的投切开关;交直流系统进线电源开关;发电机组启、停控制等。

遥信对象应包括:遥控对象的位置信号;牵引变压器和动力变压器的各类故障信号;主要电力变压器的各类故障信号;自撰变压器的故障信号;调压器挡位信号;馈电线的各类故障信号;自动装置的运行位置和动作信号;电容补偿装置故障信号;开关操动机构的工作状态信号;控制回路和电压互感器二次回路断线信号;综合自动化设备故障信号;交、直流系统故障信号;

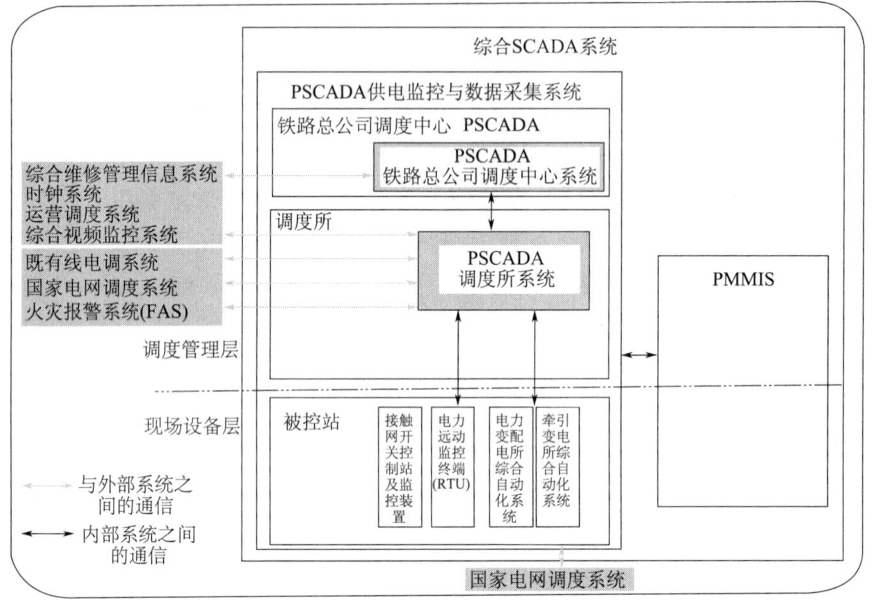

图 4-27 综合供电调度中心系统

牵引变电所进线电压有压(失压)信号;控制方式状态信号;发电机组运行状态及故障信号;GIS 开关柜压力信号等。

遥测对象应包括:电力变配电所进线电流、电压、有功电度、无功电度;牵引变电所进线电压;10 kV 及以上母线电压,自闭、贯通馈线电压;分区所接触网末端电压;牵引变压器的电流、有功功率、有功电度、无功电度、温度等,电力主变压器温度;电力变配电所馈线电流、有功电度,牵引变电所、分区所、开闭所、AT 所馈线电流;母联电流;馈线故障点参数;电容补偿装置、电抗器电流;交、直流系统必须监测的电量;必要低压回路的电流和电压;电力开关站及箱式变电站的进线电流、母线电压等。

第八节 站段的综合自动化系统

一、站段综合自动化系统综述

铁路编组站调车设备的发展,大体经历了四个阶段:一是平面调车阶段;二是简易驼峰调车阶段;三是机械化驼峰调车阶段;四是半自动和自动化驼峰调车阶段。我国铁路的编组站信息化进程从驼峰自动化开始,为了实现驼峰溜放调速的自动化,从底层硬件开始研制,1970 年在丰西编组站第一次采用分离电子元件建成目的调速半自动化系统。1978 年在南翔编组站

第一次采用国产小型机技术建成目的调速自动化系统。1986 年第一次在山海关编组站运用微机控制技术实现了驼峰溜放进路的自动控制。1989 年在郑州北编组站上行驼峰第一次实现了包括溜放进路控制、间隔调速、目的调速等多项功能的驼峰综合自动化系统，并实现了与编组站现车信息处理系统的联机，实现了传统意义上的综合自动化。

进入二十一世纪，开始研究编组站综合自动化系统。2007 年底 CIPS（Computer Integrated Process System）系统在成都北开始投产。2008 年底 SAM（Synthetic Automation of Marshalling Yard）系统在新丰镇投产，系统将计算机联锁系统、驼峰自动化系统、峰尾停车器自动控制系统、调机自动化系统等各种过程控制分系统，与车站管理信息系统进行集成与整合，结合闭路电视监控、微机监测、综合电源和综合防雷等功能，提高了编组站作业自动化的程度，实现了减员增效的目标。

客运站、货运站、机务段、车辆段也分别开展了自动化研究，例如 2003 年成都铁路局就实施了机务段的轨道自动化和客站的现在车系统，广铁集团公司也在客站现代化方面做了大量工作。

今后，铁路的站段必将向管控一体化、集中化和智能化方向发展。管控一体化指管理系统的计划信息及时发送到控制系统，控制系统按管理系统下达计划自动控制现场作业，然后，将信息反馈回管理系统，管理系统根据执行结果不断调整和优化作业计划。集中化指车站信息系统逐步向铁路局集中，智能化指使用数学优化方法自动编制和调整车站作业计划，以机器思维代替人的经验。

二、编组站综合自动化系统功能

在第三章已讨论了车站的现车系统，特别是编组站的现车系统，其核心工作是完成铁路局下达到车站的日班计划，车站现车系统将日班计划分解成车站各个岗位（资源）的作业计划，各个岗位按计划执行作业计划，并反馈计划执行结果。车站现车系统根据反馈结果优化调整作业计划，再下达到各岗位，如此反复，达到自动化的目的。

编组站的作业岗位包括站调、值班员、计划区长、执行区长、技术作业人员（车号、货检、车辆检查等）、调车组、调车司机等岗位。资源包括到发线、编组场、调机、驼峰、牵出线等资源。下面分析综合自动化过程。

1. 计划编制

站调和计划区长具体负责编制计划，其中站调负责接收铁路局下达的日班计划，根据铁路局日班计划编制车站的日班/阶段计划，编制列车的到发计划，编制到发股道、驼峰、调机的运用计划，确定解体和编组的顺序。计划区长根据确定的解体和编组顺序、股道、调机和驼峰计划，编制调车作业计划。全部作业计划可以自动编制，也可以计算机辅助人工编制。编制作业计划的关键是推算出发列车计划，在车站系统 2.0 中开发了推流表和配流表辅助调度编制出发列车计划：推流表是根据编组站站存车流和到达车流，推算出发车流和装卸车、扣修车计划；

配流表是根据出发列车车流的需要，寻找出发车流的来源，包括从站存、到达列车、修竣、装卸线等，推算时会自动提示车流的作业时间，例如到达列车的车流需要考虑进站时间、技术作业时间、解体时间、编组时间、出发时间，只有这些时间相加满足出发列车时间的要求，才能确认为车流来源。

调车作业计划包括解体计划、编组计划、取送车计划、上下行交换计划、整场计划、转场计划、摘挂计划。计划区长按照站调制定的调车作业时间、调机号、驼峰号编制调车作业计划，编制调车计划还考虑编组场股道的运用、本站作业车和扣修车，应以最少钩数编制调车作业计划。编制计划通常是自动编制人工调整，编制好的计划下达到执行区长组织调车司机和调车组执行。

阶段计划(推算出发车)的自动编制使用数学优化方法，一般分为三步。第一步是求最优的解体和编组顺序；第二步计算作业时间，将作业时间进行累加，得到形成出发列车的时间；第三步为作业安排股道、调机、驼峰等资源，也就是编制资源计划。编好的计划下达到相关岗位和资源执行，执行结果反馈给计划系统，由计划系统动态调整计划，使编组站自动化系统始终以优化方式运行。

2. 计划执行

值班员配合列车调度执行到发计划，前面已经提到，将到发计划下达到编组站集中控制器(自律机)，由编组站集中控制器将计划分解成指令集，从指令集顺序取指令执行。指令从站场静态数据库中搜索进路表，选择最优进路排列排放，向编组站联锁系统发命令开放进路上的道岔和信号，锁闭敌对道岔和信号，列车司机根据信号开车，列车通过后自动解锁。编组站的作业复杂于一般车站，当列车到达后，通常需要安排本务机车回段；当列车出发前，需要安排本务机车出段挂列车，才真正完成一次接发列车作业。

到发计划执行过程是编组站综合自动化的难点之一，其难度在于需要将一条作业计划线分解成多条指令，为每个指令安排进路。例如前面的例子，将列车到达计划分解成列车接入到达场指令和本务机回段指令，进路包括列车进入车站到达场进路、本务机进人机务段进路；命令包括向联锁发命令开放进入车站到达场道岔、开放进入机务段道岔。特别是调车作业计划，需要增加对调车机车(调机)进路的控制，例如解体计划，指令集分解为调机回到达场、牵引列车、从到达场到峰顶推峰、驼峰溜放等。排列进路先将调车从当前的位置先排回到达场，再从到达场(推上解体车列后)排到峰顶；再由驼峰系统负责将进路从峰顶排放到调车计划定义的编组场股道。命令包括向联锁发命令开放从当前位置回到达场沿途的道岔和信号，当推上解体车列后，再发命令开放当前位置到峰顶沿途的道岔和信号，然后发命令给驼峰自动化控制系统，执行解体调车计划。

难点还在于准确地把握好每条进路开始排放时间或者指令开始执行时间。只有上条指令执行完毕，且满足下条指令执行条件时，才能开始执行下条指令。在上例中，只有推上解体车列后(调机发通知)，才能排放从到达场到峰顶的进路；只有解体车列到达峰顶、开始推峰后，才

能启动驼峰自动控制系统执行解体溜放作业。

难点还在于由于多个本务机和多台调机同时工作，在排放进路时会发生冲突。在编组站中，每两点之间均有多条进路，通常会选择最短进路，当发生冲突后，会选择另外的进路以避免冲突。当所有进路都被占用，一般选择等待，如果不能等待，则需要返回上层，调整计划；因为一个计划中指令顺序是固定的，但计划的执行顺序是可以调整的。

编组站集中控制器属于多代理系统，围绕着列车、本务机、机车等对象，每个对象生成一个推理机代理，并行处理每个代理所分配的计划，对每个代理的计划按顺序排队执行。代理生成的指令，显示给值班员或者执行区长，人工可以修改指令集中的指令。集中控制器的总控程序负责生成和回收代理，负责代理之间的协调、进路冲突的处理等工作。

3. 驼峰自动化控制系统功能

驼峰自动化控制系统（简称驼峰系统）包括驼峰调车进路、溜放速度、溜放进路自动控制及测长、测重、减速顶等驼峰自动化相关的配套设备控制。集中控制器接收解体调车计划，为调机排放调车进路，通过联锁，指挥解体车列到达峰顶，然后将解体调车计划下达给驼峰系统，驼峰系统将钩计划变成控制指令，指挥联锁排放溜放进路，显示驼峰主体信号，指挥机车以适当的速度推峰，并且要掌握溜放车辆重量，随时掌握车辆当前实际前进的速度、相关道岔的状态、股道实际有效长度等相关因素，推算出要使车辆在各个区段都以期望的速度前进，应该如何控制减速器对车辆制动，实际控制和调整减速器的动作，最终达到把车辆溜放到预期位置的目的。对每一钩，将溜放车数和溜放位置实时反馈回集中控制器和现车系统，现车系统根据反馈结果更新股道现车。驼峰控制系统还要能支持双推双溜、双推单溜、单推单溜等驼峰作业要求。

4. 调车机车安全控制功能

机车安全控制包括调机进路控制、调机作业控制和推峰控制。从两方面设计调机的进路控制，一是通过集中控制系统排放进路和联锁的控制命令；二是将联锁开放信息、站场信息、区段长度、限速及站细要求通过无线系统，传上机车并显示在司机屏上，提示冒进或超速，最终实现机车进路的遥控。对于调车作业控制，一是通过无线系统自动接收下一单作业计划，并将调车作业结果反馈集中控制器；二是根据钩计划为司机计算走行路线和距离。对于推峰控制，一是遥控或者提示推峰速度；二是安装视频监控设备，并从驼峰系统及时获得溜放结果。

5. 机车和现车追踪

机车和现车的实时追踪，就是要使计算机管理的机车和现车的状态与生产现场保持一致，这是保证整个编组站综合自动化系统可靠运行和实现自动化目的的关键。这就要求对于机车、本务机、车辆的每一次移动，均对应一个计划和一个实绩，对没有计划的实绩和没有实际的计划予以报警。计划信息自动编制，并应对编制结果给出说明，让使用者跟上新技术；实际信息自动采集，人工确认。自动采集使用轨道电路、RFID 等技术；人工确认使用无线技术现场确认。

在现场计算机屏幕上，可看到实时的站场信息、机车、车辆和本务机位置和移动信息等，可

看到每个股道或者设备的状态信息。

6. 作业调整功能

在生产实际中，计划和实际经常出现偏差，有的时候，实际工作可能提前于计划，但更多的时候，是落后于计划，这就需要调整。例如由于客车晚点占用了货车的计划线，或者列检、货检发现某个车辆需要甩下来；导致原有的出发股道被占用，新的编组计划需要换股道。这些变化或者突发情况，可能在计划未执行时刻，也可能在计划执行中，这就需要在程序中动态考虑各种各样的情况，以及自动的应对措施，如果还有例外，则需要留有人工干预的接口。

三、客运站的自动化功能

前面已经讨论过客运日班工作计划编制和行车指挥，但是，落实到具体的客运站为了完成列车的日班计划和阶段计划，还需要一些具体的工作。客运站采用客运站技术作业图表描述客运资源和资源使用时间的关系，采用客运现车系统对客车实行号码制的管理，采用调车作业计划描述现车和列车之间的关系。

(一)客运站技术作业图表

1. 客运站的资源包括到发线、站台、客车整备所的客整线和客检线、调车机车、夜间驻留线、车站进路、牵出线等。根据列车到发时间编制列车占用资源的时间。

2. 编制依据。车站设备包括车场、股道、调机等设备的使用方案及这些设备的使用状态；车站作业时间标准包括调机作业时间标准、咽喉占用时间标准、列车接、发车时间标准、旅客上下车时间标准、整备所整备时间标准、基地检修时间标准等；编制作业图表还需考虑客运日班工作计划、车底运用计划、列车出入库计划等。

3. 编制流程。根据列车日班计划安排车站的接发列车作业计划、车站股道运用计划，为列车安排进路和停留股道号和站台；列车在本站的进路排放方案，包括进路占用股道号时间，进路锁闭的时间等。计算并综合评价计划的各种作业时间标准(接发列车作业、股道运用，进路排放的指标)。当到发线能力或咽喉能力紧张时，启用作业停留线。列车在作业停留线停留应保证浪费时间最少，结合作业时间长的列车与作业时间短的列车相互配合达到到发线及咽喉使用效率最高。当处理动车组临修故障时，应安排在临修作业线。进行车底的技术检查、不摘车修理是应安排在客运整备使用的整备库线。在设有动车夜间驻留设备的车站，还需根据列车到发时间、种类等，确定夜间驻留线的使用。然后，根据各作业线的时间安排调车机车，制订机车的作业时间，所有计划均落实到技术作业图表上。

4. 日班计划执行。日班计划编完后，下达到各岗位执行，并通过现车系统动态采集日班计划的执行结果，在技术作业图表上作为日班计划的实际线，站调可以根据实际线动态调整和下达阶段计划。

(二)客运站现车系统

使用毛玻璃和图形化的方式，对客运站的客车现车进行管理。当列车终到或甩车

后，根据TDCS信息和集或平台上客运列车编组信息（客运统一），列车转换成车站的现车；当列车始发或者挂车时，根据TDCS和客运编组信息，现车转变成列车。客车车辆在客站作业状态包括整备、修理、临修、停留、备用、待发等，不同状态在毛玻璃上显示不同的颜色。每个客车车辆分配不同列车车底中，可以随时查询某趟列车所有车辆信息。

（三）客运站调车作业计划编制

客车车辆状态的改变取决于调车作业计划，按照技术作业图表的安排编制调车作业计划。调车作业计划包括编组、解体、车底取送、车辆摘挂、转场等作业计划。调机按照技术作业图表定义的时间、调车作业计划的内容执行调车作业，并将执行信息反馈到技术作业图表实际线，同时修改客运毛玻璃。

（四）进路排放

高速铁路由CTC负责安排进路，普速铁路由车站负责安排进路。根据日班计划到发线运用计划和调车作业计划，由自律机排放进路，再将指令下达到联锁系统安排进路。

四、股道自动化系统功能

目前，机务、动车和车辆段均有安装股道自动化系统，系统具有集中控制、信息管理、提高效率、保障安全的重要作用，是站段实现自动化和信息化的重要内容，本小节主要讨论股道自动化系统基本功能，并探讨将系统纳入整个日班计划体系中。

（一）股道自动化系统基本功能

道岔集中控制系统采用微机联锁系统，主要分为四层：控制管理层、联锁运算层、执行表示层和现场设备层。控制管理层由两台相同的上位机组成，操作员通过上位机实时显示的站场平面状态，实现站场调车作业监控的功能，包括：选排进路、道岔定（反）位操作、取消进路、道岔锁闭与解锁、人工解锁、屏蔽轨道异常、重复开放信号、关闭信号等。联锁运算层由工控机来完成对站场设备的联锁控制。执行表示层由继电器接口电路组成，主要是信号控制电路和道岔控制电路。现场设备层包括道岔、信号机和轨道电路。

（二）在日班计划体系中的作用

在机车周转图中定义铁路局机车的日班计划，即哪台机车应该牵引哪趟列车，定义了机车回段检修或者整备的时间以及列车出发前挂机车的时间。根据机车周转图可以编制机务段的日班/阶段计划，使用技术作业图表描述机务段日班/阶段计划，其资源为整备线、检修线、机待线等。使用资源的机车的来源是到达列车，机车的去向是出发列车，或者具有调度命令的单机。在机务段日班/阶段计划图表上描述了机车到达时间，在整备线或者检修线停留的计划时间，从整备线、检修线到达机待线的时间，随列车出发的时间等。由于列车晚点等原因，机车周转图执行过程中会发生变化，这就要求机务段日班/阶段计划根据实际周转图、TDCS信息、车站日班/阶段计划进行实时调整。股道自动化的作用主要体现在：

1. 集成自动化功能可以根据机务段阶段计划自动排放进路，并自动向联锁系统（或者隔离开关控制系统、图像视频监控系统）下达指令，接收反馈信息，动态调整计划，监视计划的执行，对异常情况进行报警。

2. 实现机车在机务段站内的精确追踪

机车追踪的难点之一就是机待线停留多台机车，对某次列车可选任意一台机车。实现机车精确追踪后，精确地追踪每台机车位置和机车的走行，大大降低机务段和车站值班员的劳动强度，可以通过站场图精确掌握每台机车位置和状态信息。其实现原理通过指令集控制机车去向，通过轨道电路跟踪机车走行，通过车站和机务段出入口安装的车号识别装置进一步校核追踪的准确性。

3. 与车站日班计划的信息共享

机务段日班计划与车站日班计划信息共享，也就是机车需求信息与机车供给信息的共享，车站向机务段排放进路与机务段向车站排放进路信息共享，进一步提高机车追踪的精确度和自动化程度，从而自动且准确地报告机车挂列车的信息，实现机车报告的自动化。

第九节　十八点统计系统

一、十八点统计分析系统综述

十八点统计分析系统（简称十八点统计）因其统计结算截止时间规定为每日十八时而得名，主要由铁路总公司、铁路局、车站三级信息系统构成。其工作流程是：每日 18 时前，各站段按照相关业务规章规定，收集当日客货运输、货车、机车、运输收入等各方面信息，按规定格式速报铁路局十八点统计部门；铁路局在收集、汇总管内各站段上报信息的基础上，采集铁路局本级产生的各种运输生产信息，一并速报铁路总公司，铁路总公司汇总各铁路局上报信息后生成全路运输生产经营情况统计报告。十八点统计作为铁路调度指挥、生产经营管理、客货营销分析的重要数据基础，是各级领导管理和指挥的重要手段和工具。

十八点统计是铁路开发最早、使用最多的信息系统之一。目前，已经发展了三个版本。第一个版本，车站人工收集和计算十八点统计数据，输入计算机上传到铁路局和铁路总公司，汇总形成十八点报表；第二个版本是通过实施信息系统，自动生成十八点统计数据，上传到铁路局和铁路总公司，汇总形成十八点报表，但由于信息系统众多，通用性不强，系统升级困难；第三个版本，由运输局组织研发统一通用版本十八点统计系统。

十八点统计系统的发展应该是在铁路总公司自动生成十八点统计数据，各个车站可以调整数据，在铁路总公司和铁路局建立数据仓库，自动生成领导需要的各种统计分析报告，运输管理和调度人员实时分析任意时刻、任意时间段的数据，利用各种分析数据和方法，为生产、经营和营销活动提供实时的辅助决策支持。

二、货运和货车十八点统计分析系统

按照《铁路货车统计规则》、《铁路货物运输统计规则》进行统计，内容包括分界口货车出入统计、现在车统计、货车停留时间统计、货车运用效率统计、货物列车正点率统计、装卸车统计、货车运用工作量统计、货车检修统计、违编违流统计等。

货车和货运十八点统计的原始数据是货票、确报(运统一)、现车、装卸报告(运货7甲)、货统2(装卸清单)、货统3(新线货物交接记录单)、运统2(中间站行车日志)、运统3(编组、区段站行车日志)、运统6(运用车转变记录)、运统7(非运用车登记簿)、运统7A(部备用货车登记簿)、运统10(列车运行分析表)、运统11(货车动态表)、车统1(新车加入)、车统13(报废剔除)、车统70(移交车记录)、ATIS报文、清算运统一、车统23(检修车登记簿)、车统26(回送检修车登记簿)、车统36(修竣车登记簿)、日班计划和TDCS运行实际、违编违流报告等。

货车和货运十八点统计统计流程如下：

一是所有原始数据均从业务过程中获取，例如货票可以从业务过程中获取；确报是执行编组钩计划时得到确报；货运7甲、货统2、货统3是从装卸过程中产生；运统2、运统3是接发列车过程中产生；运统4-1、运统6、运统7、运统7A是在申报审批过程中产生；清算运统一是核对后的ATIS报告和确报产生；车统23、车统26、车统36是扣修、修竣过程产生；运统10和运统11从日班计划线和TDCS实际线中产生；违编违流报告由确报、经路和调度命令分析产生。

二是产生运统4、运统5、运统8、运统9，是从原始数据产生，运统4由运统1、运统2、运统3和运统6生成；运统4-1是由车统1、车统13、车统70生成；运统5由运统23和运统26生成；运统8和运统9由运统1、运统4、运统5、运统4-1、运统7、运统7A和货运7甲生成；运统10由日班计划线、TDCS实际线和确报生成。其中，运统8最为关键，如果在集成平台上生成准确的运统8就可以实现直接在铁路总公司编制十八点报告。

三是生成分界口货车出入统计、现在车统计、货车停留时间统计运报数据。利用清算运统一和运统8生成运报一数据；现在车和货车停留时间统计运报均可根据运统8生成。

四是装卸车统计。利用货票、运货7甲、货统2、货统3生成所有货运报告，包括装卸车报表、货物分类装卸车报告、区间装卸车报告，以及港口、大秦铁路、国家重点物资等装卸车报告。

五是货车检修车统计，根据车统4-1、车统23、车统26、车统33、车统36完成检修车各种统计报告。

六是生成的运报报铁路局，铁路局汇总运报和货报后，在此基础上，根据运统10生成货车运用效率统计、货物列车正点率统计、货车运用工作量统计报告报铁路总公司。

七是铁路总公司汇总各铁路局报告形成总公司货运和货车的十八点统计报告。

三、客运十八点统计分析系统

按照《铁路旅客运输统计规则》和《铁路客车统计规则》进行客运十八点统计。客车统计主要包括旅客发送量统计、行包发送量统计、客车正晚点统计、客车运用指标统计等。

客运统计的数据源主要来自客票(车补、站补)、列车时刻表、客车编组、列车实际运行图(TDCS)信息、调度命令、客车配属、行包包裹票、行李票、行包装卸交接单等数据。

客车和客运十八点统计流程如下:

一是由客票系统完成车站的十八点统计电子报告,报告包括售票日报、退票日报,内含财收4、客票数据等,车站整理后,上报铁路局,铁路局整理形成旅客发送量、中转量、到达量、周转量和客运收入的报告。

二是根据行包装卸交接单、行李、包裹票等完成行包发送量、中转量、到达量、周转量和行包收入统计。

三是根据列车时刻表(日班计划)和列车实际图,完成旅客列车正晚点统计、旅客列车运输效率、区段运行等统计指标。

四是根据客车编组完成客车车辆的动态统计。

五是从车站汇总到铁路局、铁路局汇总到铁路总公司,形成总公司的客运和客车十八点统计报告。

四、机车十八点统计分析系统

按照《铁路机车统计规则》进行机车十八点统计。机车统计主要包括机车运用检修状况报表(机报— 1)、机车运用效率报表(机报—2)。

机车统计的数据源主要来自于司机报单(机统 3)、机务段运转日志(机统 1)等。

机车统计的流程:一是从列车运行安全监控装置(LKJ)获取司机报单电子数据;二是机务段根据机统 1、机统 3 等报告,生成机车运用检修状况报表(机报—1)、机车运用效率报表(机报—2);三是机务段上报铁路局;四是铁路局汇总后,得到铁路局机车十八点统计报告;五是铁路局汇总后,上报铁路总公司,总公司汇总后,得到总公司的十八点统计分析报告。

小　　结

1. 铁路运输具有完整的一套计划体系,货运的计划体系从年计划、月计划、旬计划到日计划,调度的计划体系从编组计划、列车运行图、日班计划、到阶段计划,再到运行过程中的指挥和统计分析。计划之间的关系是长期的计划应该起到指导作用,应该根据长期计划编制短期计划,但是,随着计算机的使用,自动化、智能化水平的提高,为了快速响应客户需求,编制计划的周期将越来越短。

2. 铁路运输调度体系分铁路总公司、铁路局、站段三级,每级设置多种调度工种,如铁路总公司和铁路局调度工种均包括计划调度、客调、货调、列调、机调、辆调、电调、施工调等,而对应计划调是车站站调,对应客调是客运站和客运段的客运调度,对应货调是货运站的货运调

度，对应列调是车站的值班员，对应机调是机务段的机调，对应辆调的是车辆段、动车段的调度，对应电调的是供电段调度，对应施工调的是工务段、电务段、供电段的调度等。

3. 从上级计划逐步自动分解为下级计划。编制运行图要参考编组计划，编制日班计划依靠列车运行图和编组计划，先定铁路总公司的日班计划，再编制铁路局的日班计划，站段为完成铁路局的日班计划编制自己的资源计划，例如接发车计划、股道运用计划、调机运用计划等；对客运站有检票计划、站台计划、广播引导计划等；对货运站有装卸计划、甩挂计划、调车作业计划等；对编组站有调车作业计划、驼峰计划等；对机务段有机车计划、乘务员计划等；对动车段有动车组计划等；对客运段有乘务员计划；对行包房有行包计划等。所以，日班计划之前的计划是为了提高日班计划的准确性，而日班计划之后的计划都需要随日班计划变动而变动。

4. 应整体考虑铁路列车运行的计划体系。对编组计划和列车运行图来说，关键是从集成平台为编组计划和列车运行图提供背景数据，不断提高它们的编制自动化水平。根据编组计划和列车运行图自动生成每日的日班计划，日班计划应该是集中的，应该从客运日班工作计划开始集中，逐步过渡到施工和货运日班工作计划。然后，根据日班计划自动生成机车周转图、动车周转图，生成乘务员工作计划，再生成各个站段的计划。所有计划可以单独生成，也可以联动生成。计划的执行结果应能够实时反馈，根据反馈结果可以自动或者人工调整计划。

5. 集成平台在调度系统中起到承上启下的作用，一是为编组计划和运行图收集客流和货流数据；二是为日班计划收集车流和机车的数据；三是是为列车运行指挥人员收集列车编组、乘务信息、客货信息等。

6. 车流推算和货运行程计划应该是今后的努力方向，变被动申请空车为主动预测车站需要的空车，主动为车站准备空车。车流推算的研究应该与货运日班工作计划、编组计划的编制紧密结合，不断提高整体的编制水平。

复习思考题

1. 简述行车组织和调度指挥的主要信息系统需求。
2. 简述如何编制始发直达列车的编组计划。
3. 简述如何编制技术直达列车的编组计划。
4. 简述编组计划的结果文件。
5. 简述编制列车运行图的意义。编制运行图需要考虑哪些因素？
6. 简述编制列车运行图软件的主要功能。
7. 简述编制列车运行图关键算法。
8. 简要对比车流推算的三种方法。
9. 铁路总公司车流推算的目标是什么？

10. 如何提高车流推算的精确度?
11. 简述日班计划与车流推算和运行图之间的关系。
12. 简述铁路总公司、铁路局、站段日班计划之间的关系。
13. 简述客运日班工作计划数据核对信息处理流程。
14. 简述施工日班工作计划程序的主要功能。
15. 简述货运日班工作计划程序的审批模型。
16. 简述计划调度与其他调度工种的关系。
17. 简述机车周转图程序自动化编制方案。
18. 设计动车调度程序的界面,描述其实现的主要功能。
19. 简述客车编组计划编制流程。
20. 试设计网络扣车计划编制程序。
21. 简述客运调度命令流转的流程图。
22. 简述特运调度程序的主要功能。
23. 简述旅客服务调度程序的主要功能。
24. 简述快运调度程序的主要功能。
25. 简述集装箱调度程序的主要功能。
26. 简述物流调度程序的主要功能。
27. 简述铁路局 TDCS 的主要功能。
28. 对比铁路局 TDCS 与 CTC 的主要不同点。
29. 简述 TDCS 的接口数据。
30. 简述 PSCADA 系统的主要功能。
31. 简述编组站综合自动化系统的日班/阶段计划可以分解成哪些计划?起什么作用?
32. 简述编组站综合自动化系统的进路控制过程。
33. 简述客运站的综合自动化控制功能。
34. 简述货运车站运统 8 信息处理流程。
35. 简要列出铁路货运和旅客运输的计划体系。
36. 在实货制条件下,如何审批日请车计划?如何实现敞开受理、随到随装?
37. 如何提高运行图编制的智能化程度?
38. 如何使用计算机编制编组计划?
39. 如何使车流推算实用化?
40. 调度日班计划应该向集中化方向发展吗?为什么?如何实现?
41. 编组站综合自动化的难点是什么?

第五章 运输安全信息化

【本章要点】 本章的要点是运输安全信息化。运输安全是铁路的重中之重，如何通过信息化保障铁路的安全是本章学习的关键。本章通过安全风险分析探讨了铁路的安全需求，通过安全体系文件、安全监控、安全监督、应急救援、日常交班等管理信息系统，探讨了安全风险的管控。通过本章的学习，掌握安全风险管理的方法，了解运输安全监控、安全监督、应急救援、日常交班管理信息系统的目标、结构和功能，以及如何通过信息系统实现信息化保安全的目标。

第一节 运输安全信息化背景

运输最终产品是人和物的安全位移，离开安全的位移是无效的位移。所以，运输安全是铁路最重要的目标之一，运输安全是运输生产系统运行秩序正常、旅客生命财产平安、货物和运输设备完好的综合表现，运输安全是铁路运输的核心工作之一，具有重中之重的地位。但是，铁路安全有其复杂性的特点：一是铁路是一台大型联动机，其运输过程有多个工种、多个运输环节、多种设备互相协作，且环环相扣；二是铁路处在开放的环境中，如雨、雾、风、雪、地震等，受自然灾害的影响大；三是铁路车站是大型公共场所，常年是人流聚集地方，社会治安问题显著。随着高速铁路的建设，传统的安全管理方法已经难以适应铁路安全的要求，依靠信息技术保障铁路安全受到越来越多的重视，本章主要对信息化保安全的技术工作做了探讨。

铁路安全工作具体由铁路总公司安全监督管理局负责，在铁路局设安全监督室，在站段设有安全科。在全路设有6个安全监察特派员办事处，是铁路总公司派出对铁路局安全管理工作行使监督权力的机构；在铁路局下设若干铁路办事处安全监察室，是铁路局派出对站段安全管理工作行使监督权力的机构。安全部门的具体责任为：一是研究提出铁路安全管理的法律法规；二是拟订安全监督检查、事故管理、责任追究和安全监察工作管理制度；三是承担安全生产委员会日常工作，负责安全工作规划，提出部署和加强安全工作的意见；四是监督检查所属单位的铁路运输安全、职工劳动安全、特种设备安全、劳动保护、职业健康、路外安全、运输安全环境保护等管理工作；五是负责管辖内的铁路交通事故、从业人员伤亡事故的统计、报告工作，分析安全形势和存在问题，研判和预警安全风险，提出防范意见和建议；六是配合国家组织的有关铁路交通事故调查，组织管辖内铁路交通较大事故的内部调查，指导、参与或直接组织对管辖内铁路交通一般事故的内部调查处理，指导或参与有关的非铁路交通从业人员伤亡事故、铁路特种设备较大事故的调查工作；七是指导所属单位开展铁路运输安全环境保护和宣传工作，联系、协调有关部门和单位落实《铁路安全管理条例》等有关法律法规的相关规定，督促有关部门和单位落实铁路运输安全环境隐患的排查治理工作；八是负责组织对所属单位的安全评价和考核，提出安全工作考核和责任追究建议；九是拟订铁路新线开通运营前准备工作的安全评估方案，并组织实施等。

铁路各部门都兼有安全的责任，有专门的领导负责安全的工作，如客运安全、货运安全、车务安全、机务安全、供电安全、车辆安全、工务安全、电务安全、信息安全等。铁路总公司领导每月要组织召开安全生产分析会，解决安全生产存在的问题。铁路还专门设了应急委员会，其办公室专门负责应急职守，统一协调应对各种紧急情况。

第二节　运输安全风险管理

一、安全风险管理理论

安全指没有威胁、没有风险。对于存在于复杂环境中的铁路，没有威胁、没有风险是不可能的。所以，安全是相对的，风险是绝对的。为了保证运输安全，必须使用信息化的手段对安全风险进行全面管控。

风险管理包括明确风险范围、风险识别、风险评估、风险控制、监督检查等环节。风险管理首先要建立风险管理的数据库，所有的风险分析数据应该输入数据库，在数据库基础上进行风险管控。

第一步是确定风险分析的范围和对象，一般从人、设备和环境进行分析，人通常按管理、作业、素质三方面分析；设备应该将管辖范围内的设备逐个分析，如果雷同，再抽象按类别进行分析。环境应该考虑各种环境的影响，如风、雨、雪等自然环境或社会环境。

第二步是在按范围和对象识别风险点，识别风险点一般从历史上发生的行车事故、设备故障、人身伤害等事故教训，以及隐患和问题库等进行辨析；可以先按业务(如客运、货运、机务、供电、车辆、工务、电务、信息)建立风险字典，使用时从字典中选择风险；开始时切记千万不要求全，应该在实践中逐步识别各种风险，不断完善风险数据库和风险字典。

第三步是分析和评估风险，风险分析是在风险点识别的基础上，对辨识出的风险进行定性、定量的分析和描述，包括对风险发生的可能性及风险发生后造成损失严重程度进行定性分析和定量计算。风险分析的基础是要有充分有效的风险事故统计资料，危害可能包括行车、设备、安劳事故、人身伤害、社会影响、经济损失等。风险分析时，一般先进行定性的分析，然后根据需要进行定量分析。在计算机中预先存储各种分析方法，按要求带入参数就可以得到分析结果，并自动计算风险点的等级，等级高的风险预先控制。

第四步是风险控制，分析每一风险产生的原因、根源、发生的规律，形成风险控制点，在数据库

中对风险控制点进行描述，包括风险控制点的表现形式、产生原因、导致后果、影响范围、造成损失等。针对每个风险，制订风险的控制措施，主要包括风险规避、风险减轻、风险转移、风险接受。

风险规避指消除风险，或者排除风险产生的条件、消除风险的起源、消除风险的威胁等。风险减轻指降低风险事件发生的概率或后果降低到一个可接受的临界值。风险转移是指设法将风险的后果连同应对的责任转移到他方身上，例如购买保险或与第三方签合同就是风险转移的例子。风险接受指寻找解决风险费用与风险造成损失的平衡点，低于平衡点接受风险，采取预防措施和应急预案。

第五步是监督和检查，是指安全风险管理部门要监督和检查各部门风险控制计划的执行情况，并进行评估，明确责任和奖惩。特别对发生事故部门要检查是否对事故风险进行了控制，风险分析和控制措施是否到位和有效，同时，相关的部门是否有类似情况，举一反三，触类旁通，通过不断循环往复地整改，促进和完善风险管理活动。

通过信息系统，可以记录每个风险点、每一风险点分析过程、风险造成的原因和损失以及风险的控制措施。通过信息共享，可以加快安全风险数据库的建设。

二、安全风险管理的实践

本小节主要举例简单说明如何运用安全风险的理论对铁路的安全风险进行控制。

（一）确定风险分析的范围

在本例中，按客运、货运、车务、机务、供电、车辆、工务、电务、信息分别举例。对每个专业，按人员、设备和环境进行分析；人员包括管理、作业、素质；而环境可以分为自然环境、社会环境等。

（二）确定风险点

下面按专业举例识别人员、管理、作业、设备、环境风险点：

1. 客运。客运风险点的例子包括：地震或者泥石流、客票系统故障、旅客携带危险品上车、客票席位与客车实际不符、食物中毒、列车吸烟等。

2. 货运。货运风险点的例子包括：剧毒品泄漏、超限运输未请示、货物装载不良、货物丢失、货车超偏载、货物破损等。

3. 车务。车务风险点的例子包括：列车相撞、超速脱轨、车辆遛逸、调车挤道岔、滥用制动阀、列车晚点等。

4. 机务。机务风险点的例子包括：LKJ 操作不当、机车火灾、机车质量故障、饮酒、超劳、越过尽头线等。

5. 供电。供电风险点的例子包括：冻雨停电、触电伤害、高空作业、供电设备故障、误操作停电、接触网挂物等。

6. 车辆。车辆风险点的例子包括：热轴、制动器故障、动车电机故障、断钩分离、车内空调设施坏、车窗玻璃碎等。

7. 工务。工务风险点的例子包括：断轨、铁路桥坍塌、无计划施工、隧道漏水、路基沉降、路口看守等。

8. 电务。电务风险点的例子包括:信号设备损坏、轨道电路不良、施工违章作业、驼峰撞人风险、施工挖断电缆、通信设备损坏。

9. 信息。信息风险点的例子包括:黑客入侵、停电、计算机设备损坏、网络故障、数据丢失、操作失误等。

(三)分析和评估风险

根据风险点,对风险进行分析和评估,分析的例子如下:

1. 客运举例。对客运的风险点、表现形式、发生的可能性、产生的原因、造成的损失以及风险等级进行分析,简化的案例见表5-1。

表5-1 风险评估(客运举例)

风险点	表现形式	可能性	产生原因	造成损失	风险等级
地震风险	列车颠覆	很小	自然灾害	损失大	5级
售票风险	造成人流集中	较小	客票故障	社会影响	4级
危险品风险	危险品爆炸	较小	危险品上车	损失大	4级
席位错风险	车厢未挂	小	调度命令错	损失中	3级
食品变质	食物中毒	小	过期食品	损失中下	2级
旅客列车吸烟	列车突然停车	中	列车上吸烟	损失小	1级

2. 货运举例。对货运的风险点、表现形式、发生的可能性、产生的原因、造成的损失以及风险等级进行分析,简化的案例见表5-2。

表5-2 风险评估(货运举例)

风险点	表现形式	可能性	产生原因	造成损失	风险等级
剧毒品泄漏	污染环境	小	包装不严	损失大	5级
超限运输	损坏沿线设备	较小	不符合超规	损失较大	4级
装载不良	货物下落伤人	较多	未装载加固	损失中	3级
货物丢失	货物被盗	中	未押运	损失中下	2级
货车超偏载	导致事故	较多	装车问题	损失中下	2级
货物破损	货物摔坏	较多	搬运问题	损失较小	1级

3. 车务举例。对车务的风险点、表现形式、发生的可能性、产生的原因、造成的损失以及风险等级进行分析,简化的案例见表5-3。

表5-3 风险评估(车务举例)

风险点	表现形式	可能性	产生原因	造成损失	风险等级
列车相撞	重大人员伤亡	小	信号设备坏 违反规章	损失严重	5级
超速脱轨	重大人员伤亡	小	未收调度命令违反规章	损失严重	5级

续上表

风险点	表现形式	可能性	产生原因	造成损失	风险等级
车辆遛逸	人员伤亡	较小	设备损坏 操作不当	损失较大	4级
调车挤道岔	设备损坏	中等	操作不当	损失中等	3级
滥用制动阀	列车停车晚点	较小	旅客好奇	损失较小	2级
列车晚点	影响运输秩序	多	列车故障	损失较小	1级

4. 机务举例。对机务的风险点、表现形式、发生的可能性、产生的原因、造成的损失以及风险等级进行分析，简化的案例见表5-4。

表5-4 风险评估(机务举例)

风险点	表现形式	可能性	产生原因	造成损失	风险等级
驾驶失误	脱轨或撞车	小	LKJ数据不对	大	5级
机车火灾	影响列车运行 机车损坏	小	油污或者电路引起	较大	4级
机车故障	影响列车运行	较多	未及时维修	中	3级
饮酒	铁路事故	小	违反规定	中	2级
超劳	铁路事故	较多	等线时间长	中	2级
越过尽头线	机车脱轨	较小	操作不当	较小	1级

5. 供电举例。对供电的风险点、表现形式、发生的可能性、产生的原因、造成的损失以及风险等级进行分析，简化的案例见表5-5。

表5-5 风险评估(供电举例)

风险点	表现形式	可能性	产生原因	造成损失	风险等级
冻雨停电	列车大面积停运	小	自然灾害	大	5级
触电伤害	人身伤残	较小	未按规章作业	较大	4级
高空作业	人身伤残	较小	未按规章作业	较大	4级
设备故障	列车停运	较小	未及时维修	较大	4级
误操作停电	列车停运	较小	未按规章作业	较大	4级
接触网挂物	破坏接触网	中	风筝塑料袋	较小	1级

6. 车辆举例。对车辆的风险点、表现形式、发生的可能性、产生的原因、造成的损失以及风险等级进行分析，简化的案例见表5-6。

表 5-6　风险评估(车辆举例)

风险点	表现形式	可能性	产生原因	造成损失	风险等级
热轴	毁坏铁轨翻车	较小	未按期维修	大	5 级
制动故障	造成恶性事故	小	未按期维修	大	5 级
电机故障	导致停车	小	未按期维修	较大	4 级
断钩分离	导致停车	小	未按期维修	较大	4 级
车内空调坏	影响旅客服务	中	未按期维修	较小	1 级
车窗玻璃碎	影响旅客服务	较多	砸玻璃情况	小	1 级

7. 工务举例。对工务的风险点、表现形式、发生的可能性、产生的原因、造成的损失以及风险等级进行分析,简化的案例见表 5-7。

表 5-7　风险评估(工务举例)

风险点	表现形式	可能性	产生原因	造成损失	风险等级
断轨	导致列车脱轨	小	未及时维修	大	5 级
铁路桥坍塌	导致列车出轨	小	未及时维修	大	5 级
施工员撞车	导致人员伤残	较小	无计划施工	较大	4 级
路口看守	导致路外伤亡	较小	看守不严	中	3 级
隧道漏水	降低隧道寿命	中	未及时维修	中	2 级
路基沉降	路基不平顺	较小	未及时维修	中	2 级

8. 电务举例。对电务的风险点、表现形式、发生的可能性、产生的原因、造成的损失以及风险等级进行分析,简化的案例见表 5-8。

表 5-8　风险评估(电务举例)

风险点	表现形式	可能性	产生原因	造成损失	风险等级
信号设备损坏	导致撞车	较小	未及时维修	大	5 级
驼峰撞人风险	导致伤亡	较小	行人擅自通过溜放区	中	4 级
轨道电路不良	导致撞车	中	未及时维修	中	3 级
违章作业	导致伤亡	较小	不重视安全	中	3 级
施工挖断电缆	导致设备故障	中	盲目施工	中	3 级
通信设备损坏	导致通信中断	较少	未及时维修	较小	2 级

9. 信息举例。对信息的风险点、表现形式、发生的可能性、产生的原因、造成的损失以及风险等级进行分析,简化的案例见表 5-9。

表 5-9 风险评估(信息举例)

风险点	表现形式	可能性	产生原因	损失	风险等级
黑客入侵	财产信誉损失	较大	系统在互联网上	较大	3 级
停电	信息系统停	较小	电源设备故障	较大	3 级
网络故障	无法访问	较小	网络设备故障	较大	2 级
设备损坏	信息系统停	较小	未及时维修	较大	2 级
数据丢失	信息丢失	中	被攻击	较小	1 级
操作失误	信息丢失	中	缺少培训	较小	1 级

(四)风险控制

根据分析风险、产生原因以及损失情况,计算风险的平衡点,制订对风险的控制措施和应急处置办法。例子如下:

1. 客运举例。制订客运风险的控制措施和应急处置方法见表 5-10。

表 5-10 风险控制(客运控制)

风险点	等级	控制措施	应急处置
地震风险	5 级	建立自然灾害预警体系,检测到地震后,相关区域立即停电	启动应急救援
售票风险	4 级	建立维护体系和监控工具	按应急预案处置
危险品风险	4 级	根据《铁路危险货物运输管理规则》建立危险品进站监控体系	按应急预案处置
席位错风险	3 级	完善调度命令管理和建立命令执行监控体系	加挂车辆或退票
食品中毒	2 级	严格执行食品管理办法和实施食品检测系统	立即送医院治疗
吸烟停车	1 级	烟雾报警系统和严格执行罚款办法	

2. 货运举例。制订货运风险的控制措施和应急处置方法见表 5-11。

表 5-11 风险控制(货运举例)

风险点	等级	控制措施	应急处置
剧毒品泄漏	5 级	根据《铁路危险货物运输管理规则》建立运输安全监控体系	应急预案和救援
超限运输	4 级	建立限界管理体系,贯彻超规	应急预案和救援
装载不良	3 级	建立货检视频监控体系	装载加固
货物丢失	2 级	建立施封、防货盗管理系统,购买保险	理赔
货车超偏载	2 级	建立超偏载监控体系	倒装
货物破损	1 级	严格执行装卸管理制度,购买保险	理赔

3. 车务举例。制订车务风险的控制措施和应急处置方法见表 5-12。

表 5-12 风险控制(车务举例)

风险点	等级	控制措施	应急处置
列车相撞	5 级	采用联锁、列车接近预警及严格执行《铁路运输调度规则》	应急预案和救援
超速脱轨	5 级	LKJ 监控、调度命令和调度指挥保证	应急预案和救援
车辆遛逸	4 级	建立铁鞋、停车器安全体系及严格执行《铁路运输调度规则》	应急预案和救援
调车挤道岔	3 级	实施调机监控系统	应急预案和救援
滥用制动阀	2 级	加强管理措施,加强教育	—
列车晚点	1 级	晚点监视及严格执行《铁路运输调度规则》	—

4. 机务举例。制订机务风险的控制措施和应急处置方法见表 5-13。

表 5-13 风险控制(机务举例)

风险点	等级	控制措施	应急处置
驾驶失误	5 级	LJK 版本监控、调度命令揭示及严格执行规章	应急预案和救援
机车火灾	4 级	机车视频监控、CMD 系统及严格执行规章	应急预案和救援
机车故障	3 级	机务 6A 系统、CMD 系统监控	应急预案和救援
饮酒	2 级	酒精检测系统及严格执行管理规章	—
超劳	2 级	防超劳监控系统及严格执行管理规章	—
越过尽头线	1 级	调机监控系统	—

5. 供电举例。制订供电风险的控制措施和应急处置方法见表 5-14。

表 5-14 风险控制(供电举例)

风险点	等级	控制措施	应急处置
冻雨停电	5 级	预备发电机发电、内燃机车牵引	应急预案
触电伤害	4 级	视频监控、作业防护和严格执行规章制度	救援
高空作业	4 级	严格执行作业防护和规章制度,购买保险	救援
设备故障	4 级	6C 系统、PSCADA 系统监控	应急预案
误操作停电	4 级	视频监控、作业防护和严格执行规章制度	应急预案
接触网挂物	1 级	视频监控	应急预案

6. 车辆举例。制订车辆风险的控制措施和应急处置方法见表 5-15。

表 5-15　风险控制（车辆举例）

风险点	等级	控制措施	应急处置
热轴	5 级	5T 系统检测监测	应急预案和救援
制动故障	5 级	货车、动车、客车检测监测系统	应急预案和救援
电机故障	4 级	货车、动车、客车检测监测系统	救援
断钩分离	4 级	货车、动车、客车检测监测系统	救援
车内空调坏	1 级	按时维修，加强设备监控	—
车窗玻璃碎	1 级	按治安条例防范	—

7. 工务举例。制订工务风险的控制措施和应急处置方法见表 5-16。

表 5-16　风险控制（工务举例）

风险点	等级	控制措施	应急处置
断轨	5 级	检测车检测、探伤，人员巡检	应急预案和救援
铁路桥坍塌	5 级	检测车检测，人员巡检	应急预案和救援
施工人员撞车	4 级	严格执行施工安全规章	救援
路口看守	3 级	道口自动报警，安全宣传	救援
隧道漏水	2 级	检测车检测，人员巡检	维修
路基沉降	2 级	自动检测监测	维修

8. 电务举例。制订电务风险的控制措施和应急处置方法见表 5-17。

表 5-17　风险控制（电务举例）

风险点	等级	控制措施	应急处置
信号设备损坏	5 级	调监系统监视，发现问题尽快维修	应急预案
驼峰撞人风险	4 级	加强宣传教育、溜放报警	救援
轨道电路不良	3 级	调监系统监视，发现问题尽快维修	应急预案
违章作业	3 级	严格执行规章制度	救援
施工挖断电缆	3 级	施工审批	救援
通信设备损坏	2 级	网管系统进行监控，尽快维修	应急预案

9. 信息举例。制订信息风险的控制措施和应急处置方法见表 5-18。

表 5-18　风险控制(信息举例)

风险点	等级	控制措施	应急处置
黑客入侵	3 级	入侵监测系统,阻断黑客访问路径	应急预案
停电	3 级	ITSM 系统监测,尽快维修	应急预案
网络故障	2 级	网管系统监测,尽快维修	应急预案
设备损坏	2 级	ITSM 系统监测,尽快维修	应急预案
数据丢失	1 级	数据备份和快速恢复	—
操作失误	1 级	加强培训	—

(五)监督检查

监督和检查是指安全管理部门对铁路各部门在安全方面进行的督导和检查,检查内容包括是否制订了风险控制计划?检查风险点是否完整?针对每个风险点是否有针对的控制措施?控制措施是否具体落实?如果控制措施含有安全管理办法,则需要检查制订的管理办法以及执行记录;如果控制措施含有监控系统,则检查监控系统及其监控记录;如果控制措施包含应急处置,则需要检查应急预案及其演练记录。下面依次讨论安全体系文件、监控系统、应急处置的方法。

三、安全体系文件

安全体系文件是人员安全管理的国标文件,按照标准的定义一般分为四级。第一级是方针文件;第二级描述了各个部门的风险和控制措施,第三级描述了应遵守的规章制度集合,第四级描述针对各个风险点应检查的记录文件。

第一级方针文件描述了安全的目标,安全的组织体系,需要各个部门共同遵守的大纲,特别是 PDCA(计划→执行→检查→完善计划→循环改进)描述了持续改善安全管理质量的过程。

第二级逐一描述每个业务部门(岗位)职责和主要任务、部门具有的资源、资源存在的风险点,针对风险点的控制措施,需要遵守的规章文件名(规章具体内容在第三级中描述),对每一风险点需要检查的记录(记录内容在第四级中描述)。

第三级描述了所有的规章制度。规章包括总则、部门职责、规章规定内容、附则等。

第四级记录描述了规章执行或者控制措施执行的记录,包括记录的结构和内容,记录反映了安全体系文件执行情况。

第三节　运输安全监控系统

一、环境监测系统

环境监测包括风、雨、雪、冻土、异物侵入、地震、沉降、泥石流、滑坡、火灾监测等。

1. 防风预警监控功能

在最大瞬时风速值超过 15 m/s 地区的高架桥上、山口、河川等地安装风速风向仪，对风速风向数据实时收集，并通过计算机网络传输到安全监控中心。

2. 雨量监测

年降水量大于 200 mm 的地区设置雨量监测点，雨量监测设备主要设置在雨区的长大桥梁上，位于山坡山脚地带的填土路基以及有可能发生滑坡、泥石流或路基下沉的路堑、路堤及隧道入口等处。雨量现场监测设备实时采集、处理现场雨量信息，并将采集到的信息通过网络传送到安全监控中心。

3. 积雪监测

最大积雪深度 25 cm 以上地段的车站设置雪深监测点，在车站附件低洼处或者道岔尖轨附近安装雪深监测设备，实时采集、处理现场雪深和图片信息，并将采集到的信息通过网络传送到安全监控中心。

4. 冻土监测

在高寒地区铁路路基安装温度、位移、力传感器，远程实时自动监测冻土温度场、应力场和变形等冻胀参数，并将采集的信息通过网络传送到安全监控中心。

5. 异物侵限监测功能

在公跨铁立交桥、隧道口、公铁并行地段、危岩落石地段设置异物侵限监控装置，在具体实施中，常常辅以防灾视频监控装置作为异物侵限报警信息的补充，当发生异物侵限报警时，同时将侵限报警信息和视频信息通过计算机网络发送到安全监控中心。

6. 地震监测

通过在铁路沿线安装强震仪实时采集监测地震信息，按功能可分为地震报警和预警。地震报警功能是指通过监测地震 S 波，当地震动加速度达到一定阈值后发出警报，对牵引供电和列车运行采取控制措施，减少灾害损失。地震预警功能则是指监测地震 P 波，利用电磁波和地震波、P 波和 S 波的速度差，在地震发生后，当破坏性地震 S 波尚未来袭的数秒至数十秒之前发出预警，采取相应措施，避免重大人员伤亡和经济损失。

7. 地基沉降监测

沉降观测装置应稳定地埋设在路基下，包括路基面沉降变形监测、路基基底沉降监测、水平位移监测、地基土深层沉降监测等，将监测信息通过网络传到铁路局和铁路总公司的安全监测中心。

8. 滑坡、泥石流监测

将泥石流传感器安装在铁路桥附近，隐蔽在凹槽内不被泥石流破坏，且需要同时安装多台传感器以便比较。监测信息通过网络传到安全监测中心。

9. 天气和地震接口

安全监测中心应与国家气象局天气预报接口、国家地震监测网联网，实时获取各地区的天气信息，获取地震信息，与现场所监测信息进行比较以提高监测的可靠性。

10. 系统结构

整个安全监控系统结构如图 5-1 所示。

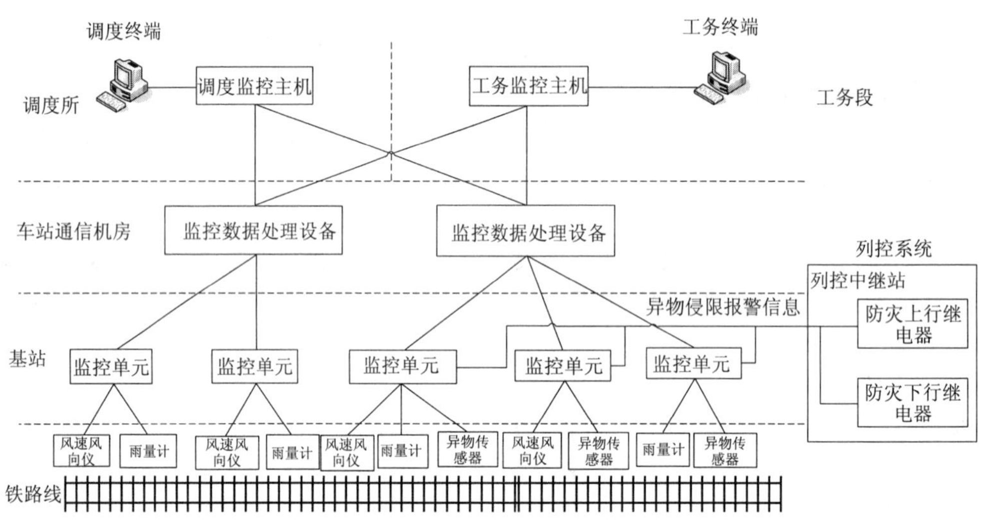

图 5-1 安全监控系统结构

数据处理中心是防灾安全监控系统的心脏，主要职能如下：

(1)收集监控单元发送过来的灾害数据，包括风、雨、雪、异物等数据。风数据包括风速、风向、气压、温度、湿度等；雨数据包括降雨量、降雨时间、降雨强度等；雪包括雪深等；异物数据包括电网状态、临时行车继电器状态、调度同意复原继电器状态以及现场复原继电器状态等。

(2)收集监控单元发送过来的设备状态数据，包括监控单元主机自身的状态，现场监测设备的工作状态、UPS 状态、基站的各种电源状态等。

(3)对监控单元的数据处理分析，生成灾害报警和设备状态报警，并将报警信息发送到安全监控调度终端和工务终端。

(4)接收并处理安全监控调度终端和工务终端的操作命令，如报警确认、主备机切换或异物操作命令等。

(5)数据存储。数据处理中心要对监测数据进行历史存储，包括原始数据和处理加工后的数据。

(6)数据分析。利用大数据分析功能对数据进行综合分析。

二、设备监测系统

(一)客运安全监测

客运安全监测围绕旅客旅行环境进行安全监测，包括：

1. 行李检查仪。对旅客携带物品及托运的行包进行“三品”及违禁物品检查，是一种非接触式、可成像的射线安检设施设备，具有“违禁物品、三品”屏幕提示或声光报警功能和自诊断功能。

2. 视频监测。安装在进出站口、候车室、站台、售票厅等人流密集的地方，主要对客流密度和治安情况进行监视。

3. 环境监测。环境监测主要包括对空气污染、水资源和噪声等进行监测，监测设备放在污染严重地区，并按照《铁路环境保护规定》的要求，进行采样、分析处理和报告。

4. 火灾监测。火灾探测器包括感烟、光束、火焰、吸气等多种方式，常安装吊顶板下、电缆夹层、空调系统回风处，监测设备与 FAS 和广播系统接口，并与消防系统进行联动。

5. 机电设备监控。主要对电梯、环控空调、通风、给排水、配电、照明等机电服务设备进行监测，将所有车站的机电设备联网，进行集中监控。

6. 卫生检疫设备。是指为保证旅客在旅途中的健康而设置的设施设备，包括检疫查验通道、体温检测仪、空气检测消毒设施设备、公共物品消毒设施设备等。

(二)货运安全监测

货物安全监测围绕货物的运输过程进行监测，包括：

1. 危险品运输安全监控

从危险品(剧毒品)运输受理环节开始，对危险品运输过程风险和事故隐患进行评估和应急管理，从装车、发车、运输、卸车等过程进行预防、跟踪和管理，在途中的运输状况进行检查和记录。

2. 安全门安全监控

安全门监测系统具有五项功能。一是全断面检测货车装载尺寸，从四个角度给出超限车辆的实况照片及最大超限断面的扫描图等信息，自动识别常见车型以区分超限的类型；二是自动检测车门开关状态，给出棚车开门状态的实况照片，辅助直观分析开门的原因；三是提供超载、偏载、偏重等信息；四是自动对进站列车进行录像；五是可获取问题车辆的车号、编组和装载信息。

3. 超偏载集中监控

超偏载集中监控功能是检测货物车辆的超载和偏载，设备安装在轨道旁边，从车号识别装置获取检测车辆的车号信息，与确报匹配获取货物信息和到达目的地，进行报警评判后复示给车站货检以及相关人员进行监控处理，同时自动将监测和处理信息生成标准数据接口文件，通过铁路计算机网络传送到安全监控中心。

4. 轨道衡安全监控

铁路上运行的货车车辆经过轨道衡时，由 RFID 车号读取器读出该车辆的车号，同时进行重量称量。在轨道衡的两侧和上方一般均安装有 1 个摄像头，用于实时捕捉车辆的图像。这些数据经传感器传送到现场计算机处理，并通过网络传送到安全监控中心。

5. 视频安全监控

通过视频监控功能，监测中心的货检人员可以检查货车的装载情况，特别是可以检查到货车的底部和顶部（检查底部是否有下落物，检查顶部是否苫盖严实），还可以协防货盗等。

6. 施封安全监控

对电子施封锁，可以实时监视施封情况，对非正常开锁情况通过无线装置实时报警，报警信息及时传给相关部门进行处理。对重要的货物，还可以在车上安装无线视频监控装置。

（三）车务安全监测

1. 车务段视频监控功能

通过视频监控功能，对中间站行车室值班员、接车外勤、咽喉区环境，进行图像监控，并可实时监督现场的调车作业情况。车务段运输指挥人员可以根据监控界面，听取现场汇报，进行现场作业指挥。车务部门根据视频资料组织对事故进行追溯及原因分析等。

2. 车务安全生产指挥中心功能

一是掌握车站现场列车日班/阶段计划、调车作业计划和施工计划，读取现场的接发车作业、调车作业和施工作业的实时信息，与《车站行车工作细则》和《铁路运输调度规则》进行比较，如果有违规现象及时提示和报警。二是对现场重点列车接发、施工组织、非正常作业、防溜、切割正线调车作业等关键作业环节、干部现场控制、机关人员下站检查等情况进行远程监控和指挥。三是在站场图上标注所有安全设备（防火器材、救灾物资等）。四是建立应急数据库，查询应急救援队、人员、设备、联络方法、医院、消防、救援机具等。

3. 列车追踪接近预警系统

当同一区间前、后运行列车距离达到接近预警条件时，列车追踪接近预警系统报警，并提示司机采取相应措施。系统采用以卫星定位为主，以应答器编号信息等作为校验手段确定动车组运行位置，利用 GSM-R/GPRS 网络作为传输平台，实现列车追踪接近预警功能。

4. 调度综合安全监控系统

从 TDCS 获取阶段计划和调度命令信息，从 CMD（LAIS）系统获取列车实际运行信息和 LKJ 信息，特别是获取施工揭示命令信息；获取所有与列车有关的安全监控信息，对每一列车进行主动预防，如发现问题，则向安全监控中心发报警提示。

5. 智能铁鞋监管系统

在铁鞋上安装智能系统，通过无线射频技术自动将铁鞋状态（上下钢轨、领取、还回）实时发送到站场的电子占线图上，按照技术规范对铁鞋的漏上、漏撤、被盗和车辆溜逸进行实时报警。

（四）机务安全监测

使用车对车、地对车、地对地等技术对机车的运行状态进行实时监控，实现安全预警功能。

1. 机车车载安全防护系统

机车车载安全防护系统（简称 6A 系统）是针对机车的制动系统、防火、高压绝缘、列车供电、走行部、视频等危及机车安全的风险点、重点部件和部位，采用实时检测、监视、报警，为司

机提供智能终端，并可通过无线网络将报警和监视信息传输到地面安全监控中心，其车载安全防护装置如图 5-2 所示。

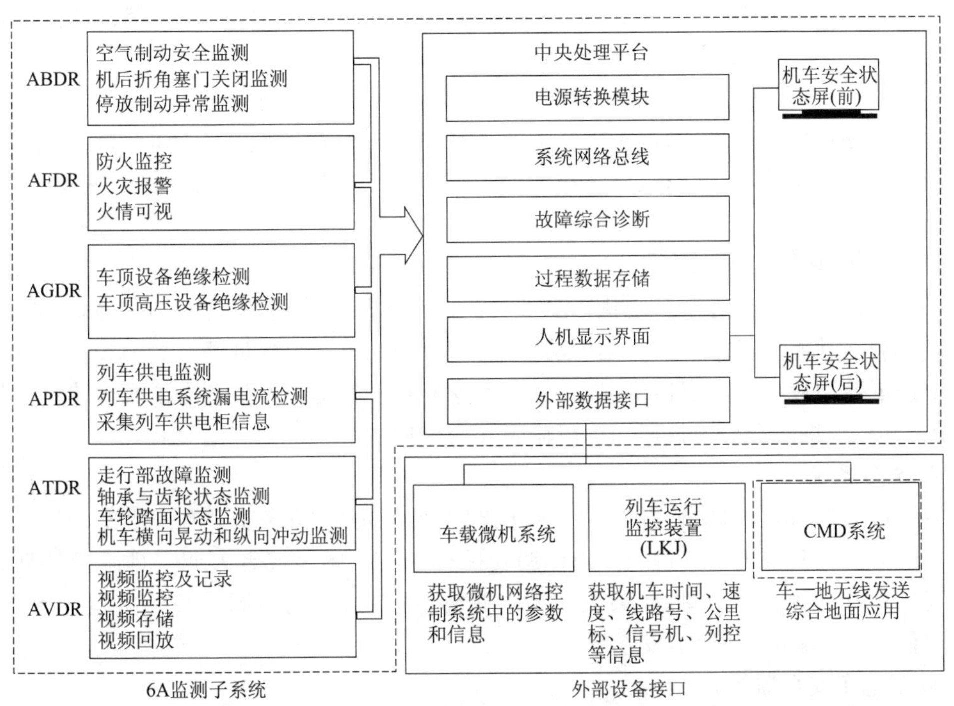

图 5-2　车载安全防护装置

2. 列车运行监控(LKJ)系统

在列车开车前，由电务部门负责将列车运行的线路数据写入 LKJ 装置的 IC 卡，并由铁路局总工室负责组织将列车运行揭示命令(主要是施工限速命令)信息写入 LKJ 装置的 IC 卡中。

在列车运行前，将 IC 卡装入车载控制模式的 LKJ 装置，列车才可以启动。在列车运行时根据列车所处位置，按顺序调出 LKJ 的线路数据，并按前方信号机的显示、距离、列车速度实时计算和显示模式控制曲线。当列车速度超过模式控制曲线时，将对列车采取措施，如将机车动力卸载，实施常用制动、紧急制动等，使列车减速或停车，防止越过前方关闭的信号机。LKJ 主要功能包括：防止列车线路超速，防止列车冒进关闭的信号机，防止列车溜逸，防止列车以高于规定的限制速度调车作业，按列车运行揭示要求控制列车不超过临时限速，具有驾驶屏提示和语音提示功能，驾驶操作过程记录在 LKJ 中。

当机车入段后，将 LKJ 的数据下载到地面分析系统，列车运行数据经过翻译、整理，以直观的记录、运行曲线、报表等形式再现列车运行全过程，为机务的管理及事故分析提供强有力的工具。

3. 机车远程监视与诊断(CMD)系统

CMD 系统的主要功能是通过车载设备采集机车当前运行位置、状态和故障信息，包括北斗定位信息、LKJ 信息和 6A 信息等，通过无线网络，实时将检测信息发送到铁路内网的地面检修管理信息(专家)系统，为机车乘务员在途排除机车故障提供技术支持。

地面专家系统以 LKJ 和 6A 的监测数据为依据，对机车状态进行分析评估，发现机车在运行中出现的问题或安全隐患，为机车乘务员或者调度提供解决方案。地面应用系统主要实现电子地图动态展示全路机车分布、机车和部件运行状态、实时故障报警、故障专家诊断以及故障统计分析等功能。

4. 测酒及出退勤管理系统

乘务员测酒及出退勤管理系统执行乘务员出退勤和待乘管理，实现出勤前预防，值乘中监测，退勤时卡控，杜绝"饮酒作业"。主要功能包括：自动地进行乘务员酒精检测和图像监测，防止待乘中违规饮酒或不按规定候班，临时行车命令通知及提醒，IC 卡监控数据转储及回传，干部添乘检查记录，将所有检测数据无线传输到安全监控中心。

5. 防超劳系统

当乘务员出勤时，发送出勤报告。在列车出发时，将机车、乘务员和列车绑定，通过对列车的追踪实现对机车和乘务员的追踪。当机调安排机车周转图时或者列调安排阶段计划时，同步显示列车乘务员的工作时间，如果发现即将超劳，则在机车周转图和 TDCS 运行图上自动提示超劳信息，并通知机务段运安系统。

6. 调车机车安全监控装置

将联锁调监信息、站场信息、区段长度、限速、站细要求及调车计划指令通过无线系统，传上机车并显示在司机屏上，司机可以直观查看行驶方向的道岔、信号开放以及本调机的位置情况，并提示冒进、超速和站细要求以及调车计划指令，确保调车高效和安全。

(五)供电安全监测

1. 电力监控系统(PSCADA)

PSCADA 系统主要由控制中心(CCR)、远动终端(RTU)和通信网络构成，覆盖沿线牵引变电所、分区所、AT 所、开闭所和电力配电所。系统支持铁路总公司、铁路局供电调度对电气化铁路现场设备进行监视和控制，实现设备状态的信息采集、故障报警、设备控制以及故障分析处理等功能，PSCADA 系统已纳入综合调度系统。

2. 供电安全检测监测系统(6C 系统)

6C 系统包括高速弓网综合检测装置、接触网安全巡检装置、接触网运行状态检测装置、接触网悬挂状态检测监测装置、受电弓滑板监测装置、接触网及供电设备地面监测装置。

高速弓网综合检测装置为在综合检测列车上安装的车载式接触网检测设备，随着综合检测列车在高速铁路上巡回检测运行，对高速铁路接触网的参数和状态、高速弓网关系进行综合性检测。

接触网安全巡检装置为运营动车组上临时安装的检测设备，对接触网的状态进行检测，统计分析接触悬挂部件技术状态，指导接触网状态维修。

车载接触网运行状态检测装置是在运营的动车组上加装的车载接触网运行状态检测装置，随动车组的运行，增加了对接触网运行状态的监测，实现了对高速铁路接触网状态全天候的动态检测。

接触网悬挂状态检测监测装置安装在接触网作业车或专用车辆上，周期性地对接触网悬挂系统的零部件及接触网几何参数，特别是腕臂区域的零部件进行高分辨率成像检测，在检测数据的自动识别与分析的基础上，形成维修建议，指导接触网检修。

受电弓滑板监测装置。在高速铁路的车站、动车组出入库地面区域、车站咽喉区加装受电弓滑板监测装置，监测动车组受电弓滑板的技术状态，及时发现运营动车组受电弓滑板的异常状态，指导故障消除，确保接触网和受电弓的运行状态良好。

接触网及供电设备地面监测装置为在接触网特殊断面（如定位点、隧道出入口）及牵引变电所设置的监测设备，监测接触网张力、振动、抬升量、线索温度、补偿位移；监测供电设备的绝缘状态、电缆头温度等参数，指导接触及供电设备的维修。

3. 检测数据管理功能

通过计算机网络实现弓网运行监测信息及接触网状态的自动收集和集中管理，建成分散检测、集中报警、网络监测、信息共享的全路弓网运行安全监控系统；对检测数据进行综合分析，建立缺陷数据库；专家系统对缺陷进行诊断，通过历史数据纵向对比，不同数据横向对比，专家先验知识规则库发掘出监测数据所反映出的问题本质，及时提出设备故障及安全隐患的解决方案，为维修部门提供作业决策和计划，为管理部门提供各类统计报表，为研究设计部门提供数据。

4. 视频监控功能

实现对变电所重点部位的视频监控并与 PSCADA 进行联动；实现接触网重点部位的视频（安防）监控，包括重点站场、复杂区段等，对接触网悬挂物的视频监控和识别；实现对弓网关系的定点视频监控；对变压器、高压开关、电容器等主要设备进行视频监控；实现对变电所现场视频（安防）监控。变电所与监控中心、供电调度的音、视频通信，实现事故的远程诊断及抢修指挥。

（六）车辆安全监测功能

主要实现地对车、车对车的安全监控和故障预警。

1. 货车车辆运行安全监控装置

车辆轴温智能探测设备（THDS）。通过轨边红外线探头，探测车辆轴承的温度，监测热轴故障，防范燃切轴事故发生。通过配套故障智能跟踪装置，实现热轴车辆的车号预报和轴温跟踪。

货车故障轨边图像检测设备（TFDS）。采用高速摄像，自动抓拍运行货车制动梁、转向架、车钩、制动装置、车底架、车体两侧等部位的全部图像，采用人机结合方式进行故障检测。

车辆运行品质轨边动态监测设备(TPDS)。通过安装在正线上的传感器,可对运行中货车的运行状态(如蛇行失稳、货车超偏载、轮对踏面故障等)进行全面监测。

车辆滚动轴承故障轨边声学诊断设备(TADS)。通过轨边声学诊断装置,对车辆轴承的振动声音信号进行采集,分析判断轴承故障类型和故障缺陷程度,可发现轴承的早期故障。

TWDS适用于铁路货车轮对外形几何尺寸的动态检测,能够自动检测货车车轮轮缘厚度、轮缘高度、轮缘垂直磨耗、车轮直径、轮对内侧距、踏面圆周磨耗、轮辋厚度。

货物列车车辆制动性能监控设备,实现对车辆制动系统故障的自动判断。

2. 网络扣车系统

车辆调度员利用该系统对定检的车辆信息进行查询和报警的同时,根据当月检修生产需要列出检修车预警细目,按照不同车种、车型制订检修计划,并根据检修计划向列检下达扣车命令。

3. 客车车辆运行安全监控装置

客车运行安全监控设备(TCDS)实现了对轴温、供电、车门、车下电源、火灾、空调、防滑器、制动系统和转向架的全面监测,重点对客车热轴事故、火灾事故、供电故障及制动系统和走行部故障进行监控。

客车故障轨旁图像检测系统(TVDS)利用轨边高速摄像机,在客车进站前拍摄客车走行部、制动配件、底架悬吊件、钩缓连接、车体两侧下部等部位,实时传输至监测中心,采用人机结合和图像自动识别诊断客车故障。

对货车使用的TPDS设备进行技术升级,增加客车踏面损伤模型,使其成为客货通用运行品质轨边监测系统。

TADS探测客车,增加客车轴承故障预报模型,并实现故障轴承车号定位和轴位自动定位。

完善THDS探测客车的预报模型,实现THDS探测热轴预报模型与轴报器检测温度一致。

4. 动车车辆运行安全监控装置

THDS探测设备。利用多元光子探头探测多点轴箱温度,集中探测车底重要部件的温度变化趋势,对部件的热故障实现及时报警。

TEDS探测设备。对高速运行的动车组转向架、底板、车端连接部、裙板等关键部位进行图像检测和监控,对于增强运行中隐蔽故障的发现和预警能力,强化故障漏检的核查作用。

TADS探测设备。对滚动轴承进行实时监控与故障诊断,实现动车组滚动轴承的早期故障检测和诊断,预防滚动轴承事故的发生。

TPDS探测设备。动态监测与动车组运行安全密切相关的轮轨力,检测动车组轮对的踏面损伤、失圆、运行品质等。

5. 列车运行状态监控功能

车载监控设备。主要监测动车组性能、功能及主要部件的运用状态，进行故障诊断，显示故障发生的部位和影响，实现动车组运行跟踪监控及故障报警。

6. 远程监控系统(LAIS)

将车载监控设备所采集的车载网络控制系统中运行状态及故障报警数据，例如列车运行位置、速度、牵引、制动、轴温等信息及客服设施信息，利用 GSM-R/GPRS 无线传输网络实现车载信息落地，实现地面中心远程监控和实时掌握动车组故障情况及工作状态，为列车故障的应急处置提供技术支持。

(七)工务安全监测

工务除了负责自然灾害的监测之外，还包括钢轨、路基、桥梁、隧道等的监测。

1. 轨道状态检测与监测设备

在轨道检查车、高速综合检测列车上安装轨道几何状态检测设备、轮轨动力学检测设备和车辆动态响应检测设备，对轨道几何状态、车辆动态响应进行动态检测；在轨道加载检测车上安装轨道刚度检测设备对轨道刚度、结构变形进行动态检测；在运营车辆上安装车载式线路检查仪，或添乘人员携带便携式线路检查仪，对车体加速度进行动态检测；采用地面监测设备对特殊区段无缝线路锁定状态、道岔和伸缩调节器状态、轨道结构变形等在线监测。

2. 钢轨状态检测与监测设备

采用巡检车和探伤车上的轨道巡检设备对钢轨的表面状态、钢轨轮廓进行动态检测；采用钢轨探伤车、探伤仪对钢轨内部伤损进行检测；采用钢轨探伤车、探伤仪对钢轨顶面裂纹进行检测；在探伤车、轨检车上安装钢轨波浪磨耗检测设备对钢轨波浪磨耗进行动态检测；采用钢轨断轨监测设备对钢轨完整性进行监测，实现钢轨折断的实时预警和报警。

3. 路基状态检测与监测设备

采用探地雷达设备对道床路基厚度、密实度、含水异常、翻浆冒泥、道砟囊、道床脏污、基床下沉等病害进行检测；路基沉降监测设备的主要功能是监测路基的沉降处所和沉降量；边坡稳定性监测设备主要监测路堑边坡、崩塌落石、护墙开裂、危岩坍塌、隧道进出口仰坡等危险处所。

4. 重点桥隧状态监测设备

在桥梁结构上安装桥梁监测系统，监测结构的动应力、振幅、挠度、支座位移、行车状态、环境等，并能根据监测到的数据自动分析，从而对桥梁的状态进行评估；采用水文监测系统，监测河流的流速、水位、水深及河流冲刷情况。通过地质雷达对隧道衬砌结构加以检测，掌握隧道衬砌结构的厚度、衬砌内部空洞及疏松、衬砌后部空洞、钢筋分布等；通过表面三维或二维成像技术，分析隧道表面的裂缝、剥离掉块、渗水等缺陷；采用隧道衬砌裂缝监测系统，监测隧道衬砌裂缝发展情况；采用测力传感器，监测衬砌内部、钢拱架或围岩的应力和水压力状态。

5. 道口监控设备

道口监控设备能预告列车到达道口，实时监测通过道口的列车和人员，为道口管理人员和列车司机提供报警、预警信息，实时显示并存储通过道口的车辆和行人以及道口工作人员的视频信息。

6. 工务机械车运行监测设备

防火监测设备主要用于监测工务机械车的司机室、操作室、发动机间等关键位置的工作环境温度，防止发生火灾；视频检测设备实时视频监视和记录工务机械车的车前车后端、司机室、操作室、动力间和主要作业机械部位的工作状态。

7. 施工作业安全监控设备

借助先进成熟的地理信息系统、全球定位系统和移动通信技术，实现工务作业的定位跟踪和数据回传，为现场获取列车位置信息，为工务作业防护提供信息预警；使用具备摄像功能的移动终端，借助移动通信、远程控制等技术，实现对铁路施工作业、防洪作业、抢险救灾等现场的实时监控。

8. 大型客站结构健康监测

结构健康监测主要包括外部荷载作用和结构反应两部分。外部荷载作用主要监测地面加速度、风环境及结构表面风压等；结构反应主要监测结构应力、变形、振动加速度、表面温度、表面裂缝等。通过对复杂结构的物理力学性能进行无损监测，为结构维修养护及异常情况的应急抢险提供依据。

（八）电务安全监测

1. 信号集中监测系统（CSM）

CSM 通过总线实时采集转撤机、信号机、轨道电路、信号电缆、电源屏等信号设备的电气参数模拟量信息和部分开关量信息，并以通信接口方式与轨道电路、列控中心、联锁等设备的维修机连接，获取监测信息。CSM 具有检测、报警、信息储存、状态再现等功能，便于分析人员对现场设备工作状态进行监测、诊断，指导现场的维修工作。

2. 列控监测检测（DMS）功能

DMS 集成了各列控子系统（RBC 维护终端、车载司法记录器、临时限速服务器、微机联锁电务终端）的监测检测功能，由列控车载信息采集装置、地面数据中心和查询终端组成，列控车载信息采集装置实时采集列控车载设备、地面应答器、轨道电路、联锁、CTC 接口和 RBC 信息，并经 GPRS/GSMR/WLAN 网络实现车载信息落地和远程传输，实现列控系统状态的远程监测。

3. GSM-R 通信监测技术

GSM-R 通信监测主要包括 GSM-R 网管监测和通信接口监测，GSM-R 网管可实现安全管理、配置管理、告警管理、故障管理等功能，实时监测系统设备的工作状态，并实现设备故障定位。GSM-R 接口监测对 GSM-R 网络重要接口进行实时监测，跟踪网络接口的信令和业务数据，提供 GSM-R 在线用户监测、网络状况监测、网络异常事件分析、历史数据查询和综合报表生成等功能，实现 CTCS-3 级列控数据传输业务的信令和数据的跟踪。

4. 电务轨检车功能

电务检测车是对铁路信号和通信相关设备运用状态进行动态监测的综合检测车。监测内容包括:轨道电路传输状态、移频轨道电路载频、低频和频谱、电化线路和邻区段的干扰信号、补偿电容工作状态及位置、机车信号、点式应答器工作状态、GSM-R 等无线通信场强覆盖等。

5. LKJ 版本信息监控功能

LKJ 版本信息监控系统是集换装计划管理、版本信息采集、版本复核、报警处理、换装情况实时跟踪与综合查询为一体的 LKJ 芯片换装综合监控系统。

6. 通信网管功能

网管功能包括故障管理、性能管理、配置管理、安全管理、视频监控等综合管理功能。管理对象包括传输网、无线网、程控网、调度专用数字电话网、通信电源、动力环境、时钟等。安全管理包括防止非法用户访问、数据链路加密、密钥分配和管理、安全日志维护和检查、审计和跟踪、防止病毒和灾难恢复等。

(九)信息系统安全监测

1. 信息安全管理和集中监控功能

信息安全管理和集中监控是在互联网条件下,对铁路的关键资源进行安全等级保护,动态设置安全策略和分配权限;对访问和日志进行审计检查及合规性分析;对不合规事件、非法访问或者外部入侵进行报警;对外部攻击进行阻断。

2. 铁路信息服务管理系统(ITSM)

ITSM 功能主要包括信息系统运行状态监控、性能监控、状态异常报警、问题处理、事件跟踪管理、系统配置管理、运行维护知识管理和运行事件统计分析等。监控对象包括计算机和网络设备运行状态监控、支撑软件运行状态监控、系统资源使用状态监控、应用软件运行状态监控、信息机房基础设施状态监控等。故障事件报警包括红、橙、黄三色报警,包括文字报警、声音报警、图形报警、短信报警、电话报警等,故障跟踪和辅助事件的处理过程,并进行相应统计分析。

3. 网络管理和监测

网络管理软件负责网络故障管理、网络性能管理、网络安全管理、网络配置管理。对网络流量进行监控,包括广域网、局域网、外网和无线网,包括铁路总公司、铁路局、车站三级之间、外网到内网之间流量。

4. 应用系统监测功能

对应用系统进行监控,包括互联网售票、电子商务系统、货运系统、客运系统、调度系统、ERP 系统、办公系统、铁路建设系统等,包括系统运行效率、安全、配置、数据备份和恢复、系统灾备等。

5. 终端防护管理功能

终端防护管理功能包括终端登录控制、终端安全接入控制、终端计算机安全状态检查、终

端应用访问控制、终端移动介质使用控制、终端 IP 与 MAC 地址绑定控制、终端文件监控、终端应用安全审计、终端防病毒检查和系统软件版本升级、病毒检测库升级等。

三、建立统一安全监控集成平台

建立全路统一的安全检测监控集成平台，平台由五层组成，如图 5-3 所示。

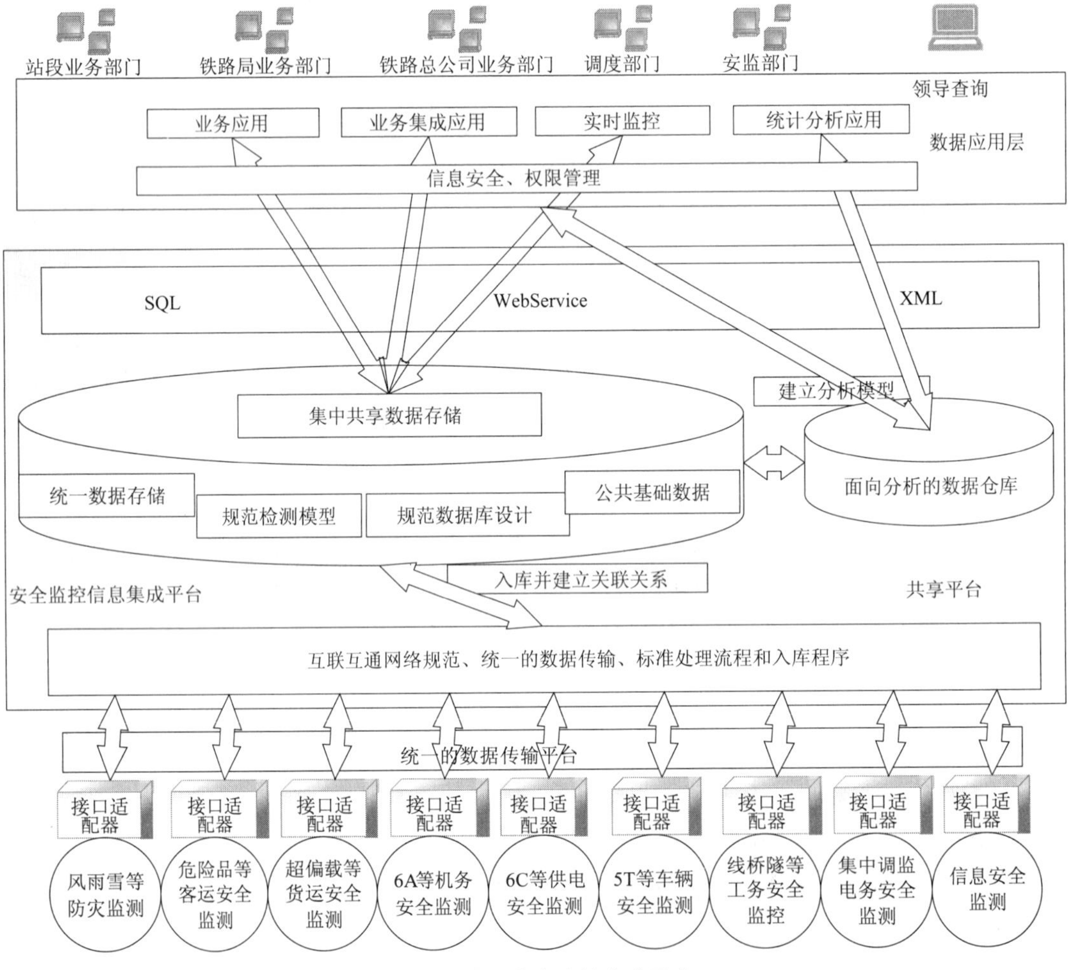

图 5-3　统一安全监控集成平台

最下层是接口层，接口包括网络接入、车对地的无线接入、野外的无线接入等。通过制定接口规范，保证所有系统遵循统一的接口标准。

第二层所有数据经过统一的传输平台送到监测、检测数据集成平台，传输平台支持轨旁数据的收集，支持无线数据的收集，支持互联网数据从外网到内网的安全穿越。所有数据按标准

流程可靠地加载到共享的数据库中，并按地区、按专业、按业务关系集成数据，将数据按列车、地区、专业进行有效地关联。

第三层是数据库和数据仓库层，系统采用云计算技术，构建支持大并发量的数据处理平台。在数据仓库中建立多种数学模型，综合运用监测数据，超前预测各种风险，并提示相关人员。数据库中存储各种规章制度、标准规范、指南站细等，也存储各种设备缺陷、隐患、病害、风险等，还存储各种事故及其分析案例等。

第四层是应用服务层，将数据开放，提供各种风险分析、缺陷分析、隐患分析、病害分析、智能诊断、专家辅助决策等，可以按专业、按地区、按列车运行进行分析，或进行多专业的关联分析和数据融合分析等。

第五层是展示层，建立基于地理信息或铁路专题图的展示界面，可以集中展示全路防灾形势、安全隐患、事故态势。根据水位等因素，显示全路的防洪形势。在列车运行过程中，主动对列车前方风险进行预测，实现列车的主动安全。铁路总公司和铁路局分别设立安全监控调度，负责协调各种灾害的预防工作。各专业部门利用综合检测结果制订综合维修计划，合理地安排天窗维修。

第四节　铁路运输安全监督管理信息系统

铁路运输安全监督管理信息系统主要功能包括监测报警信息处置、安全检查信息处置、事故调查分析处置和综合分析处置四个管理闭环。监测报警功能自动获取设备安全信息，安全检查功能获取人工检查的安全信息，事故调查功能获得事故报告信息，通过综合分析功能形成分析监测报警、安全检查和事故调查的合成信息，如图 5-4 所示。

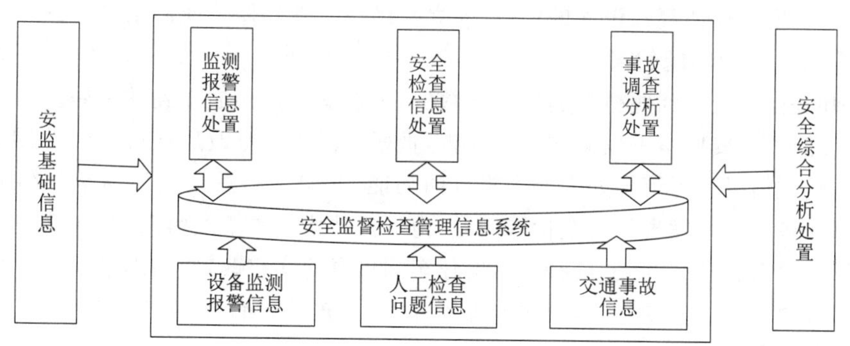

图 5-4　铁路安监系统总体结构

一、铁路运输安全监督管理功能需求

（一）事故调查分析处理功能需求

事故调查分析主要功能需求包括：针对每件事故，铁路局组织调查、分析、处置和结案，站

段具体调查整改，铁路总公司监督、检查、指导和考核，形成处理闭环。其具体功能需求如下：

1. 铁路局调度所在第一时间对每起交通事故、设备故障及安全信息，以安报1(铁路交通事故概况表)的形式提交铁路局安监室。

2. 铁路局安监室分析调度所提交的安报1，编写事故调查指令、安报2(铁路事故调查报告)、安报3(铁路交通事故处理报告表)及附件，并下发至办事处、站段、安监大队调查事故的原因及责任。由专业监察对事故进行调查、处理，反馈处理意见和结果，由专业科室和安监室审核确认，将事故上报到铁路总公司安监局。对设备故障和安全信息下发给专业处室进行调查、处理，对专业处室提交的处理结果进行检查，提出反馈意见，对已处理完毕的事件进行结案。对各类报表进行统计和上报，根据每日事故情况形成每日值班日志。

3. 基层站段根据事故调查指令进行事故调查，完成事故报告(安报2、3)的填报、补报、处理和整改工作。

4. 办事处代表铁路局组织站段事故调查和整改，组织事故(安报2、3)的填报、补报、处理和整改工作。

5. 特派办代表铁路总公司安监局对管辖铁路局的事故处理进行督察、组织和评估。对各类事故报表进行统计、分析。

6. 铁路总公司安监局对各铁路局的事故(安报3)进行查询，并补充相关事故资料，组织事故处理和结案；对各类报表进行统计、分析；每日形成工作日志向上级领导汇报；对各铁路局交通事故、设备故障及安全信息处理绩效进行评估和考核。

(二)安全检查功能需求

该部分主要功能需求包括：安全检查信息处理、安全质量考核、安全检查信息查询统计以及安全问题点、安全评估等知识库的整理、建立与维护。其具体功能需求如下：

1. 安全检查发现问题的来源是日常检查、领导添乘、自查自纠、专业检查等，铁路总公司安监部整理问题，转变为问题概况的格式化数据，下发安全监察通知到铁路局。铁路局领导对问题提出处理意见，安监室下发问题督办通告，责任站段进行整改后，返回反馈结果数据，安监室审查问题整改情况进行销号处理或虚报打回功能，并向铁路总公司反馈整改结果。铁路局安监部门以及各业务处发现的安全检查问题，由责任站段负责落实整改，并向铁路局反馈整改结果。对于站段自查自纠的安全问题，由责任车间负责落实整改，并向站段反馈整改结果。系统提供需上级协调解决问题管理，问题处理催办、通过短信平台通知责任人，安全问题整改过程跟踪查询及当前问题状况查询等功能。

2. 安全质量考核功能需求为：提供安全管理考核及评分办法设定、考核标准设定、安全问题自动评分及排名、业务处室人员考核及排名、安监人员考核及排名、安全考核结果公告等功能。

3. 信息查询统计功能需求为：可提供多角度安全检查信息的灵活查询，包括干部添乘、监察检查、安监通知书、安全分析报告、业务部门检查等信息查询，并可生成相关统计报表。

4. 相关知识库的建立与维护功能需求为：对安全检查中发现的问题进行归纳整理，建立完备的安全问题（风险）点库和安全评估标准库，提供安全风险控制知识库的维护手段。

（三）监测报警信息处理功能需求

该部分的功能使铁路综合管理部门、主管领导能及时掌握设备和环境安全状况，具体功能需求如下：

1. 在上节讨论的各业务系统监测报警信息进行统一格式转换和校验，完成联网评判及相关数据关联等集成处理，建立监测信息集成平台，在平台上按地区、专业、时间查看监测报警汇总信息，查看报警信息变化规律，总体掌握安全监测信息动态情况。

2. 对严重报警信息的处置情况进行督办及反馈。安监部督办铁路局安监室，安监室督办站段，站段根据督办意见反馈治理报告到安监室，安监室反馈报告到安监部。

3. 分级、分类查询报警监测信息，按时间、专业、监测系统、管辖地域、线路、车次、车辆、报警级别等进行专项或综合查询和分析，实现监测信息的综合报警。

4. 对重点监测对象的监测信息及处置跟踪监督，重点线路各专业监测报警情况综合分析，闭环管理。

5. 形成综合或专业监测对象的报警信息及处置情况的统计报表，如严重报警简报，分级、分类的日速报、月报等常用报表，以及监测信息接入情况统计报表等，并根据需要进行打印。

（四）综合分析功能需求

该部分主要功能需求为：针对事故调查分析、安全检查、设备监测报警三需求的共性问题进行综合查询与分析；由此得出单位综合安全状况评价；与此相关安全规章管理与信息查询、相关安全通告管理与信息查询、相关主题信息传递管理与信息查询等。

（五）系统维护管理功能需求

系统维护管理主要任务是实现各项功能所需要的各类基础性数据进行分类管理和维护，利用基于角色的权限管理对用户进行访问控制，适应系统扩展性和通用性要求的灵活的参数配置，对系统应用的情况及用户操作日志进行管理。

二、安全监督系统架构

整个系统采用集中式部署，系统逻辑架构分为系统应用层、业务逻辑层和数据层三个逻辑层次。系统应用层主要是为用户和领导提供安报输入、综合查询、报警、安全监督管理、业务监控和部门信息管理应用服务。业务逻辑层主要包括统一的应用平台模式、统一的应用界面规范设计、业务逻辑模型和统一的对外应用集成接口。数据层的整合目的在于建立集中数据存储，包括统一规划的数据存储、数据库设计规范、公用基础数据及维护、规范化的监测数据模型、安全检查处理数据、事故调查处理数据、规章和技术资料、业务系统交互数据等。系统结构如图 5-5 所示。

系统应用层为铁路总公司用户提供严重监测报警监督、总公司级安全检查管理、重大事故

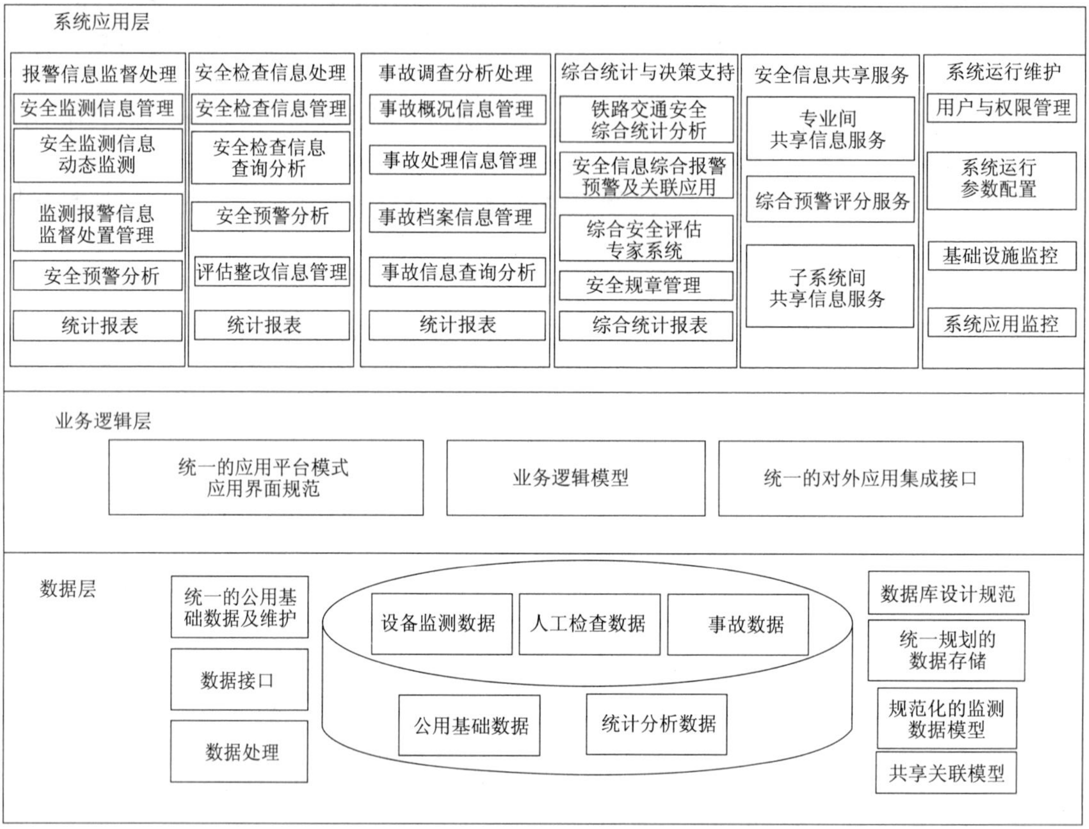

系统应用层

报警信息监督处理	安全检查信息处理	事故调查分析处理	综合统计与决策支持	安全信息共享服务	系统运行维护
安全监测信息管理	安全检查信息管理	事故概况信息管理	铁路交通安全综合统计分析	专业间共享信息服务	用户与权限管理
安全监测信息动态监测	安全检查信息查询分析	事故处理信息管理	安全信息综合报警预警及关联应用	综合预警评分服务	系统运行参数配置
监测报警信息监督处置管理	安全预警分析	事故档案信息管理	综合安全评估专家系统	子系统间共享信息服务	基础设施监控
安全预警分析	评估整改信息管理	事故信息查询分析	安全规章管理		
统计报表	统计报表	统计报表	综合统计报表		系统应用监控

业务逻辑层

统一的应用平台模式 应用界面规范
业务逻辑模型
统一的对外应用集成接口

数据层

统一的公用基础数据及维护
数据接口
数据处理
设备监测数据
人工检查数据
事故数据
公用基础数据
统计分析数据
数据库设计规范
统一规划的数据存储
规范化的监测数据模型
共享关联模型

图 5-5　安全监督系统架构

调查分析、全路安全统计分析等功能，同时横向可为相关业务部门提供安全信息共享服务，纵向对铁路局级系统下达安全检查和督办信息。为铁路局级用户提供重大监测报警监督、局级安全检查管理、事故调查分析、铁路局安全统计分析等功能，同时局级系统横向可为铁路局相关业务处室提供安全信息共享服务，纵向对总公司级系统上报监测报警信息、人工检查信息、事故信息、问题处置反馈信息，对站段级系统下达安全检查指令和督办信息，汇总站段的报告信息。站段级应用系统主要功能是安全检查、交通事故信息的上报，同时，检查问题的具体处理，并及时反馈处理信息。

业务逻辑层主要由工作流和服务组成，服务提供了数据库的存取、数据集成和数据组织。工作流提供公文流转，检查指令下达，安报上报和流转，督办信息下达和发布，反馈报告上传和流转，安全问题的建立和销号、报警阈值设置和显示、自动形成统计报告数据等。

公用基础数据包括路网基础数据、监测设备、监测点数据、组织结构字典、专业分类字典、业务系统数据等。监测数据模型包括客运、货运、车务、机务、供电、车辆、工务、电务、信息等监

测数据及监测模型。安全检查数据包括安全检查信息、安监监察信息、领导添乘信息、检查报告、安全考核、检查问题、评估结果等数据。事故调查数据包括事故概况、事故认定、事故调查报告、事故处理报告、值班日志、事故档案、安监报、安全统计数据等。规章和技术资料包括铁路安全规章制度、安全文电、相关技术资料和图纸等。业务系统交互数据为现有业务系统接收和交换来的各类基础数据等。建立共享、综合、关联信息模型，为应用提供一个构成简洁、有利于高效访问、能以集成方式查看信息的数据环境。

三、安全监督系统流程和功能

（一）事故调查和分析功能

事故调查和分析主要处理流程如图 5-6 所示。

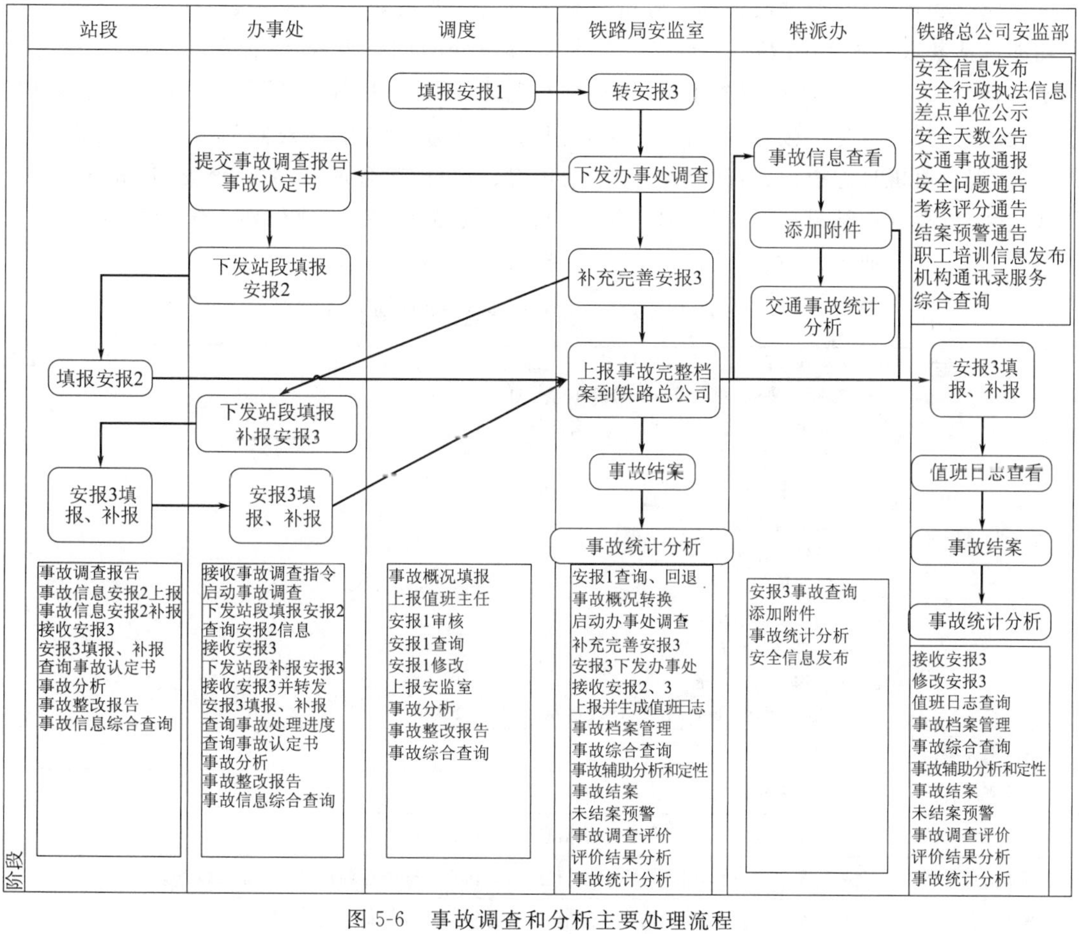

阶段	站段	办事处	调度	铁路局安监室	特派办	铁路总公司安监部
流程	填报安报2 安报3填报、补报	提交事故调查报告事故认定书 下发站段填报安报2 下发站段填报补报安报3 安报3填报、补报	填报安报1	转安报3 下发办事处调查 补充完善安报3 上报事故完整档案到铁路总公司 事故结案 事故统计分析	事故信息查看 添加附件 交通事故统计分析	安全信息发布 安全行政执法信息 差点单位公示 安全天数公告 交通事故通报 安全问题通告 考核评分通告 结案预警通告 职工培训信息发布 机构通讯录服务 综合查询 安报3填报、补报 值班日志查看 事故结案 事故统计分析
功能	事故调查报告 事故信息安报2上报 事故信息安报2补报 接收安报3 安报3填报、补报 查询事故认定书 事故分析 事故整改报告 事故信息综合查询	接收事故调查指令 启动事故调查 下发站段填报安报2 查询安报2信息 接收安报3 下发站段补报安报3 接收安报3并转发 安报3填报、补报 查询事故处理进度 查询事故认定书 事故分析 事故整改报告 事故信息综合查询	事故概况填报 上报值班主任 安报1审核 安报1查询 安报1修改 上报安监室 事故分析 事故整改报告 事故综合查询	安报1查询、回退 事故概况转换 启动办事处调查 补充完善安报3 安报3下发办事处 接收安报2、3 上报并生成值班日志 事故档案管理 事故综合查询 事故辅助分析和定性 事故结案 未结案预警 事故调查评价 评价结果分析 事故统计分析	安报3事故查询 添加附件 事故统计分析 安全信息发布	接收安报3 修改安报3 值班日志查询 事故档案管理 事故综合查询 事故辅助分析和定性 事故结案 未结案预警 事故调查评价 评价结果分析 事故统计分析

图 5-6　事故调查和分析主要处理流程

行车事故发生后，首先由铁路局调度所提交事故报告及附件材料(安报 1)到所属铁路局安监室，铁路局安监室转成安报 3，并进行补充完善核对，根据事故责任所在单位，发往对应的办事处和站段进行事故信息的补充完善。站段、办事处、安监大队对事故进行详细调查后，对安报 3 进行补报并提交事故调查报告安报 2，铁路局安监室对已核对的事故报告及附件材料上报特派办和总公司安监部，对应事故进行结案处理；特派办查看所管辖的铁路局安监室提交的事故报告，并添加相关附件；总公司安监部领导查询 18 个铁路局安监室上报的事故报告材料，根据实际处理情况进行结案，并查询由 18 个铁路局安监部上报材料汇总产生的事故数据统计报表。安监室上报总公司安监部时，根据报告中的事故概况每日 7 点自动生成当日值班信息。

铁路局调度所信息系统主要功能是上报安报 1 和分析事故对列车运行产生的影响；铁路局办事处主要组织相关站段进行事故调查分析，组织填报、补报安报 2 和安报 3，组织相关部门进行原因和责任分析；站段根据实际调查结果，填报、补报安报 2 和安报 3；铁路局安监室主要功能包括获取安报 1，将安报 1 转安报 3，督促办事处的调查报告，综合查询，事故辅助分析和定性管理、事故结案，事故报告上报，事故档案管理，统计分析等。特派办监督组织铁路局的事故处理，主要功能是事故查询、补充事故信息、统计分析等功能。安监部主要功能是安报 3 的补充完善、值班日志查询、事故结案、未结案预警、事故档案管理、事故综合查询、事故辅助分析和定性、事故处理结果分析评价、事故统计分析、设备故障统计、路外伤亡统计、生成安全事故报告、安全问题通告、考核评分通告等。整个系统的主要功能见表 5-19。

表 5-19　事故调查和分析信息系统主要功能

安全信息服务	● 实现铁路总公司、铁路局安全信息发布功能，收集、发布安全管理信息系统有关安全管理、安全行政执法、事故通报、差点单位公示等信息 ● 安全法律、法规、规章、标准、文件等的发布 ● 安全天数公告 ● 交通事故通报 ● 安全问题通告 ● 考核评分通告 ● 结案预警通告 ● 职工培训信息发布 ● 公告信息发布 ● 机构通讯录服务 ● 线路、车次、车站、站段、行政划分、公里标公共信息查询
事故概况填报	● 调度所安报 1 填报
事故概况转换	● 安监室转调度所安报 1 为安报 3
事故信息上报	● 行车事故信息、路外伤亡事故信息、人身伤亡事故信息上报
事故信息补报	● 行车事故信息、路外伤亡事故信息、人身伤亡事故信息调查过程信息上报
事故信息下发	● 行车事故信息、路外伤亡事故信息、人身伤亡事故信息下发
事故信息转发	● 行车事故信息、路外伤亡事故信息、人身伤亡事故信息转发

续上表

事故结案	● 根据事故等级在铁路总公司、铁路局对已上报的事故报告根据处理情况进行结案，并对没有结案事故进行结案预警
结案预警	● 对没有结案事故进行预警通告
事故信息综合查询	● 事故基本情况、事故后果、事故概况、责任认定、事故档案查询
值班日志	● 根据行车事故概括每日 7 点自动生成日值班日志信息
事故填报评价	● 未结案事故评价 ● 未定性事故评价 ● 未定责事故评价 ● 事故迟报评价 ● 事故信息不完整评价
评价结果分析	● 填报评价结果排名 ● 不合格问题列表
历史事故档案	● 历史事故档案查询

（二）安全检查流程和功能

安全检查主要处理流程：安监部和铁路总公司业务部门对现场进行问题检查，发现问题，提出问题处理意见，下发通知给铁路局安监室和业务处室，安监室对站段进行问题检查，提出问题处理意见，呈递给业务处室，并下发通知给站段安全科、业务室，站段进行处理、整改，将问题处理结果反馈给铁路局业务处室，铁路局业务处室根据处理情况进行处理、下发通知、处理整改的循环或进行最终的签认销号，并把完整处理情况上报铁路局安监室，铁路局安监室上报安监部和铁路总公司业务部门。总公司及铁路局相关部门的检查过程重复：检查→处理意见→下发通知→整改→反馈→检查→销号的过程。安全检查实现的主要功能见表 5-20。

表 5-20　安全检查信息系统主要功能

安全问题管理	● 检查问题信息录入（日常检查、领导添乘、安全监察、专项检查及其他报告等） ● 检查问题信息闭环处理（包括发布、批转、上报、整改、反馈、打回、销号等） ● 安全问题跟踪整改及当前状况的信息查询 ● 主题电子文档管理（添乘报告、安全监察通知书等）
通知书/指令书管理	● 安全问题自动生成监察通知书指令书 ● 安全监察通知书/指令书录入、审核发布 ● 安全监察通知书/指令书签收、整改、反馈 ● 安全监察通知书/指令书整改确认、打回、审核销号 ● 安全监察通知书/指令书查询统计
安全生产责任制考核	● 安全生产责任制考核管理 ● 量化考核标准设置 ● 可量化的安全生产责任制考核信息自动汇总 ● 安全考核结果查询与统计 ● 安全考核结果通报
查询与统计	● 按问题类别、按问题状态、按检查方式、按责任单位、按督办单位、按检查人、按问题发生地点、组合查询与统计
信息报表	● 安全检查问题日况报表 ● 安全信息分析报表 ● 单位应用情况统计报表 ● 科室（车间）应用情况统计报表 ● 人员应用情况统计报表

续上表

安全问题知识库	● 安全问题知识库类型维护 ● 安全问题知识库内容维护 ● 按安全管理问题库、设备安全问题库、重大隐患源问题库分类统计查询
安全评估知识库	● 安全评估知识库类型维护 ● 安全评估知识库内容维护 ● 安全评估标准维护 ● 安全评估知识、标准分类统计、查询
安全评估整改	● 安全评估报告生成 ● 安全评估报告评价
安全管理评价	● 站段安全管理绩效评分 ● 业务处室人员安全考核 ● 安监人员考核 ● 管理评分、考核结果公告
统计报表	● 安全分析值班信息统计表 ● 日/旬/月/季/半年/年定期统计及按责任部门、责任单位、问题性质、问题整改等条件组合自定义安全问题报表 ● 事故隐患信息统计报表 ● 行政执法信息统计报表 ● 设备安全信息统计报表 ● 安全问题库统计报表 ● 检查问题同期对比报表 ● 安全监督报表 4-6 ● 安全监督统计报表 1-4 ● 路外伤亡分析简表
综合查询	● 监察检查信息查询 ● 监察通知书查询 ● 监察报告查询 ● 业务部门检查信息查询 ● 添乘信息查询 ● 设备安全信息查询 ● 安全问题库查询
综合展示	● 提供以电子地图导航的安全事故信息、安全检查信息查询检索功能 ● 提供以电子地图导航的安全评价结果展示 ● 提供以电子地图导航的重大危险源查询检索功能
综合分析	● 查看和对比各系统间的信息汇总 ● 查看和对比系统内各站段间的信息汇总 ● 站段内各种类型(管理、两违、A 类、B 类、事故苗子等)信息的汇总 ● 系统内各局、站段的信息总量分布图(柱状图、饼图、曲线) ● 站段内各类信息数据总量的分布图(柱状图、饼图、曲线) ● 各类安全信息数据总量在各站段的分布图(柱状图、饼图、曲线) ● 站段各类安全信息的分类汇总表 ● 各类安全信息的分类汇总表 ● 各类安全信息的时间分布曲线比较 ● 各类安全信息中相应问题点的时间分布曲线比较 ● 月度安全预测分析 ● 移动设备以车号为信息源点,固定设备以公里标为信息源点将设备监测报警信息、日常检查信息同事故调查分析信息综合运用分析,找出影响安全的薄弱环节

(三)安全监控功能

安监信息系统从各专业监测系统获取报警信息,安监部、铁路局安监室和站段安全科根据

报警的级别进行监督。对于未得到及时处置的报警信息，总公司、铁路局和站段安全监督部门对相关业务部门和下级监察部门进行督办。报警信息得到处置后，结果逐级反馈，实现监测报警信息的闭环管理。

安全监控信息系统功能为：报警信息综合动态监测、监测报警信息监督闭环处置管理、各专业监测信息查询、各专业监测报警及处置情况统计报表、监测信息综合分析、各专业监测信息分类分级及运行监控管理；综合报警汇总；综合动态监测；综合报警查询，实现对各专业监测报警信息按时间段、线路、专业、系统、车次、车号、测点、报警级别等组合条件的报警信息查询、统计，可按线路、车次进行各专业监测报警信息的关联查询与分析；专业报警信息动态监测、汇总和查询；报警信息处置查询；设备监测系统监测报警信息的同期对比分析和趋势分析；设备监测系统监测报警信息的日、月、季、年报表及指定时间段报表等。

（四）安全综合分析功能

铁路总公司、铁路局、站段依据闭环管理原则，利用系统积累的宝贵数据和知识，通过综合分析和数据挖掘，针对设备质量、现场作业、安全管理的共性和潜在问题，提供决策依据，以便修正、制定相关安全管理的规章制度、标准规范，更好地指导安全生产，形成持续改进的闭环管理，不断提高安全综合防范能力。其功能见表 5-21。

表 5-21　安全综合分析信息系统主要功能

铁路交通安全综合统计分析	● 综合安全动态态势分析 ● 综合安全信息同期对比分析 ● 综合安全状况走势分析 ● 货运列车行车安全性分析 ● 客运列车行车安全性分析 ● 机车可靠性分析 ● 车辆可靠性分析 ● 动车组可靠性分析
综合安全预警与关联应用	● 综合预警分析 ● 监测信息与业务基础信息关联应用查询 ● 设备监测信息与人工检查信息关联应用查询 ● 安全检查监测信息与设备基础信息关联应用查询
综合安全评估	● 建立铁路交通安全专家知识库及符合中国国情的安全评估模型，为领导提供辅助决策支持功能 ● 铁路交通安全各局等级评估 ● 铁路交通安全设施等级评估
安全规章文电	● 铁路交通各种安全相关规章、制度、文件、电报的维护及发布
综合统计报表	● 铁路交通安全情况日速报、月速报

（五）系统维护管理子系统

功能为用户与权限管理、系统运行参数配置；系统基础数据管理、维护；数据接口模块；数据入库处理模块；实现对系统基础设施的监控，系统应用情况的监控；提供系统运行及操作日志查询等。

第五节　应急救援信息化

铁路运输安全体系以预防为主，由于我国国土辽阔，环境复杂，自然灾害多发，铁路点多线长，设备众多，安全风险高。所以，应急救援是整个铁路安全体系中十分重要的一环。应急救援一般是指针对突发、具有破坏力的紧急事件采取预防、预备、响应和恢复的活动与计划。由于应急救援过程的复杂性，需要信息化的支撑。

一、应急救援信息系统需求分析

应急救援包括应急预案阶段、应急预警阶段、应急指挥阶段和善后处理阶段四个阶段，如图 5-7 所示。

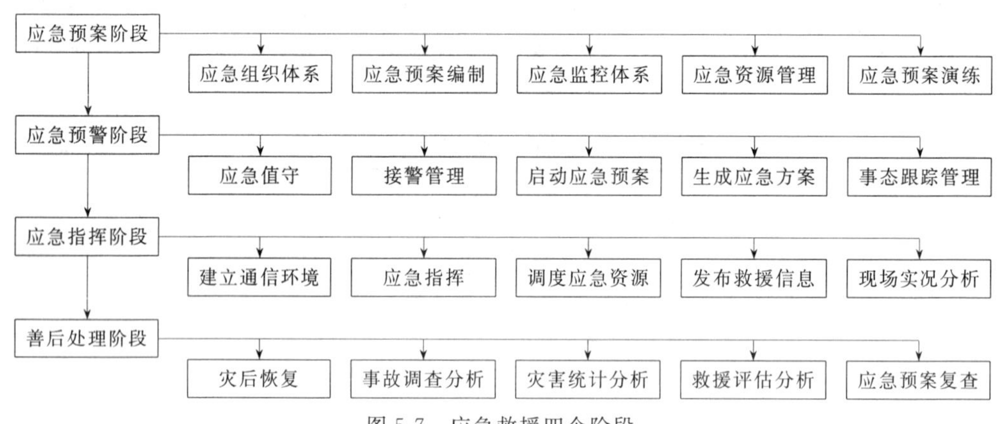

图 5-7　应急救援四个阶段

（一）应急预案阶段的需求

应急预案阶段包括建立应急组织体系、编制应急预案、应急监控体系、应急资源管理、应急预案演练管理等功能。

1. 应急组织体系

在信息系统之内，建立应急组织机构，分级分专业进行管理，应急救援系统是个共享平台，但不同的部门，不同的应用人员拥有的应急处置权限不同，所以系统有分级权限管理能力，为不同的级别、不同的专业使用者提供不同的功能模块，并根据不同的使用权限灵活地生成不同的操作界面，以达到“统一指挥，联合行动”的目的。

2. 编制应急预案

应急救援系统是为了在突发事件时能快速响应，那么系统中就应备有针对地区和设备特征的各种预案，以备在突发事件发生时选用，加快应急处置的响应速度，提高应急系统的时效

性。因此，应急救援系统应具有预案编制管理、预案审核、预案修改、预案发布、预案培训及演练等预案管理的相关功能。

3. 应急监控体系

第三节已经讨论监控体系，对一些影响较大的报警信息，例如地震、泥石流、洪水、冻雨等应提前启动应急预案。

4. 应急资源管理

应急资源是应急救援管理的最重要的保障，所以，系统中应该整合整个路内、路外的所有应急资源信息，包括救援机车、吊车、医疗资源、警力资源等，并能为应急资源的调度提供有效的决策支持，对应急资源使用情况进行统计汇总分析。

5. 应急预案演练管理

可以生成各种模拟场景，提供不同专业、不同部门进行联合演练，并生成演练过程所有数据，支持对演练过程回放分析。

（二）应急预警阶段的需求

应急预案阶段包括应急值守、接警管理、启动应急预案、生成应急方案、事态跟踪管理等需求。应急值守功能记录了值班过程，包括上级下达的命令和通知，下级的报告等；接警管理功能可以通过各种方式获取报警信息，可以通过直拨电话、手机、振铃等方式呼叫应急办人员，或转拨其他相关人员；可以将现场情况第一时间发送到信息系统中，或者转到相关人员的手机中；根据事件的严重程度和专业范围决定通知人员的规模；根据事故发生的地区、专业、性质，选择适当地组合应急预案，并予以启动；持续地监视现场事态的发展以及应急预案的处理过程。

（三）应急指挥阶段

应急指挥阶段包括建立通信环境、启动应急指挥、调度应急资源、发布救援信息、现场实况分析。需要在现场建立有线或者无线网络环境，可以将现场的视频和语音信号传回到铁路局或者铁路总公司；可以通过视频监视现场救援工作，或者召开救援视频工作会议或技术会议解决救援工作的问题；根据需要调度各种应急资源，包括救援机车、起重机、施工机械等；也可以通过网络调度附近城市的救援资源；在救援过程中，不断生成和对社会发布最新的救援信息；并对救援的过程进行详细记录，根据记录进行现场实况分析、辅助决策等。

（四）善后处置管理

善后处置管理阶段包括灾后恢复、事故调查分析、灾害统计分析、救援评估分析、应急预案复查。救援工作结束后，首先清理现场环境，快速恢复列车正常运行，继续完成旅客和货物运输，启动法律理赔等程序；对事故的原因进行调查取证，制定措施谨防事故再次发生；对事故造成的灾害进行统计分析；总结评估整个救援过程；评估和优化应急预案等。

二、应急救援系统的架构

应急系统的架构包括数据采集层、基础设施层、数据库层、应用支撑层和用户层的架构，如

图 5-8 所示。

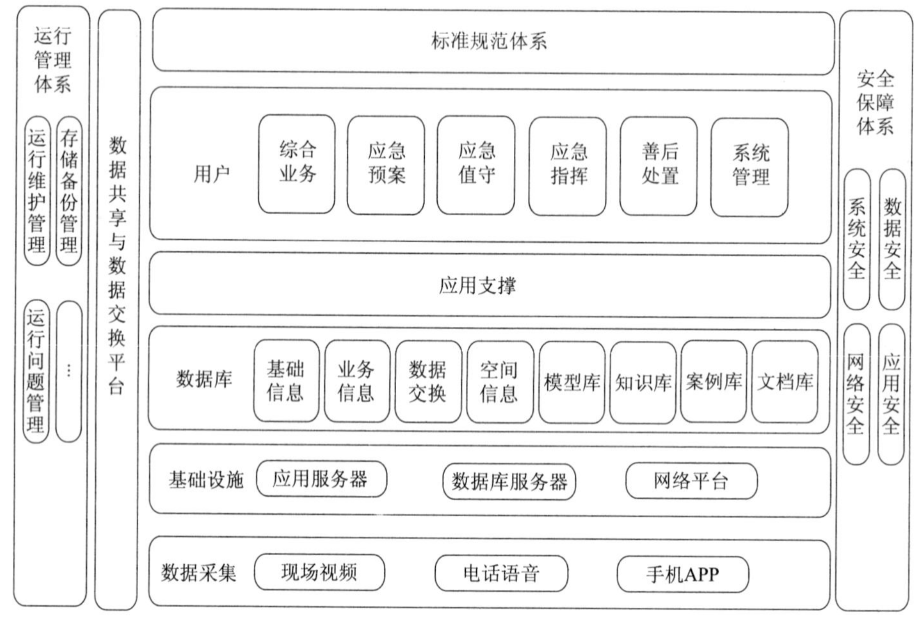

图 5-8　应急系统架构

1. 数据采集层

数据采集层是现场信息感知设备、监控系统终端设备、电话、手机等。将系统的视频图像信息、语音和文字信息，通过无线网或者有线网，接入到应急救援指挥中心。

2. 基础设施层

网络平台采用铁路综合计算机网、4G 无线网、Wi-Fi、卫星网等组成，视频、语音、数字信息可以通过 4G 无线网穿铁路安全平台，进入铁路综合计算机网；在无 4G 信号情况下，使用通信车，通过卫星将现场信息送到应急指挥中心。应用和数据库平台采用云计算架构，具有大数据处理能力和海量数据存储，后台程序将采集层获取的视频、语音、文字数据进行融合、转换和合并，并与地理信息系统、空间数据进行合成等。

3. 数据库层

数据库系统包括基础信息库，应急资源信息数据库、数据交换库、空间信息库、模型库、知识库、案例库、文档库。基础信息库指满足数据库系统管理和应用系统中常用的基础性数据，如标准编码、安全管理、用户管理、系统管理等。应急资源信息数据库包括应急机构、企业基本信息、应急预案、应急组织、物资装备、应急专家、法律法规、应急值守、预测预警、应急演练等。数据交换库与国家安全生产应急救援平台进行数据交换。空间信息库存储铁路沿线基础空间地理信息，包括线路、境界、地貌、地名、道路、主要地物及

相关的描述性元数据，能够收集、标示应急资源相关信息，符合应急平台相关标准规范。在模型库中，建立各类事故或灾害分析模型，进行综合预测分析和模拟分析，提供风险预测、风险预警和事故模拟。在知识库中，收录应急管理和应急救援等相关知识，主要包括：法律法规、铁路专业、应急救援和其他知识等。案例库体现对应急救援相关案例的管理，借鉴相关部门应急救援过程中的处置步骤和经验教训，为应急救援起到辅助支持作用。文档库记录救援过程文稿、会议纪要、发布信息等。

4. 应用支撑层

应用支撑平台能够集成不同部门、不同业务、不同操作平台的信息系统，将业务系统的功能和数据信息融合起来，消除信息沟通的空间障碍。应用支撑平台由基础组件层与核心服务层构成，主要包括业务基础平台、工作流管理系统、GIS服务、RS服务、三维仿真服务、统一通信服务、物联网接入服务、云计算接入服务、报表服务、目录和权限服务、门户服务以及第三方软件等。

5. 用户层

用户层面向应急中心的管理和指挥人员，包括大屏幕显示现场信息，可以设置相应界面，直接与现场交互，发布命令，获取现场信息，以及与现场召开救援工作会议。功能包括综合业务管理、应急预案管理、应急值守管理、应急指挥管理、善后处置管理和系统维护等。

6. 数据共享与数据交换平台

数据共享与数据交换平台将数据的采集与转换进行统一规划、统一标准，通过计算机网络结构与相关平台和系统进行信息和数据的传输及共享，实现系统之间互联互通，提高信息资源的利用率。

7. 标准规范体系

标准规范体系是信息化建设和发展的基础，是确保系统互联互通、互操作的技术支撑，它贯穿于信息化工程项目的规划设计、建设管理、运行维护、绩效评估等全过程中。

8. 安全保障体系

安全保障体系主要包括网络安全、系统安全、应用系统安全、数据安全、信息交换安全等。

9. 运行管理体系

运行管理体系主要包括运行维护管理、存储备份管理、运行问题管理、支持与培训体系，提供良好的运维支持功能和完善的实时动态文档服务功能。

三、应急救援系统的功能实现

（一）应急预案

1. 应急组织体系

定义具有层次和网状结构的应急救援组织结构，每一部门和人员的职责和权限，部门和人员在不同故障情况下具有的功能。可根据事故环境，动态生成应急救援的界面及功能菜单。

2. 编制应急预案

应急预案管理子系统中涉及预案事务标准的建立、等级的设定、责任部门的落实、救援资源的调度、指挥机构及救援队伍的确定、应用相关经验值认知可能的次发事件及善后处理等相关流程和机制的制定。应急预案管理子系统包括预案编制、预案管理和预案执行管理三个主要模块,主要包括预案的编制管理、审核修改、发布、查看、培训和演练等功能。

3. 应急监控体系

事故隐患和风险普查及在线申报管理、事故隐患基础信息管理、事故隐患管理、移动终端灾情统计上报管理、事故隐患统计查询和事故隐患电子地图信息显示等功能。可以随时查询各事故隐患点的状态信息。地理信息显示事故隐患点的分布图,点击分布图上的任何一个事故隐患点,其相关的数据信息便能在电子地图上显示出来。

4. 应急资源管理

主要针对自然灾害、突发性事件中应急救援所需要的路内和路外各类应急救援机车、吊车设备、应急队伍、应急救援装备、专家、警力、应急物资、医疗物资及生活保障物资等的在线登记、查询统计、动态变更等管理。其中包括应急资源基础数据维护、应急资源计划管理、应急资源调度更新管理、应急资源动态管理等功能模块,在电子地图上全面、准确地反映铁路局、站段以及铁路沿线应急资源物资和设备的储备情况。应急资源还包括应急案例、应急知识的维护管理。

5. 应急预案演练管理

设定突发事件及场景,有目的地开展模拟演练,对演练过程进行记录、评估,生成模拟演练评估报告。演练方式包括问卷演练、实战演练、虚拟演练等。虚拟演练方式主要提供对预案、模型和案例的重现和推演。问卷演练和实战演练实现多部门、多人员参与到事件场景中的同时演练。信息系统实现对演练计划、演练方案、演练数据、演练场景、演练过程、演练评估报告的管理。

(二)应急预警

1. 应急值守

主要是值班和排班计划管理,通信管理(含电话、传真),值班过程日志记录,交接班管理,各种安全生产突发事件信息的接收和报送,以及发布事故简报,掌握管辖范围内的事故信息等。

2. 接警管理

接警管理主要是可以通过电话、WEB、邮件、传真等方式接收信息,并能录入电话记录,生成事故接报单,记录内容包括事故发生地点、单位、报警电话、报警人、事故类型、事故概述。实现对各类事故信息的接收、审核、上报、跟踪、反馈功能。事故在处理过程中,现场会有新的事故信息,接警人员在原有事故信息基础上录入事故续报内容。当事故来电报警时,地图自动寻

找到报警电话的位置,并在位置点显示电话报警标识和地址标识,显示报警点周围铁路情况,以及救援实力分布情况。

3. 启动应急预案

根据现场情况,辅助决策是否应启动相应的应急方案,与调度人员商量应该通知的人员。借助信息系统,通过电话、短信、微信等方式快速通知相关人员,并生成现场信息发到相关人员的手机上。

4. 应急预案方案

功能主要有应急预案数字化过程、方案生成、态势标绘、方案调整和方案查询与方案要素配置。预案数字化是根据报警信息生成数字预案内容以及预案涉及的机构、队伍、装备设施、医疗急救、现场警戒等应急资源等信息。方案生成是根据事件接报及周边信息、专业部门预测分析和综合预测分析的结果,与事件相关的应急预案、类似案例以及处置经验和知识,可供利用的应急处置力量和资源等信息,生成实施方案。方案调整是根据突发事件现场反馈的信息、新的预测分析结果等,对已生成的方案进行实时动态调整。态势标绘是对突发事件的态势在基础的空间地理图形上形象表现出来,便于指挥和决策人员直观地进行形势判断,形成决策或进行资源调度,并对标绘的每一个对象的信息,可以链接相应的文字等多媒体信息,并进行保存,可供回放。方案查询与方案要素配置包括对已生成的智能辅助方案的查询、分析、统计,以及对方案生成和调整中所用到的方案内容要素、方案对比分析要素的管理和维护功能。

5. 事态跟踪管理

将现场信息连接到指挥中心,在 GIS 地图上定位,并显示现场信息,对现场情况进行实时跟踪。

(三)应急指挥

1. 建立通信环境

建立与现场的通信环境,可以使用有线网络或者无线网络,在无线网络未覆盖的地区,可以使用卫星通信。通过电话、视频收集现场的信息,可建立与现场一起召开视频会议的环境。

2. 启动应急指挥

应急协调指挥系统主要包括任务管理、资源调度跟踪、救援情况监控、现场情况报告、通信和视频系统集成。任务管理根据相关预案及方案,生成具体的救援任务,并实现对救援任务的审核、下达及调整。资源调度跟踪是对救援资源进行调用指挥,并通过动态跟踪,掌握资源运用情况、使用效率等信息,并实现基于 GIS 的直观展示。救援情况监控负责发布救援领导机构的指令,对最新救援情况进行查询,收集、汇总、分析反馈信息,并结合 GIS 对救援情况进行展示。现场情况报告是接收现场救援队伍的救援情况报告,辅助生成本级救援机构的阶段性及整体救援情况报告,并对报告进行管理和分发。通信和视频系统集成是依靠通信和信息设备,实现大屏幕显示、专家视频会商、图像传输控制、GIS 电子地图管理等,完成对事故救援过程的协调指挥、信息管理以及跟踪监测。

3. 调度应急资源

在 GIS 的平面地图上显示资源所在的位置、状态及联系方式，应急救援资源定位管理。对应急人力分布及承担任务状态、救援设备位置及其状态，物资储存位置、种类、数量，医院病床占用数量、药品库存剩余，运输车辆的位置和占用状态，通信保障设备位置及运行状态等进行分类查询、总体监控。对需要配送的物资，可以选择经路，保证应急资源能够安全、高效、快速地送达到需求地。在 GIS 的平面实时显示救援物资到位情况、存在问题等。

4. 发布救援通报

信息发布模块主要是指挥中心根据事故发生的地点、类型、时间、处置结果等情况，将事故及处理过程信息发布在网络上，社会以及有关部门可通过网络了解事故发生的详细过程信息；亦可通过安监部网站了解事故信息，并通过学习、总结、分析，避免自身发生类似事故。

5. 现场实况分析

提供工具对现场状况进行实时分析，包括对危险源进行分析、对物资设备的需求量进行分析、对救援的进度进行分析等。

(四)善后处置管理

1. 灾后恢复

制订恢复计划，包括通车的恢复，发布临时限速或者列车绕行的调度命令，清理现场，通知启动法律理赔程序等。

2. 事故调查分析

由调度所填写提交事故报告，由安监部门进行事故调查，由站段配合事故调查，补充安报2、安报 3 资料，由安监部门对事故责任进行认定，分析事故原因，汇报处置结果，追究责任，提出整改措施。

3. 灾害统计分析

由站段配合安监部门对灾害进行统计分析。

4. 救援评估分析

回放分析救援的过程，对救援过程进行总结评估，并放入案例库。

5. 应急预案复查

回放分析救援的过程，对应急预案进行复查，修改完善应急预案。

第六节　日常交班管理

铁路运输生产交接班会是铁路，从铁路总公司、铁路局到站段，每天都要召开的会议。会议内容为总结前一天的工作，分析存在的问题，布置新一天的工作。铁路总公司有月、周、日交班会，这里所指的交班会是日常交班会的信息化。

一、日常交班会的信息化需求

铁路总公司、铁路局的日常交班会通常是由总调度长主持，参加部门包括调度、客运、货运、机务、供电、车辆、工务、电务、安监、公安、信息等部门。首先由调度部门汇报前一天生产任务完成情况、列车正晚点情况、车流分布情况、安全生产总体情况；然后，由各个部门汇报部门的安全生产情况，领导所布置工作完成情况；最后，由总调度长或者高层领导做总结和布置下一天的任务。

对信息化的需求：一是需要生产任务完成情况的数据，可以从十八点统计报告中获取；二是需要安全生产情况的数据，可以从安全生产监督管理信息系统中获取；三是督办任务完成情况数据，可以从办公系统的督办系统中获取数据。

二、日常交班会支持信息系统结构

日常交班会支持信息系统从十八点统计信息系统、安监管理信息系统和办公系统中获取数据，生成交班会 PPT 文件和电子报表文件，并可以将文件下载到移动办公设备或手机上。其系统结构如图 5-9 所示。

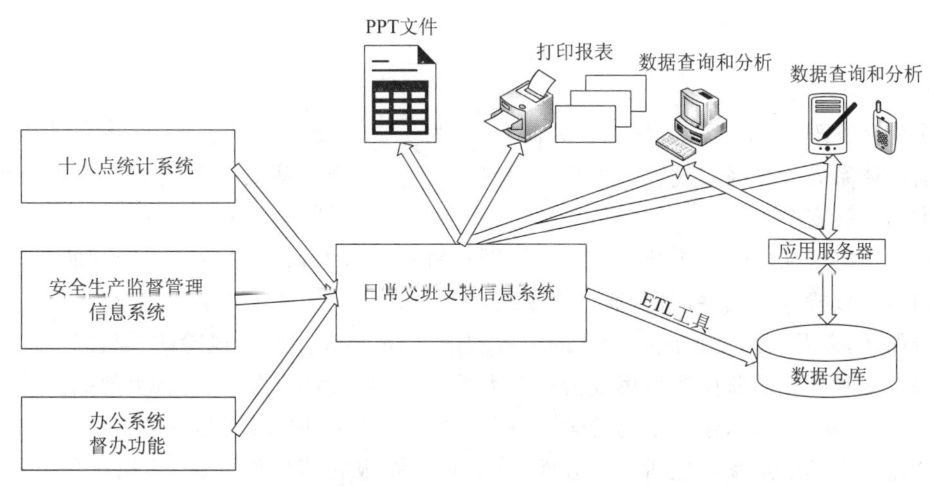

图 5-9 交班系统结构

系统集成了与日常交班相关数据，然后，生成交班需要的 PPT 文件投影在屏幕上，对重要的表报需要打印。日常交班产生的数据可以通过 ETL 工具加载到数据仓库，在数据仓库建立数学模型，支持对数据的分析。通过计算机终端、平板电脑或者手持设备可以查询日常交班数据，或者进行数据分析。

三、日常交班会功能实现

日常交班功能主要是对前一天生产任务完成情况进行总结，对安全生产情况进行分析，领导交办的任务完成情况分析，总结和布置新一天的工作。

1. 生产任务完成情况

显示十八点运输统计报表中的关键数据，例如旅客发送量、开行列车数、装车数、卸车数、运输收入，列车正晚点情况，影响列车晚点的主要原因，车流分布、线路堵塞原因等。

2. 安全生产情况

显示安全生产的总体情况，分专业汇报发生事件数、事件等级、报警信息数，事件发生的原因，采取的措施，今后的预防措施等。可以从应急救援系统中获取各种现场信息和现场恢复情况。

3. 领导交办任务完成情况

显示督办任务数、完成数、未完成数，分专业汇报完成的情况和未完成的原因等。

4. 对未来的预测

预测未来的天气情况、旅客和货物的发送量、预测潜在的风险、应该注意的问题等。

5. 总结和布置工作

记录领导布置的工作，并加到督办任务中。

小　　结

安全应从管理、人员、设备、环境四方面考虑，为了提高安全管理水平，设备和环境安全宜从安全监控体系方面提高安全管理水平，而管理和人员安全宜从安全风险管理和安全管理体系文件方向提高安全。

安全管理应该从风险分析开始，逐项风险制定措施，包括监控的措施或管理的措施，对每项风险制订考核检查的文件依据，通过不断地风险分析→制定措施→措施实施→检查完善→风险分析循环，以及不断增加风险管理的力度和广度，最终建立健全风险防范机制。

应将设备和环境的监控体系集成为一个大系统，加载到大数据中，进行大数据的分析和数据之间的关联、融合分析，建立主动安全预警和建立状态修维护体系，是安全监控体系的方向。

安全监督管理信息系统包括四个方面，分别是监测报警信息处置、安全检查信息处置、事故调查分析处置和综合分析处置四个环节，四个环节均实行报告→检查→处置→分析→再报告检查的闭环管理。其中，监测报警是通过计算机自动预警安全隐患信息，安全检查是通过人工检查的方式获取安全隐患信息，而事故调查是发生事故后的人工报告和处置过程，综合分析是对前三种方式获取的数据进行综合分析，以提高安全水平。

应急救援系统包括应急预案、应急接警、救援指挥、善后处置四个部分，应急救援的关键是编制好应急预案和组织好应急资源，而且应该事先做好应急演练。应急接警的关键是选择和生成应急方案，然后，根据方案指挥应急过程记录现场救援过程，利用信息系统做好救援和事故的分析。

日常交班信息化是新一代铁路信息系统的里程碑，因为系统获取了日常生产指挥、日常领导决策最关键的数据。

复习思考题

1. 简述信息化保铁路运输安全的必要性。
2. 举例说明安全风险管理理论应用过程。
3. 简述安全体系文件，试举例说明第4级的文件，有何用处？
4. 简述安全风险管理程序的设计方案。
5. 简述青藏线冻土情况的监测方案。
6. 简述货运安全的检测和监测方案。
7. 简述信息安全的监控系统。
8. 简述安全监控平台的主要功能和结构。
9. 简述铁路运输安全监督管理信息系统的主要功能。
10. 简述事故调查处理信息处理流程和主要功能。
11. 简述安全检查程序流程和主要功能。
12. 简述安全综合分析的主要功能。
13. 简述应急预案管理信息处理流程和功能。
14. 简述应急资源管理信息处理流程。
15. 简述应急指挥程序的主要功能。
16. 简述交班系统的主要功能。

参 考 文 献

[1] 胡思继,铁路行车组织[M].北京:中国铁路出版社,1998.

[2] 郑时德,吴汉琳,铁路行车组织(第 2 版)[M]. 北京:中国铁路出版社,1988.

[3] 胡思继,列车运行图编制理论与方法. 北京:中国铁路出版社,2013.

[4] 王甦男,贾俊芳. 旅客运输[M]. 北京:中国铁路出版社,2015.

[5] 佟立本. 铁道概论[M]. 北京:中国铁路出版社,2006.

[6] 倪少权. 中国铁路列车运行图编制系统研究[D]. 西南交大博士学位论文,2013.

[7] 宁斐,滑蓉,周子社. 铁路客运专线自动检票机关键技术研究[J]. 铁路计算机应用,2009,18(8):18-21.

[8] 徐东平. 铁路旅客服务中心系统的设计与实现[D]. 北京工业大学硕士学位论文,2011.

[9] 孙汉武. 铁路安全检查监测保障体系及其应用研究[D]. 西南交大博士学位论文,2010.

[10] 金福才. 铁路号码制车流推算方法与原型系统研究[D]. 北京交大博士后学位论文,2015.

[11] 王明哲. 铁路互联网售票系统的研究与实现[J]. 铁路技术创新,2012(4):32-34.

[12] 吕婧. 客运段乘务值乘交路计划系统的设计与实现[D]. 北京交大硕士学位论文,2012.

[13] 李海霞. 我国铁路货运组织管理对策研究[D]. 大连海事大学硕士学位论文,2014.

[14] 王长群. 铁路货运技术计划管理信息系统研究[J]. 铁路计算机应用,2005,14(s1):78－82.

[15] 郭玉华. 铁路货运大客户管理信息系统的研发[J]. 中国铁道科学,2010,31(6):131-136.

[16] 高菲. 铁路超限超重运输业务流程控制信息系统的研究与实现[D]. 北京交大硕士学位论文,2007.